中国社会学会学术年会获奖论文集
（2014·武汉）

全面深化改革与社会治理现代化

Deepening the Reform Comprehensively and Modernization of Social Governance

主　编 / 林　曾　宋亚平
执行主编 / 张杨波　刘燕舞

社会科学文献出版社
SOCIAL SCIENCES ACADEMIC PRESS (CHINA)

《全面深化改革与社会治理现代化》编委会

主　　编　林　曾　宋亚平
执行主编　张杨波　刘燕舞
成　　员　（按姓氏笔画排序）

　　　　　　王　红　田　敏　李玉龙　刘崇顺　向德平
　　　　　　陈　倩　钟涨宝　徐　炜　徐楚桥　黄锦琳
　　　　　　覃国慈　慈勤英　雷　洪　谭明方

代序　学科和学术，是民族文化的根基

中国社会学会会长　李强

各位领导、各位来宾、各位专家、老师们、同学们：

大家上午好！

中国社会学会2014年学术年会，是学会的第24次学术年会，此次年会也适逢中国社会学会换届，组成了中国社会学会第九届理事会。

本次会议在武汉大学美丽的珞珈山举办，我谨代表中国社会学界参会的全体同仁，对于武汉大学、湖北省社会科学院、湖北省社会学会、华中科技大学、华中农业大学、华中师范大学、中南财经政法大学、中南民族大学为承办此次会议所做出的多方面的工作表示最诚挚的感谢！

来自全国各地的，超过1500位社会学同仁参加此次盛会，所办的论坛有53个，是历届以来最多的。回顾改革开放以来中国社会学会的发展历程，早年，20世纪80年代的时候，年会参会者不过百人，到今天的千人盛会，这从一个侧面见证了中国社会学学科和社会学事业的发展壮大。社会学的大发展既是全国社会学同仁共同努力的结果，也得益于我国社会建设事业的大发展。

下面，我试阐释中国社会学会建设的三个方面。先谈谈中国社会学会发展与我国社会建设事业发展的关系。

一　中国社会学会发展与社会学学科、社会建设事业发展的相互促进关系

中国社会学会的发展与中国社会学事业的发展从来都是密不可分的。众所周知，早在1979年社会学恢复之初，费孝通先生就提出了关于社会学

发展的"五脏六腑"理论，费老认为社会学学科发展"五脏"至关重要，而五脏的头一个是指"中国社会学会"，其他还有"社会学专业研究机构"、大学的"社会学系"、图书资料中心和社会学出版物。

三十五年来，正如费老所预言的，我国的社会学事业已经有了蓬蓬勃勃的发展，仅全国高校的属于社会学一级学科的系、所就有500多个，再加上社会学研究机构、社会调查机构，规模已达到上千，发表的论文、出版的著作、立项的科研课题，在全国社会科学界也是名列前茅。

在这种发展中，中国社会学会对于学科发展和整合起到了不可磨灭的作用。

经过三十五年的积淀，中国社会学已经进入蓬勃发展时期。中国社会学会的发展与社会学学科发展、社会学事业发展、中国社会建设发展，以至与国家的繁荣富强都是相互促进的。21世纪以来，在中国改革开放的事业中，社会建设、社会管理、社会治理任务凸显，全国社会学同仁为推进社会建设、社会体制改革、社会事业发展做出了巨大的贡献。

如果说我国改革的前三十多年是经济学发展的黄金期，那么，未来的几十年将是我国社会学学科发展的黄金期。社会学的发展对于我国社会建设、构建和谐社会，对于我国社会事业改革、社会体制改革等都将起到积极的推动作用。

二 社会治理对于社会学发展的重大意义

本次年会的主题是"全面深化改革与社会治理现代化"，尤其突出了改革与"社会治理"的关系。我国社会建设论题，从"社会管理"到"社会治理"的重大变化，既体现了理论上的重大进步，也对社会学学科发展有重要意义。"社会治理"体现了一种新的思路，体现了多方参与的形式，尽可能动员多方的力量处理新形势下新问题的新思路。在推进社会建设、社会体制改革方面，社会治理更具有创新意义。

"社会治理"的思想尤其体现了社会学对于"社会"本意的理解。社会学历来认为社会是一个有强大能动力的有机整体，广大社会成员、广大人民群众的参与是社会建设、社会事业发展的最大动力。中共中央关于《全面深化改革若干重大问题的决定》提出"实现政府治理和社会自我调节、居民自治良性互动"，这是具有非常突出的创新意义的，对于社会学学科建设也有极其重大的意义。这就是说，社会治理更加强调了"社会自我调节"

的能力。这和整个文件的总体理念是一致的。对于一个社会而言，并不是政府干预得越多越好，并不是政府管得越多越好。

过去，在社会管理的思路下，我们更多地强调了政府对社会的管控功能，强调增加各种规则和法规，强调进行各种审批，依靠这样的方式来维持社会秩序。但是，多年来的实践经验证明，政府干预过多反而会产生较多的负面结果。此次《全面深化改革若干重大问题的决定》提出了"社会自我调节"概念，这意味着对于社会、社会运行更深刻的理解。所以，如何发挥政府与社会"两个积极性"，如何实现政府治理与居民自治的良性互动，这正是我们社会学学者需要研究的重大课题。

此次全面深化改革决定，还突出强调了推进社会事业改革创新，包括教育体制的改革、就业体制的改革、收入分配方面的改革、社会保障体制的改革等，所有这些领域的改革，都是社会学界和社会学同仁多年来关注的，所以，社会治理和社会体制改革的提出，为我国社会学界、社会学同仁参加社会建设事业提供了极为广阔的天地。

三 本届理事会的责任与任务

本次社会学年会适逢中国社会学会产生新一届理事会：第九届理事会，并选举我任会长。我谨代表新一届理事会对于社会学全体同仁对于我们的信任表示真诚的谢意。

众所周知，社会学是大学科，涵盖理论社会学、应用社会学、人口学、人类学、民俗学、社会工作、社会政策与社会管理等学科，在全国大的学科中，像社会学这样有统一的全国一级学会的并不是很多。所以，中国社会学会的建制为在我国形成一支宏大的社会学队伍创造了很好的条件。本届理事会将团结全国各地的社会学同仁，推进社会学学科建设和我国的社会建设事业及社会体制改革事业。

本届理事会和学会将在以下四方面做出努力。

第一，进一步推进社会学学科建设与学术研究。

社会学首先是一门学科，自19世纪30年代创立以来，迄今已有180多年的历史。社会学传入中国是在19世纪末20世纪初，迄今也有100多年的历史了。社会学作为社会科学的主干学科体现了人类文明对于社会关系、社会行为、社会结构、社会变迁的最为系统的研究和总结，是社会科学理论与方法的高水平的结晶。

学科和学术是文化中最为高雅的一部分，是文化中最为璀璨的瑰宝。有时候，学术的实用价值可能并不明显，但是，千万不可忽视，学科和学术是一个国家、一个民族文化的根基。文化强国，如果没有学科、学术为基础，是建设不起来的。

近年来，社会上浮躁之风、实用主义之风较重，踏踏实实做学术研究的风气不足，甚至有轻视学术的倾向。这种环境十分不利于学科和学术的发展，最终也会使文化强国失去根基和基础。所以，社会学学会要特别倡导扎扎实实的学风。社会学学科和学术的发展需要学者静下心来，做踏踏实实的研究。学会将会在树立好的学风上做出努力。

第二，继续推进社会学的"本土化"建设。

社会学最初是"舶来品"，老一代社会学家在本土化方面做出了极大的努力。但是，由于社会学的一度中断，本土化的进程也一度中断。我国社会学迄今讲的社会学理论还基本上是西方的，奠基于中国社会本土的概念、理论虽然也有一些，但明显还不足。

当前中国所面临的社会转型令全世界瞩目，超过13亿的中国人究竟如何走上现代化的进程是全世界最为重大的社会科学实验和研究课题。所以，中国的社会学一定要扎根本土。所谓"本土化"就是探索中国社会自身的社会关系、社会行为、社会结构、社会变迁等，结合外来理论的合理部分，创新本土的理论和方法。

本土化的中国社会学也必将为国际社会学的理论与方法的创新做出贡献。

第三，为我国改革开放大业做出新贡献。

上面已经谈到，本次年会的主题是"社会治理"，这个主题就体现了社会学学术发展、学科建设与国家经济社会的发展是密不可分的。

社会学是一门经世致用之学。面对我国经济社会发展的这样一个重要的历史关头，我国社会学界和社会学者当然要为改革与发展做出贡献。

社会学最为擅长的社会调查，包括定性和定量调查，可以提供高水平的最贴近中国社会实际的前沿信息，目前，众多课题所完成的调研数据资料数以千计、万计，但还缺少整合，学会应在整合、共享调研成果方面做出努力。

近年来，我国社会学界在社会政策、社会保障、社区建设、社会建设、社会治理，以及构建和谐社会方面积极献言献策，成绩斐然。

最近，国家强调智库建设，在社会科学中，社会学的知识体系最具有综合性特征和实证性特征，所以，社会学在提供政策咨询建议方面是大有可为的。

第四，在社会学的职业接轨方面做出努力。

记得 2014 年 5 月在华中科技大召开社会学研讨会的时候，有一位学习社会学的学生提出了一个很重要的问题："学习社会学专业究竟可以找什么样的工作？"

这值得我们所有社会学者、社会学专业人士深思！一个学科如果培养的人只是从事本学科的建设，如果不能与社会上的广泛的职业接轨，那么，这样的学科就没有生命力。在这方面，经济学做得比社会学好，经济学发展出了众多的部门经济学：金融、财政、会计、贸易等，从而拓展了就业领域。

从我国的实践看，社会建设、社会治理、社会管理、社会保障、社会测量、社会评估、社会调查、社区建设、社会安全有着极其巨大的就业需求，所以，社会学学科应努力发展部门社会学，使其与广阔的社会事业就业领域接轨。

在此方面，学会也将探索新途径，譬如，建立社会学学科的人力资源平台，收集全国的社会学毕业生和就业需要信息，开拓学会为就业服务的新领域。其实，全国任何一个学科的"学术共同体"都应该创建本学科的就业信息平台。

总之，本届理事会将团结中国社会学界的全体同仁，进一步推进"中国社会学会"的建设，努力发现和创造更多新的社会学的资源平台。

本届理事会将与中国社会学界全体同仁一起，脚踏实地、择善而从、开拓进取，为我国社会学学科和社会学事业的发展做出新的贡献。

再次感谢湖北的各位领导、各位同仁、各个单位、各位志愿者为本次会议筹备、组织所做的多方努力和重要贡献，也感谢全国的社会学同仁的积极参与与贡献！

预祝此次大会取得成功！

祝我国社会学学科发展、社会学学会发展、我国社会建设事业发展更上一层楼！

目 录

一 讲话与致辞

中国社会科学院副院长李培林讲话……………………………………………… / 3
湖北省宣传部部长尹汉宁讲话…………………………………………………… / 5
武汉大学党委书记韩进讲话……………………………………………………… / 8
中国社会学会名誉会长郑杭生讲话……………………………………………… / 10
精英齐聚珞珈山，共议全面深化改革与社会治理现代化
　　——中国社会学会2014年学术年会在武汉隆重举行…………………… / 14

二 一等奖论文

社会资本的建构性：年羹尧、布迪厄和动态演化模型
　　……………………………………………………………… 陈云松 / 21
中国城市居民阶层地位认同偏移研究………………… 韩　钰　仇立平 / 47
公众对转基因作物的接受度及其影响因素
　　——基于6城市调查数据的社会学分析
　　…………………………………… 何光喜　赵延东　张文霞　薛　品 / 65
政治效能感、政治参与和城乡居民的警察信任……………………… 胡　荣 / 88
邻避冲突与中国的环境矛盾
　　——基于对环境矛盾产生根源及城乡差异的分析 ………… 李德营 / 107
网络条件下的组织形式和规模决定：元意识形态的地位问题
　　…………………………………………………………… 王水雄 / 124
社会比较理论视角下的城乡收入与改革损益感的实证研究
　　…………………………………………………………… 王元腾 / 145

从"反理论"到理论自觉：重构社会工作理论与实践的关系
　　………………………………………………… 文　军　何　威 / 171
全球移民治理与中国困局 ……………………………… 左晓斯 / 193

三　二等奖论文

特大城市外来自雇经营者的市民化机制研究
　　——基于北京南湖大棚市场的调查
　　……………………………………………………… 陈宇琳 / 217
政府干预、利益联盟与技术标准竞争：以无线局域网为例
　　……………………………………………………… 李国武 / 231
城乡老年人口医疗可及性差异研究
　　——基于CLHLS项目调查数据 ……… 李建新　夏翠翠 / 250
资本转换视角下村庄社会分层及农牧户致贫机理分析
　　——基于GZ藏族自治州农区X村的实证调查
　　………………………………………………… 李雪萍　王　蒙 / 266
教育程度与分配公平感：结构地位与相对剥夺视角下的双重考察
　　……………………………………………………… 李颖晖 / 277
集体产权与封闭乡村社会：开放、流动背景下的当代农村社区治理
　　……………………………………………………… 李增元 / 295
抵制运动、规则意识与极化机制
　　——1905～1906年的抵制美货运动 ………………… 刘拥华 / 321
"看不见的底层"："打工诗歌"呈现的底层体验 ……… 施瑞婷 / 343
为什么男性结扎能成为一些国家的主要避孕方式？
　　——男性气质、国家和计划生育运动的互相构建
　　……………………………………………………… 王向贤 / 360
医疗机构层级、医患关系与防御性医疗：以北京为例 … 姚泽麟 / 380
解释的断桥：从编码到理论 …………………………… 郑庆杰 / 395
主导文化与从属文化：大学生消费文化差异的结构性因素影响
　　……………………………………………………… 朱　迪 / 412

一　讲话与致辞

领导讲话

中国社会科学院副院长李培林讲话

尊敬的尹汉宁部长、韩进书记，各位同仁、各位朋友：

大家早上好！

中国社会学会的年会过去多年都由各省社科院承办并在高档会堂举行，这次由湖北各主要学术机构联手并在武汉大学举办，是具有开创性的，为以后年会的举办走出一条新路，也符合国际上此类会议一般规律的路子。在此，我谨代表中国社会科学院和王伟光院长，对会议的召开表示热烈的祝贺。

这次学术年会的主题是"全面深化改革与社会治理现代化"。党的十八届三中全会通过的《中共中央关于全面深化改革若干重大问题的决定》把"完善和发展中国特色社会主义制度，推进国家治理体系和治理能力现代化"作为全面深化改革的总目标，这是我们党从新的历史时期的国际国内形势出发，做出的重大决策，具有重要的理论和实践意义。

国家治理体系和治理能力现代化的提出，丰富了我国现代化的内涵。建设富强民主文明和谐的社会主义现代化，是分别从经济、政治、文化、社会和生态文明建设角度提出的，是对现代化目标状态的描述。而国家治理体系和治理能力现代化，则是从制度层面提出的现代化目标，丰富了我国现代化目标体系。

创新社会治理体制，是推进国家治理体系和治理能力现代化的一个重要组成部分。创新社会治理体制这一重要议题的提出，对中国社会学的研究和探索提出了新的任务，也为中国社会学的发展提供了新的机遇。

各位来宾和专家学者，本次年会不仅是一次学术讨论会，而且肩负着中国社会学会领导换届的任务。中国社会科学院及其社会学研究所作为中国社会学会的主管主办单位，高度重视学会的换届工作。昨天，中国社会学会理事会按照学会章程完成了换届选举工作，新一届中国社会学会的领导班子已经产生。我衷心希望新一届中国社会学会的领导集体，能够团结带领全国社会学工作者，加强对我国重大理论和现实问题的研究，为我国社会学的发展、为中国特色社会主义的建设，做出新的更大的贡献！

第一，要进一步加强社会学界的团结。社会学界的团结有很好的传统，要把这个传统继承发扬下去。学界可以发展不同的学派，但不应有学术宗派。

第二，社会学研究要更加关注重大现实问题、关注民生。我国处于社会巨变之中，我国社会学是从研究这一巨变成长起来的，问题意识是我们的特点，是我们不同于其他国家社会学的一个重要特点。

第三，要为青年学者的成长提供更有利的条件。青年是国家的未来，也是社会学研究事业的未来。要采取各种方式，为青年学者创造条件，积极拓展青年学者的发展空间，使他们早日成才。

第四，中国的社会学要走向世界。让世界了解中国的社会学研究是我们的责任和使命。据悉，将有300多位中国学者参加即将在日本横滨举办的国际社会学协会第18届年会，在会议期间还将举办"中国日"学术活动，这是我国社会学走出去的一个突破。

各位同仁、各位朋友，中国的社会学研究面临前所未有的发展机遇，全面深化改革与社会治理现代化为社会学研究提供了广阔空间，希望广大的社会学工作者不辱使命、努力工作，为繁荣和发展中国的社会学研究事业做出贡献。

预祝大会取得圆满成功，谢谢大家！

湖北省宣传部部长尹汉宁讲话

尊敬的李培林院长，尊敬的郑杭生教授，尊敬的新当选的李强会长，尊敬的宋林飞教授和韩进书记，尊敬的各位会员、各位专家、老师、同学们：

大家上午好！

首先要祝贺中国社会学会2014年年会如期举行，祝贺李强会长当选和新一届理事会集体当选。刚才，李培林院长、郑杭生教授、李强会长对这次年会的召开以及新一届年会学科建设，包括当前需要研究的一些重大问题，特别是从事社会学研究的重要思想方法，讲了很多很好的意见，很权威。相信在几位领导的指导下，年会一定能取得成功，中国社会学学科建设也会取得新的进步。我刚才听了以后，感觉跟中国社会学会年会相联系的一些数据与时下比较时髦的一个说法相类似，那就是"大数据"。这次出席会议的代表超过了1500人，这是一个大数据；在学术年会期间总共有53个论坛，这也是一个"大数据"；第三个就是2014年恰好是社会学自1979年恢复后的第36年，再加上这次学术会议在武汉举行，除了主会场放在百年老校武汉大学以外，还有一系列的分会场放在武汉地区其他高校，这是一种发散式的会议模式，正像李培林院长刚才说的这是一种年会举办方式的创新，而且是第一次在大学里召开这种会议，我觉得很有意义。中国社会学会的成长和进步伴随着中国的改革开放，伴随着中国社会的巨大变迁，中国是人口规模超过13亿的超大型国家，本身就是社会学发展繁盛的最好样本。这次会议在武汉召开，体现了学会对武汉社会科学界、社会学界的看重。通过这次会议，我们应该推动中国社会学学科建设和事业的发展，并以此带动湖北、带动武汉社会科学的繁荣和社会的发展。

在我印象当中，最近说得比较多的有两句话，一句话是"经济社会发展面临战略机遇期"，第二句是"又是社会矛盾凸显期"。我们经常关注的是经济和社会的发展，实际上我们要在看到社会矛盾凸显这个基本事实的同时，还应该清醒地看到我们的社会的确实实在在发生了历史性的进步，这些进步不能因为社会矛盾的凸显而被遮蔽。首先是在社会进步的过程当中，城乡阻隔基本上消除，社会大众的主体意识增强，人们有选择职业的自由，有通过自身劳动获取收益的权益，这个进步使社会充满活力，使社会成员具有积极性、创造性，而且在社会矛盾凸显的过程中，我们也应该清醒地看到这是经济社会发展必须付出的代价，这是我们前进当中的问题，我们要正视这些问题，并在发展过程当中下决心解决。

这次会议的主题是"全面深化改革与社会治理现代化"，我觉得这很有意义，特别是党的十八届三中全会首次提出了国家治理体系和治理能力现代化，这中间提到了国家治理、政府治理、社会治理、乡村治理等一系列治理，这当中的一些提法，比如说政府治理、社会自我调节、社区居民自治、法治思维，具有新意，这给我们进一步研究社会学特别是围绕社会发展进步、着力解决社会发展中的问题进行研究提供了学理支撑，我觉得这创造了一个非常重要的前提和条件。

全面深化改革要寻求社会动力的时候，总书记讲了一句话，叫作"最大公约数"，特别是新一轮全面改革要触及利益关系的调整，在这个改革过程中，我们要寻求社会动力，那就必须形成或寻找最大公约数，这是一个概念。同时，在说社会稳定、社会有序的时候，总书记也说了一句话，那就是"底线思维"。作为一个人口大国，我们的社会保障在社会发展水平还不高的情况下，只能是低水平、广覆盖。在说到对社会结构进行分析的时候，我们过去经常用阶级分析方法，也有的不用阶级分析，更不用阶层分析方法。面对社会现实，我们要更多地注意不同社会群体，不同群体受社会思潮、社会舆论的影响不一样，他们在社会发展过程中所遭遇困难的几率不一样，他们看问题的视角也有差异，我们现在需要解决的问题就是要与不同的社会群体进行沟通，要消除社会群体之间的隔膜。比如，农民工这个群体考虑的问题与私营经济业主考虑的问题不一样，留守妇女与城市职工考虑的问题肯定不一样，党政干部考虑的问题和企业的蓝领们的不一样，青年人考虑的问题与老年人的也不一样，这促使我们要关注不同群体，更多地去打破群体之间的隔膜，与不同群体进行沟通，然后真正实现社会有序。而且我觉得我们这个社会经过改革开放，社会活力应该是进一步增强了。我们是一个开放的社会，并且这个社会需要伦理秩序来凝聚力量，传统的人民纽带可能会受到市场经济影响。在这个开放的社会当中，对市场经济，我们需要建立完善的社会伦理秩序来维系这个人口超多的社会，进一步集聚社会正能量，形成最大公约数，推动全面改革，推动经济社会全面进步。

再一次祝贺中国社会学会年会的顺利召开，祝贺新当选的新一届学会领导班子，我们寄望于社会学界有更多的成果，湖北也是研究中国经济社会问题的具有代表性的样本，也希望在座的专家多关注湖北、研究湖北，为湖北的经济社会发展提出好的意见和建议。

谢谢大家！

武汉大学党委书记韩进讲话

尊敬的各位领导、各位专家、各位来宾：

大家上午好！

欢迎来到美丽的珞珈山。在此，我代表武汉大学向来自各地的专家学者表示最热烈的欢迎和最诚挚的问候！在此我简单说两个感谢和一点感想。

首先是感谢中国社会学会的信任，将今年年会的承办权交由武汉大学。据了解，今年的年会规模不同寻常，有来自国内外的1500余名专家学者共聚珞珈山，在两天时间内有53个论坛同时进行。以一系之力承办一个全国性的学术会议在武汉大学历史上还是第一次，这是武汉大学的大事，在此，我对主办方及全国的专家学者表示衷心的感谢。

其次是感谢兄弟高校及社会学界同仁多年来对武汉大学和武汉大学社会学系的支持与帮助。社会学系是武汉大学三个直属系之一，自2005年10月独立建制以来，全系在全体师生的努力下，将理论与实践相结合作为指导原则，将顶天立地作为基本理念，在人才培养、科学研究和社会服务等方面做出了重要成绩。自创建社会学系以来，国内外专家学者前来我校指导工作，社会学系有今天的发展离不开大家的关心和爱护。因此，今年的年会不仅对社会学系，而且对武汉大学来说也是一次难得的学习机会。

最后我还想说一点感想。中国社会学自恢复重建以来，一直将改革开放过程中发生的重大社会议题作为研究主题。从"和谐社会建设"到"中国道路与社会发展"再到"社会管理体制创新"，在党中央每一次重要决议之后，我们都能看到社会学家活跃的身影，他们在深入考察分析基础上取得了丰硕的成果。这些成果不仅是社会学发展的立根之本，而且也让各级政府部门认识到社会学的重要性。

伴随党的十八届三中全会的胜利召开，伴随全面深化改革的到来，如何尽快实现社会治理的现代化是当前中国社会学人面临的重要议题。因此，本届年会以"**全面深化改革与社会治理现代化**"为主题，正逢其时。我相信，关于社会治理现代化的研究不仅能推动中国社会学的快速发展，而且能为各级政府出台相关政策提供重要依据。武汉大学将与各兄弟单位携起手来，为中国社会学的明天而贡献力量，为中华民族的伟大复兴添砖加瓦！

最后，预祝本次社会学大会取得圆满成功！祝各位专家工作顺利，身体健康！谢谢！

中国社会学会名誉会长郑杭生讲话

各位社会学界参会者，各位尊敬的领导，各位来宾：

在今天有限的时间中，我想着重说三个"学"，即学会、学派、学术。

第一是学会。与改革开放几乎同步成立的中国社会学会，到2014年差不多已经有了36年的历史。我们的会长，从第一任会长费孝通算起，历经袁方、陆学艺、郑杭生、李培林、宋林飞，再加上这次刚当选的第九届新会长李强，已经有7位了。会长的任期几经改革，总的来说是渐趋合理的。在学会的制度建设中，学术年会制度的建立是其中影响最大、效果最为显著的一项。这是在1990年北京换届会议上，我作为新当选的副会长在大会发言中提出来的。当时这个建议得到袁方会长及另一位新当选的副会长陆学艺等的支持，并为大家所采纳和付诸实施。记得我当时说了这样的意思："学术是学会的生命线，年会制度表明我们有定期的学术交流和探讨；每年出一本年会的论文集，就能使我们的学术交流和探讨以具体的成果体现出来。"学术年会制度从1991年在天津年会开始，到这次2014年武汉年会，差不多已经延续了四分之一个世纪，25年了，已经办了24次。除了学术年会制度，我们还进行了其他许多制度的建设。现在学会的工作越做越好，平台越做越大，得到很大发展。我们的学会已经成为中国社会学兴旺发达、充满追求、团结有为、规范有序、香火相传、后继有人的一个标志。我建议，本着改革的精神，好好总结中国社会学会建设的经验和不足，把它建设成为一个更好的学术平台。同时，很多事实也告诉我们，历史往往是容易被忘记的，但是历史是不应该被忘记的。我们学会的历史，应该是中国社会学界的宝贵财富，它必将在中国学会发展史上，留下重重的、值得我们社会学界自豪的一笔。

第二是学派。学派是学术发展的最实质性的平台。有无学派，特别是有无著名的学派，是一个学科是否繁荣、是否有活力、是否成熟、是否有社会影响力及国际影响力的重要标志之一。如果一个学会有一些影响大的学派支撑，相互友好争鸣，学术的质量、学术的水平就会有很大的提高。所以学会要支持有条件成为学派的社会学家在这方面的努力。当然，学派的建立和发展，需要有一系列条件，例如，学派的形成必须有硬件和软件，两者缺一不可。其中硬件就是学术共同体及其支撑设置，软件就是基本一致的学术观点，尤其是根本观点。本人创立的中国社会运行学派，在前些年努力的基础上，在学校和院系的支持下，在硬件和软件建设上，都取得了一些进展。例如在硬件方面，近几年创办了两本正式的学术刊物，一本《社会学评论》，这本刊物已经出版了9期，人民大学已经定它为C刊；另一本《社会建设》，这是国家新闻出版广电总局新批准的，以社会工作和社会政策为主要方向，下半年即将出版，也要尽快办成C刊。这两个杂志，是人民大学主办的，但也是我们整个社会学界的财富，希望大家大力支持，而且我们已经得到了、感受到了大家的支持，这是我们特别要感谢大家的。北京郑杭生社会发展基金会，运行三年已经资助了154名硕士、博士和青年学者。所有这些，我都将其看作对我们社会学前辈事业的继承和发展，都是以前辈为榜样，尽量为学界的后来者多留点东西。学会的论坛这个形式很好，2014年已经发展到53个。同时我们的专业委员会也有了28个。如果从学派建设的角度看，我认为，每个论坛、每个专业委员会，实际上都这样那样凝聚着学术共识，增强着学派意识，推动着学派建设。我希望，在座的各位，特别是学科带头人，要重视学派意识，有条件的，要加强学派建设。

第三是学术。这些年如何做社会学的学术，大家都在探索。这里我简要地提出几点供大家参考。

首先，要注意社会学学科的发展趋向，这就是我们经常看到的各种"转向"，例如社会学的语言学转向、社会学的元理论转向、社会学的综合性转向等，最近，我在社会学视野网上看到一篇文章，论述社会学的历史学转向。用世界眼光，立足中国社会大转型的现实，在自己的学术研究中，关注社会学学科发展的潮流、趋向，只有这样，我们的学术研究，才能高屋建瓴，才能把学术的国际性与本土性结合起来，才能避免种种坐井观天的狭隘眼界和边陲思维。这也是我们一直提倡把现代性全球之旅的长波进程和本土社会转型的特殊脉动两者结合起来的原因。

其次，要注意社会学理论在应用中的创新。综观社会学从古典到现代的过程，无论中外，理论都是在应用中深化、扩展和创新的。马克思、恩格斯正是在把辩证法应用于生产力和生产关系、经济基础和上层建筑的复杂关系时，提出、深化、拓展和创新了唯物史观这一社会学的元理论。同样，西方社会学的实际奠基人涂尔干，在把社会事实的理论应用于相应的社会现象时提出和创新了"自杀论"等实证社会学经典理论。另一个实际奠基人韦伯则着力于发现社会现象的主观意义，提出了充满新意的"理想类型"、权威分类等理解社会学的理论。此后，无论是集西方社会学大成的帕森斯，还是当代社会学的"新三圣"——吉登斯、贝克、哈贝马斯，都是在应用中创新各自的理论的。中国社会学也不例外。严复把群学定义为研究社会治乱兴衰的原因以及达到"治"的方法和规律的学问，费孝通提出的"差序格局"等也是如此。受到这样的启发，我们一直注重理论的应用。例如把理论应用于城市发展和基层社区的调查研究，这方面我们近十年来已经出版了两套 10 本书。正是在实地调查中，我们概括出社会建设、社区建设，要在市场经济陌生人的世界建立人际关系和谐的社会共同体，要在价值观开放多元的时代促进凝聚力强的意义共同性，即社会共识。

第四，要锤炼理论自觉阶段社会学的基本功。我把它们归结为"三再、两气、一追求"。这里，"三再"就是"再评判、再认识、再提炼"，它们代表中国社会学必须面对的三种基本关系：中西关系、古今关系、理实关系——理论与现实、理论与实践的关系。这我在 2013 年年会上提过，也在 2014 年 3 月的人民日报上发表了。这里，"两气"就是"只有接地气，才能有底气"。我把"接地气"的概念扩大了，从学术的角度讲，接地气至少可分为三种，即接现实中国的地气、历史中国的地气、中国立场观点的地气。而所谓"底气"，则是指对所谈问题说话有根有据，把握十足，很有自信。在学术上说，这种学术底气，就是在理论自觉基础上的理论自信，就是有了某种程度的学术话语权。这些内容于 2014 年 3 月 15 日在南开大学举行的"新改革时期中国社会学的传承与创新学术研讨会"的主题讲演上我讲过。这里，"一追求"就是追求"真善美"。费孝通在《试谈扩展社会学的传统界限》一文中提出，社会学既有科学性，又有人文性。这是一个了不起的判断，对中国社会学的意义尤其重大。因为中国社会学过度以实证主义为主导，人文性一向是被忽视的。费孝通的提法，对以实证主义为主导的社会学是一个振聋发聩的冲击。这里科学性指"真"；人文性指"善和美"。用中国学术传统的说法，就是追求真善美，提升精气神。科学性和人文性、科学精神和人文关怀的关系，犹如形影相随，不可分离。社会学研究中的许多问题，如果仅凭单纯的科学性，并不能发现其真实原因和解决的办法，往往要靠人文性才能找到原因和解决之道。所以，社会学研究非常需要科学性与人文性的统一。像"社会弱势群体"这样的概念，既表达了对社会地位方面存在的分化和分层事实的客观观察，也表达了对以"强、弱"区分这类社会不平等现象的深切关怀，科学性认识与人文性视野这两个方面兼而有之。费孝通晚年总结其一生的社会学研究经验，感悟并正式提出社会学兼具科学性与人文性这两种性质，是非常正确的。它是拓展社会学领域和视野的前提，对我们既坚持社会学的科学性，又避免单纯科学性的片面性，非常重要。坚持社会学的科学性和人文性的统一之所以是基本功，这是因为忽视人文性使得社会学研究是片面的、狭隘的，会把许多应是社会学研究的东西，排斥在社会学的视野之外。

我们这次武汉学术年会的主题是全面深化改革与社会治理。对于社会治理我们也要这样研究。2014年第3期《社会学治理》发表了四篇由一流学者撰写的社会治理文章，主要也是采用上述学术路径写成的。大家可以参考。

谢谢各位！

会议综述

精英齐聚珞珈山，共议全面深化改革与社会治理现代化

——中国社会学会2014年学术年会在武汉隆重举行

年会秘书组

由中国社会学会主办，湖北省社会科学院、湖北省社会学会、武汉大学、华中科技大学、华中师范大学、华中农业大学、中南财经政法大学、中南民族大学、武汉市社会科学院等单位联合承办，武汉大学社会学系协办的中国社会学会2014年学术年会7月11日至12日在武汉大学隆重召开。本次年会的主题是"全面深化改革与社会治理现代化"。

党的十八届三中全会提出，全面深化改革的总目标是完善和发展中国特色社会主义制度，推进国家治理体系和治理能力现代化。这既为中国社会学界提出了新的要求，也为中国社会学界提供了新的发展机遇。在全面深化改革，加速推进社会治理现代化的大背景下，本次会议的举办显得意义重大。

中国社会科学院副院长、党组成员、学部委员李培林，湖北省委常委、宣传部长尹汉宁，武汉大学党委书记韩进等领导出席开幕式并致辞，开幕式由湖北省社会科学院院长宋亚平主持。

李培林在致辞中指出，国家治理体系和治理能力现代化的提出，丰富了我国现代化的内涵。建设富强、民主、文明、和谐的社会主义现代化，是分别从经济、政治、文化、社会和生态文明建设角度提出的，是对现代化目标状态的描述。而国家治理体系和治理能力现代化，则是从制度层面

提出的现代化目标，丰富了我国现代化目标体系。

李培林强调，创新社会治理体制，是推进国家治理体系和治理能力现代化的一个重要组成部分。创新社会治理体制这一重要议题的提出，对中国社会学的研究和探索提出了新的任务，也为中国社会学的发展提供了新的机遇。

李培林最后希望社会学界的同仁发扬团结的好传统，更加关注重大现实问题、关注民生，注重青年学者的培养，努力使中国的社会学走向世界。

湖北省委常委、宣传部长尹汉宁代表中共湖北省委、省政府向大会的召开表示热烈祝贺，并对本次年会的主题给予了高度的赞赏，认为这一主题具有重大的理论及现实意义。他还结合这一主题介绍了湖北省在全面深化改革和推进湖北社会治理能力现代化建设方面的努力和成效，并热烈欢迎中国社会学界的专家们为湖北全面深化改革与社会治理现代化建言献策。

武汉大学党委书记韩进致欢迎词。他对大会的召开表示热烈祝贺，对大会能够在武汉大学举行表示由衷的高兴，认为这既是中国社会学会的盛会，也是武汉大学的大事。

中国社会学会会长李强致开幕词。他指出：中国社会学会 2014 年学术年会，适逢中国社会学会换届，第九届理事会建立。中国社会学已经进入蓬勃发展时期，社会学学科发展与中国的社会学事业发展、中国的社会建设发展、中国的社会进步相互促进。如果说我国改革的前三十多年是经济学发展的黄金期，那么，未来的几十年将是我国社会学学科发展的黄金期。社会学的发展对于推进我国社会建设、构建和谐社会，对于推进我国的社会事业改革、推进我国的社会体制改革将起到积极的推动作用。本次论坛的主题"全面深化改革与社会治理现代化"，突出了"社会治理"的思想。我国社会建设论题，从"社会管理"到"社会治理"的重大变化，既体现了理论上的重大进步，对于社会学学科发展也有重大意义。"社会治理"体现了一种新的思路，体现了用多方参与的形式尽可能动员多方的力量，来处理新形势下新问题的新思路。在推进社会建设、社会体制改革方面，社会治理更具有创新意义。本届理事会将与中国社会学界全体同仁一起，脚踏实地、择善而从、开拓进取，为我国社会学学科和社会学事业的发展做出新的贡献。

开幕式后，国务院发展研究中心社会发展研究部研究员葛延风、华中科技大学社会学系教授雷洪、南开大学社会学系教授关信平、复旦大学社会学系教授刘欣、武汉大学社会学系教授林曾五位专家分别做了题为《立足制度建设,创新社会治理体制》《转型时期的制度困境——"黑人口"现象的启示》《当前我国社会政策面临的挑战、机遇和走向分析》《中国公众的收入公平感:一种新制度主义的解释》《美国高等教育发达原因的社会学分析》的主题演讲。

本届年会会期两天,与会学者围绕会议主题"全面深化改革与社会治理现代化"展开广泛而充分的探讨。

除大会主题学术演讲外,年会还安排了"青年博士论坛""教育中的社会问题研究""经济社会学:理论评析与中国经验""改革深化期的城市管理""公共安全维护及医患纠纷的防控处置""社会心态研究""网络化条件下的中国经济社会变迁""犯罪问题与刑释人员社会保障制度研究""宗教社会学论坛""第三届网络社会学与虚拟社会治理论坛""新型城镇化背景下的社区发展与规划""社会治理理论与中国实践""社会变革中的闲暇时间研究""第五届中国海洋社会学论坛:21 世纪海上丝绸之路建设和海洋生态文明""社会流动背景下的家庭压力和社会政策""政治社会学论坛""社会建设的理论与实践:社会治理与社会稳定""中国乡村基层社会治理研究""生活文明的建构与社会治理""文化社会学论坛:当代中国社会的信任研究""社会分层与流动论坛""《中国家庭追踪调查》专场""基层社会治理与社会组织建设""社会网暨社会资本论坛""当代中国研究论坛""社会治理和满意度测评""2014 年农村社会学论坛——新型城镇化背景下的乡村社会治理""中国社会企业发展论坛2014""新改革时期价值观与社会整合:挑战与应对""比较全球化论坛:全球化与社会发展""流动人口与城市社会治理""社会风险模拟与社会治理的前馈控制研究""社会心理学专题:社会转型·文化·群体关系""消费社会学""教育综合改革中热点问题的社会学分析""城镇化与城乡统筹""科学社会学论坛:科学技术与社会治理""社会工作社会组织与社会治理""质性社会学研究:社会治理与社会发展质量""特大城市社会治理""务工型移民与社会治理创新""当前中国流动人口的服务与管理及相关社会政策""有序推进农民市民化的理论与政策研究""共生社会学论坛""继续深化改革与中国体育社团的使命""城市化与新农村建设论坛""社会质量论坛""新丝绸之路与中国西部社会发展:第五届西部社会学""社会性别视角下的社会治理现代化""老年社会学论坛""社会扶贫的理论与实践""编辑部读者座谈会""武汉大学 70 后学术团队'城市发展与社会管理创新'论坛"等共 53 个分论坛。

分论坛议题设置广泛,容量很大,具有重要的现实意义和学术价值,分论坛从多个领域、多个维度、多个视角深入讨论了全面深化改革与社会治理现代化的诸多方面，除一些传统论坛继续保持外，本次年会中，直接涉及社会治理主题的分论坛超过20个。

值得一提的是，与历届年会主要由地方社会科学院牵头承办不同，本届年会是首次在高校举办，这更有利于调动高校社会学人参与的积极性，也有利于更好地嫁接高校与社会科学院系统社会学人的合作桥梁，这在会议的组织机制和承办机制上具有创新。

本届年会共收到论文1230余篇，并进行了优秀论文评奖活动。本届年会在参会代表、论坛设置等的数量方面都是历届年会中规模最大的，中国社会学人参会的热情如同江城武汉的气温，这体现了中国社会学人积极参与到全面深化改革与社会治理现代化进程中的学术自觉。

来自全国31个省、区、市的约1500多名代表参加了本次年会。

在中国社会学会2014年学术年会开幕之前召开了中国社会学会第九届理事会，选举了中国社会学会第九届理事会的理事和常务理事，选出了新一届会长、副会长、秘书长、学术委员会主任和副主任。

二 一等奖论文

社会资本的建构性：年羹尧、布迪厄和动态演化模型[*]

陈云松[**]

摘　要：以往对社会资本的测量和分析均将其视为客观的嵌入性资源，而对其主观建构性关注极少，这使得社会资本分析容易囿于静态框架。本文从年羹尧与雍正之间的互动案例入手，引入布迪厄的"惯习"和"场域"概念，提出了"建构性社会资本"的定义：行动者的惯习对场域性资源的主观判断。在此基础上，本文详细阐明了建构性社会资本的分布和积累图式，并初步提出了社会资本的结构性、建构性以及动态演化三类模型。通过把经典理论、质性研究与量化研究三者结合起来，本文从认识论层次进一步扩展了对社会资本概念的理解，并为本土化的实证分析和仿真研究奠定了概念基础。

关键词：社会资本　关系　场域　惯习　建构性

引　言

社会资本一直是社会科学界不断争论的话题。尽管"所有学者都认为互动的成员维持和再生产了这种社会财产的可能"，但由于社会资本概念的模糊性的确造成了很多"理论和测量上的歧义"[①]。林南（N. Lin）在回顾

---

[*] 文章以"社会资本的建构性与动态演化模型——以年羹尧事件为例"为题发表于《南京大学学报（哲学人文社会科学版）》2014年第5期，第142－160页。

[**] 作者单位：南京大学社会学系。

① Nan Lin, *Building a Network Theory of Social Capital*, Connections, 1999, 22 (1), pp. 32－33.

分析了各家的研究之后认为，针对社会资本的研究主要存在两个视角，"一是关注个人对社会资本的使用；二是关注群体层次的社会资本"①。本文专注于个人层次的社会资本、网络资源，而非社群中的信任、共鸣等群体资产。同时，本文关注的是中国社会中的个人社会资本行为，将"关系"视为社会资本得以生成、使用、积累和演化的社会结构。而"关系"，本身是一个因人而异、因时而异的变化中的社会网络。因此，本文也是"关系社会学"对社会资本经典概念的一次反思②：西方学者提出的社会资本，多考量其嵌入性、结构性，而我们强调社会资本得以生成的"关系"的建构性，以从动态演化的角度来理解社会资本③。

迄今为止，社会学家、经济学家对个人层次社会资本的定义、测量和分析始终是一种"上帝视角"。也即，社会学家是作为客观冷静的第三者在计算、分析行动者的社会资本存量和使用。而问题在于，尽管社会资本可以被理解为一种客观的存在，但其积累、分布和演化，却和个体的主观判断、经验等息息相关。以最简单的二元连带为例，人与人之间的友谊或者关系往往存在着不对称性。当关系一侧的个体对连带强度（本文"关系"和"连带"表示相同含义）或者对方资源量判断不准确时，其所预期的社会资本往往不一定能够获取，即便获取了，也往往不一定能给自己带来预期的帮助。而重要的是，社会资本不是一次性消费品。针对某一个潜在的资源提供者（也即帮助者、关系人），某一次以社会资本为目标的行动失败或成功，必然会对行动者下一次的决策和行动产生影响，甚至形成一种路径依赖。

因此，要全面地理解社会资本，特别是附着于"关系"之上的社会资源，就必须充分考虑其两面性：它既是一种客观的嵌入性资源，又必然因"关系"的变化受到主观判断的影响，也因此会随着时间的变化而变化。换句话说，社会资本是结构的，又是建构的。不过，无论是经济学家还是社会学家，以往对社会资本结构性的关注远远大于建构性，这就使得相关的分析容易囿于静态框架。本文将以一个时空穿越的假想研究课题为缘起，以反思的形式来阐明社会资本建构性对于社会科学研究的重要意义。这个假想的课题，就是让以社会资本研究而知名的中西学者们，回到 1725 年的

---

① Nan Lin, Building a Network Theory of Social Capital, Connections, 1999, 22 (1), p.31.
② 关系社会学由边燕杰提出，主要概念参见 Bian（2001）和边燕杰（2004）。
③ 关于社会资本的文献综述，英文参见 Mouw（2003，2006），中文参见张文宏（2011）、赵延东（2003，2005）、陈云松和范晓光（2011）。

中国，来测量一下这位在这一年中从大将军沦为死囚的年羹尧的社会资本。在此基础上，本文结合布迪厄（P. Bourdieu）著名的"场域"与"惯习"的概念，进一步提出社会资本的建构性定义、分布图式和动态演化模型。该定义及模型的提出，可以进一步加深我们对社会资本生成、积累、演化的理解，为未来更好的社会资本测量方法和动态分析提供了基础。此外，把经典理论、质性研究与量化研究三者结合起来，本身也是方法上的一个新尝试。

一 年羹尧的社会资本：一个时空穿越的假想课题

年羹尧，汉军镶黄旗人。《清史稿》载"雍正初，隆科多以贵戚，年羹尧以战多，内外夹辅为重臣"[①]。其实，年羹尧一个更为重要的身份就是清世宗雍正入承大统的功臣。根据清史一代宗师孟森先生的考证，早在康熙四十八年皇四子胤禛刚刚被册封为雍亲王之时，年羹尧就已经是"雍邸私人"。雍正继位一向是清史界争议不断的话题，但有一点公认：年羹尧的军权，对皇位的强有力竞争者十四阿哥允禵起到了牵制作用，从而确保雍正的顺利继位。十四阿哥允禵是雍正的胞弟，极得康熙的喜爱，在外掌抚远大将军印，是继位的热门人选。康熙六十一年十一月初七，理藩院尚书隆科多口含天宪，在畅春园宣布由皇四子克承大统。作为皇位有力竞争者的十四阿哥，当然咽不下这口气。不过，他在甘肃军中受到年羹尧的暗中牵制，等回到北京奔丧，四哥已经坐上龙椅，其反应也只能是"举动乖张、词气傲慢"，最多不过对雍正"肆其咆哮"了[②]。因此，孟森先生考证说："羹尧为雍邸心腹，世宗之立，内得力于隆科多，外得力于年羹尧，确为实事。"[③]

年羹尧在雍正继位后掌抚远大将军印，任甘陕总督，累封太子太保、一等公。可惜月满则亏，雍正三年（1725年）二月庚午，日月合璧，五星连珠，年羹尧上了一道贺疏，用《易经》中的"朝乾夕惕"来赞美雍正的辛勤工作。可年毕竟是个武夫，把"朝乾夕惕"写成了"夕惕朝乾"。按道理皇帝应该一笑置之，然而雍正却龙颜大怒，叱责年羹尧有意倒置，批示

[①] 赵尔巽、柯劭忞等：《清史稿》卷295列传82，中华书局，1977。
[②] 雍正：《大义觉迷录》，《清史资料》第4辑，中华书局，1983。
[③] 孟森：《明清史论著集刊正续编》，河北教育出版社，2000，第279页。

说"羹尧不以朝乾夕惕许朕,则羹尧青海之功,亦在朕许不许之间而未定也"。自此,年羹尧祸事连连,数月内从大将军被连降为杭州将军、闲散章京,直到职爵尽削。当年腊月(也即1726年初)被逮捕回京,定大罪九十二款,最后于狱中自裁。年的长子被斩,15岁以上的其他儿子被流放。《甄嬛传》里失宠的年妃,确有其人,也确因兄长而失宠。

选择1725年的年羹尧作为本文的焦点案例,有一个非常重要的理由:简化模型。这是因为,这一年里年羹尧的生与死,完全取决于雍正一人的态度。其理性行动的首要目标,就是想方设法取得君主的原谅和宽恕,以消减牢狱之灾甚至延续生命。换句话说,年羹尧作为一个行动者(Agent),除了雍正皇帝,其他的社会连带、网络的人际关系都无关紧要,也无济于事,因而在我们的研究中可以忽略。这样,年—雍之间的一个二元连带的社会互动,既是一个完整清晰的分析单位,又比一般行动者的社会网络要简单得多。

1. 学者的尴尬:追问社会资本

假设我们让社会资本研究领域的代表性学者时空穿越到1725年来开一个圆桌会议,定义和测量年羹尧的社会资本,场景会是如何?

——博特(R. S. Burt)宣称社会资本是年羹尧圈子里的事情,是年羹尧的"朋友、同事以及更一般的熟人,通过他们获得使用金融和人力资本的机会"[①]。不过,当博特试图以问卷的形式来调查年羹尧的社会资本之时,问题就难免凸显了出来。显然,年羹尧要首先问自己,谁是朋友?谁是熟人?谁首鼠两端?谁两肋插刀?而在1725年,最重要的是谁能够帮自己解决贬官流放的问题?如果是雍正皇帝,他是不是重感情、贵然诺,会不会念及当年主仆恩情而挽回震怒?问题在于,对关系的判断力是非常个人化的。有人世事洞明,有人糊里糊涂。让1725年的年羹尧来填写一份CGSS式的问卷,无论用定名法(name generator)还是定位法(position generator),社会学家们得到的这份数据,指向的都必然是雍正皇帝:年羹尧深知,唯有端坐龙庭的雍正才能挽回他的命运,而年羹尧至死也都认为皇帝会有心回意转的时刻。可是,了解真实历史轨迹的我们定会追问:这得来的指标是否真实有效?当年羹尧在"最亲密的朋友"一栏里填上雍正的名字之时,是不是过于一厢情愿?当皇帝以职业编码里最高的数量出现在社

---

① Ronald Stuart Burt, *Structural Holes: The Social Structure of Competition*, Cambridge: MA: Harvard University Press, 1992, p. 9.

会资本数据中时，是否真的代表着挽救年羹尧的力量，还是相反？

——科尔曼（J. Coleman）一如往常高屋建瓴但是语焉不详。他会把年羹尧的社会资本定义为年大将军"个人拥有的社会结构资源"，然后模棱两可地说它"由它的功能决定"，会"促进处在结构内的个体的某些行动"①。问题在于，1725年的腊月年羹尧才会得到赐死的圣旨。也就是说，在这一年里，在外面进行社会调查的1725年的绝大多数时点上，无论是年羹尧还是科尔曼都无法得知这次事件的最终结果，无法判断社会资本的功能是否实现：如果年被宽恕了，才说明他的社会资本起作用了，他把资源转化为了生存权。而年如果被杀，则说明他寄予希望的社会资本压根不够或者压根就是找错了人。但在生死判决出来之前，难道一个人的社会资本如同"薛定谔之猫"②一样，是一个介于"生"和"死"，介于"足够"和"不够"之间的不可知的函数吗③？

——波茨（A. Portes）说社会资本是嵌入年大将军"与他人关系中包含着的一种资产"，是"嵌入的结果"。而这个社会资本，是年羹尧"个人通过其成员身份在网络中或者在更宽泛的社会结构中获取稀缺资源的能力"④。既然强调是一种获取资源的能力，且这种能力包含在他人的关系之中，那么我们今天可以反问：仅仅调查社会关系的一端是否合理？作为社会学家，我们是不是也应该去询问一下年—雍二元关系的另外一端？去让雍正皇帝

---

① James Samuel Coleman, *Foundations of Social Theory*, Cambridge: MA: Belknap Press of Harvard University Press, 1990, p. 302.

② 薛定谔之猫：著名量子物理学家薛定谔（Erwin Schrodinger）1935年提出的一个佯谬。薛定谔设想在一个封闭盒子里面有个放射源、一只猫、一个毒药瓶。放射源每秒以50%的几率放射出一个粒子。一旦粒子发射出来，它将通过一个巧妙的传动机构将毒药瓶打开，猫就会死亡。现在要问：一秒钟后盒子里的猫是死还是活？按照量子力学的叠加性原理，一秒钟后盒子处于无粒子态和一个粒子态的等几率幅叠加态。既然微观的放射性粒子是处于0和1的叠加态，那么宏观的猫也应处于死猫和活猫的叠加态，这就与我们的日常经验严重相违，要么死，要么活，不可能不死不活。量子理论对此的解释是：如果没有揭开盖子，我们永远也不知道猫是死是活。在揭开盒子的一瞬间，猫的波函数由叠加态立即收缩到某一个本征态。通过这个佯谬薛定谔想要阐述的问题是：宏观世界是否和微观世界一样都遵从量子叠加原理。薛定谔之猫与我们的常识相违背，看似否定了宏观世界的量子叠加态。然而1997年科学家终于在离子阱中观察到这种"薛定谔猫"态。也就是说，宏观世界中也存在量子效应。

③ 科尔曼被批评为"循环论证"（Circularity）的道理正在于此。既然社会资本的存在只有靠它的结果来证明，那么如果没有一个"事先边界（Ex Ante Perimeter）"，就无法界定社会资本（Durlauf, 1999）。

④ Alejandro Portes, *The Economic Sociology of Immigration*, New York: Russell Sage Foundation, 1995, ed., pp. 12 – 13.

也来坦陈一下他有无可能宽恕年羹尧?

——林南的华裔身份或许会使他更能深入探询基于"关系"的社会资本的意义,但他也会遇到挑战。根据林南的说法,社会资本是"嵌入于一种社会结构中的可以在有目标的行动中涉取或动员的资源"[①]。但"可以涉取"本身就涉及一个筛选问题、一个判断问题。什么是可以涉取的,什么是有希望涉取的,什么是无法企及的,这个判断由谁来做? 依据是什么? 如果林南是判断者,那么他的判断和年羹尧是否一致? 实际上,年羹尧至死还认为君主依然对他温情脉脉,甚至会把君主的讽刺当作宽慰,把牢卒那老于世故的安慰当作来自紫禁城的宽恕暗示。当我们到杭州城外采访看门人年羹尧并记录了他的社会资本时,是否可以说,我们所测量到的社会资本,其实不过是年羹尧一厢情愿的判断,哪里会是客观的嵌入性资源呢?

——边燕杰说社会资本是年羹尧与雍正的"关系"上附着的资源,拜访、餐饮等社交行为可以加强这种关系[②]。那么,我们要追问的是,年羹尧与雍正之间的关系是一成不变还是不断演化? 起码我们知道,君臣二人这段缘分,从一开始的亲王主仆,到后来的君王与心腹大臣,再到死敌仇家,经历了复杂的变化。既然我们提出"关系社会学",那么我们就应该认识到,关系并非一成不变。而关系如何演化,关系的变化对社会资本的分布、积累和使用有何影响,这些都是非常重要的社会资本问题,是"关系社会学"的应有之义。即便我们聚焦代表社会资本积累、维系方式的餐饮行为这个小小的课题,我们也会发现,起码年羹尧与雍正的饭局,从亲王与家奴的欢宴,到君主与权臣的杯盏交错,不同时期的关系机制和资源大相径庭。如果不对关系的变化进行分析,就难免让人觉得"关系社会学"仍未离开社会资本概念的西方窠臼。

用这一连串质疑,其实就是强调一个我们习以为常的社会现象对于社会资本研究的意义。甚至是强调,一个在中国式人情社会几乎古往今来、人人皆知的社会现实,对我们社会资本研究本土化具有的启发意义。这种现象,就是世态炎凉有冷暖、世事洞察有高下。千百年来现实社会生活中

---

① Nan Lin, *Building a Network Theory of Social Capital*, Connections, 1999, 22 (1), p. 35.
② Bian, Yanjie, "Guanxi Capital and Social Eating in Chinese Cities: Theoretical Models and Empirical Analyses," in N. Lin, K. Cook and R. S. Burt, eds., *Social Capital: Theory and Research*, New York: Aldine De Gruyter, 2001. 边燕杰:《中国城市中的关系资本与饮食社交》,《开放时代》2004年第2期。边燕杰:《关系社会学及其学科地位》,《西安交通大学学报(社会科学版)》2010年第5期。

的关系也好，门路也好，社会资源也好，权力走后门也好，凡是涉及社会资本的判断，都是非常个人化、事件化的，都是取决于一时一地的情境，而少有一成不变的。也因此，社会资本是一种不断变化着的结构性资源。对于社会资本分析者，我们首先就是应该打破静态的、客观的视角局限。

2. 关系的误判：迷雾背后的年雍互动

年雍关系究竟如何变化？因何变化？我们仍然暂时撇开社会资本这个20世纪的概念，先从浩如烟海的清代史料中仔细梳理出微言大义的线索：对于1725年苦苦求生的年羹尧来说，雍正皇帝毫无疑问是他脑海中社会资源分布的最大焦点。君主的力量是如此凌厉，能够轻易地改变每一个行动者的命运。而年雍二人关系从开始到最炽烈的信任、友谊，可以说是花团锦簇、烈火烹油的意象：夺嫡密谋使得年雍二人亲如弟兄。这样巨大的社会资本，让年羹尧在春风得意的时代甚至可以僭越礼制。例如，《清史稿》载年羹尧"请发侍卫从军，使为前后导引，执鞭坠镫……入觐，令总督李维钧、巡抚范时捷跪道送迎。至京师，行绝驰道。王大臣郊迎，不为礼。在边，蒙古诸王公见必跪，额驸阿宝入谒亦如之"[①]。有了和皇帝的亲密关系，年羹尧的军法严酷到近乎恐怖。野史的记载更令人寻味："尝舆从出府，值大雪，从官之扶舆而行者，雪片铺满手上，几欲坠指。将军怜之，下令曰'去手'，盖欲免其冻僵也。从官未会此意，竟各出佩刀自断其手，血涔涔遍雪地矣"[②]。实际上，年羹尧可以完全不顾及和这些王公大臣以及部下建立或维护什么社会关系，因为雍正是他整个宦海生涯的核心，是他需要的几乎所有社会资本的来源。帝王的资源加上看起来牢不可破的连带强度，可以使年羹尧在率性地破坏那么多社会关系的情况下，非但毫发无伤，还获得人生的巨大成就与满足感。

帝王的资源永远可以决定臣子的起落甚至生死，但人与人之间的关系，此一时彼一时。实际上，雍正登基后，年雍之间已经由简单的主仆之谊变成君臣之道。可惜武夫如年大将军者，仍然以旧日私谊和雍正进行互动。而他当初参与夺嫡密谋的身份，此时却已是雍正心头一块无法落下的石头。这一切，从一开始就注定了年羹尧个人的悲剧。孟森先生从年雍看似热络的君臣对话中，就已找出了世情变换的草蛇灰线。根据对《东华录》和《故宫文献丛编》等大量史料中上谕和奏折的分析，即位后的雍正一直在给

---

① 赵尔巽、柯劭忞等：《清史稿》卷295列传82，中华书局，1977。
② 辜鸿铭、孟森等：《清代野史》卷4，巴蜀书社，1998，第2070页。

年羹尧"灌米汤"。雍正二年三月十八的《奏谢自鸣表折》上，雍正的朱批居然是"从来君臣之遇合，私意相得者有之，但未必得如我二人之人耳……总之我二人做个千古君臣知遇榜样，令天下后世倾慕流涎就是矣"①。这种以上媚下的言辞，在历代帝王的朱批中可谓空前绝后。而年羹尧居然真的谬托知己，认万乘之尊作布衣之交。在《谢赐珐琅双眼翎折》的最后，年羹尧撒娇卖宠式地向雍正索要赏赐，说"如有新制珐琅物件，赏赐一二，以满臣之贪念，臣无任悚惶之至"。而雍正忍住光火，对这种越轨的言辞只能以半开玩笑的佻词答之，复以"今将现有数件赐你，但你若不用一'贪'字，一件亦不给你，得此数物，皆一字之力也"②。这个"贪"字，分量千钧而年羹尧毫不自知，甚至继续违反规制把很多朱批原本私藏起来留做纪念，或者说是凭证也未可知。

君王累积的怨气，终于到达了临界点。1725 年 4 月，雍正以修筑城墙扰民的小事为由，降年羹尧为杭州将军，而让岳钟琪代理甘陕总督和抚远大将军。年羹尧一头雾水，但他也深知，此事不用也不可能指望别人，唯有君主才可以挽回一切。于是，一场年羹尧式"上访"，从此拉开帷幕。年大将军心中不平，从西安行至扬州的仪征就不再南下，上疏说："臣不敢久居陕西，亦不敢遽赴浙江，今于仪征水陆交通之处候旨。"③ 此时的年羹尧，试图依仗当年的功劳和主仆之谊，来向皇帝表达内心的疑惑与不快，更期望雍正改变裁决。但清醒的旁观者，岂不知君主的力量越大，年羹尧的负面社会资本就越多，就越必须一死以谢天下呢？果然，雍正不出意外地"益怒，促羹尧赴任"。同时，在雍正授意下，山西巡抚伊都立、前山西巡抚范时捷、川陕总督岳钟琪、河南巡抚田文镜、原直隶巡抚赵之垣以及侍郎黄炳、鸿胪少卿单畴书等封疆大吏和京官纷纷"交章发羹尧罪状"。可以想象，等待着年羹尧的是四面楚歌，一败涂地。几个月后，北京遂传来死罪的消息。事已至此，年羹尧不得不采取他最后的求助方式，上了一道《临死哀求折》，说"臣今日一万分知道自己的罪了，若是主子天恩，怜臣悔罪，求主子饶了臣。臣年纪不老，留作犬马自效，慢慢地给主子效力"④。

在这个折子中，作为满大臣的他以"主子"称呼皇帝虽不意外，但可怜的辞气，必然再次唤起雍正对他作为"雍邸私人"的回忆。但可惜的是，

---

① 孟森：《明清史论著集刊正续编》，河北教育出版社，2000，第 301 页。
② 孟森：《明清史论著集刊正续编》，河北教育出版社，2000，第 299~300 页。
③ 赵尔巽、柯劭忞等：《清史稿》卷 295 列传 82，中华书局，1977。
④ 孟森：《明清史论著集刊正续编》，河北教育出版社，2000，第 300 页。

当年基于夺嫡密谋而升华的友情，此刻都已经是雍正最要避讳的一段历史。年羹尧越是想靠旧情打动雍正，雍正杀人灭口的机心越不可动摇。于是，雍正再也按捺不住，直接回复："乞命折览。尔既不肯自尽谢罪，朕只得赐你自尽。尔亦系读书之人，历观史书所载，曾有悖逆不法如尔之甚者乎？自古不法之臣有之，然当未败露之先，尚皆假饰勉强，伪守臣节。如尔之公行不法，全无忌惮，古来曾有其人乎？朕待尔之恩如天高地厚，且待尔父兄及汝子汝合家之恩俱不啻天高地厚。朕以尔实心为国，断不欺罔，故尽去嫌疑，一心任用，尔作威福，植党营私，如此辜恩负德，于心忍为乎？尔自尽后，稍有含怨之意，则佛书所谓永堕地狱者矣，万劫亦不能消汝罪孽也，雍正三年十二月十一日。"雍正不但要年羹尧速死，还诅咒他死后如有不平，就会堕入阿鼻地狱。其锥心彻骨之恨，让近三百年后的我们读来都脊骨发凉。

在重访清史的诸多细节之后，我们不难发现，在1725年，年羹尧并不理解他和雍正之间关系的微妙转变。他一直在自以为是地寻找、识别那些社会资源，并冒失地加以运用。雍正也从半嗔、警告最后走向愤怒，最终导致年羹尧的求生目标没有实现。实际上，他的社会资本动员过程，在我们看来无异与虎谋皮，是一种昏聩不堪、无可救药的愚蠢；在雍正皇帝看来，年的社会资本动员过程要么是无礼、冒犯和小小的狡诈，要么是完全没有领悟到天威之不可侵犯。孟森分析到，"羹尧粗材，竟昧古来可共患难难共安乐成例，即无他杀以灭口之故，语言文字之隙，已足以杀身而有余"[①]，可谓精辟。在近三百年后，我们尽可以嘲笑年羹尧是个粗材，但问题在于，究竟有哪个行动者可以说自己能对自己洞若观火？谁能够不受自身的性格、学识、判断力和过往经验的影响？本质上说，每一个行动者或多或少都是年羹尧，每一个人或多或少都会一厢情愿。从这个角度看，亲密或者疏远的关系，有用或者没有用的资源，有可能只是行动者一方的幻象。既然如此，建立在这种关系基础上的社会资本，除了结构性的一面，必然就包含了一种主观的、建构性的特征。

二 社会资本的建构性：布迪厄、惯习与关系

社会资本是一个"动态的实践概念"，社会资本是通过人与人的实践互

[①] 孟森：《明清史论著集刊正续编》，河北教育出版社，2000，第300页。

动而形成的①。而"实践"不仅仅是结构性的,还是建构性的。布迪厄说,"作为实践活动的实践的理论与实证主义唯物论相反,它提醒我们,认识的对象是建构的,而不是被动记录的;它也与理智主义唯心论相反,它告诉我们,这一构成的原则是有结构的和促结构化的行为倾向系统,即惯习"②。社会资本结构性的一面,也就是它的嵌入性,是众所周知而且很容易被理解的,它也是社会资本概念自诞生之日起最具有启发性、最被重视的属性。但社会资本建构性的一面,则往往容易被忽视。社会资本学者专注于网络、结构洞等客观社会关系,仿佛自己是一个不偏不倚而且全知全能的观察者,分析行动者和社会关系所组成的世界时,如上帝般居高临下地解剖一出好戏,对行动者的心智一概以理性选择而蔽之。前文之所以不厌其烦地对社会资本诸多学者进行追问,其目的就是提醒,"单个行为人与未来保持的并支配其现时行为倾向的实践关系,是在两个方面的关系中得到规定的:一方面是其惯习……而另一方面社会世界客观上给予该行为人的机会之特定状态"③。也就是说,社会资本是结构性和建构性的统一,是客观和主观的共同产物。忽视了建构性,就会把合乎逻辑的事物当作事物的逻辑。

1. 社会资本的建构性定义:基于场域和惯习

"场域"代表着各种不同的社会空间,是"各个位置之间的客观关系网络"④,它展示的是由不同的资本和权力所决定的处于不同位置的行动者之间的客观关系。我们可以把具体的社会资本事件,作为界定社会资本场域的依据。比如,求职的场域,是劳动力市场或者职业分配部门的权力结构。而"惯习"是"持久的、可转换的潜在行为倾向系统,是一些有结构的结构"⑤,是"心智和认识结构",是"结构的内在化产物"⑥,是"社会结构的嵌入和身体化","既低于意识、语言的水平,又高于内省的细察斟酌和意志的控制"⑦。场域可以理解为一种社会位置,惯习可以理解为一种性情

---

① 刘少杰:《后现代西方社会学理论》,社会科学文献出版社,2002,第239页。
② 布迪厄:《实践感》,蒋梓骅译,译林出版社,2003,第79页。Habitus 亦曾被译作"习性"。为统一起见,本文在引用有关文献时作了调整,均采用"惯习"的译法。
③ 布迪厄:《实践感》,蒋梓骅译,译林出版社,2003,第99页。
④ Pierre Bourdieu & Loïc Wacquant, "The Purpose of Reflexive Sociology (The Chicago Worksshop)" in Bourdieu & Wacquant, eds, *An Invitation to Reflexive Sociology*, Chicago: University of Chicago Press, 1992, p. 97.
⑤ 布迪厄:《实践感》,蒋梓骅译,译林出版社,2003,第80页。
⑥ Pierre Bourdieu, "Social Space and Symbolic Power", *Sociological Theory* 7, 1989: 18.
⑦ Pierre Bourdieu, *Distinction: A Social Critique of the Judgement of Taste*, Cambridge: Polity Press, 1984, pp. 466–468.

倾向。而这二者互相定义，高度相关。一方面场域形塑惯习，一方面惯习赋予场域意义、感觉和价值[1]。实际上，通过惯习和场域的二元整合，布迪厄回避了"个体方法论"和"整体方法论"之间的鸿沟，形成了一种"关系方法论"（Methodological Relationism），即除了个体和结构，结构与个体之间的关系也应该作为社会学研究对象[2]。鉴于布迪厄曾经运用场域和惯习这一对概念成功地建立起了实践理论，我们同样可以运用这一对概念，对社会资本的定义进行补充。这或许印证了波茨对布迪厄的盖棺论定："在那些把社会资本概念引入当代社会学话语的学者中间，布迪厄的分析在理论上最为精练，因此它的被忽略令人扼腕惋惜"[3]。

我们把对社会资本的分析起点具体化到行动者的实践层面。每一个行动者的行动虽然都不是绝对理性的选择，但绝对不是建立在一个对情境漫不经心的、毫无历史经验可循的掷骰子式的赌博之上。布迪厄[4]强调的实践逻辑是"排斥任何形式的算计"的，仅仅是因为这种算计早已经被身体化了，不是说没有计算，而是一种"倾向于按照有意识的方式，实施习性另一种方式的运算"[5]。在开始一个社会资本行动之前，行动者（也即求助者）一般要了解社会资本两个维度的内容：第一，资源的分布情况（Distribution）。包括要明确哪一类的行动对象的资源有助于达成目标，涉及对社会职位划分、事件发生场域界定以及对资源归属主体的穷举。因此，资源分布是客观的，但正如布迪厄所说的那样，会受到行动者的主观估价和赋值。例如，同一社会位置上的资源，即便在同一个人看来，随着时间的变化也会有所差异。第二，资源的可涉取程度（Accessibility），主要是明确社会联系的紧密程度和远近程度，并由此涉及行动的策略、后果等方面。因此，资源的可涉取度既包括客观的因素，但更多的是主观的判断，是行动者对周边他人资源的一种认识和筛选。简单说，可涉取度，就是行动者与资源拥有者之间的人际关系的强度（Tie Strength）。

我们试着对社会资本的概念进行重新定义。由于场域是一种客观的社

---

[1] George Ritzer and Douglas J. Goodman, *Modern Sociological Theory*, Peiking University Press, 2004, pp. 393 - 394.

[2] George Ritzer and Pamela Gindorff, "Methodological Relationism: Lessons For & From Social Psychology", *Social Psychology Quarterly* 55 (1992): 128 - 140.

[3] Alejandro Portes, "Social Capital: Its Origins & Applications in Modern Sociology", *Annual Review of Sociology* 24 (1998): 3.

[4] 布迪厄：《实践感》，蒋梓骅译，译林出版社，2003，第142 - 144页。

[5] 布迪厄：《实践感》，蒋梓骅译，译林出版社，2003，第81页。

会结构，首先我们可以把那些由客观的社会联系所指向和连接的资源定义为"场域性资源"。这个概念与林南的"社会资源"概念非常类似。但"场域性"概念本身强调了社会客观关系的结构性，也提出了其受主观评估和赋予意义、价值的可能性，而"社会"的概念则显得有点含糊不清。在引入"场域性"这一结构性概念元素后，我们开始第二步：引入建构性元素。由于处在行动者识别范围之外的"场域性资源"无法被资本化，因此，行动者的惯习会决定哪些"场域性资源"被识别。而惯习更会对这些场域性资源的可涉取程度也即"关系"进行判断，并通过经验、学习的内化，对场域性资源进行重新认识，从而衡量其真正对自己有用的规模。**这样，我们可以得出一个社会资本的建构性定义：惯习对场域性资源的分布判断。**而社会资本行动的过程，我们既可以看作一个理性行动的过程，但也可以看作"并不是以在按照某一计划建构起来的若干可能性中进行果断选择为目标的某种意识的理智活动，而是惯习的实践活动"①。只不过，惯习并非真的毫无理性，而是被场域所形塑，在行动中调整更新，并赋予场域新的理解。惯习的获得与演化过程，是一个社会化过程，一个学习改变行动信念和决策的过程。通过社会资本的建构性定义，本文要强调的是：社会资本的存在方式是二元的。它有资源的客观属性，也有心理分布图式的主观属性。

2. 社会资本的建构性图式：基于差序格局和资源不平等

在实际生活中，一个人可以说清自己有多少钱，有多少个记得名字的朋友。但一个人对自己的社会资本，仅仅是一个模糊的认识。唯有当指定一个事件，明确一个工具性目标也即事件（比如求职）时，这个认识才能具体化。那么，一个行动者是如何判断自己在事件中的场域性资源的分布和有用规模呢？我们将离开年羹尧，尝试建立起一个"初始事件"的认知三维模型图（见图1）。这个模型的本质是一个认知序列，它不是作为第三者的客观记录，而是行动者的主观判断。

(1)"初始事件"的蝶形模型

由于"惯习的预测是一种建立在既往经验上的实践假设，对最初的经验特别倚重"②，因此这个模型的主人，"我"，是一个"初始"的行动者，就一个事件A（也即一个工具性目标，例如求职）而言，"我"没有大量关

---

① 布迪厄：《实践感》，蒋梓骅译，译林出版社，2003，序言。
② 布迪厄：《实践感》，蒋梓骅译，译林出版社，2003，第82页。

于对场域性资源的判断和记忆的累积，对有利于目标达成的资源的了解，也仅仅限于他人的客观身份、职位。对与他人之间互动的程度和社会心理距离判断，也仅仅具有一些最基本的人生体验。总之，"我"仿佛是一个刚刚跨进社会工作的年轻学生。在图1中，横坐标"交往面"是以行动者"我"为核心的同心圆，表示在"我"心目中与周围人的交往亲密程度，也可以理解为费孝通的"差序格局"[①]。在横坐标中，离开圆心的"我"越远，则"我"对其所拥有的社会资源的涉取难度就越大，争取到资源的概率越小。而纵坐标则表示场域性资源的多少。于是以"我"为轴心，形成一个底面为圆的三维坐标系。"我"周边的每一个人都在这个坐标系中有一个位置。接下来我们具体定义这个事件A，也即定义一个工具性目标。一般而言，由于社会中的资源分布往往是不平等的，就某个目标（事件）A而言，往往那些对目标最有帮助的人，未必和"我"有最亲密的关系。甚至，往往是距离越远的人所具有的资源越多。因此，"我"周边的场域性资源的分布，必然是一个蝴蝶状的，也即图1中A1—A2—A3—A4—A5五个点做决定的分布面。A2的纵坐标代表"我"自己的资源，A1和A3的纵坐标代表资源的达高性，A4和A5的横坐标是"我"的关系格局中最远的边界。

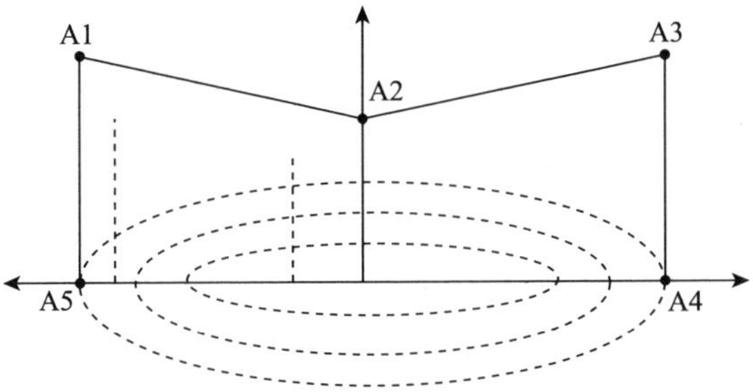

纵轴：场域性资源

横轴：呈差序格局的人际关系

图1 社会资本建构图式：初始事件的蝶形模型

假定在事件A中，根据"我"的判断，有三个最可能提供帮助的朋友。其中，朋友1资源最多，但关系相对疏远；而朋友3和"我"关系最好，但朋友3资源并不多。而朋友2则处于两者之间。假定"我"决定采取社会资本行动（也即求助）且只能求助一人，那么这个选择就完全取决于对

---

① 费孝通：《乡土中国》，北京大学出版社，1998。

分布面 A 中的三者心理距离和资源这两大要素的综合权衡：关系远近和资源多少决定了"我"真正可用资源的数量。也因此，这个主观判断出来的可用资源量，实际上就是资源与心理距离的商。在测量上，所谓心理距离，其实可以视作社会资本研究中"连带强度"的倒数：关系越"远"，连带就越"弱"。也因此，**行动者所判断的可用资源，实际上也就是客观的场域性资源与连带强度的乘积**。总体上，人们可能倾向于挑选那些既有影响力又不至于离自己太远的人作为社会资本的行动对象（例如朋友 2）。当然，人的行为倾向千差万别，"惯习"千差万别，如果圆心中不是"我"，而是其他人，则可能做出完全不同的判断。例如，性格内敛的人可能对心理距离比较看重，不太愿求助生人，因此朋友 1 虽然资源多，但行动者会"不好意思"去求职。

这个"初始事件"社会资本和学者提出的"个人地位""身价"等概念有很多相通之处，都是一种他人在个体心理空间上的序列分布[①]。也就是说，"初始事件"社会资本的主观性、建构性是具有压倒优势的。这是因为，场域是"社会世界中长期占据某个位置的结果"[②]。但是，"初始事件"社会资本只是一个开端，随着事件的不断积累，随着场域和惯习之间的不断作用，社会资本整体的结构和建构二元性即将显现出来。

（2）"事件累积"的凹锥模型

"初始事件"社会资本只是一个开端，随着事件的不断积累，随着场域和惯习之间的不断作用，社会资本整体的结构和建构二元性即将显现出来。这个积累的过程将在图 2 中得到解释：我们将时间定义为事件的序列。将事件 A 的分布面进行顺时针旋转，就可以得到另外一个事件 B 的分布面（比如，A 是求职，B 是找到工作后的晋升）。当然，两个面之间还可以有更多的事件也即分布面，表示从 A 事件到 B 事件的进程中其他的事件。在两个分布面的形成过程中，朋友 1、2 和 3 三人的坐标分布很可能要发生变化。引起这个变化的有以下几个方面的原因。

1）**情境迁移**：同一个朋友，在不同的事件中具有不同的社会资本价值。也即从 A 到 B，三个朋友的纵坐标都可能发生变化。例如，一名商人朋友对于自己求职的作用可能不如一名官员朋友大，但对于贷款则很有作用。

[①] 翟学伟：《中国日常社会的真实建构》，《中国社会科学》1999 年第 4 期。
[②] George Ritzer and Douglas J. Goodman, *Modern Sociological Theory*, Peiking University Press, 2004, p. 390.

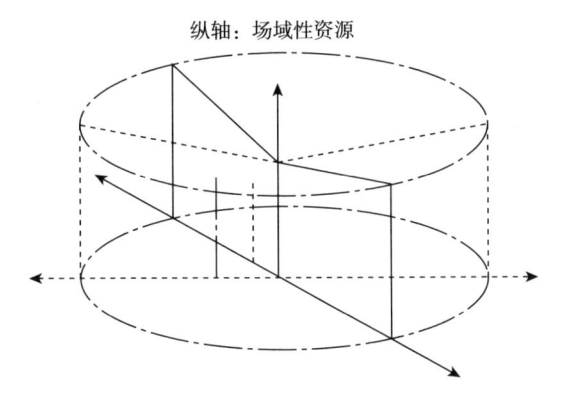

图 2　社会资本演化图式：事件累积

2) **距离伸缩**：事件 A 完成后，就形成一个可参考行动。这是因为，由于"我"和朋友 2 进行了一次互动，"我"和朋友 2 的交往距离将发生伸缩变化，也即朋友 2 的横坐标发生变化。因此，参考行动改变了场域的结构（甚至，他人与朋友 2 的社会互动都有可能引发"我"与朋友 2 之间距离的改变）。

3) **记忆积累**：事件 A 的结果将在"我"心目中形成一个记忆，影响到在 B 事件中是否继续选取朋友 2 作为行动对象的权衡。同样，其他人的事件也将对"我"产生心理暗示作用，在"我"心目中形成一个记忆。例如，当"我"得知有人曾经成功地通过朋友 1 获得了场域性资源，那么这会促使"我"在行动上向朋友 1 求助。

4) **记忆消除**：如果历经了多次事件，但某个人仍然不能成为"我"的行动对象，那么很可能他将逐渐淡出"我"的记忆：惯习使得他可能失去坐标系中的位置。或者，如果"我"拥有了巨大的行动对象选择数量，那些时间发生相对久远、长期不被动员的记忆也会消失。

5) **分类趋同**：随着事件的积累，"我"会逐渐对类似的事件进行分类。对于每个分类的事件，采取不同的场域性资源判断标准。也就是说，那个刚刚工作的"我"，随着时间的推移，将越来越善于利用记忆。这也就是布迪厄所谓的"作为历史产物的惯习，生成了个人或集体的行动，而历史，也因此和引起它的那些历史相一致"[①]。

这 5 种变化，归根到底，就是因为主观的"我"发生了变化。如果我们把 A 事件的分布面旋转 360 度，那么可以得到一个总体的社会资本分布

---

① Pierre Bourdieu, *Outline of a Theory of Practice*, London: Cambridge University Press, 1977, p. 72.

凹锥（其形状类似一个圆柱体的顶部被挖去一个圆锥）。而"我"一生中身边的每个人，随着事件的积累和时间的退役，在这个锥体中都有一个坐标轨迹。他们或者她们，有的是扭曲的圈，有的是短短的弧线，有的紧靠中心，有的忽近忽远。透过这些变化的轨迹，我们再一次看到：社会资本是记忆的产物，是自身通过历史对自身的不断修正。

三　社会资本的动态模型：基于信念的演化

我们假设行动者是部分理性的，在此基础上我们对社会资本进行模型化定义。因为社会资本具有主观建构性，故此我们对一个二元最简关系中所蕴含的社会资本进行两端定义：一端是行动者，一端是帮助者。此外，根据林南（1999）的论述，社会资本研究目前主要有三个对象：第一，使用关系与否（using contacts）；第二，使用了的社会资本（used social capital）；第三，可涉取的社会资本（accessed social capital）。本文主要对第二和第三类对象进行定义以及补充[①]。我们将从传统的结构性模型入手，进而演绎出建构性模型和基于此的动态演化模型。

1. 结构性模型

首先，我们用 R 来表示场域性资源（也即嵌入性资源）的规模，用 T 来表示连带强度，T 介于 0—1 之间。这样，我们可以宽泛地将社会资本 S 定义为 R 与 T 的乘积。之所以要将资源与连带强度相乘，是因为连带强度的多少对资源规模起着乘数作用。当强度是百分百的时候，比如直系亲属、挚友等，那么嵌入性资源可以完全地被求助方所用。当强度是 0 时，比如陌生人，嵌入性资源就不可用。如果我们相信无论是社会学家记录的或者是被访者自己诉说的 R 和 T 都是客观、真实和无偏差的，那么我们就可以首先得到一个结构性模型。

$$S = R \times T \qquad (4.1)$$

在实际研究中，诸如职业地位、收入、教育程度等可以作为 R 的操作化定义，关系强度则可以通过社会心理测量或者人为给定为 0—1 之间的百分比形式。这一模型之所以是结构性的，是因为它仅仅考虑了 R 作为嵌入性资源的客观规模和连带 T 的结构强度，但并未考虑主观性对 T 的影响。

[①] Nan Lin, *Building a Network Theory of Social Capital*, Connections, 1999, 22 (1).

基于这个宽泛的结构性模型，我们分别给出"使用了的社会资本"和"可使用社会资本"的细化模型。

假设行动者找到资源所有者1并获得了帮助，那么，他所使用了的社会资本（uS）就可以被定义为以下公式。

$$uS = R_1 \times T_1 \tag{4.2}$$

如果我们把图1的同心圆社会距离直径（也即关系远近）用其倒数关系强度来取代，那么我们就得到图3：事件A中的资源分布总体呈铲状，而社会资本就等于A事件的资源分布面中，资源提供者的坐标点与原点所决定的矩形的面积（图中的阴影部分面积）。而对于行动者的可使用的社会资本（aS）总量和均值，在A事件的分布面中我们同样可以进行定义。假设场域事件A中有n个可以求助的对象，则我们得到以下公式。

$$aS = \sum (R_n \times T_n) \tag{4.3}$$

$$\overline{aS} = \sum (R_n \times T_n) / N \tag{4.4}$$

在我们目前的社会资本的研究中，几乎无一例外都使用了结构模型的形式，而且往往还没有考虑连带、关系的强度T。有的仅仅是把T作为单独的影响被访者经济社会结果的因素而纳入模型。从这一点上看，可能存在一个普遍的高估社会资本、低估社会资本的实际因果效应的问题。

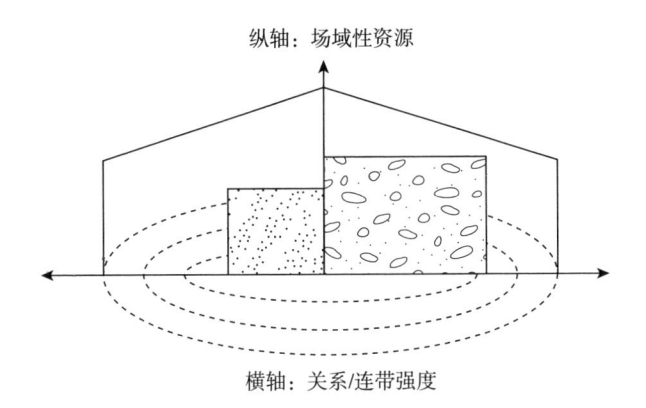

图3　社会资本结构性模型：阴影面积

2. 建构性模型

在结构模型基础上，我们引入基于连带强度T的主观维度从而建立起建构性模型，也即强调"关系"在行动者和帮助者心目中是不对称的。我们用 aS_{ij} 来代表行动者i期望从帮助者j那里所获得的资源量（或者说，就是 i 判断的 j 能提供的可用资源量),用 T_{ij} 表示行动者 i 心目中和帮助者 j 之间的关系。这样,在一个社会资本行动之前,行动者 i 可从 j 处得到的可用社会资本可以用以下公式表示。

$$aS_{ij} = R_j \times T_{ij} \quad (4.5)$$

行动者 i 拥有不止 j 一个社会资本涉取对象,那么他心目中的可涉取社会资本总量以及均值就可以用以下公式表式。

$$aS_i = \sum (R_n \times T_{in}) \quad (4.6)$$

$$\overline{aS_i} = \sum (R_n \times T_{in})/N \quad (4.7)$$

而在关系的另外一头,我们用 pS_{ji} 表示帮助者 j 所愿意给予行动者 i 的资源量,用 T_{ji} 表示帮助者 j 心目中和行动者 i 之间的关系,则 j 愿意提供给 i 的社会资本可以用以下公式表示。

$$pS_{ji} = R_j \times T_{ji} \quad (4.8)$$

也因此,在行动者 i 的网络中,n 个潜在帮助者们所真正愿意提供的社会资本总量和均值可以用以下公式表示。

$$pS'_i = \sum (R_n \times T_{ni}) \quad (4.9)$$

$$\overline{pS'_i} = \sum (R_n \times T_{ni})/N \quad (4.10)$$

显然,因为 T_{ij} 和 T_{ji} 是不一定相等的,所以行动者期望得到的,和他真正可能得到的资源量,并不相同。在本文作为例子的年羹尧,显然就是一个 T_{ij} 很大而 T_{ji} 很小的典型:年羹尧总以为皇上还是当年那个可以和自己推心置腹的四爷,而雍正对年羹尧跋扈的不满和粉饰帝王形象的决心,让他从登基开始就已经在思考如何剪除自己当年的羽翼。

注意,我们实际上提出了继林南(1999)归纳的"使用关系与否"(using contacts)、"使用了的社会资本"(used social capital)和"可涉取的社会资本"(accessed social capital)[①] 之外,又补充提出了第四类研究对象:"愿提供的社会资本"(provided social capital)。当然,到目前为止以上仍然只是一个社会资本建构性的简化模型。这是因为:第一,我们虽然已经考虑连带强度 T 的建构性,但还没有考虑 R 的建构性,实际上行动者对他人资源的了解可能和真实情况不一致,这在前文的"事件积累"中我们就已

---

① Nan Lin, *Building a Network Theory of Social Capital*, Connections, 1999, 22 (1).

经提及。比如，"县官不如现管"，职业地位所代表的客观资源，可能实际上要受到具体事件场域 A 的限制。再如，社交场合出于面子的交流甚至吹嘘，可能让一方高估另外一方的资源。第二，这个模型仅仅是静态模型，反映的是一个时间点上某个事件场域 A 分布面上的社会资本。而随着时间的变化，行动者和帮助者之间的关系强度可能会发生变化。因此，我们需要在建构性模型的基础上更进一步，为社会资本建立起动态模型。

3. 动态演化模型

我们基于建构性模型，进一步引入对场域性资源认识和连带强度的信念演化要素，从而建立起社会资本的动态模型。根据贝叶斯学习规则，行动者的理性不是无限的，对事物的判断也不是完美的，因此他们对真实世界的状态并无把握。这样，我们可以用 $SW \in \{\psi, \psi'\}$ 来表示行动者理解的社会的两个可能状态。在时间点 t 上，行动者认为社会真实是 ψ 的信念概率记为 ρ_{it}，认为社会真实是 ψ' 的信念概率是 $1-\rho_{it}$。我们将在认为社会真实是 ψ 的情况得到 X 的概率记为 $P_{it}(X\mid\psi)$，在认为社会真实是 ψ' 的情况下得到 X 的概率是 $P_{it}(X\mid\psi')$。在一个行动结束之后，行动者会在时间点 t+1 上获得一个结果 X。此时他对于真实社会的理解就会发生变化。根据贝叶斯定理，后续的信念可以写作此前信念的函数，而行动者也会调整自己的信念。这样，在时间 t+1 上，认为社会真实是 ψ 的信念概率就可以表示成如下公式。

$$\rho_{i(t+1)} = \frac{\rho_{it} P_{it}(X\mid\psi)}{\rho_{it} P_{it}(X\mid\psi) + (1-\rho_{it}) P_{it}(X\mid\psi')} \tag{4.11}$$

换句话说，早前时间点 t-1 上的社会资本判断和行动，会影响到行动者对关系强度 T 的判断，或者影响行动者对场域资源 R 的判断，甚至同时改变对这两者的信念，从而对下个时间点 t 上的社会资本行动产生影响。基于贝叶斯学习规则，我们在建构性模型的基础上，为社会资本建立动态演化模型。实际上，上个时间点的社会资本行动甚至还会影响下一个社会资本行动的发生概率。比如，刚刚因为小孩上学的事情找了领导帮忙，那么再找领导为自己晋升讲话，就有点不好意思开口。年羹尧向雍正上书，也必须每次等到一个借口，或者行至一个新的城市，或者有新的旨意降临。不过，为模型简洁起见，本文不对此进行演绎，而是专注于 T 和 R 的演变。换句话说，我们假设社会资本行动的发生概率之间是独立的。因此，我们设立的动态模型主要是基于行动者 i 的社会资源分布面坐标系中 j 的横坐标与纵坐标的变化。

注意，T 和 R 的双要素的变化组合有四种：T 变 R 不变，R 变 T 不变，

R、T 均变化，或者 R、T 均不变。下文将对前三种逐一进行分析。R、T 均不变，则可以直接使用上文的结构性或建构性模型。此外，由于在动态模型之中，"使用了的社会资本"（uS）、"可涉取的社会资本"（aS）和"愿提供的社会资本"（pS）的"身份"会不断随时间转化（比如，帮助者 j 愿意提供资源，就是 i 在行动者中真正使用了的资源，也即 pS = uS）。为模型简洁起见，我们用 S 来进行统一指代。

（1）行动者对关系的判断 T 变化，但对场域性资源 R 的判断不变（帮助者的横坐标变化）

这种情况的一个最简单的案例，就是 i 向 j 求助未果，认为 j 不帮忙并非能力不足，而是对自己"不够意思"。或者，j 帮忙超出了 i 的预期，行动者 i 于是认为 j 对自己比自己想象得更好。我们把在时间点 t-1 上，i 对 j 的资源的期望值记为 $S_{ij(t-1)}$；而实际获得的资源，也即帮助者 j 所愿意付出的资源记为 $S_{ji(t-1)}$，把行动者 i 实际获得的资源与其期望从 j 得到的资源之间的差异 $S_{ji(t-1)} - S_{ij(t-1)}$ 记为 x_i。显然，x_i 的效用函数会影响到 i 对 j 关系强度的重新判断。

我们设定效用值 $x'_i = v(x_i) = v(S_{ji(t-1)} - S_{ij(t-1)})$。v 的函数形式我们可以参考获诺贝尔经济学奖的预期理论中的价值函数[1]（参见图 4）。对于社会资本而言，同样规模的资源变化，在行动者和帮助者看来是不一样的。这是因为，根据预期理论，人们会规避风险，高估损失，而低估收益，导致图 4 中第一象限和第三象限的曲线并不对称。换句话说，人们通常会高估自己付出或者预期损失的资源效用，低估获得资源的效用。

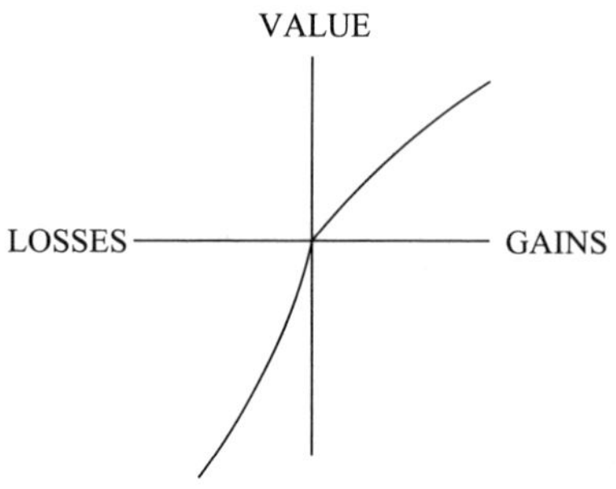

图 4 预期理论中的价值函数
注：引自 Kahneman and Tversky (1979)

根据 Kahneman 和 Tversky（1979）的实验[2]，该分段函数形式表示为以下公式。

---

[1] Amos Tversky and Daniel Kahneman, Prospect Theory: An Analysis of Decision Under Risk, *Econometrica* 47 (1979): 263 - 292.
——Advances in Prospect Theory: Cumulative Representation of Uncertainty. *Journal of Risk and Uncertainty* 5 (1992): 297 - 323.

[2] Amos Tversky and Daniel Kahneman, Prospect Theory: An Analysis of Decision Under Risk, *Econometrica* 47 (1979).

$$v(x) = \begin{cases} x^\alpha & (x \geq 0) \\ -\lambda(-x)^\beta & (x < 0) \end{cases} \qquad (4.12)$$

整个函数为递增,在左下象限为凹型,在右上象限为凸型。也即随着 x 的绝对值不断增大,价值的变化越来越小。此外,在失的区域内的曲线比得的区域内更陡峭。也即:得到同样资源带来的效益比失去同样资源感到的痛苦要小。因此,社会资本行动者作为收益获得者,有事先的期望,如果得到了更多,就形成心理上的收益,如果得到的不如期望多,就形成心理上的损失。也因此,行动者 i 对社会资本的价值判断函数,会有一个第一象限内的函数形式。而根据 Kahneman 和 Tversky(1979),平均 α 和 β 取值为 0.88,λ 取值为 2.25①。

考虑到 T 数值设定在 0 到 1 之间,且一次社会资本行动不太可能使得人际关系直接降到 0,我们写出实际情境中关系强度的演化函数。

$$T_{ijt} = T_{ij(t-1)}^{1-F(x'_i)} \qquad (4.13)$$

其中,F 函数将效用值 x'_i 转化到 -1 到 1 的区间,使得每次社会资本行动后关系强度范围处在最高点 1 和最低点 T 的平方之间(因为 T 处于 0 到 1 之间,因此 T 的平方小于 T)。具体形式表示为以下公式。

$$F(x) = 2\left(\frac{x - \min(x)}{\max(x) - \min(x)}\right) - 1 \qquad (4.14)$$

综合以上,在 T 变 R 不变的情况下,$T_{ijt} = T_{ij(t-1)}^{1-F(x'_i)}$,此时社会资本的演化模型就可以如下表示。

$$S_{ijt} = R_{ij}T_{ij(t-1)}^{1-F(x'_i)} = R_{ij}T_{ij(t-1)}^{\frac{2\min(S_{ji(t-1)}-S_{ij(t-1)})-2(S_{ji(t-1)}-S_{ij(t-1)})}{\max(S_{ji(t-1)}-S_{ij(t-1)})-\min(S_{ji(t-1)}-S_{ij(t-1)})}} \qquad (4.15)$$

(2)行动者对场域性资源 R 判断变化,而对关系 T 的判断不变(帮助者的纵坐标变化)

这种情况的一个类比就是,i 求助 j 未果,但并不认为这是关系不够所致,而是觉得 j 的资源就这么多,比自己预期的少。或者 i 获得了超出预期的帮助,但认为不是关系所致,而是因为 j 的资源比自己想象的要更大。在时间 t-1 上,行动者 i 寻求了帮助者 j 的资源,帮助者 j 最终给予的是 $S_{ji(t-1)}$。既然关系强度的判断没有变化,那么在下一个时间点 t 上,行动者 i

---

① Amos Tversky and Daniel Kahneman, Prospect Theory: An Analysis of Decision Under Risk, *Econometrica* 47 (1979).

会以上次获得的社会资本 $S_{ji(t-1)}$ 来更新自己的信念,从而倒推出帮助者 j 的资源。这样我们得到资源判断的演化模型:

$$R_{ijt} = S_{ji(t-1)}/T_{ij(t-1)} \tag{4.16}$$

当 $S_{ji(t-1)}$ 小于 $S_{ij(t-1)}$,对资源的判断 R_{ijt} 就会下降,小于 $R_{ij(t-1)}$。当 $S_{ji(t-1)}$ 大于或者等于 $S_{ij(t-1)}$,对资源的新判断 R_{ijt} 就会上升或保持,大于等于 $R_{ij(t-1)}$。

而社会资本演化模型之二就如下所示。

$$S_{ijt} = S_{ji(t-1)} \tag{4.17}$$

(3) 行动者对场域性资源和关系的判断同时变化(帮助者横坐标纵坐标同时变化)

在实际的社会资本行动中,上文提及的 T 变 R 不变,或者 R 变 T 不变,可能只是两个极端的情况。而更多的情况中,行动者 i 对 j 的场域性资源以及连带强度的判断可能是同时变化的。因此,我们假设资源和关系判断的变化程度具有一定的权重性,而这种权重性是内心的性情、倾向(propensity),也即个人异质性的一种。也即有的人更信赖关系、友谊,有的人更信赖自己对资源的判断。结合上文 S 各自的演化模型方程(4.16)与方程(4.17),我们设定变化的权重为 $\theta_{it} \in [0, 1]$,并把 R、T 同时变化情况下的社会资本定义为 R 变 T 不变与 T 变 R 不变的两者情况下的 S 数值的加权函数:

$$S_{ijt} = \theta_{it} \times (R_{ij}T_{ij(t-1)}^{1-F(x'_i)}) + (1-\theta_{it}) \times S_{ji(t-1)} \tag{4.18}$$

θ_{it} 越接近 1,那么关系变化的影响力就越大。θ_{it} 较大的人,对人际关系的判断容易有变动,而对自己分析客观资源的能力更为自信。相反。θ_{it} 越小的,则有着比较稳定的人际关系判断。

回到年羹尧。显然,年羹尧生命的最后几年,他信念中的 θ_{it} 系数是非常小的,几乎是 0,也即他心目中皇帝和他的关系是稳定可靠的,甚至等于最初的 T_{ij0}。这个所谓的 T_{ij0},就是他们君臣一体、关系最为亲密的年代。从这个角度,年羹尧永远活在自己的光辉岁月之中。而雍正皇帝,重重不快之下,T_{jit} 早已从当初的 T_{ji0} 迅速降低到极小甚至为 0。关系既然为 0,诛杀年羹尧就是意料之中的事了。当然,即便在两人关系的蜜月期,是否 T_{ji0} 就一定等于 T_{ij0},我们也未可知。但或许在某个酒酣耳热、热血沸腾的密谋之夜,主子和奴仆的关系的的确确曾经达到过那个顶峰。但时光荏苒,场域更迭。

帝王事业的波诡云谲,岂能让生性多疑的雍正,容得下刻舟求剑、一成不变的上下关系呢?人生的多疑,其实疑的就是关系。

4. 新模型对社会资本的意义

本文之所以提出社会资本的建构性模型和动态模型,是因为过往实证研究中,对社会资本的测量往往是被访者或者说行动者的"一面之词",存在很大的测量误差。而且,就是这个"一面之词",还是以帮助者 j 的客观职业地位等最大可能的资源限度来计算,没有把连带强度直接作为决定社会资本数量的内在维度。实际上,很多实证研究把连带强度、强关系、弱关系等作为社会资本模型的控制变量,极少关注连带强度不对称性和主观性,这使得我们对社会资本的研究停留在静态和机械的阶段。

更重要的是,随着分析社会学、计算社会学水平的不断提高,社会学分析的方向已经突破了从宏观到微观的单一路径,从微观到宏观跃迁的路径研究方兴未艾[①]。我们过去习惯于用社会结构解释个人行动(诸如回归分析),而缺乏用个人行动来上升到中观甚至宏观社会模式的解释方法。但通过计算机仿真技术,基于动态模型,我们可以对一定群体中人们社会资本的积累、分布进行模拟,从而分析群体中社会资本的结构、流动和分层,实现从微观向宏观的跃迁解释:这正是科尔曼所企望的中层理论。因此,建构性模型和动态模型的提出,实际上为未来的社会资本研究提供了必要的基础。

与此同时,伴随建构性和动态社会资本模型的诞生,我们还获得了一些新的社会学分析和社会资本测量对象。起码有两个新的变量非常有意思。第一,从相关文献看,个人层次的社会资本主要有三种不同的测量方法,也即"定名法[②]、定位法以及资源生成法[③]"。但这三种方法都是基于"行动者"的,而不是对资源提供者的调查。而文中提出的"愿提供的社会资本",是一个应该面向帮助者的全新调查对象。第二,一旦我们既有了基于行动者主观判断的"可涉取的社会资本"(aS)以及"使用了的社会资本"

[①] 陈云松:《分析社会学:寻求连接微观与宏观的机制性解释》,《浙江社会科学》2008 年第 4 期。

[②] Lynne McCallister & Fischer Claude Serge. "A Procedure for Surveying Personal Networks". *Sociological Methods & Research* 7 (2) (1978): 131 – 148.

[③] M. P. J. Van der Gaag and T. A. B. Snijders, The Resource Generator: Measurement of Individual Social Capital with Concrete Items, Paper Presented at the XXII Sunbelt International Social Networks Conference, New Orleans, US, February 2003, pp. 13 – 17.

(uS)，又有了基于帮助者主观意愿的"愿提供的社会资本"（pS），那么，我们就可以测试行动者社会资本的主观度（Subjective Ratio），也即 aS_{ijt}/pS_{ji} 或者 uS_{ijt}/pS_{ji}。而这个主观度，显然和人的智识、性情甚至一系列人口社会学指标有关。毋庸置疑，它本身就应该是社会资本分析者关注的对象。

布迪厄忠告我们，要在看似完整的意义中重新引入表象（Representation）。也因此，社会资本的研究，已经到了一个不得不和经典分裂的时候了。这既是从认识论角度对主观客观二重性的全面理解的要求，同样也是对社会资本研究本土化的应有之义。布迪厄说："由于个人或集团是客观地得到定义的，而对他们做出定义的依据不仅是他们之所以是，而且是他们之被认为的所是，一种被感知的存在，这种存在即使严格取决于他们之所是，也绝不可能完全归约为他们之所是，所以社会学必须考虑到客观上依附于它们的两种资产：一方面是像物理世界的任何事物那样都可以计数和度量的物质资产，首先是身体资产；另一方面是象征资产，而象征资产不过是当它们在相互关系中被感知和被评价时的物质资产，也就是说它们是一些区别性资产。"[①] 尽管这段话晦涩异常，但笔者相信社会资本正是这种与常识决裂的、以二元方式存在的集合体。特别是，兼具客观性和主观性的"关系"，是我们理解建构性社会资本的主要桥梁。而作为社会资本研究本土化主要方向的"关系社会学"，理应以此作为重要的学科突破方向，并结合心理学、行为经济学等诸多兄弟学科的前沿知识和分析技术，对传统的社会资本概念进行一次整合、洗礼与提升。富有挑战意义的是，场域和惯习，甚至亦可能成为整合个人层次和群体层次社会资本的重要概念。虽然这不在本文的分析计划之列，但我们有信心认为这是中国社会学尝试对社会资本概念本土化所要做的进一步努力之处。

参考文献

边燕杰，《中国城市中的关系资本与饮食社交》，《开放时代》2004 年第 2 期。
——《关系社会学及其学科地位》，《西安交通大学学报》（社会科学版）2010 年第 5 期。
边燕杰、杜海峰、李德昌、李黎明、张顺、孙晓娥编，《关系社会学：理论与研

[①] 布迪厄：《实践感》，蒋梓骅译，译林出版社，2003，第 216 页。

究》，北京：社会科学文献出版社，2011 年。

布迪厄，《实践感》，蒋梓骅译，南京：译林出版社，2003 年。

陈云松，《分析社会学：寻求连接微观与宏观的机制性解释》，《浙江社会科学》2008 年第 4 期。

陈云松、范晓光，《社会资本的劳动力市场效应估算：关于内生性问题的文献回溯和研究策略》，《社会学研究》2011 年第 1 期。

费孝通，《乡土中国》，北京：北京大学出版社，1998 年。

辜鸿铭、孟森等，《清代野史》卷 4，成都：巴蜀书社，1998 年。

刘少杰，《后现代西方社会学理论》，北京：社会科学文献出版社，2002 年。

孟森，《明清史论著集刊正续编》，石家庄：河北教育出版社，2000 年。

雍正，《大义觉迷录》，《清史资料》第 4 辑，北京：中华书局，1983 年。

翟学伟，《中国日常社会的真实建构》，《中国社会科学》1999 年第 4 期。

张文宏，《中国社会网络与社会资本研究 30 年》，《江海学刊》2011 年第 2、3 期。

赵尔巽、柯劭忞等，《清史稿》卷 295 列传 82，北京：中华书局，1977 年。

赵延东，《如何测量社会资本：一个经验研究综述》，《国外社会科学》2005 年第 2 期。

——《社会资本理论的新进展》，《国外社会科学》2003 年第 3 期。

Bian, Yanjie. 2001. "Guanxi Capital and Social Eating in Chinese Cities: Theoretical Models and Empirical Analyses." In *Social Capital: Theory and Research*, edited by N. Lin, K. Cook and R. S. Burt. New York: Aldine De Gruyter.

Bourdieu, Pierre. 1977. *Outline of a Theory of Practice*. London: Cambridge University Press.

——1984. *Distinction: A Social Critique of the Judgement of Taste*. Cambridge: Polity Press.

——1986. "The Forms of Social Capital". In Handbook of Theory & Research for the Sociology of Education, (ed.) by John G. Richardson, Westport, CT.: Greenwood Press.

——1989. "Social Space and Symbolic Power". Sociological Theory 7.

Bourdieu, Pierre & Wacquant, Loïc J. D. 1992. "The Purpose of Reflexive Sociology (The Chicago Worksshop)". In Bourdieu & Wacquant (eds.), *An Invitation to Reflexive Sociology*. Chicago: University of Chicago Press.

Burt, Ronald S. 1992. *Structural Holes: The Social Structure of Competition*, Cambridge, MA: Harvard University Press.

Coleman, J. 1990. *Foundations of Social Theory*, Cambridge, MA: Belknap Press of Harvard University Press.

Durlauf, S. N. 1999. "The Case 'Against' Social Capital", Focus 20 (3): 1 – 5.

Granovetter, Mark 1973. "The Strength of Weak Ties", American Journal of Sociology, 78: 1360 – 1380.

Lin, Nan, 1999. "Building a Network Theory of Social Capital". Connections 22 (1).

McCallister, Lynne, & Claude S. Fischer. 1978. "A Procedure for Surveying Personal Networks". *Sociological Methods & Research* 7 (2): 131-148.

Mouw, Ted. 2006. "Estimating the Causal Effect of Social Capital: A Review of Recent Research." *Annual Review of Sociology* 32.

Mouw, Ted. 2003. "Social Capital and Finding a Job: Do Contacts Matter?" *American Sociological Review* 68.

Portes, Alejandro. 1998. "Social Capital: Its Origins & Applications in Modern Sociology", *Annual Review of Sociology* 24.

——1995 (ed.). *The Economic Sociology of Immigration*, New York: Russell Sage Foundation.

Ritzer, George and Gindorff, Pamela, 1992. "Methodological Relationism: Lessons For & From Social Psychology". *Social Psychology Quarterly* 55: 128-140.

Ritzer, George and Goodman, Douglas J. 2004, *Modern Sociological Theory*, Peiking University Press.

Tversky, Amos, and Kahneman, Daniel. 1992. Advances in Prospect Theory: Cumulative Representation of Uncertainty. *Journal of Risk and Uncertainty* 5: 297-323.

——1979. Prospect Theory: An Analysis of Decision Under Risk, *Econometrica* 47, no. 2. pp. 263-92.

Van der Gaag, M. P. J. and Snijders, T. A. B. 2003. "The Resource Generator: Measurement of Individual Social Capital with Concrete Items". Paper Presented at the XXII Sunbelt International Social Networks Conference, February 2003, pp. 13-17.

中国城市居民阶层地位认同偏移研究[*]

韩 钰 仇立平[**]

摘 要：本文利用CGSS2010的调查数据，对我国城市居民主观阶层地位认同偏移的现状及影响因素进行了量化的实证分析。结果表明，我国城市居民主观阶层地位认同存在很大偏移，从偏移的方向来看，"向上偏移"的比重高于"一致认同"和"向下偏移"。这种偏移具有"趋中性"特征，即呈现出上层和中上层居民"向下偏移"，中层居民"一致认同"，下层和中下层居民"向上偏移"的倾向。我国城市居民主观阶层地位认同偏移主要受到宏观结构性因素、微观次结构性因素和主观态度等多种因素的影响。

关键词：阶层地位认同偏移 趋中性 结构性因素 次结构性因素

一 导言

伴随工业化、城市化与现代化的进程，社会阶层分化日渐严重，成为学术界关注的热点问题。然而，社会阶层分化不单是一种客观层面的社会事实，而且还成为一种主观层面的心理事实。在中国社会科学院2002年组织的大型调查中，超过九成的受访者都可以明确地将自己划分至某一阶层。[①] 这一数据表明，我国绝大多数居民已经形成强烈的阶层感知。然而，

---

* 本文为仇立平主持的国家社科基金一般项目"文化资本：我国城市中间阶层的生产和再生产研究"（11BSH028）阶段性成果之一。发表于《社会发展研究》2015年第1期。

** 韩钰，上海大学社会学院，博士研究生，E-mail: hanyu199010@163.com；仇立平，上海大学社会学院，教授。

① 李培林：《社会冲突与阶层意识——当代中国社会矛盾研究》，《社会》2005年第1期。

人们对自身主观阶层地位的认同与其客观的阶层地位并不总是一致的，二者之间会出现矛盾和偏移。王春光和李炜指出，"阶层的客观存在与主观建构既存在相互一致的可能，也存在不相一致的可能，彼此之间存在着复杂的关系，并且二者之间存在不一致的可能性大于一致性。"[①] 李培林也发现"收入、教育、职业和消费等各项主要的客观分层指标，与主观阶层认同之间存在着一定的联系，但关联强度不大"。[②] 所以关于主观阶层地位认同与客观阶层地位之间不一致的问题已经成为众多研究者的共识。另外，我国民众本身对此也有强烈反应，每当有机构发布有关中产阶层的报告时，网上网下都会一片哗然。许多网民都表示，这种中产阶级的标准或结论是"难以想象""超越常识""不合常理"的，甚至会调侃自己"被中产"了。

为什么学术界依据客观社会分层标准所揭示的社会分层状况，同社会民众对其所处阶层的主观认同和感受有如此大的差异？居民的客观阶层地位与其主观阶层认同之间是否真的出现了偏移？如果是，那么到底出现了什么样的偏移？为什么会出现这种偏移？这都是本文所关注并重点探索和尝试回答的问题。

二　文献综述

关于主观阶层地位认同偏移问题，尤其是中产阶级群体的主观阶层地位认同偏移问题的研究，一直都是社会学等学者关注的重点问题。这些研究主要集中在两大方面，即主观阶层地位认同偏移的现状与原因。

关于主观阶层地位认同偏移的现状，不同学者通过与不同参照对象的比较得出了不同的偏移结论。综合而言，已有研究主要选择以下三类参照对象分析我国居民主观阶层地位认同偏移问题。

首先，以其他国家居民的主观阶层地位认同作为参照对象。研究发现，不管是依据某一地区的调查，还是全国性的调查，我国居民主观阶层地位认同存在明显的"向下偏移"倾向。但是这种"向下偏移"并不是一种整体结构的偏移，主要表现为，自认为处于社会中层的人偏少，而自认为处于社会底层的人数相对较多。

---

① 王春光、李炜：《当代中国社会阶层的主观性建构和客观实在》，《江苏社会科学》2002年第4期。
② 李培林：《社会冲突与阶层意识——当代中国社会矛盾研究》，《社会》2005年第1期。

其次，以国内客观标准下的阶层地位作为参照对象。李春玲[1]和周晓虹等[2]人通过直接对全国或某一地区的客观阶层结构与主观阶层结构的对应比例的比较，认为我国居民中产阶层地位的主观认同基本呈"向上偏移"，即主观认同中产的比重高于职业中产、收入中产、消费中产的比重，但低于达到以上三个标准的综合客观中产的比重。卢福营和张兆曙通过对浙江四类村庄的村民进行问卷调查，发现村民的客观分层与主观认同在总体结构上是一致的，但是不同群体却呈现出不同的偏移特征：即客观地位层次为上层的，主观认同以下层以上的层次为主，呈现"向下偏移"的特征；客观地位层次为下层的，主观认同也以下层以上的层次为主，呈现"向上偏移"。[3] 也就是说，不管人们实际的客观阶层地位如何，都呈现出主观阶层地位认同的"中间化"趋势。雷开春以每位居民自身的客观阶层地位为参照对象，首先利用李春玲提出的客观职业声望综合指数[4]，将上海市白领新移民的客观阶层地位从低到高分为五个层次；然后根据被访者对个人综合经济地位在上海所处层次的主观认同，获得上海市白领新移民的主观阶层地位，并分为五个层次；最后用每位居民的主观阶层地位减去客观阶层地位，得出每位白领新移民的阶层地位认同偏移程度。研究发现，总体而言，"一致认同"的白领新移民最多，"向上偏移""向下偏移"的白领新移民最少。[5]

最后，以国内居民之前的主观阶层地位认同为参照对象。冯仕政以"中国综合社会调查"中2003年、2005年和2006年的调查数据对我国居民的"政治阶级认同"和"社会分层认同"进行了分析。研究发现，从对家庭地位的认同来看，我国居民的"底层认同"在不断扩大，"中层认同"在不断流失。[6] 但是，同样根据"中国综合社会调查"，陆益龙利用2006年和2008年的数据比较发现，人们的阶层认同已经开始从"偏低层"的认同逐步转向中层及以下阶层认同，即越来越多的人倾向于将自己认同为"中层"。[7] 与冯仕政的研究结论类似，高勇通过2001年和2005年"中国社会

---

[1] 李春玲：《中国当代中产阶层的构成及比例》，《中国人口科学》2003年第6期。
[2] 周晓虹编，《中国中产阶层调查》，社会科学文献出版社，2005。
[3] 卢福营、张兆曙：《客观地位分层与主观地位认同》，《中国人口科学》2006年第3期。
[4] 李春玲：《断裂与碎片：当代中国社会阶层分化实证分析》，社会科学文献出版社，2005，第192~194页。
[5] 雷开春：《白领新移民的地位认同偏移及其原因分析》，《青年研究》2009年第4期。
[6] 冯仕政：《中国社会转型期的阶级认同与社会稳定》，《黑龙江社会科学》2011年第3期。
[7] 陆益龙：《态度、认同与社会分层的主观建构——基于2008CGSS的描述性分析》，《湖南社会科学》2011年第5期。

变迁调查"中地位层级认同的基本情况的比较,发现我国居民地位层级认同呈现"向下偏移"的纵向态势。[1]

就目前已有的研究成果而言,我国居民主观阶层地位认同出现偏移已经成为学者们的共识。但是,对出现偏移的原因,学界有不同的认识。刘欣认为,人们之所以有"弃"权势而"附庸"声望的倾向,既有现实社会分层结构、分层机制的影响,也有文化价值观念和社会心理因素的作用。他认为声望资源的阶梯式分配结构和权力资源的二分模式分配结构可以解释武汉居民的"权力地位认同的相对剥夺感"和"声望地位认同的向上攀附倾向"。[2] 李培林[3]和赵延东[4]均从社会结构的角度分析偏移出现的原因,因为收入差距的扩大,在中国当前的社会结构中,尚缺乏一个成熟稳定的"中间阶层",所以目前出现客观阶层地位与主观阶层地位认同不一致是一种正常现象。周晓虹认为,这种偏移一方面可能与我国中产阶级心态上有一种相对剥夺感有关;[5] 另一方面也与当前我国城市居民对"中产阶级"这一概念存在误读有关。[6] 沈晖也是从相对剥夺感的角度对主观阶层地位认同偏移做出了解释,把偏移的产生归因于中产阶层设定的参照群体不合理。[7] 卢福营、张兆曙认为,导致上层村民阶层地位认同"向下偏移"的原因是极其复杂的,主要有"怕富"心理、"致富经验的自省"、参照对象的设定三个方面的因素。而下层村民阶层地位认同"向上偏移"则是因为他们把过去的穷苦日子与其他内陆居民的生活水平作为参照对象导致的。[8]

综观以上研究成果,学者多以其他国家居民的主观阶层地位认同、全国或某一地区的客观阶层结构或国内居民之前的主观阶层地位认同作为参照对象对我国居民主观阶层地位认同偏移进行分析。然而,一方面我国的社会发展程度还没有达到西方发达国家的水平,居民的客观阶层结构之间也存在很大差异,所以简单地将不同国家间居民主观阶层地位认同进行比较意义不大;另一方面纵向的比较分析因具体测量指标的差异,无法准确

---

[1] 高勇:《地位层级认同为何下移——兼论地位层级认同基础的转变》,《社会》2013年第4期。
[2] 刘欣:《转型期中国大陆城市居民的阶层意识》,《社会学研究》2001年第3期。
[3] 李培林:《社会冲突与阶层意识——当代中国社会矛盾研究》,《社会》2005年第1期。
[4] 赵延东:《中间阶层认同缺乏的成因及后果》,《浙江社会科学》2005年第2期。
[5] 周晓虹编,《中国中产阶层调查》,社会科学文献出版社,2005。
[6] 周晓虹:《〈白领〉、中产阶级与中国的误读》,《读书》2007年第5期。
[7] 沈晖:《当代中国中间阶层认同研究》,中国大百科全书出版社,2008。
[8] 卢福营、张兆曙:《客观地位分层与主观地位认同》,《中国人口科学》2006年第3期。

分析居民主观阶层地位认同的长期变化趋势。所以，依笔者所见，根据现有的数据，要研究我国居民对自身主观阶层地位认同偏移，还是以本国居民的客观阶层地位，尤其是居民自身所处的客观阶层地位作为参照对象，在此基础上，分析主观阶层地位认同偏移倾向及其原因。本文在雷开春的新白领研究的基础上，以居民自身的客观阶层地位作为参照对象对我国城市一般居民的主观阶层地位认同偏移的现状和特征展开分析。不仅可以认识我国城市居民主客观阶层地位之间是否存在偏移，同时还可以分析二者之间的偏移程度和偏移方向。目前，在对居民主观阶层地位认同偏移的研究中，大都是以居民的主观阶层地位为因变量，以居民的客观阶层地位、与社会结构或制度有关的变量等作为自变量，研究我国居民主观阶层地位与客观阶层地位之间的不一致。本文将以主观阶层地位认同偏移（即主观客观阶层地位差异）为自变量，延续以往的研究，将结构性因素作为自变量，且将其分为宏观结构性因素和微观次结构性因素，研究其对城市居民主观阶层地位认同偏移的影响。

三　研究设计

（一）研究假设

根据吉登斯的"结构二重性理论"[①] 和布迪厄的"社会实践理论"[②]，尽管人们生活在一个充满规则和制约的社会中，但这并不意味着人们只能被动地接受这些规则和制约，人们还具有主观能动性，能够不断地用自己已经内化的"实践意识"或"惯习"来重新"建构"新的规则。换言之，人们的行动不仅受到结构性因素的影响，同时人们还可以发挥自己的主观能动性进行建构。因此，在分析居民主观认同的阶层地位及其与客观阶层地位之间的偏移问题时，既要考虑国家的宏观政策和制度，以及这些政策、制度影响下的其他个人不可控的宏观结构性因素的影响，同时也要考虑居民的个人能力或市场能力等微观次结构性因素对主观态度的影响。据此，本文提出如下3个研究假设。

假设1：宏观结构性因素决定了居民阶层地位认同偏移方向：城市户

---

① 吉登斯，安东尼：《社会的构成》，李康、李猛译，三联书店，1998。
② 布迪厄，皮埃尔·华康德：《实践与反思》，李康、李猛译，中央编译出版社，1998。

籍、居住地区综合发展水平和社会保障水平较高、受到社会相对公正对待的居民，主观阶层地位认同偏移呈"向上偏移"或"一致认同"的可能性要高于"向下偏移"。

假设2：微观次结构性因素对居民阶层地位认同偏移方向起着重要影响：党员身份、较高教育年限和收入以及拥有住房产权的居民，阶层地位认同偏移呈"向下偏移"或"一致认同"的可能性高于"向上偏移"。

假设3：居民对社会公平感、个人幸福感和阶层地位变化的评价越高，阶层地位认同偏移呈"向上偏移"或"一致认同"的可能性要高于"向下偏移"。

（二）数据

本文数据来源于中国综合社会调查（CGSS 2010），2010年的调查抽样设计采用了多阶分层概率抽样设计，其调查点覆盖了中国大陆所有省级行政单位。在全国一共调查480个村/居委会，每个村/居委会调查25个家庭，每个家庭随机调查1人，共完成有效问卷11785份。本文主要研究城市居民主观阶层地位认同偏移，选择调查地点为城市的样本，其中包括非城市户籍的常住人口；学生不在本文研究范围，剔除在读学生，获得城市居民样本6840人。由于计算中一些变量的缺省，最终进入模型计算的样本为5446人。因为CGSS 2010在抽样设计中充分考虑了城乡差异，并以此作为分层抽样的指标之一，所以本文中选取的城市样本情况足以代表全国的城市总体。

（三）变量设定与描述统计

1. 因变量：主观阶层地位认同偏移

主观阶层地位认同偏移，是指主观阶层地位认同与客观阶层地位之间的差异，即主客观阶层地位偏差。所谓主观阶层认同，根据 Jackman 夫妇给出的定义，是"个人对自己在社会阶层结构中所占位置的感知"，是一个综合性的概念。[①] 问卷中主要操作化为如下问题："在我们的社会里，有些群体居于顶层，有些群体则处于底层。如果'10'分代表最顶层，'1'分代表最底层。您认为您自己目前在哪个等级上？"然后由被访者对自己社会结构位置的感知从1—10打分。本文将1—10分为五个层次，1—2分赋值为

---

① Jackman M R & Jackman R W. "An interpretation of the relation between objective and subjective social status." *American Sociological Review* 38（1973）：569 – 582.

1、3—4分赋值为2、5—6分赋值为3、7—8分赋值为4、9—10分赋值为5，分别对应于社会下层、社会中下层、社会中层、社会中上层和社会上层。

对于客观阶层地位的划分标准，主要有经济标准、消费标准、职业标准三类常用标准，学术界对此问题多有讨论，各有利弊。本文采用刘欣对于阶层界定的方法，即阶层界定只能将其置于现代社会的整体阶层结构中进行，根据资源占有关系所界定的社会阶层才是制度化的社会位置，才有可能使大家在主观上认同这一社会身份。[①] 因此本文在对职业进行阶层划分时，主要依据公共权力和资产产权进行，并做适当修改。如有些党政事业单位干部是科级以下行政级别，但未包含在刘欣的分析框架中，依据刘欣的归类原则，将这部分人划为第三类别；将集体企业经理和管理人员等同于国企，按照管理级别划分阶层位置。对于五个阶层类别的命名也做了细微的修改。对于离退休人员和暂时失业、无业的被访者，则根据其最近一次的职业状况进行归类和编码。最终，本文职业阶层的具体划分标准如下。

党政事业单位的局级及以上，国企或集体企业处级或相当及以上的经理和管理人员，雇用10人以上的民营企业主，归为社会上层，赋值为5分。

党政事业单位的处级干部，国企或集体企业科级或相当的经理和管理人员，雇用2—9人的小业主，中级及以上的高级专业人员，归为社会中上层，赋值为4分。

党政事业单位科级及以下基层干部，国企或集体企业科级以下或相当的经理和管理人员，有行政级别的职员办事人员，私有资产所有权或控制权的企业中管理10人及以上的经理，初级或无职称的低级专业人员，归为社会中层，赋值为3分。

无行政级别的职员办事人员，技术工人，归为社会中下层，赋值为2分。

雇用0—1人的个体劳动者，非技术工人，归为社会下层，赋值为1分。

最后，借鉴雷开春的数据处理方式，用我国城市居民主观认同的阶层地位值减去客观阶层地位值得到的阶层地位认同偏移变量即是本文的因变量。其中主观阶层地位值大于客观阶层地位值，即正数表示"向上偏移"；两者一致，即0表示"一致认同"；主观阶层地位值小于客观阶层地位值，即负数表示"向下偏移"。

---

① 刘欣：《中国城市的阶层结构与中产阶层的定位》，《社会学研究》2007年第6期。

2. 自变量

宏观结构性变量：即国家的具体制度和政策，以及在这些制度和政策影响下产生的非个人能力所控制的因素。本文从 CGSS 2010 数据中筛选的变量主要是：地区综合发展指数、户口类型、社会保障项目、家庭三大支出①和社会公正性。其中综合发展指数（CDI）是中国统计学会课题组根据科学发展观的内涵与要求构建的一套综合发展评价指标体系，其指数值可以反映我国各地区的综合发展程度。②户口类型是指被访者当前的户口类型，原始数据包括农业户口、非农业户口、蓝印户口、居民户口、军籍和没有户口。为统计方便，本文对户籍变量进行了简单处理：非农业户口、蓝印户口、居民户口、军籍等归为非农户口，赋值为 1；农业户口仍归为农业户口，赋值为 0；没有户口（有 3 位）作缺省处理。社会保障项目，在问卷中主要操作化为如下两个问题："您目前是否参加了城市基本医疗保险/新型农村合作医疗保险/公费医疗？您目前是否参加了城市/农村基本养老保险？"两个都没有参加赋值为 0 分，参加其中一个赋值为 1 分，两个都参加赋值为 2 分，数值越大，社会保障程度越高。另外，根据问卷原始变量，本文计算了居民家庭在教育、医疗和养老三个方面的总支出；在模型中，为了提高数据的拟合度，将所有样本一年中三大支出总和的绝对值加 1 取对数。社会公正性在问卷中具体操作化为："在过去一年中，是否受到过政府有关部门或工作人员的不公正对待。""是"赋值为 1，"否"赋值为 0。

微观次结构性因素：即居民通过个人努力、相对可以控制的、并能改变自身社会地位的能力或表现。本文主要选择居民的政治面貌、教育水平、个人收入、家庭房产四个变量进行测量。政治面貌的原始分类包括共产党员、民主党派、共青团员、群众。回归分析中将民主党派、共青团员、群众统一归为非中共党员，赋值为 0；共产党员归为中共党员③，赋值为 1。教育水平原始数据为定序变量，回归分析中根据各个教育程度的标准年限，

---

① 社会保障和家庭在医疗、教育和养老方面的支出之所以看作宏观结构性因素，在笔者看来，是因为在城市中，非城市户籍的常住人口在享受社会保障以及家庭在医疗、教育和养老方面的支出仍然受到城乡分割的结构性影响，还不可能获得与城市户籍居民一样的保障。
② 详见中国统计学会"综合发展指数研究"课题组发布的《综合发展指数研究》报告。
③ 党员作为自致性变量还是权力变量是一个可以讨论的问题，本文认为对于大多数普通党员来说，他们能够入党是因为他们要比其他人表现得更为优秀，是对他们能力的一种肯定；党员身份与其看作是权力象征还不如看作类似于文凭那样的，对于某些职业具有排他性的"资格证书"。

转化为连续的教育年限变量。具体转化标准如下：没有受过任何教育赋值为0，私塾赋值为3，小学赋值为6，初中赋值为9，职业高中、普通高中、中专和技校赋值为12，大学专科赋值为15，大学本科赋值为16，研究生及以上赋值为19。为了尽可能地减少误差，对于退学或中途辍学的赋值做相应调整。① 个人收入主要是指2009年全年的所有收入，包括职业收入和其他各项收入。为了提高数据的拟合度，对所有人的年收入加1之后取对数。在回归分析中，将房产变量整合为一个有无房产的二分变量，"有"赋值为1，"没有"赋值为0。

主观态度：即居民在宏观结构性因素和微观次结构性因素影响下形成的，对社会及个人问题的评价。原始数据主要从社会公平感、幸福感和10年来的阶层地位变化的评价进行测量。社会公平感是居民对社会公平程度的评价，由被访者从1到5进行主观评分，完全不公平赋值为1分，完全公平赋值为5分。幸福感是居民对自己生活幸福程度的评价，由被访者1—5进行主观评分，很不幸福赋值为1分，完全幸福赋值为5分。10年来的阶层地位变化评价是指居民对自己的社会阶层地位在社会变迁背景下发生的变化情况的评价，根据居民对当前阶层地位评价得分减去10年前的阶层地位评价得分，变量值从-9到9分。上述变量都作为连续变量进入模型分析。

3. 控制变量

本研究的控制变量是被访者的性别、年龄和婚姻状况。其中性别、婚姻状况变量为虚拟变量，女性为参照变量，赋值为0，男性赋值为1。年龄根据调查年份2010年和受访者出生年份相减得出，作为连续变量处理。婚姻状况在问卷中的原始分类为未婚、同居、已婚、分居未离婚、离婚、丧偶，本文简化为：同居和已婚归为已婚，赋值为1；未婚、分居未离婚、离婚、丧偶等归为未婚，赋值为0。

样本中以上变量的详细统计情况详见表1和表2。

表1 样本中连续变量的描述性统计

变量名	样本量	平均值	标准差	最小值	最大值
客观阶层地位	6840	1.94	1.12	1.00	5.00
主观阶层地位	6815	2.40	0.87	1.00	5.00

---

① 原赋值为6的改为3，赋值为9的改为8，赋值为12的改为11，赋值为15或16的改为14，赋值为19的改为18。

续表

变量名	样本量	平均值	标准差	最小值	最大值
各省综合发展指数	6840	62.60	10.88	45.60	85.05
家庭三大支出	6509	7241.95	15960.50	0.00	510000.00
教育年限	6823	10.01	4.50	0.00	19.00
个人收入	5888	25411.37	66865.66	0.00	2800000.00
公平感	6826	2.88	1.08	1.00	5.00
幸福感	6830	3.81	0.85	1.00	5.00
10年来阶层地位变化	6805	0.51	1.67	-9.00	9.00
年龄	6839	47.20	15.60	18.00	96.00

表2 样本中类别变量的描述性统计

变量	频数（人）	频率（%）	累计频率（%）
户籍（N=6836）			
农业	1671	24.44	24.44
非农	5165	75.56	100.00
社会公正性（N=6816）			
否	6244	91.61	91.61
是	572	8.39	100.00
社会保障项目（N=6625）			
0项	839	12.66	12.66
1项	2117	31.95	44.62
2项	3669	55.38	100.00
政治面貌（N=6832）			
中共党员	1153	16.88	16.88
非中共党员	5679	83.12	100.00
是否拥有房产（N=6785）			
否	757	11.16	11.16
是	6028	88.84	100.00
性别（N=6840）			
女性	3598	52.60	52.60
男性	3242	47.40	100.00

（四）主要分析方法与统计模型

由于因变量为多分类变量，即无偏移、向下偏移、向上偏移，因此本文主要采用多类别对数比率回归（Multinomial Logistic Regression）分析进行统计。多类别对数比率回归由一组简单对数比率回归方程构成。如果把多类别变量中的一类作为基准类，那么就形成了基准模型。具体做法是：先选择基准类，然后将其几率与其他各类的几率对比。例如，在收入偏移分析中，将无偏差的居民（pj）作为基准类，研究一组自变量如何影响收入偏移，用 p1、p2 分别表示向下偏移和向上偏移的几率，由此形成的多类别对数比率回归方程。

$$\begin{pmatrix} \ln(p_1/p_j) = \alpha_1 + \beta_1 X \\ \ln(p_2/p_j) = \alpha_2 + \beta_2 X \end{pmatrix}$$

此外，本文还使用了卡方检验的统计方法，主要用于分析两个类别变量之间的相关关系，并对二者之间的关系进行检验。

四 实证分析

（一）主观阶层地位认同偏移的现状与特征

根据图1，在客观阶层地位分布方面，我国约有一半左右的城市居民处于社会下层。整体呈现出随着阶层地位的提高，所占比重不断下降的趋势。所以我国城市的客观阶层结构还是一个典型的"金字塔型"社会结构，也就是说，多数居民还从事收入较低的低端劳动。在主观阶层地位上，城市居民主要集中在社会中层及以下，只有极个别居民认为自己属于社会上层，认为自己属于社会中上层的比重也非常低。所以，从主观标准看，我国社会阶层结构还是一个该缩小的阶层还没有小下去、该扩大的阶层还没有大起来的"洋葱头型"的社会结构，① 距离标准的"橄榄型"社会还有很大的差距。

将居民的主观阶层地位认同分值减去客观阶层地位分值，生成主观阶层地位认同偏移程度的新变量，最小值为-4分，最大值为4分。从图2中可以看出，城市居民阶层地位认同偏移分布并不成规则正态分布，向上偏

---

① 陆学艺：《如何认识新型社会阶层》，《前进》2002年第5期。

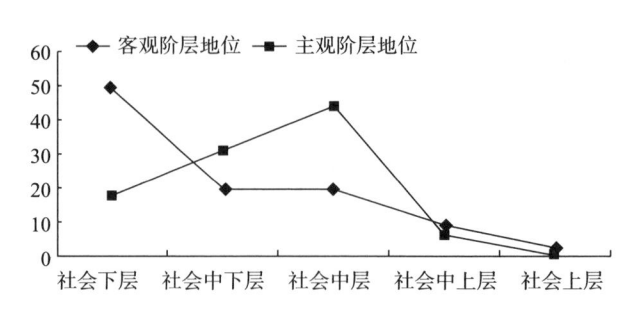

图1 我国城市居民主客观阶层地位分布

移一或两个层次的居民数远远高于向下偏移一或两个层次的居民数。大多数居民都是一致认同或上下偏移1—2个阶层，偏移3—4个阶层的居民仍是少数。如果从偏移方向来看，我们可以将其分为三类，以上结果中负数表示"向下偏移"，0表示"一致认同"，正数表示"向上偏移"，这也是本文最终的因变量。从表3可以进一步看出，阶层地位认同"向上偏移"的比重（50.32%）远远高于"一致认同"（29.21%）和"向下偏移"（20.47%）。

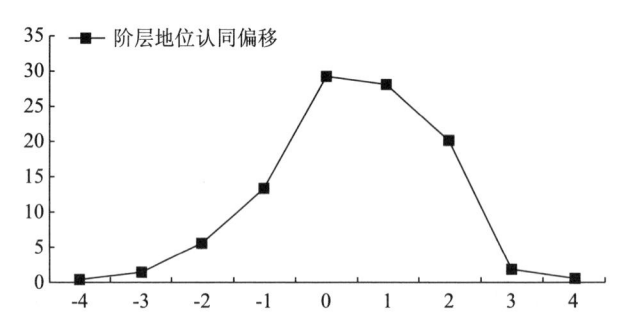

图2 我国城市居民主观阶层地位认同偏移情况详细分布

表3 我国城市居民主观阶层地位认同偏移方向分布

偏移状况	频数（人）	频率（%）	累计频率（%）
向下偏移	1395	20.47	20.47
一致认同	1991	29.21	49.68
向上偏移	3429	50.32	100.00
合计	6815	100.00	

本文的研究结论与以往主流研究结论不相一致的原因，主要是因为本研究是以每位居民自身的客观阶层地位为参照，而认为我国居民主观阶层地位呈"向下偏移"趋势的学者则更多的是以其他国家的主观阶层结构或

国内前几年的主观阶层结构为参照。在图1中，客观阶层地位处于社会下层和中下层的累计达69.5%，他们的阶层地位认同偏移更可能是"一致认同"或"向上偏移"，从而产生"向上偏移"的比重要高于"向下偏移"。产生这种情况如董运生[①]、卢福营和张兆曙[②]的研究所说的那样，是与居民主观阶层地位认同"趋中性"有关，正是这种趋中性的倾向加大了下层居民"向上偏移"而不是"一致认同"的比重。为了验证这种"趋中性"是否存在，参照卢福营和张兆曙卡方检验的方法，分析客观阶层地位和主观阶层地位认同偏移之间的相关性。为了使统计结果更为直观，将客观阶层地位中的下层和中下层归为一类即中下层；上层和中上层归为一类即中上层，中层仍为中层。统计结果（见表4）显示，城市居民阶层地位认同偏移方向与客观阶层地位之间存在极高的相关，并且能推广到总体。客观阶层地位为中下层的居民更多的是"向上偏移"，中层的居民更多的是"一致认同"，中上层的居民更多的是"向下偏移"。

表4　客观阶层与主观阶层地位认同偏移的相关分析

单位%

客观阶层	主观阶层地位认同偏移			合计	χ^2
	向下偏移	一致认同	向上偏移		
中下层	4.20	25.87	**69.93**	100（4736）	(4300 ***)
中层	37.95	**53.56**	8.48	100（1320）	
中上层	**91.57**	7.77	0.66	100（759）	
合计	20.47（1395）	29.21（1991）	50.32（3429）	100（6815）	

（二）主观阶层地位认同偏移的影响因素分析

本文主要使用多类别对数比率回归模型进行分析，以"一致认同"为参照对象，共建立两个统计模型（见表5）。根据表5的统计结果，可以发现宏观结构性因素、微观次结构性因素、主观态度因素对城市居民主观阶层地位认同偏移都有较为显著的影响。

从控制变量来看，只有婚姻状况对城市居民阶层地位认同偏移的影响具有统计显著性，即与"一致认同"相比，已婚者"向下偏移"的发生比

[①] 董运生：《地位不一致与阶层结构变迁》，博士学位论文，吉林大学，2006。
[②] 卢福营、张兆曙：《客观地位分层与主观地位认同》，《中国人口科学》2006年第3期。

是未婚者的 1.267 倍，"向上偏移"的发生比是未婚者的 1.329 倍；"向上偏移"的发生比要高于"向下偏移"。

从宏观结构性因素看，模型一中地区综合发展指数具有一定的显著性（p＜0.1），但在模型二未见显著性，并且回归系数变化较弱小，基本上可以排除地区发展指数对社会阶层主观认同的影响，但其他变量在模型中对城市居民主观阶层地位认同偏移的影响都具有一定的统计显著性，假设 1 部分得到证实。模型一显示，与"一致认同"相比，城市户籍人口选择"向下偏移"的发生比是农业户籍人口的 67.8%，每参加一项社会保障，"向下偏移"的发生比是没有或较少参加的 87.9%。模型二显示，与"一致认同"相比，社会是否公正即受过不公正对待的人选择"向上偏移"的发生比是没有受过不公正对待的 78.3%，其余均不具有统计显著性。以上分析表明，城市户籍居民、参加社会保障项目较多的居民更倾向于选择"一致认同"或"向上偏移"；受到过不公正待遇的居民更倾向于选择"一致认同"或"向下偏移"。

表 5　主观阶层地位认同偏移的多分类 Logistic 回归模型

变量	模型一 向下偏移/一致认同 Odds ratio（SE）	模型二 向上偏移/一致认同 Odds ratio（SE）
宏观结构性因素		
发展指数	1.008！	1.005
	(0.004)	(0.003)
户口类型^c	0.678 ***	1.028
	(0.077)	(0.093)
家庭三大支出	1.010	0.983
	(0.013)	(0.011)
社会保障项目	0.879 *	0.030
	(0.055)	(0.054)
是否不公对待^d	0.107	0.783 *
	(0.151)	(0.095)
微观次结构性因素		
政治面貌^e	1.340 **	0.648 ***
	(0.139)	(0.062)

续表

变量	模型一 向下偏移/一致认同 Odds ratio (SE)	模型二 向上偏移/一致认同 Odds ratio (SE)
教育年限	1.069 ***	0.901 ***
	(0.014)	(0.009)
个人收入对数	1.030 !	0.995
	(0.016)	(0.011)
房产[f]	0.806 !	1.080
	(0.098)	(0.115)
主观态度		
公平感	0.982	1.032
	(0.039)	(0.034)
幸福感	1.090 !	1.312 ***
	(0.055)	(0.055)
对10年来阶层地位变化的评价	0.960	1.239 ***
	(0.023)	(0.027)
控制变量		
性别[a]	0.905	0.998
	(0.750)	(0.069)
年龄	1.003	0.996
	(0.003)	(0.003)
婚姻状况[b]	1.267 *	1.329 ***
	(0.134)	(0.114)
Observations	5446	5446
Pseudo R^2	0.074	0.074

注：*** $p<0.001$，** $p<0.01$，* $p<0.05$，! $p<0.1$，括号中为标准误
参照组：a＝女性，b＝未婚，c＝农业户口，d＝否，e＝非中共党员，f＝无

从微观次结构性因素看，各项因素对我国城市居民主观阶层地位认同偏移均具有一定程度上的统计显著性，假设2基本上得到证实。与"一致认同"相比，党员主观阶层地位认同"向下偏移"的发生比是非党员的1.34倍（见模型一），"向上偏移"的发生比是非党员的64.8%（见模型二）。教育年限基本上呈现出与政治面貌一致的统计结果：与拥有较短教育年限的人相比，拥有较长的教育年限会使城市居民的主观阶层地位更倾向

于"向下偏移"或"一致认同",而不是"向上偏移"。除模型二个人收入在影响"向上偏移"与"一致认同"的比较不具有统计显著性以外,个人收入的自然对数每增加一个单位,选择"向下偏移"的发生比要比"一致认同"增加3.0%（p<0.1）；而房产对城市居民主观阶层地位认同偏移的影响则与教育年限相反,与"一致认同"相比,有房产居民主观阶层地位认同"向下偏移"的发生比是没有房产的80.6%（p<0.1）。根据以上统计结果,除了房产之外①,其他微观次结构性因素都会使我国城市居民主观阶层地位认同偏移更倾向于"向下偏移"或"一致认同",而不是"向上偏移"。

从主观态度因素看,社会公平感对城市居民主观阶层地位认同偏移没有显著影响,但对生活状况的自我评价则具有显著影响,假设3得到部分证实。从幸福感来看,居民对自身幸福程度的评价每提高一个层次,与"一致认同"相比,他们的主观阶层地位认同偏移选择"向下偏移"的发生比会提高9.0%（p<0.1）,"向上偏移"的发生比会提高31.2%,也就是说城市居民对自身幸福程度的评价越高,越倾向于出现主观阶层地位认同与实际的客观阶层地位之间的偏移。从对10年来阶层地位变化的评价来看,与"一致认同"相比,居民的主观阶层地位每提高一个层次,选择"向上偏移"的发生比就会增加23.9%。因此,城市居民对自身生活状况的评价越乐观,主观阶层地位认同偏移越容易呈现"向上偏移"。

五 结论与讨论

借助2010年中国综合社会调查的数据,本文探讨了中国城市居民主观阶层地位认同偏移的现状、特征与影响因素。研究发现,我国城市的社会阶层结构仍未形成代表现代社会阶层结构演变趋势的两头小、中间大的"橄榄型"结构。从客观标准来看,我国城市社会是一个标准的"金字塔型"社会结构,多数人从事无技术或技术含量较低的低端劳动,居于社会的下层和中下层。但是,从主观阶层地位认同来看,即使客观社会阶层地位较低,但也选择高于客观阶层地位的主观阶层认同,而客观社会阶层地

---

① 从描述统计看,样本中有房产的占88.8%,接近90.0%,鉴于农业户籍居民一般在家乡都有房产,因此"向下偏移"的发生比要低于"一致认同"或"向上偏移",主要发生在部分城市户籍居民。从这个意义上说,是否具有房产实际上对主观阶层认同偏移都有影响。

位较高的则选择低于客观阶层地位的主观阶层认同，从而出现城市居民的主观阶层地位与其自身的客观阶层地位之间出现了很大程度的偏移。从偏移的方向来看，"向上偏移"要明显高于"向下偏移"（"向上偏移"约是"向下偏移"的两倍多）。总体而言，主观阶层认同偏移方向的差异与城市居民资源分配的多寡和对未来的期待有关。

以笔者所见，具体有以下几个方面的原因：第一，已经获得较高社会地位的阶层还有不稳定感，还不完全认同自己的社会阶层地位，或者"谦虚"地对待自己已经获得相对成功。对他们来说，想象中的社会阶层地位①与现实已经获得阶层地位还有很大差距，更不用说，市场竞争的残酷性，使他们有"朝不保夕"的危机感。第二，在城市获得相对成功的这部分人，大部分来自草根家庭，个人社会地位的提高虽然能改善原来家庭尤其是父母的生活水平，但在城乡分割二元体制下，社会保障制度的不完善和保障水平较低，使他们无法因为已经获得的较高的个人阶层社会而"骄傲"起来。第三，尽管存在着财富分配的两极分化，但对大部分社会阶层地位较低的人来说，与他们的过去相比，仍然有一定改善，在"国家回应社会"能力的提高下，他们对改善自己的社会地位仍然给予一定期望，并且传统生活观念的"比上不足比下有余"和知足常乐的"中庸"思想对他们具有很大影响。对未来抱有期望，对现实的相对满足感是他们选择向上偏移的主要原因。

本研究还可以看出，虽然宏观结构性因素对人们的主观阶层认同偏移产生很大影响（如户籍制度），但个人相对能够掌握的微观次结构因素对主观阶层认同偏移的影响更大。如拥有党员身份、较高教育程度与个人收入的居民，其主观阶层地位认同偏移都会更倾向于"向下偏移"或"一致认同"而不是"向上偏移"。也就说，即使在目前的宏观制度空间条件下，依靠个人努力仍然能够获得一定的成功，并获得较高的社会阶层地位，只是因为在主观上还不认同已经获得客观阶层地位，从而产生"向下偏移"的阶层认同选择。

本文在以往主观和客观阶层地位比较研究的基础上，对城市居民主观阶层地位认同偏移研究进行了新的探索。不仅尝试将居民主客观阶层地位认同偏移直接作为因变量而不是间接以居民主观阶层地位认同为因变量分析我国居民主客观阶层地位偏移的原因，同时还从宏观和微观两个方面的

---

① 想象中的社会阶层地位更多的是以西方发达国家为参照。

结构性因素中寻找居民主客观阶层地位偏移的原因。无疑本文还有很多需要进一步深入讨论的问题，如宏观结构性因素和微观次结构因素的理论界定；限于问卷的局限，对宏观结构因素和微观次结构测量还不够全面，期待以后的研究能进一步完善。

公众对转基因作物的接受度及其影响因素

——基于6城市调查数据的社会学分析*

何光喜　赵延东　张文霞　薛　品

摘　要：本文利用一项大规模的入户抽样调查数据，分析了我国公众对转基因作物的接受度问题。与以往基于"消费者行为研究"框架而采取"个体决策行为模型"的研究不同，本文从风险社会学理论视角出发，试图发展一个"社会行动模型"的理论框架，以解释个体在"风险社会中"面对一项新技术时的决策行动受到哪些社会性因素的影响。分析结果显示：我国公众对推广种植转基因大米的接受度不高，且与2002年相比明显下降；传统的"个体决策行为模型"有一定的解释力，但其决策行为是基于有限知识基础上的"有限理性选择"，大众媒体的影响，对政府、媒体、科学家等"专家系统"的制度性信任都是重要的影响因素。

关键词：转基因作物　风险感知　信任　接受度　抽样调查

一　问题的提出

2012年，全球共有28个国家种植了转基因作物（Genetically Modified Crops）。其中，中国转基因作物种植面积约为400万公顷，在28个国家中排名第6位。[①] 中国种植的转基因作物以转基因棉花为主，占了种植面积的

---

* 本文得到中国科协调宣部重大调研项目"我国科技工作者的社会公众形象调查"（2009DCYJ02）的资助。原文曾以《公众对转基因作物的接受度及其影响因素：基于六城市调查数据的社会学分析》为题发表于《社会》2015年第1期。

[①] James, Clive. Global Status of Commercialized Biotech/GM Crops: 2012, *ISAAA Brief*, No. 44 ISAAA: Ithaca, NY, 2013.

80%以上。在转基因食品作物商业化种植方面，中国政府一直持比较谨慎的态度。虽然进口转基因大豆已经占据中国大豆市场80%以上的份额，[1] 但转基因大豆商业化种植在中国一直没有得到批准。事实上，中国批准种植的转基因食品作物只有番木瓜、番茄、甜椒三类。在水稻、小麦、玉米等主粮作物方面，中国政府的态度更加谨慎，一直没有批准这些主粮转基因作物的商业化种植。但在2009年年底，中国国家农业转基因生物安全委员会向两种转基因水稻、一种转基因玉米颁发了"生物安全证书"，这被认为在转基因主粮作物的商业化种植方向上迈进了一大步。这个举措由于涉及每个人都关心、与人们"日常生活"密切相关的主粮问题，使得长期以来关于转基因问题的争论得以从小范围扩展至整个社会层面。是否支持转基因主粮商业化种植，已经成为当前中国社会的一大焦点议题。著名科普人方舟子和电视主持人崔永元的论战，更让这场争论变得尖锐化和富于戏剧性，普通公众也因对转基因作物态度不同而分裂成尖锐对立的两派。

从社会学意义上看，这场争论具有"风险社会"（risk society）议题的典型特征：一项新科学技术的应用导致了潜在的"人造风险"（manufactured risk）；[2] 虽然客观风险尚未在现实中实现，围绕着它却形成了实实在在的、主观的、建构的风险（constructive risk），在某种程度上，这种主观建构风险的重要性和现实性甚至超过了客观风险。[3] 人们对转基因作物的态度和争论，就是这样一种主观风险的建构过程。在这个过程中，各种利益相关者为了塑造公众对转基因食品的风险感知而采取的种种"唤起"或"消解"的策略，公众对政府、专家、大众媒体等"社会建制"的制度性信任（institutional trust），或基于"反思性现代化"（reflexive modernization）而在相反方向上产生的对政治、科学权威性的消解，[4] 以及互联网新媒体和传统媒体在信息传播上的复杂作用，交织在一起，构成了一个"知识－权力"场域。[5] 本文试图基于一项覆盖了全国6城市公众的抽样调查数据，通过分析公众对转基因食品和作物的了解程度、风险感知和接受程度，以及影响这种接受程度的重要因素，探讨面对一项新技术的应用时，影响公众主观风险建构的重要因素，尤其是知识、政府、专家（科学家）、大众媒体

---

[1] 孙昌銮：《洋大豆逼停黑龙江九成榨油厂》，《北京青年报》2013年8月4日。
[2] 吉登斯：《现代性的后果》，田禾译，译林出版社，2000，第147页。
[3] 赵延东：《解读风险社会》，《自然辩证法研究》2007年第6期。
[4] 吉登斯：《现代性的后果》，田禾译，译林出版社，2000，第147页。
[5] 郭于华：《透视转基因：一项社会学人类学视角的探索》，《中国社会科学》2004年第5期。

及与其相关的制度性信任的重要性。

二 文献与理论框架

学术界关注公众对转基因食品的态度问题时间并不算长,大规模的研究始于1990年代后期。但短短十几年间,国内外已积累了大量的实证研究成果。[①] 相关研究的数量虽多,但内容大致可归纳为两个方面。一是描述公众对转基因食品的了解程度和接受程度。由于不同调查的指标、方法及样本差异性很大,很难得出一致性的结论。综述已有研究,大致的发现是,各国公众对转基因食品的了解水平和接受度都处于不高的水平,但彼此之间又有一定的差异性:就了解水平而言,中国公众对转基因的了解水平比发达国家更低;[②] 就接受度而言,美国公众对转基因食品的接受度明显高于欧洲、日本等其他发达国家,而中国、墨西哥、菲律宾等发展中国家则普遍较高。[③] 联合国粮农组织(FAO）2000年的一项调查显示,83%的中国消费者愿意购买改善营养的转基因食品,在所调查的10个国家中比例最高。[④] 此后的调查结果虽没这么高,但除绿色和平组织2004年的调查结果特别低（只有30%）外,多数调查显示我国公众对转基因食品的接受度在50%~80%。[⑤] 例如,2002~2003年中国农科院对华北、华东11个城市公众的大规模入户抽样调查结果显示,当时城市消费者对转基因食品的接受度在65%左右。[⑥] 需要指出的是,上述调查大多完成于2009年前,对于2010年转基因问题辩论升温之后的公众态度,目前尚未见到高质量的调查数据和研究分析。

二是探讨公众对转基因食品接受度的影响因素。这方面的研究也有很

---

① 仇焕广、黄季焜、杨军:《关于消费者对转基因技术和食品态度研究的讨论》,《中国科技论坛》2007年第3期。
② 黄季焜、仇焕广、白军飞、Carl Pray:《中国城市消费者对转基因食品的认知程度、接受程度和购买意愿》,《中国软科学》2006年第2期。
③ 仇焕广、黄季焜、杨军:《关于消费者对转基因技术和食品态度研究的讨论》,《中国科技论坛》2007年第3期。
④ FAO (Food and Agriculutre Organization of the United Nations). The State of Food and Agriculture 2003 - 2004, http://www.fao.org/docrep/006/y5160c/y5160c00.htm, 2004.
⑤ 仇焕广、黄季焜、杨军:《关于消费者对转基因技术和食品态度研究的讨论》,《中国科技论坛》2007年第3期。
⑥ 黄季焜、仇焕广、白军飞、Carl Pray:《中国城市消费者对转基因食品的认知程度、接受程度和购买意愿》,《中国软科学》2006年第2期。

多，从不同角度发现了许多重要的影响因素。① 但值得注意的是，大多数此类研究是在"消费者行为分析"的框架内开展的，其基本出发点是把对转基因食品的态度视作个体消费者的理性决策行为：消费者基于对损失（风险）、收益和支付能力（价格）的考量，决定是否消费转基因食品。研究目的是识别出潜在的"消费者"和影响消费的产品要素（如价格、食品质量等）。在理论模型上，这是一个基于个人主义方法论的"个体行动"模型（图1中虚框内部分）：其中，只有行动者基于个人利益得失和行动能力的计算，没有外部结构的约束及与其他行动者的互动——即便是个体据以决策的"知识"和"社会经济地位"变量也是外在于模型的（作为识别潜在"消费者"的特征变量，如"知识少的""社会经济地位低的"）。按照风险社会学的理论，这种"个体行动"模型是不完备的。在风险社会中，围绕转基因技术这类"人造风险"开展的讨论是一个"知识-权力"场域，② 个体对新技术的认知、判断和接受不是孤立的，而是受到与这个场域中其他行动者的互动的影响。因此，我们试图在"个体行动"模型的基础上发展一个包容性更强的"社会行动"模型（图1），以纳入这些"社会性因素"的影响。

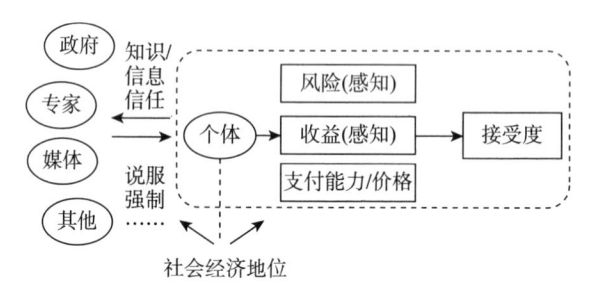

图1 风险社会中新技术接受度的"社会行动"模型

在图1中，虚框内的基于风险—收益—支付能力考量的"个体行动模型"仍是整个"社会行动模型"的组成部分，但受到了行动者的知识、社会经济地位及其他社会行动者的影响和制约。这里，知识和社会经济地位不再只是识别消费者特征的变量，而是个体行动的基础：消费者的决策可能是基于对知识（信息）的不完全掌握，并受到其社会经济地位的制约

---

① 齐振宏、王瑞懂：《中外转基因食品消费者认知与态度问题研究综述》，《国际贸易问题》2010年第12期。
② 郭于华：《透视转基因：一项社会学人类学视角的探索》，《中国社会科学》2004年第5期。

(对风险的暴露和接受是不平等分布的)。其他社会行动者，包括政府治理者、专家系统、媒体以及 NGO 组织、企业、家庭、社会网络等，通过信息、信任、说服、强制等机制对个人决策产生影响，其本身就是一个"权力运作"的过程。图 1 简要列出了一些"社会性要素"及其影响机制，但社会行动模型的实际运作可能更加复杂。例如，社会经济地位既直接影响个体的支付能力，也可能对其他行动者的各种影响发生"调节作用"，进而间接影响个体对风险—收益的感知。各个行动者的影响之间也可能存在复杂的交互作用。

需要说明的是，以往也有研究对模型中的部分"社会性要素"进行了分析，如对"制度性信任"作用，[①] 对"媒体作用"和"信息输入作用"的关注。[②] 但这些研究并没有在"理论自觉"上把这些要素纳入"社会行动"理论模型，尤其没有从"风险社会学"的视角对其进行解读，从而无法凸显"风险社会"背景下社会行动的复杂性。

三 研究假设

接下来，我们将依据上述理论模型，并结合已有研究的发现，发展出若干能够在经验层面上验证的研究假设，以从中观察各种"社会性要素"的具体作用。由于数据测量的限制，我们无法对上述理论模型中的所有要素机制都加以检验，仅择其若干要者，其余未及者留待未来的研究进一步完善。

(一) 个体决策行为机制

与其他消费品一样，对转基因食品的接受也取决于消费者对消费收益和风险的判断。有学者用"感知的收益"(perceived benefit) 和"感知的风

[①] Siegrist, Michael. "The Influence of Trust and Perceptions of Risks and Benefits on the Acceptance of Gene Technology." *Risk Analysis*, 2000. 20 (2): 195 – 204; Onyango, Benjamin. "Consumer Acceptance of Genetically Modified Foods: The Role of Product Benefits and Perceived Risks." *Journal of Food Distribution Research*, 2004. 35 (1): 154 – 161.

[②] Gunter, Barrie, Julian Kinderlerer and Deryck Beyleveld. "The Media and Public Understanding Biotechnology: A Survey of Scientists and Journalists." *Science Communication*, 1999 (7): 373 – 394; 姜萍：《传媒视角下科学家、媒体、公众与转基因技术关系研究的讨论》，《华中农业大学学报》(社会科学版) 2010 年第 6 期。

险"（perceived risk）来描述这种判断。① 就转基因食品而言，感知的收益包括对口味营养改良、有害农药残留减少及成本价格降低等方面的认识;② 感知的风险，消费者最关心的主要是对身体健康的负面影响。③④ 已有研究普遍发现，感知的收益对转基因食品接受度有积极影响，感知的风险则表现出负面的影响。⑤ 遗憾的是，本文数据没有测量"感知的收益"，我们只能先提出以下"感知的风险"假设：

假设1-1　公众对转基因食品的风险感知越强，越不愿接受转基因食品。

同对其他消费品的接受一样，消费者对转基因食品的接受也具有价格敏感性。在缺乏对价格敏感性的直接测量的情况下，消费者的收入水平可以作为一个代理变量。在感知的风险不确定的情况下，收入较高的消费者更有可能支付更高的价格购买相对"安全"的传统食品（甚至有机食品）；与其相比，低收入者更缺乏这种选择性，因此更可能接受转基因食品。这个现象得到了许多研究结果的支持。⑥ 因此，我们提出以下假设：

假设1-2　收入水平越低的公众，越可能接受转基因食品。

---

① Siegrist, Michael. "The Influence of Trust and Perceptions of Risks and Benefits on the Acceptance of Gene Technology." *Risk Analysis*, 2000. 20（2）: 195 – 204; Onyango, Benjamin. 2004.
② Kuznesof, Sharron and Christopher Ritson. "Consumer Acceptability of Genetically Modified Foods with Special Reference to Farmed Salmon." *British Food Journal*, 1996（98）: 4 – 5; Hossain, Ferdaus, Benjamin Onyango, Adesoji O Adelaja, Brian J Schilling and William K Hallman. "Nutritional Benefits and Consumer Willingness to Buy Genetically Modified Foods." *Journal of Food Distribution Research* 2003. 34（1）: 24 – 29.
③ Onyango, Benjamin. " Consumer Acceptance of Genetically Modified Foods: The Role of Product Benefits and Perceived Risks. " *Journal of Food Distribution Research*, 2004. 35（1）: 154 – 161.
④ 广义的"风险感知"并不仅限于此。除对身体健康风险的担忧外，环保主义者还担心转基因作物对生态环境的影响，有的经济学家则更担心批准转基因作物商业化种植会由于跨国种子公司的垄断性地位而影响中国的种业、产业乃至粮食安全问题。
⑤ House, Lisa, Jayson L Lusk, Sara Jaeger, W Bruce Traill, Melissa Moore, Carlotta Valli, Bert Morrow and Wallace MS Yee. "Objective and Subjective Knowledge: Impacts on Consumer Femand for Genetically Modified Foods In the United States and the European Union." *AgBioForum*, 2004. 7（3）: 113 – 123.
⑥ 仇焕广、黄季焜、杨军：《关于消费者对转基因技术和食品态度研究的讨论》，《中国科技论坛》2007年第3期。

（二）知识与认识能力机制

"个体行为"模型的一个前提假设就是消费者在进行决策时掌握了充分的知识和信息，而事实上对转基因食品这样的新技术来说，这种假设是不现实的。已有研究显示，公众对转基因食品的了解程度并不高，这种情况使得他们更倾向于把高风险、低收益与转基因食品联系起来。[1] 在科学界尚未有关于转基因食品风险的确切证据的情况下，我们倾向于认为更多的知识有助于消费者对转基因食品的接受：[2]

假设2-1 关于转基因食品的知识越多，越有可能接受转基因食品。

对转基因食品这类新技术的认识并不只取决于现有的知识，对新技术的认识能力可能更加根本。一般来说，对科学技术的兴趣越高，对新技术的认识能力越强；教育水平越高，对新技术的认识能力越强。据此，我们提出以下两个假设：

假设2-2 对科学技术的兴趣越强，越有可能接受转基因食品。
假设2-3 教育水平较高的公众，更有可能接受转基因食品。

对教育的作用也有方向相反的解释。比如，有学者认为教育水平较高的公众一般风险意识也更高，因而对转基因的接受程度反而更低。[3] 我们认为这与假设2-3正好构成了"竞争性假设"，留待后文验证。

---

[1] 齐振宏、王瑞懂：《中外转基因食品消费者认知与态度问题研究综述》，《国际贸易问题》2010年第12期。

[2] 知识的性质和内容也很重要。已有研究显示，关于转基因食品的负面知识会大大降低其接受度，消费者对负面信息的敏感度要远高于正面信息。遗憾的是，本文使用的数据没有直接测量转基因知识的内容。后文中我们将试图通过"媒介渠道"的差异，间接地对这种可能性进行讨论。

[3] 仇焕广、黄季焜、杨军：《关于消费者对转基因技术和食品态度研究的讨论》，《中国科技论坛》2007年第3期；齐振宏、周慧：《消费者对转基因食品认知的实证分析——以武汉市为例》，《中国农村观察》2010年第6期。

(三) 大众媒体渠道机制

贝克认为风险社会是一个"科学、媒体和信息的社会",其理论架构为大众媒体的角色预留了重要空间,强调媒体在识别和定义风险方面的重要性。[①] 在传播信息、知识的同时,大众媒体也塑造着人们对新技术及其风险的认识和态度。有研究显示,媒体报道对公众对转基因技术的态度和接受有直接的影响。[②] 但不同的媒体形式作用可能不尽相同。Vilella – Vila 和 Costa – Font 发现,美国公众获取转基因食品信息时,电视和报纸杂志是最重要的渠道,互联网次之,人际网络渠道的作用很小。[③] 对中国公众来说,公众获取转基因信息时最信任的渠道是电视,其次是报纸,互联网最低。[④] 我们认为,在中国,电视等传统媒体信息经过了更严格的审查筛选,关于转基因食品的信息更"主流"、正向,因而有助于公众产生对转基因食品的积极态度。与电视相比,互联网新媒体的信息内容更加多元、深入,但同时也会有更多关于转基因的负面信息。这使得互联网对公众态度的影响机制可能非常复杂:一方面,使用互联网有助于公众增进对转基因技术的了解;另一方面,过度依靠互联网又可能产生对转基因技术的消极印象。因此,我们尝试提出以下两个"大众媒体"假设:

假设 3-1 观看电视节目越多的公众,越容易接受转基因食品。

假设 3-2 使用互联网有助于接受转基因食品,但过度依赖互联网又可能产生相反作用。

(四) 制度性信任机制

现代社会是一个高度分化的复杂系统,在这种复杂系统下,社会信任由"当面承诺"的人际间信任转变为"匿名承诺"的、对符号系统(包括

---

① 贝克:《风险社会》,何博闻译,译林出版社,2004。
② 姜萍:《传媒视角下科学家、媒体、公众与转基因技术关系研究的讨论》,《华中农业大学学报》(社会科学版) 2010 年第 6 期。
③ Vilella – Vila, Marta and Joan Costa – Font. "Press Media Reporting Effects on Risk Perceptions and Attitudes Towards Genetically Modified Food: Evidence from an Economic Experiment." *Agricultural Economics*, 2008 (42): 373 – 386
④ 钟甫宁、丁玉莲:《消费者对转基因食品的认知情况及潜在态度初探》,《中国农村观察》2004 年第 1 期。

科学技术）和专家系统的制度性信任，这种信任模式对于复杂社会系统和个体"本体性安全"（ontological security）的维持都是至关重要的。[①] 然而，面对"风险社会"的挑战，这种制度性信任却面临两难处境：一方面，个体需要这种信任应对风险、获取"本体性安全"；另一方面，"现代性的自反性"（reflexivity of modernity）又必须以对包括专家系统在内的制度的怀疑批判为条件，不断"消解"着这种制度性信任。[②]

当前对转基因食品的公共讨论就反映了这种两难处境。郭于华注意到中国公众存在对政府和科学系统的制度性信任，认为转基因如果能得到官方的正面态度和科技专家的支持，公众完全有可能放心接受甚至趋之若鹜。但与此同时，她又指出对科学至上的迷信又可能让公众对这样的新技术要么盲信，要么恐慌，一旦出现政府公信力的部分丧失和对专家权威的怀疑，这种极端反映可能进一步加剧。[③] Gaskell 等认为对政府管理能力的信任可以减少公众由于自身知识不足而产生的对转基因的担心，欧盟等国则因为"疯牛病"问题导致公众信任下降，从而导致了对转基因的恐惧。[④] Siegrist 发现制度性信任对公众接受转基因食品既有"直接效应"，又有通过影响收益—风险感知的"间接效应"。[⑤] Onyango 发现对政府、生物产业、医疗机构的信任有助于提高人们消费转基因食品的意愿。[⑥] 仇焕广等人则证明，对政府公共管理能力的信任的确有助于提高公众对转基因食品的接受度。[⑦] 因此，我们分别提出对政府系统、专家系统、大众媒体系统的制度性信任假设：

假设4-1 对政府官员的信任有助于提高对转基因食品的接受度。
假设4-2 对科学家的信任有助于提高对转基因食品的接受度。
假设4-3 对国内媒体记者的信任有助于提高对转基因食品的接

[①] 吉登斯：《现代性的后果》，田禾译，译林出版社，2000，第147页。
[②] 赵延东：《解读风险社会》，《自然辩证法研究》2007年第6期。
[③] 郭于华：《透视转基因：一项社会学人类学视角的探索》，《中国社会科学》2004年第5期。
[④] Gaskell, George, Martin W Bauer, John Durant and Nicholas C Allum. "Worlds Apart? The Reception of Geneticially Modified Foods in Europ and the U. S.", *Science*, 1999. 16 July: 384 – 387.
[⑤] Siegrist, Michael. "The Influence of Trust and Perceptions of Risks and Benefits on the Acceptance of Gene technology." *Risk Analysis*, 2000. 20（2）：195 – 204.
[⑥] Onyango, Benjamin. "Consumer Acceptance of Genetically Modified Foods: The Role of Product Benefits and Perceived Risks." *Journal of Food Distribution Research*, 2004. 35（1）：154 – 161.
[⑦] 仇焕广、黄季焜、杨军：《政府信任对消费者行为的影响研究》，《经济研究》2007年第6期。

受度。

作为假设4-2的一个子假设，我们认为对科技界一些丑闻、负面信息的了解，可能降低公众对专家系统的信任，进而降低公众对转基因食品的接受度：

假设4-2a 了解科技界丑闻不利于提高对转基因食品的接受度。

四 数据与方法

（一）数据来源

本文数据来自中国科协委托中国科学技术发展战略研究院于2011年7~8月开展的"科技工作者的社会公众形象调查"。该调查根据城市等级（直辖市、省会城市和地市级城市）和地域分布（东、中、西部）标准，选取了北京、郑州、兰州、成都、泉州和荆州6个城市，在每个城市的主城区随机抽取30个社区，在每个社区随机抽取22户常住居民家庭（在当地连续居住三个月以上），在家庭内用Kish表选取受访者（要求年龄在18周岁以上）进行面访。每个城市抽取660人，共3960人，最终完成合格问卷3614份，有效回收率为91.3%。最后汇总时按各城市2011年主城区常住人口规模对数据进行了结构性加权处理，以推论调查的总体——6城市主城区常住居民，约2140万人。因此，本文分析结果并不试图推论全国城乡居民总体。需要说明的是，样本中有1341位受访者（样本总量的37.1%）"以前从没听说过转基因食品或作物"，他们对转基因食品的态度问题没有被询问。因此，实证分析阶段剔除了这部分样本，① 实际样本规模为2273人。

---

① 分析结果显示，与表1中所示"听说过转基因的受访者"的样本构成相比，这些"没听说过转基因"的受访者确实具有明显不同的社会人口学特征：总体而言，这些受访者中的女性比例更高（55.3%），年龄更大（平均年龄47.4岁），受教育水平（小学及以下者占33.6%，本科以上只有2.5%）和家庭经济地位更低（中层及以上比例的仅占33.2%）；他们更少使用互联网（从不上网的占67.3%，经常上网的只有15.9%），看电视时间则与其他人没有明显差别；他们更信任媒体记者，对政府官员和科学家的信任与其他人则没有明显差别。根据后文的分析结果，这些受访者的个体特征中既有有利于，又有不利于接受转基因作物的因素。未来的实证研究可以进一步分析这个群体对转基因的态度问题。

（二）研究变量

1. 因变量

当前我国转基因问题争论的焦点在于是否应该商业化种植转基因主粮作物。因此，本文没有像以往多数研究那样以"消费者是否愿意购买或消费转基因食品"为因变量，而是采用了以下变量："你赞成在中国推广种植转基因水稻吗？"这是一个四分值的定序变量，取值分别为：1 完全反对，2 不太赞成，3 比较赞成，4 十分赞成。

2. 自变量

根据前文提出的研究假设，我们以几个变量组来分别测量个体决策、知识与认知能力、大众媒体渠道和制度性信任。

（1）个体决策变量

风险感知：以"对转基因食品可能对人的健康产生伤害的担心程度"和"平时关注转基因食品/作物相关知识或信息的程度"为基础，通过因子分析抽取一个因子。因子得分越高，风险感知程度越高。

支付能力/价格敏感程度：用自评的家庭收入水平（"据你估计你家的家庭收入在当地处于什么水平？"）作为代理变量。①

（2）知识与认知能力变量

转基因知识：自评的了解程度（"你觉得自己对转基因食品/作物相关知识了解多吗？"）。②

认知能力：分别以"对科学技术的兴趣"和"最高学历水平"变量来衡量。"对科学技术的兴趣"是以对"前沿科学技术知识""新科技产品""日常现象的科学解释""日常生活中的实用技术""科技工作者的故事/新闻"五个方面自我评价的兴趣程度为基础，通过因子分析抽取一个因子；因子得分越高对科学技术的兴趣越高。

---

① 调查中没有直接测量受访者对转基因食品的价格敏感程度，这里用受访者"自评的"家庭收入水平作为代理变量。在理论上讲，以"实际家庭收入或消费支出"为代理变量更好，但调查中对此没有直接询问，只问了受访者的"个人收入"（且是分组的定序取值）。我们认为在食品消费价格敏感程度问题上"家庭收入"比"个人收入"更合理。事实上在模型中我们尝试使用了上述"个人收入"变量，统计结果与"自评家庭收入水平"变量近似，但模型的整体拟合度略低于后者。所以最终仍使用了目前的变量。

② 调查中没有直接测量受访者对转基因知识的掌握量，这里只能使用其"自评"作为代理变量。

(3) 大众媒体渠道变量

电视媒体：上周看电视的时间（分钟）；以"看电视是获取科技信息的**最重要**渠道"作为高度依赖电视媒体的指标。

互联网：以"平时上网的频率"（分为"从不或很少上网""有时上网"和"经常上网"三类）衡量一般上网行为，以"上网是获取科技信息的**最重要**渠道"作为高度依赖网络的指标。

(4) 制度性信任变量

问卷中询问了在一种灾难性情景下（日本大地震后引发了核泄漏）公众对各类制度系统的人员（政府官员、科研人员/科学家、国内媒体记者）解释核泄漏对我国的影响的信任程度。以此分别衡量公众对政府官员、科学家、大众媒体的信任。

此外，还用"是否听说过一些科技界丑闻"（如"方舟子遇袭""陈进汉芯造假""张悟本事件""深圳产妇缝肛门事件"）作为衡量公众对专家系统信任的另一个代理变量。

3. 控制变量

此外，模型中还引入了城市类型（"北京""省会城市""地市级城市"三类）、性别、年龄、家庭结构（有没有未成年子女）等变量作为控制变量。各变量统计值详见表1。

表1　研究变量的描述统计

单位：%

因变量		
变量名	选项	统计值
对推广转基因水稻种植的态度	1 完全反对	15.0
	2 不太赞成	39.2
	3 比较赞成	42.4
	4 十分赞成	3.4
控制变量		
变量名	选项	统计值
城市	北京	57.1
	省会	35.9
	地市级	7.0
年龄	（周岁）均值	(44.1)

续表

因变量		
变量名	选项	统计值
未成年子女	有	24.6

自变量		
变量名	选项	统计值
风险感知	因子分，分越高感知越强	
家庭经济地位	中层以上 *	39.0
	中下层	36.6
	下层	24.4
转基因知识	非常少	18.8
	比较少	53.8
	比较多 **	27.5
对科技的兴趣	因子分，分越高越有兴趣	
最高学历	小学及以下	16.5
	初中	31.2
	高中	20.8
	大专	15.2
	本科及以上	16.3
看电视时间	均值（分钟）	161.0
上网情况	从不上网	40.3
	有时上网	20.4
	经常上网	39.2
最重要的科技信息渠道	电视	66.0
	互联网	29.1
制度性信任		
政府官员	非常信任	21.0
	比较信任	46.1
	不太信任	32.9
科学家	非常信任	30.1
	比较信任	50.8
	不太信任	19.1
科技界丑闻	听说过	15.3

续表

自变量		
变量名	选项	统计值
国内媒体记者	非常信任	13.5
	比较信任	45.7
	不太信任	40.8

* 自评地位"上层"的只有5人,"中上层"只有79人,故与"中层"合并;

** 自评知识"非常多"的只有62人(1.7%),故与"比较多"合并。

（三）分析策略

接下来，将首先简要描述我国城市公众对转基因食品/作物的了解情况、风险感知和接受程度，然后以"对推广转基因水稻种植的态度"为因变量，采用 Ordinal Logistic 回归（累积比数模型）的方法，分别验证前文所提假设。最后对统计结果及其理论和政策含义进行讨论。

五 统计结果

（一）对转基因食品/作物的认识与态度

1. 对转基因食品/作物的了解程度低

统计结果显示，66.2%的受访者回答"以前听说过转基因食品或转基因作物"。其中，北京的知晓率最高，为77.8%；省会城市和地市级城市较低，分别为55.3%和52.5%（Pearson χ^2 = 209.331，$p \leq 0.001$）。值得注意的是：转基因食品在我国公众中的知晓率与近10年前相比变化不大——2002年的一项调查结果为67%；[1] 我国公众的知晓率低于发达国家20世纪末的水平——Angus Reid Group 1999年在8个发达国家的调查结果为78%，仅北京差不多达到这一水平；[2] 本次调查的样本尚未包括县级城市和农村公众，如果将其包括进来，知晓率水平可能更低；听说过的公众，对相关知识的了解也比较少（表1）。

---

[1] 黄季焜、仇焕广、白军飞、Carl Pray：《中国城市消费者对转基因食品的认知程度、接受程度和购买意愿》，《中国软科学》2006年第2期。

[2] Angus Reid Group. "International Awareness and Perception of GM foods". *The Economist/Angus Reid Group*. Press release, 13 January 2000.

2. 对转基因食品的健康风险比较担心

17.6%的人非常担心转基因食品可能对人体健康产生伤害，47.0%有点担心，30.7%不太担心，只有4.6%完全不担心。北京公众担心程度最高，地市级城市最低（表2）。

表2 公众对转基因食品可能伤害人体健康的担心

单位:%，n=2309

	北京	省会城市	地市级城市	合计
非常担心	21.6	12.4	9.8	17.6
有点担心	44.9	50.3	48.6	47.0
不太担心	28.8	34.1	31.2	30.7
完全不担心	4.6	3.2	10.4	4.6

Pearson $\chi^2 = 59.933$；$p \leq 0.001$。

3. 对推广种植转基因大米的接受度不高

对于在中国推广种植转基因大米，15.0%的人表示"完全反对"，39.2%"不太赞成"，42.4%"比较赞成"，只有3.4%"十分赞成"。合计赞成的比例不足半数（45.8%），与2002年相比明显下降（当年公众对转基因大米的接受度在65%以上[1]）。在各城市中，北京公众的反对立场更加突出（表3）。

表3 公众对在我国推广种植转基因大米的态度

单位:%，n=2153

	北京	省会城市	地市级城市	合计
完全反对	21.0	7.8	8.2	15.0
不太赞成	33.8	46.7	42.4	39.2
比较赞成	42.9	40.1	45.6	42.4
十分赞成	2.3	5.5	3.8	3.4

Pearson $\chi2 = 95.231$；$p \leq 0.001$。

（二）对转基因作物接受度的影响因素

在进行回归分析时，我们首先建构了一个"个体决策行为"模型（模

---

[1] 黄季焜、仇焕广、白军飞、Carl Pray：《中国城市消费者对转基因食品的认知程度、接受程度和购买意愿》，《中国软科学》2006年第2期。

型 1），在此基础上依次引入"知识与认识能力""大众媒体"和"制度信任"模块的变量（模型 2、模型 3、模型 4），最后构建一个包括了所有变量的完整模型（模型 5）。总体来看，各个模块的引入都显著改进了模型的拟合度，说明都具有独自的解释力。接下来依次讨论各个具体假设的检验结果。

1. 个体决策机制

模型 1 显示，公众风险感知越强对推广种植转基因大米的态度越消极，假设 1-1 得到支持；家庭经济水平越高的公众，态度越消极，假设 1-2 也得到了支持。而且在后面的模型分别引入其他变量的情况下，这种关系仍然存在。这说明，对转基因作物的接受在很大程度上的确是个体基于对风险和支付能力（价格敏感）的考量做出的决定。对转基因风险的担心是导致接受度低的重要原因；有支付能力的阶层则更可能避免选择转基因产品。

表 4　对推广种植转基因大米态度的 Ordinal Logistic 回归模型

变量	取值	模型 1	模型 2	模型 3	模型 4	模型 5
阈值（参照组：完全赞成）	完全反对	-1.596***	-1.826***	-1.700***	-2.049***	-2.462***
	不太赞成	-.383**	-.579***	-.465**	-.804***	-1.161***
	比较赞成	1.340***	1.173***	1.263***	.954***	.630***
性别	男性	.052	-.003	.091#	.070	.050
年龄	（周岁）	-.005**	.001***	-.006**	-.006***	-.002
家庭结构	有未成年子女	-.264***	-.234***	-.309***	-.268***	-.253***
城市（参照组：地市级城市）	北京	-.225*	-.355***	-.228*	-.220*	-.349***
	省会	-.022	-.008	-.042	.001	.001
风险感知	（值越高，感知越强）	-.274***	-.331***	-.264***	-.233***	-.279***
经济地位（参照组：下层）	中层以上	-.174**	-.261***	-.189**	-.144*	-.258***
	中下层	-.126#	-.201***	-.131*	-.115#	-.213**
最高学历（参照组：本科以上）	小学及以下		-.446			-.543***
	初中		-.123			-.245**
	高中		-.121			-.230*
	大专		-.076			-.186

续表

变量	取值	模型1	模型2	模型3	模型4	模型5
对科技的兴趣	(值越高，兴趣越大)		.023			.043
转基因知识（参照组：比较多）	非常少		-.462***			-.445***
	比较少		-.109#			-.074
电视	看电视时间			.001**		.001**
上网（参照组：经常上网）	从不/很少上网			-.247**		-.148#
	有时上网			.043		.030
最重要信息渠道	互联网			-.287***		-.296***
政府官员（参照组：非常信任）	不太信任				-.597***	-.585***
	比较信任				-.368***	-.352***
科技界丑闻	(参照组：不知道)				-.257***	-.233**
-2 Log likelihood		4399.116***	4481.657***	4518.566***	4497.994***	4299.354***
Cox and Snell R^2		0.081	0.110	0.099	0.116	0.158
N		2130	2090	2093	2127	2054

注：表中数字为非标准化系数；显著性水平：*** $p \leq 0.001$、** $p \leq 0.01$、* $p \leq 0.05$、# $p \leq 0.1$。

2. 知识和认识能力的作用

模型2显示，对转基因知识的了解程度越高，越有可能赞成推广种植转基因大米，假设2-1得到了支持。这在一定程度上反映，许多行动者的决策行为建立在不完全信息和有限理性基础之上，更凸显当前转基因风险的"主观建构"性质。在模型2中"最高学历"的作用并不显著，但在模型5控制了"大众媒体"和"制度性信任"模块变量时，"最高学历"的影响变得非常显著，支持了假设2-3：教育水平越高者对转基因的接受度越高。这说明，在没有控制"大众媒体"和"制度性信任"变量前，教育水平的作用被抑制了。更高教育水平者对转基因食品的认识和理解能力更强，更有可能接受转基因，这直接反驳了此前部分研究者提出的相反的假设。但"对科学技术的兴趣"在各个模型中的作用均不显著（假设2-2没有得到支持），这可能是因为该变量不能有效地测量"认识能力"。

3. 大众媒体的影响

模型 3 和模型 5 均显示，电视和互联网的影响都很明显。看电视的时间越长，越有可能赞成推广转基因大米种植，假设 3-1 得到了支持。① 互联网的作用则比较复杂：经常上网的人比从不上网者更赞成推广种植转基因大米，但如果过度依赖互联网获取科技信息（把它作为最重要的渠道），反而会降低对转基因的接受度。这个结果事实上反映了互联网的"双刃剑"效应：既有提供更丰富信息的正功能，又有混杂负面信息的负功能。这事实上支持了假设 3-2。大众媒体的复杂作用表明，公众对转基因的接受并非单纯的"理性选择"问题，个体据以形成判断的信息基础在很大程度上是由媒体选择或塑造的。在理解个人态度时，大众媒体的"议程设置"（agenda-setting）功能必须得到充分考虑。

4. 制度性信任的意义

由于对政府官员、科学家和国内媒体记者的信任彼此之间的相关性很强，我们在模型 4、模型 5 中只引入了对"政府官员的信任"和"知晓科技界丑闻"。结果显示，这两个变量的解释力很强：对政府官员的信任能够显著提高对种植转基因大米的接受度，而知晓科技界丑闻则会显著降低这种接受度。这支持了假设 4-1 和假设 4-2a，也进一步印证了仇焕广等人的发现。

为了检验其他制度性信任的影响，表 5 在表 4 中"模型 5"的基础上，又分别构建了对政府官员的信任（模型 5-1，即表 4 中的模型 5）、对国内媒体记者的信任（模型 5-2）和对科学家的信任（模型 5-3）的影响模型。简洁起见，其他变量结果省略。

表 5 制度性信任模型比较

		模型 5-1	模型 5-2	模型 5-3
其他变量（省略）		—	—	—
科技界丑闻	（参照组：不知道）	-.233**	-.235***	-.237***
政府官员（参照组：非常信任）	不太信任	-.585***		
	比较信任	-.352***		

---

① 由于"以电视为获取科技信息最重要渠道"与"以网络为最重要渠道"相关度较高，可能存在共线性问题，模型中没有同时引入该变量。事实上，把电视作为最重要信息渠道的人确实比其他人更容易接受转基因食品。

续表

		模型 5-1	模型 5-2	模型 5-3
国内记者（参照组：非常信任）	不太信任		-.160*	
	比较信任		-.071	
科学家（参照组：非常信任）	不太信任			.018
	比较信任			-.115*
-2 Log likelihood		4299.354***	4344.183***	4349.687
Cox and Snell R^2		0.158	0.134	0.132
N		2054	2049	2050

显著性水平：*** $p \leqslant 0.001$、** $p \leqslant 0.01$、* $p \leqslant 0.05$。

从 -2 Log likelihood 和 Cox and Snell R^2 指标可以看出，各种制度性信任变量中，对政府官员信任的模型解释力最强。对国内媒体记者的信任具有类似的作用，不太信任记者的人更不赞成推广种植转基因大米（支持了假设 4-3），但解释强度明显低于对政府官员的信任。对科学家的信任的影响比较复杂，解释力也更低：对科学家信任度中等（"比较信任"）的群体对转基因大米的接受度最低，最信任科学家和不信任科学家的群体之间则没有显著差异，假设 4-2 并没有得到完全支持。目前我们还难以对这个结果做出清晰的原因解释，但这的确在一定程度上意味着对科学家系统不信任可能不是我国公众对转基因作物接受度不高的重要原因。与其相比，公众对政府治理的担心可能才是更重要的。

六 总结与讨论

本文利用一项大规模的入户抽样调查数据，分析了我国城市公众对转基因食品/作物的接受度问题。分析结果显示，我国公众对推广种植转基因大米的接受度不高，且与 2002 年相比明显下降。在此基础上，本文讨论了影响公众接受度的重要因素。

与以往类似的研究不同，本文批评了把转基因接受度问题简单地置于消费者"个人决策行为"框架内分析的做法，而是从风险社会学的理论视角出发，试图在传统的"个体决策行为模型"的基础上发展出一种"社会行动模型"，以解释个体在"风险社会中"面对一项新技术（以转基因食品为例）时的决策行动受到哪些社会性因素的影响。除"个体决策行为"外，本文提出了"知识与认识能力""大众媒体"和"制度性信任"等社会性因素并论述了其作用机制。在此基础上，本文通过经验分析对这些社会性因素进行了识别和验证。分析结果如下。

第一，对新技术的接受在一定程度上的确是个体在对收益（本文没有检验）、风险和支付能力进行考量的基础上做出的决策行为，传统的个体行为模型具有一定的解释力，但这种解释是不完备的。在面对转基因这样的新技术时，个体是在缺乏相关知识（信息）或知识（信息）非常有限（对相关知识不了解）的条件下做出的"有限理性选择"，其考量的"风险"更多是一种"主观建构"的风险。这印证了风险社会理论的一个基本观点：重要的不是风险是什么，而是人们认为风险是什么。

第二，在风险社会中，公众的风险意识和行为呈现复杂的社会阶层差异。本文发现，教育水平更高的公众更倾向于接受转基因作物，经济收入更高的公众更不愿意接受转基因作物。在前文提出假设和建构模型时，我们把"教育水平"作为知识水平和认识能力的代理变量，把"经济收入"作为支付能力和价格敏感性的代理变量。事实上，这两个变量也是传统上衡量社会经济地位和阶层差异的重要标准。如果从这个角度解读，上述发现则意味着传统的社会分层机制对人们的风险行为的确有着复杂的影响作用。社会分层机制及其变化是风险社会理论的核心议题之一。在贝克看来，在风险社会中，风险生产和分配逻辑代替了传统的财富生产和分配逻辑，成为社会分层和政治分化的标志。这意味着风险的弥散性和普遍性使得风险意识和行为具有跨越阶级、阶层的可能性（风险面前人人平等）。[①] 但他同时也指出，风险分配的逻辑与财富分配的逻辑并不总是冲突，风险分布也会以一种等级化和阶级化的方式进行，在一定程度上同阶级、阶层的分化同构，并强化后者的分化。[②] 本文的研究结果表明，不同阶层暴露于风险（或逃避风险）的机会和能力确实存在明显的不平等性，但经济地位和教育地位的作用又表现出明显的差异性。我们认为，造成这种复杂性的原因有二：一是社会阶层差异包含多个维度，除经济地位（收入和财富）外，还有知识地位（教育）、权力、社会网络等，不同维度带来的资源并不完全相同；二是风险行为也包括多个维度，除行为或行为倾向外，还包括与风险

[①] 贝克：《风险社会》，何博闻译，译林出版社，2004。
[②] 李友梅：《从财富分配到风险分配：中国社会结构重组的一种新路径》，《社会》2008年第6期。

相关的知识和风险意识,各维度间的关系并不完全一致。这意味着风险社会中的阶层差异确实非常复杂:不同维度的社会阶层差异影响着不同维度的风险行为。在前文提出的理论框架中,本文确实暗示了这种复杂性,但出于数据和其他限制,在实证环节我们并没有对其进行系统性的检验,这应该成为未来实证研究的重要方向。

第三,在"风险"的建构过程中,大众媒体扮演着重要的角色。大众媒体不只是传递信息的通道,在某种程度上还发挥着"议程设置"的功能,通过选择性的"信息供给"影响公众的风险感知。从这个意义上来说,作为个体的公众一方面具有一定程度的信息选择自由;另一方面这种选择自由又是有限度的。因此,公众的风险感知在一定程度上也有被"塑造"的性质。在这方面,(至少在中国)传统的电视媒体的"塑造"功能更强。与其相比,互联网新媒体的作用更加复杂:互联网在增加了信息供给量(有助于增加公众对转基因的知识进而提高其接受度)的同时,又由于信息内容的复杂性和过多的可选择性,增强了部分公众的风险感知。这表明,在风险社会中,媒体既具有对风险建构的"放大效应",[1] 也在某种情况下具有一定的"缩小效应"。具体发挥何种作用,在很大程度上取决于媒体提供的信息内容和形式,以及媒体与其他社会因素的相互影响等。这也应当作为未来研究的重要方向。

第四,在理解个体风险决策行为时,制度性信任,尤其是对政府的信任,是一个不容忽视,甚至至关重要的因素。在风险社会中,制度性信任是社会系统和个体"本体性安全"得以维系的关键,虽然这种制度性信任始终受到"现代性的自反性"的挑战。[2] 在面对转基因这样的新技术时,个体的风险感知和决策行为在很大程度上依赖于对各种专家系统(包括政府)的制度性信任;而一旦这种信任下降或丧失,个体对新技术的恐慌和排斥问题将非常突出。本文的分析结果显示,在当前的中国,政府官员的公信力对于公众接受转基因作物的影响程度似乎比科学家的公信力还要大。换言之,许多公众不愿接受推广转基因作物,与其说是不信任科学,不如说是对政府管理能力缺乏信任。这个推论可以从其他方面得到佐证:前文表1数据显示,在我国,科学家得到了大多数公众(80.9%)的信任,是各类群体中最高的;[3] 与其相比,政府官员的信任率明显较低,只有67.1%;媒

---

[1] 斯洛维奇:《风险的感知》,赵延东等译,北京出版社,2007。
[2] 吉登斯:《现代性的后果》,田禾译,译林出版社,2000。
[3] 何光喜等:《科学家的社会公众形象:现状与变化》,载《社会蓝皮书:2013年中国社会形势分析与预测》,社会科学文献出版社,2014。

体记者更低，只有59.2%。

综合上述分析可以看到，当前关于转基因的争论以及消费者对转基因作物的态度问题，超出了单纯的消费者个体决策领域，呈现复杂的"知识—权力"运作特征。在此过程中，普通消费者对是否接受转基因作物，的确表现出一定的基于风险感知和支付能力的个体决策权，但其据以决策的知识基础却是不足、残缺和被动的，背后呈现各种利益相关者的影响。就中国当前的争论而言，与郭于华当年讨论这个议题时的相似之处是在强调经济发展、粮食安全和崇尚科学的思想指导下，政府仍与科学界结盟，对发展转基因持审慎的支持态度；不同之处在于当年中国"相对地隔离于由消费者运动、NGO等构成的国际压力"的社会环境已经有了很大变化，消费者运动和NGO的兴起对政府的决策形成挑战，迫使政府在决策时不得不考虑越来越大的舆论压力。[①] 在这种情况下，对双方而言，知识和信息都是其发挥权力、影响消费者的最重要武器，大众媒体则成为其传播知识、运作权力的重要平台——如果说政府在传统的电视媒体上还略有优势的话，新兴的互联网则在很大程度上改变了传统的争论规则，成为双方势均力敌、尽力争夺的关键战场。当然，消费者在此过程中也并非完全无力、被动的"弱者"，他们对利益相关者的"信任"，影响着"知识—权力"运作的效果。另外值得注意的是，与当年没有明显变化的是，农民作为这场争论的最重要利益相关者之一，仍然由于缺乏组织性和表达能力，在这场争论中没有成为重要的参与者。对未来中国转基因作物发展趋势及相关政策走向的判断，在很大程度上要依赖于对上述"知识—权力"运作模式的理解和观察。

本文的一些经验分析结果对于相关的政策制定也有一定启示意义：一是要认识到"主观建构"的风险作为"社会事实"（social facts）的重要性，制定政策首先要切实地知道人们头脑中在想什么；二是要充分利用"知识的力量"，积极开展科普活动，通过让公众更多地了解转基因来消减"主观建构"的风险；三是要看到"制度性信任"（institutional trust）作为一种"社会资本"的力量，提高政府、科学界、媒体等专家系统的公信力，维持公众高的信任感和安全感；四是要重视互联网新媒体的"双刃剑"效应，通过对网络社区规则的建设，充分发挥互联网对谣言信息的"自净"功能。

本文对这一领域的研究处于探索性的阶段，还有很多不足：第一，本

[①] 郭于华：《透视转基因：一项社会学人类学视角的探索》，《中国社会科学》2004年第5期。

文尝试构建的"社会行动"模型还远不完备。一是还有很多重要的社会性要素没有被识别出来,如许多重要的行动者(如NGO组织、企业、农民、个人的社会网络等)的作用没有探讨,除"知识""信任"之外的其他重要机制(如"强制""交换"等)也没有得到讨论;二是各种社会性要素之间的交互作用和作用"路径"还没有得到充分的讨论和实证分析。第二,对模型中相关机制的测量和检验在方法上还存在一定的缺陷。一是如一位匿名评审人正确地指出的那样,由于使用的是"二手"数据,模型中的许多重要变量缺乏直接测量,只能以"代理变量"代之(如用自评了解程度代替对转基因知识的测量,用自评家庭经济水平代替对家庭收入或消费的测量),这在一定程度上降低了实证检验的有效性;二是模型中的一些重要变量在数据中缺乏,无法得到实证检验,如个体决策机制中的"感知的收益"变量,有研究显示其作用可能还要远大于"感知的风险",并建议更多地宣传转基因对消费者的"收益";[1] 三是部分变量(如知识、对政府的信任)与接受度之间的"内生性"(endogeity)问题没有得到控制;四是对各种社会性因素的作用"路径"以及各因素之间的交互作用的验证,需要引入更复杂的分析模型,如路径分析、结构方程模型等。未来的研究可以在这些方面做进一步探索。

---

[1] Hamstra, Ir Anneke. "Public Opinion about Biotechnology: A Survey of Surveys." European Federation of Biotechnology Task Group on Public Perceptions on Biotechnology, The Hague, The Netherlands. 1998.

政治效能感、政治参与和城乡居民的警察信任

胡 荣

摘 要：英文文献中有关中国公众对警察的评价的研究在过去十多年里不断增多。尽管现有的文献有谈及政治参与对警察信任的影响，但现有的研究还没有从政治效能感和政治参与这个角度研究警察信任。基于CGSS2010年的数据，本文研究了中国城乡居民的政治效能感和政治参与对警察信任的影响。二元逻辑斯蒂回归的分析表明，外在效能感有在很大程度上增进对警察信任，而内在效能感则显著地减少对警察信任。尽管公众抗争减少公众对警察的信任，而基层选举的参与却在一定程度上能够增进对警察的信任。

关键词：警察信任　政治参与　内在效能感　外在效能感

一　导言

政治信任对于政府的顺利运作和稳定都具有重大意义，因为它是"政治支持"的重要组成部分，并构成政治制度合法性的基础[1][2]。信任政府的公民更可能遵纪守法、支持政府的倡议和在无须借助强制力的情况下追随

---

* 本文以"中国人的政治效能感、政治参与和警察信任"为题发表于《社会学研究》2015年第1期。

[1] Easton David, *A Systems Analysis of Political Life* (New York: Wiley, 1965), p. 273.

[2] Easton David, "A Re–assessment of the Concept of Political Support," *British Journal of Political Science* 5 (1975): 444–445.

政治领导①。较高的信任与较少介入动员式参与相联系②，而低度的信任使得政治领导的成功更为困难③，并导致政府在一系列国内政策方面无法得到支持④。对政府信任的缺失还与参与骚乱⑤和其他反对体制的政治活动⑥相关联。再者，公众对政府信任的长期缺失还会导致对政治制度及其基本原则信任的崩溃⑦。在某种程度上政治信任独立于直接的政策结果，因此享有较多信任的政府在完成紧迫的政治任务时一旦遇到困难便具有更大的机动空间⑧，获得公众高度信任的政府在遇到政策失误之后具有更大的回旋余地。

对于中国政府来说，改革是一条前人没有走过的路，在"摸着石头过河"的过程中不可避免有一些政策失误，在这种情况下公众对政府的信任就显得更为重要。政府信任流失的直接后果是政府在决策方面的回旋空间变小了。对于信任度高的政府来说，一方面正确的决策可以获得民众的广泛支持；另一方面在决策失误的情况下也可以得到民众的谅解，可以避免由于决策失误直接导致的合法性危机。中国的改革是一项前人未从事过的事业，在改革过程中难免会有一些政策上的失误，因此，得到民众的高度信任对于中国政府来说尤其重要。如果政府能够得到民众的高度信任，不仅政府的正确决策可以得到民众的广泛支持，而且政府的政策失误也可以得到民众的谅解，从而避免合法性危机。

改革开放给中国带来了经济和社会各方面的巨大的变化。但是，由于没有进行相应的政治体制改革，贫富差距进一步扩大，社会矛盾也进一步

---

① Luhman Niklas. *Trust and Power* (New York: John Wiley & Sons, 1979).
② Seligson Michell, "Trust, Efficacy and Modes of Political Participation: A Study of Costa Rican Peasants," *British Journal of Political Science* 10 (1980): 75–98.
③ Hetherington Marc J., "The Political Relevance of Political Trust.," *American Political Science Review* 92 (1998): 791–808.
④ Chanley Virginia A. et al., "The Origins and Consequences of Public Trust in Government – A Time Series Analysis," *Public Opinion Quarterly* 64 (2000): 239–256.
⑤ Paige Jeffery, "Political Orientation and Riot Participation," *American Sociological Review* 36 (1971).
⑥ Muller Edward N. et al., "Diffuse Political Support and Antisystem Political Behavior: A Comparative Analysis," *American Journal of Political Science* 26 (1982): 240–264.
⑦ Nye Joseph S. Jr. "Introduction: the Decline of Confidence in Government," in Jospeh S. Nye, Jr., Philip D. Zelikov and David C. King (eds.), *Why People Don't Trust Government*. Cambridge (MA: Harvard University Press, 1997), pp. 1–18.
⑧ Patterson Samuel C. et al., "Dimensions of Support in Legislative System," in Alan Kornberg (ed.), *Legislatures in Comparative Perspective* (New York: Mckay, 1970), pp. 282–313.

加剧，群体性事件时有发生[1]。特别是在近些年急速的城市化过程中，大批农民失去土地。由于征地引发的农民维权抗争在各地不断发生。面对数量和规模都不断增长的抗争和维权，政府处于高度的戒备状态[2][3]。警察是维护社会秩序和治安的武装力量，在稳定压倒一切的背景下[4]，警察常常处于维稳的第一线，要直接面对维权抗争的民众[5]。警察是国家实现管理的重要国家机器，实现统治阶级统治的重要工具。实际上警察职能的体现，就是统治阶级意志的具体实现。因此民众对警察的信任，也是政治信任的重要组成组成部分。在此背景下，民众的维权抗争以及其他形式的政治参与会对城乡居民的警察信任产生什么样的影响呢？这是本项研究要回答的问题。

过去几年里，有关中国民众对警察的评价的英文文献不断增多[6][7][8][9][10][11][12]。尽管已有研究也有涉及政治参与对警察信任的影响[13]，但至今还没有研究政治参与和政治效能感对警察信任的影响的。政治效能感的

---

[1] Wu Yuning and Sun Ivan, "Citizen Trust in Police: The Case of China," *Police Quarterly* 12 (2009): 170 - 191.

[2] Bernstein T. and Lu X., *Taxation without Representation in Contemporary Rural China* (Cambridge: Cambridge University Press, 2003).

[3] Tanner M., "China Rethinks Unrest," *The Washington Quarterly* 27 (2004).

[4] 汪信砚:《邓小平的社会稳定思想及其在新时期的发展》,《马克思主义研究》2004 年第 4 期。

[5] 同1。

[6] Cao L. & Hou C., "A Comparison of Confidence in the Police in China and the United States," *Journal of Criminal Justice* 29 (2001): 87 - 99.

[7] Lai Y. et al., "The Impact of Political Entity on Confidence in Legal Authorities: A Comparison between China and Taiwan," *Journal of Criminal Justice* 38 (2010): 934 - 941.

[8] Wu Yuning, "College Students' Evaluations of Police performance: A Comparison of Chinese and Americans," *Journal of Criminal Justice* 38 (2010): 773 - 780.

[9] Wu Yuning & Sun Ivan, "Citizen Trust in Police: The Case of China," *Police Quarterly* 12 (2009): 170 - 191.

[10] Wu Yuning & Sun Ivan, "Perceptions of Police: An Empirical Study of Chinese College Students," *Policing: An International Journal of Police Strategies and Management* 33 (2010): 93 - 113.

[11] Sun I. et al., "Social Capital, Political Participation, and Public Trust in Police in Urban China," *Australia and New Zealand Journal of Criminology* 45 (2012): 87 - 105.

[12] Sun I. et al., "One Country, Three Populations: Trust in Police among Migrants, Villagers, and Urbanites in China," *Social Science Research* 42 (2013a).

[13] 同11。

概念不仅在政治行为和政治社会化的研究中起着重要作用[1][2][3]，而且也对包括警察信任在内的民意研究中举足轻重。事实上，如果公民有较高的政治效能感，既对自己具有影响政府决策的知识和能力有信心（内在效能感），也对政府对自己的诉求做出反应有信心（外在效能感），他们也可能对政府和警察有更高的信任度。而从政治参与角度研究警察信任，可以把已有研究忽略的更多方面包括进来[4]，尤其是基层选举对于警察信任的影响。基于此，本文将探讨内外效能感以及各种政治参与对警察信任的影响。

根据2010年的中国综合社会调查数据，本文将研究如下三个问题：第一，城乡居民的警察信任情况如何？第二，不同类型的政治参与活动对于警察信任产生何种影响？第三，政治效能感对警察信任又会产生什么样的影响？接下来我们将对政治效能感和政治参与相关文献进行回顾并提出假设，接着通过二元逻辑斯蒂回归分析政治效能感和政治参与对警察信任的影响，最后对研究的发现进行分析和讨论。

二 文献回顾与研究假设

1. 政治效能感

政治效能感是指公民认为自己对于政府所具有的影响的信念，是一种"政治和社会变迁是可能的以及公民个体能够促使这一变迁发生的感觉"[5]。政治学者在研究政治效能感这一概念的时候通常将其分为内在效能感和外在效能感两种。内在效能感指的是个人认为自己拥有影响制度的知识和能力[6]。这种效能感通常表明个人参加投票或成为政治活跃者的可能性。外在效能感指的是个人认为政府对其需求做出反应的可能性。外在效能感与政

---

[1] Easton D. & Dennis J., "The Child's Acquisition of Regime Norms: Political Efficacy," *American Political Science Review* 61 (1967).

[2] Hess R. D. & Torney J. V., *The Development of Political Attitudes in Children* (New York: Doubleday and Company, 1967).

[3] Hahn C., *Becoming Political: Comparative Perspective on Citizenship Education* (Albany, NY: State University New York Press, 1998).

[4] 同上页11。

[5] Campbell A. et al. *The Voter Decides* (Evanston, IL: Row, Peterson and Company, 1954), p. 187.

[6] Sullivan J. L. & E. Riedel, "Efficacy: Political" in *International Encyclopedia of the Social and Behavioral Sciences* (Elsevier Science Ltd., 2001), pp. 4353 – 4356.

府在多大程度上关心个人的需要相关联。较低的外在效能感常表现为政治冷漠,公民觉得政府并不代表他们。政治效能感既可以预测选举投票的参与程度,也可以反映出民众对政府的态度以及反体制运动被接受的程度[1]。较低政治效能感的选民往往更可能支持改革倾向的候选人,虽然他们不一定会去投票,因为他们认为自己的行动对政治过程并无太大影响。政治效能感较高者更可能参加投票,因为他们相信自己对政府是有影响力的,他们倾向支持现任者,因为他们认为政府已经能够很好地代表他们[2]。已有研究表明,政治效能感会受到各种因素的影响,诸如政治参与[3][4],政治教育程度[5],接触媒体的程度[6],种族、健康状况、年龄、性别、教育程度和社会经济地位[7][8][9][10],青少年的政治社会化[11][12][13]等。

自20世纪50年代以来,相当多的学者研究了政治效能感、信任以及政治行为的关系。其实,政治效能感与信任这两个概念是密切相关的。如果说效能感指的是对自己能力的一种信心的话,那么信任则是对他人(包括

---

[1] 同上页6。

[2] 同上页6。

[3] Finkel Steven E., "Reciprocal Effects of Participation and Political Efficacy: A Panel Analysis," *American Journal of Political Science* 29 (1985): 891 – 913.

[4] Finkel Steven E., "The Effects of Participation on Political Efficacy and Political Support: Evidence from a West German Panel," *The Journal of Politics* 49 (1987): 441 – 464.

[5] Pasek J. et al. "Schools as Incubators of Democratic Participation: Building Long – Term Political Efficacy with Civic Education," *Applied Developmental Science* 12 (2008).

[6] Kenski Kate & N. J. Stroud, "Connections between Internet Use and Political Efficacy, Knowledge, and Participation," *Journal of Broadcasting & Electronic Media* 50 (2006).

[7] Schur L., et al. "Can I Make a Difference? Efficacy, Employment, and Disability," *Political Psychology* 24 (2003).

[8] Michelson M. R., "Political Efficacy and Electoral Participation of Chicago Latinos," *Social Science Quarterly* 81 (2000).

[9] Huo J., Political Efficacy in Authoritarian and Democratic Taiwan: How Political Institutions Affect Political Efficacy (Paper presented at annual meeting of the Midwest Political Science Association, Chicago 2005).

[10] Kahne, J. & J. Westheimer, The Limits of Efficacy: Educating Citizens for a Democratic Society (Paper presented at the annual meeting of American Political Science Association, Boston 2002).

[11] Easton D. & Dennis J., "The Child's Acquisition of Regime Norms: Political Efficacy," *American Political Science Review* 61 (1967).

[12] Hess R. D. & Torney J. V., *The Development of Political Attitudes in Children* (New York: Doubleday and Company, 1967).

[13] Hahn C., *Becoming Political: Comparative Perspective on Citizenship Education* (Albany, NY: State University New York Press, 1998).

制度)的一种信心。信任可以分为政治信任和人际信任两个层面。政治信任可以看作是"一种对基于政府多大程度上能够对民众的正常期待做出反应的基本评价"[1]。因此,从广义来看,政治信任的对象包括政府机构和政治制度。另外,人际信任或社会信任指的是"一个人或群体对另一个人或群体的口头或书面的言语承诺是可以依赖的期待"[2]。信任通常可以分为特殊信任和普遍信任两种,前者指的是关系密切的朋友、亲戚和家人的信任,后者指的是对关系较远的一般朋友、社会上一般人的信任[3][4]。在以往的研究中,信任被当作是社会资本的一个重要方面,特殊信任被看作是一种连结型社会资本,而普遍信任被看作是桥接型社会资本[5][6]。研究表明,政治信任和人际信任虽然是相关的和相互影响的,但二者从概念看是可以区分的[7][8][9]。有的学者研究政治效能感和政治信任的关系[10]。当政治效能感低下的时候,公民不信任政府,认为他们的行动很难影响政治领导的作为。相反,当政治效能感较高的时候,公民相信政府的所作所为都为民众考虑的,而且他们的行动会对政府产生积极的影响。较高的政治效能感对于民主政体的稳定性来说是必不可少的,因为"在当代的民主社会,公民应该觉得自己具有影响政府作为的能力"[11]。进一步的研究表明,外在效能感能够明显提升政治信任,而内在效能感对于政治信任的影响则很弱或不

---

[1] Hetherington Marc J., "The Political Relevance of Political Trust," *American Political Science Review* 92 (1998): 791–808.

[2] Rotter J., "A New Scale for the Measurement Interpersonal Trust," *Journal of Personality* 35 (1967).

[3] Newton K. & S. Zmerli, "Three Forms of Trust and Their Association," *European Political Science Review* 3 (2011).

[4] Uslaner E., *The Moral Foundations of Trust* (Cambridge, UK: Cambridge University Press, 2002).

[5] Brehm J. & W. Rahn, "Individual-level Evidence for the Causes and Consequences of Social Capital," *American Journal Political Science* 41 (1997).

[6] Putnam R., *Bowling Alone: The Collapse and Revival of American Community* (New York: Simon and Schuster, 2000).

[7] 同6。

[8] Schyns P. & C. Koop, "Political Distrust and Social Capital in Europe and the USA," *Social Indicators Research* 96 (2013).

[9] 同4。

[10] Aberbach Joel D. & Jack L. Walker, "Political Trust and Racial Ideology," *American Political Science Review* 64 (1970): 1199–1220.

[11] Wright James D., "Does Acquiescence Bias the 'Index of Political Efficacy?'" *The Public Opinion Quarterly* 39 (1975): 219–226.

明确[1][2][3][4][5]。

警察信任是政治信任的一部分，但目前很少研究考察政治效能感对于警察信任的影响。不过，对于政治效能感与警察信任的关系却很少得到研究，唯一的例外是吴瑜宁和孙懿贤的研究[6]。他们使用的量表测量政治知识、权力和影响力，其中有些问题涉及政治效能感。他们发现中国人中具有较高政治效能感者对警察的信任度也较高。本项研究将在中国社会背景下探讨这一问题。在本文中，将探讨内在效能感和外在效能感对警察信任的影响。根据以上文献回顾，笔者提出这样的假设：**内在效能感和外在效能感能够增进城乡居民对警察的信任，即内在效能感和外在效能感越高者，其警察信任也越高。**

2. 中国城乡居民的政治参与

长期以来政治学者都把政治参与看作是与民主政体相联系的概念，因为只有在民主制度下人民才可以通过定期举行的选举选择领导人，从而对立法机关或政府产生影响。与此相应的是，许多研究社会主义国家政治的学者都不认为共产党社会有真正意义上的政治参与。如极权模型的学者强调精英对社会的全面控制，在这些社会中国家对大众传播媒介的垄断性控制成功地限制了信息的流通。通过限制结社自由，政府因此可以有效地阻止利益的聚合，使人民失去抗拒政治权威的能力[7]。而利益群体理论虽然承认共产党政权并没有能够完全消除国家和社会之间的界限或是完全阻止利益的表达，但这一模型仍然否认普通民众影响决策的可能性。在共产党社会中政治的活动和组织（诸如选举、群众运动、工会以及农会等）都是由

---

[1] Aberbach Joel D. & Jack L. Walker, "Political Trust and Racial Ideology," *American Political Science Review* 64 (1970): 1199 - 1220.

[2] Balch G. I., "Multiple Indicators in Survey Research: The Concept 'Sense of Political Efficacy'," *Political Methodology* 1 (1974): 1 - 43.

[3] Catterberg G. & A. Moreno, "The Individual Bases of Political Trust: Trends in New and Established Democracies," *International Journal of Public Opinion Research* 18 (2006).

[4] Cole R., "Toward a Model of Political Trust: A Causal Analysis," *American Journal of Political Science* 17 (1973).

[5] Niemi R. G. et al., "Measuring Internal Political Efficacy in the 1988 National Election Study," *American Political Science Review* 85 (1991): 1407 - 1413.

[6] Wu Yuning & Sun Ivan, "Citizen Trust in Police: The Case of China," *Police Quarterly* 12 (2009): 170 - 191.

[7] Friedrich C., M. Curtis & B. Barber, *Totalitarianism in Perspective: Three Views* (New York: Praeger, 1969).

当局操控的,目的是消除自愿团体的形成,因此也不具有利益表达的作用。

虽然,"强大的政府和党的机构的存在、国家对社会全面的渗透、独立政见团体及利益表达机制的缺乏、严格控制的媒体以及长期缺乏自由竞争的选举使得这种参与的概念具有完全不同的意义"①;但是,这并不表明共产党社会的民众完全不能对政府的决策产生影响。特别是随着一些学者在更广的范围界定政治参与,原有的单一的政治参与观(将投票看作是民众能够影响政治过程的关键和唯一方式)被多元的参与观所取代。例如,尼和伏巴把政治参与界定为"平民或多或少以影响政府人员的选择及(或)他们采取的行动为直接目的而进行的合法活动"②。一些学者在对苏联和东欧等社会主义国家的研究表明,这些国家的民众也以自己的方式表达利益以及对政府决策产生影响。如果说选举更多的时候因流于形式而成为一种政治仪式的话,这些国家的民众更多地以选举之外的手段,如个人的接触来寻求政府官员的帮助或向他们表达自己的偏好。例如,英克尔斯(Alex Inkles)和鲍尔(Raymond Bauer)的研究发现"苏联公民更关心获得更多个人的保障和生活水平的提高,而很少关心获得政治权利和宪法的保障"③。比尔勒(Sweryn Bialer)的研究表明苏联民众更多参与涉及与公民日常生活、社区事务以及工作单位条件直接相关的决策④。这些研究者发现,共产党社会民众政治参与有自己的独特性,如他们更多是试图影响政策的实施而不是决策过程,参与更多的是以个体的、非正式的和原子化的方式进行的⑤。

就中国的整体制度而言,高层政府官员并未实行直接选举,显然一般百姓无法像民主国家一样通过选举来表达意愿。目前中国各级政府官员虽然也是经各级人民代表大会选举,但通常候选人是由党的组织部门确定,而且参与投票的代表也是间接选举产生的。因此,在原有的体制中,选举

---

① Jennings M. Kent, "Political Participation in the Chinese Countryside," *The American Political Science Review* 91 (1997).
② 诺曼·尼、西德尼·伏巴:《政治参与》,载格林斯坦编《政治学手册精选》下册,竺乾威、储复耘等译,商务印书馆,1996,第290页。
③ Inkles Alex & Raymond A. Bauer, *The Soviet Citizen: Daily Life in a Totalitarian Society* (Cambridge, Mass.: Harvard University Press, 1959), p. 7.
④ Bialer Seweryn, *Stalin's Successors: Leadership, Stability, and Change in the Soviet Union* (New York: Cambridge University Press, 1980), p. 166.
⑤ Jennings M. Kent, "Political Participation in the Chinese Countryside," *The American Political Science Review* 91 (1997).

并不是一种重要的参与途径。但是，自从20世纪80年代中期在中国广大农村实行村民自治之后，作为农村基层社区行政村的管理者的村委会是由村民直接选举产生的[①][②]。中国农村的村委会选举已经在很大程度上是一种有竞争的选举，从而成为村民表达利益的重要渠道。虽然与农村的竞争性选举有很大差距，城市社区居委会的成员也在一定程度上是通过社区居民选举产生的。而对于城乡居民来说，参与村委会或社区居委会的活动可以在很大程度上增加他们与警察接触的机会，尤其是与那些工作在基层派出所的警察的接触机会。通过参与基层选举和社区事务，城乡居民可以增进对警察的接触和了解。据此我们假设：**更多参与基层选举和社区事务的受访者对警察的信任程度也较高。**

如果说基层选举和社区事务的参与是一种制度化的政治参与的话，城乡居民的维权抗争则是一种非制度化的政治参与。在过去的几十年中，民众的维权抗争以各种形式在各地出现。欧博文用"依法抗争"这个概念来描述中国农村的维权抗争[③]，当农民面对贪腐的官员、环境污染、乱收费、征地拆迁等问题时，就会诉诸抗争维护他们的利益。依法抗争是一种部分制度化的大众抗争形式，受冤屈的民众在与国家的抗争中通过运用国家法律、政策和官方话语以使自己的诉求合法化[④]。依法抗争不同于其他形式的直接挑战统治合法性的大众抗争。依法抗争者接受国家法律、政策和核心价值的合法性，只是当他们认为当政者未能践行承诺或者违背了法律和广泛认可的价值观时才进行抗争[⑤][⑥]。随着改革开放以来中国公民的"权利意识"的增长，中国公民开始利用行政的（上访）和法律的渠道来解决问题和让地方当局负责。

尽管中国民众的政治参与，尤其是上访和抗争，已经引起学术界的关注，但很少有政治参与和警察信任之间的关系的研究。就像人们参与各种政治活动会影响他们对警察的看法一样，我们有理由相信政治参与和警察

---

① 胡荣：《理性选择与制度实施：中国农村村民委员会选举个案研究》，上海远东出版社，2001。
② Hu Rong, "Economic Development and the Implementation of Village Elections in Rural China," *Journal of Contemporary China* 14 (2005): 427 – 444.
③ O'Brien Kevin, "Rightful Resistance," *World Politics* 49 (1996): 31 – 55.
④ 同3。
⑤ 同3。
⑥ O'Brien Kevin & Lianjiang Li, *Rightful Resistance in Rural China* (Cambridge: Cambridge University Press, 2006).

信任之间存在着某种关联。由于依法抗争者的抗争行动与处于维稳第一线的警察的工作是相对立的，我们假设：**城乡居民中参与依法抗争越多者对警察的信任程度越低。**

三 数据和变量测量

本项研究的数据来自 2010 年中国综合社会调查（Chinese General Social Survey，缩为 CGSS）。CGSS 是中国人民大学主持的一个全国性、综合性、连续性的大型社会调查项目，从 2003 年开始进行，最初两年一次，现在是每年一次。通过定期、系统地收集中国人与中国社会各个方面的数据，总结社会变迁的长期趋势，探讨具有重大理论和现实意义的社会议题，推动国内社会科学研究的开放性与共享性，为国际比较研究提供数据资料。2010 年 CGSS 采用多阶分层概率抽样设计，其调查点遍及了中国大陆所有省级行政单位。在全国一共抽取了 100 个县（区），加上北京、上海、天津、广州、深圳 5 个大城市，作为初级抽样单元。其中在每个抽中的县（区），随机抽取 4 个居委会或村委会；在每个居委会或村委会又计划调查 25 个家庭；在每个抽取的家庭，随机抽取一人进行访问。而在北京、上海、天津、广州、深圳这 5 个大城市，一共抽取 80 个居委会；在每个居委会计划调查 25 个家庭；在每个抽取的家庭，随机抽取一人进行访问。这样，在全国一共调查约 12000 名个人。其中，在抽取初级抽样单元（县区）和二级抽样单元（村委会和居委会），利用人口统计资料进行纸上作业；而在村委会和居委会中抽取要调查的家庭时，则采用地图法进行实地抽样；在家庭中调查个人时，利用 KISH 表进行实地抽样。

1. 因变量

本项研究的因变量是受访者对警察的信任，取自问卷中的问题：你多大程度上信任警察？答案分别为：（1）完全不可信；（2）比较不可信；（3）居于可信与不可信之间；（4）比较可信；（5）完全可信。由于有序回归模型数据无法满足平行线检验不显著的要求，我们把该变量重新编码为二元的虚拟变量："1"表示信任警察，包括原来的（4）（5）选项，"0"表示不信任警察，包括原来的（1）（2）（3）选项。

必须指出的是，在 11712 个样本中有多达 1892 个受访者的选项是"居于可信与不可信之间"。这部分受访者可能把他们自己看作是中立的，也可能是在不同的情景下他们对警察信任这个问题都是模糊不清的，或者他们只是不关心警察信任这个问题。但不管怎样，这部分受访者都没有明确表示自己是信任警察的，因此我们把他们归入不信任这一类中。考虑到受访者可能是不愿意暴露自己的真实想法因此提供一个随大流的答案更为安全，因此我们认为把这些答案归入不信任更为保险。在初步分析中，我们尝试比较了保留（即把"居于可信与不可信之间"这一选项加入"不信任"）和去除这一中立选项的两个样本，发现自变量对因变量的影响在两个样本中没有显著差异。

2. 预测变量

主要预测变量可分为政治效能感和政治参与两类。测量政治效能感的两个指标，外在效能感因子和内在效能感因子，是通过对问卷中如下5个项目的因子分析获得：（1）我觉得自己有能力参与政治；（2）如果让我当政府干部，我也能完全胜任；（3）我向政府机构提出建议时，会被有关部门采纳；（4）政府官员会重视我们对政府的态度和看法；（5）我对政府部门的意见/建议可以有办法让领导知道。问题的答案分为：（1）完全不同意，（2）不同意，（3）无所谓，（4）同意，以及（5）完全同意。这5个项目的Cronbach's alpha系数为0.674，表明其较高的内在一致性。我们用主成分法进行因子分析，经最大方差法旋转提取两个因子，分别命名为"外在效能感因子"和"内在效能感因子"。外在效能感因子包括3、4、5三个项目（因子负荷分别为0.81、0.80和0.72；特征值为1.84；解释方差36.89%），内在效能感因子包括1、2两个项目（其因子负荷分别0.90和0.91；特征值为1.70；解释方差达34.01%）。

我们用如下三个变量测量政治参与。首先，在问卷中用询问受访者在过去一年中是否参与过如下7项活动：（1）村委会、居委会、业委会的工作；（2）向村委会、居委会、业委会提建议或意见；（3）参加集体上访；（4）参加写联名信；（5）向新闻媒体反映有关小区的问题；（6）向相关政府部门反映有关小区的问题；（7）参加抗议或请愿。答案分为"参与"（1）和"没有参与"（0）两种。这7个项目的Cronbach's alpha系数高达0.922，表明这些项目之间有高度的一致性。我们要主成分法进行因子分析，经最大方差法旋转，提取两个因子，分别命名为"依法抗争因子"和"社区参与因子"。"依法抗争因子"包括前述第3、4、5、7四个项目（其因子负荷分别为0.76，0.72，0.42和0.71，特征值为1.99，解释方差28.36%）；"社区参与因子"包括第1、2、6三个项目（其因子负荷分别为0.79，0.81和0.47，特征值为1.58，解释方差为22.63%）。

测量政治参与的第三个变量是基层选举参与，用的是问卷中这样一个问题："在上一次村委会/居委会选举中是否参与投票？"回答分"参与"（1）和"未参与"（0）两种。

3. 控制变量

本项研究的控制变量包括个人背景特征的一些变量和社会信任。年龄是定距变量。教育程度是定序变量，小学及以下＝1，中学＝2，高中＝3，大专＝4，本科及以上＝5。性别（男＝1）、户口（农村户口为"1"，城市户口为"0"）、是否党员（党员＝1）、是否汉族（汉族＝1，非汉族＝0）、宗教信仰（信教＝1，不信教＝0）等都是虚拟变量。"阶层流动"这一变量来自受访者现在所认同的阶层与10年前认同的阶层的比较："在我们的社会里，有些群体居于顶层，有些群体则处于底层。下面是一个从上往下看的图。'10'分代表最顶层，'1'分代表最底层。"我们分别问受访者10年前自己处于什么等级，现在又处于什么等级，用现在的所处的等级减去10年前的所处的等级即获得阶层流动这一变量。社会公平感是这样测量的，我们问受访者总体上是否认为当今社会是否公平，答案分为"完全不公平"、"比较公平"、"居中"、"比较公平"和"完全公平"5种，分别赋值"1"至"5"。家庭经济状况我们用这样的问题：您家的家庭经济状况在当地属于哪一档？答案分别为"远低于平均水平"、"低于平均水平"、"平均水平"、"高于平均水平"和"远高于平均水平"5种，分别赋值从"1"至"5"。

社会信任的两个因子，普遍信任和特殊信任，来自对8个测量社会信任的问题的因子分析。我们要求受访者回答对8种不同对象的信任程度：自己家里人、亲戚、朋友、同事、领导干部、生意人、同学、老乡，答案分别为"完全不可信"、"比较不可信"、"居于不可信和可信之间"、"比较可信"和"完全可信"5种，依次分别赋值"1"至"5"。这8个项目的Cronbach's alpha系数达0.808，表明这些项目较有较高的信度。用主成分法对这8个项目进行因子分析，经最大方差法旋转，提取普遍信任和特殊信任两个因子。普遍信任因子包括对朋友、同事、领导干部、生意人、同学、老乡的信任（其因子负荷分别为0.57、0.72、0.71、0.69、0.68和0.72，特征值为2.915，解释方差36.44%），特殊信任因子包括对自家人和亲戚信任（其因子负荷分别为0.81和0.75，特征值1.731，解释方差为21.63%）。

表1呈现的是所有变量的描述统计量。为了排除各自变量之间的共线性问题，我们对所有的自变量之间的相关系数进行了检测，结果表明只有户口和教育程度之间有一定程度的负相关（−0.501），在可接受范围。

表1 回归分析中各变量的描述统计

变量	Mean	SD	Min	Max	n
因变量					
警察信任	0.7384	0.439	0	1	11712
自变量					
外在效能感	0	1	-2.31	2.89	11403
内在效能感	0	1	-1.91	2.61	11403
依法抗争	0	1	-0.74	15.17	11662
社区参与	0	1	-3.10	5.91	11662
基层选举	0.48	0.5	0	1	11166
控制变量					
性别	0.48	0.5	0	1	11783
年龄	47.31	15.681	17	96	11779
教育程度	2.22		1	5	11777
户口	0.51	0.5	0	1	11781
是否信教	0.1321	0.33863	0	1	11752
是否汉族	0.91	0.291	0	1	11761
社会流动	0.68	1.642	-9	9	11716
家庭经济地位	2.61	0.766	1	5	11756
社会公平感	2.985	1.086	1	5	11754
普遍信任	0	1	-4.05	4.20	10952
特殊信任	0	1	-8.10	2.08	10952

四 研究发现

表2的三个模型展示的是二元逻辑斯蒂回归的分析结果。

从总样本看，除是否党员这一变量对警察信任的影响不具有统计显著性外，其他个人背景特征变量对因变量的影响均有统计显著性。性别有微弱统计显著性，表明男性受访者的警察信任略低于女性受访者。年龄对因变量的影响是正向的，即年龄增长一岁，对警察表示信任的可能性增加0.6%。教育程度对因变量的影响则是负向的，即受访者的教育程度提高一个层级，其对警察的信任的可能性减少9.3%。汉族受访者的警察信任低于少数民族，信教者的警察信任高于不信教者。

在总样本中,户口这一变量对因变量的影响具有统计显著性,这表明农村居民总体上对警察的信任高于城市居民。而从两个子样本看,个人背景变量对因变量的影响存在一定差异。性别在城乡两个样本中对因变量的影响都不具有统计显著性,年龄在城市样本中对因变量的影响消失了,但在农村样本中对因变量的影响仍具有统计显著性。教育和是否汉族在城乡两个子样本中对因变量仍保持负向的影响,但在农村子样本中的影响程度显著大于城市子样本。是否信任在城市样本中不具有统计显著性,在农村样本中仍保持统计显著性。

其他控制变量对因变量的影响在不同的样本中也有一定的差异性。在总样本中向上社会流动对因变量的影响有统计显著性,即向上流动越多者对警察越信任,在城市子样本中仍保持这种显著性,但在农村子样本中不具有统计显著性。社会公正感对因变量的影响在3个样本中的影响都具有正向的统计显著性,即公正感越强的受访者其警察信任度也越高。自评家庭社会经济地位在总样本和农村样本中对因变量的影响都不具有统计显著性,只在城市样本中具有微弱的统计显著性。不过,在3个样本中,社会信任的两个因子,即普遍信任和特殊信任,对因变量的影响都具有统计显著性,即社会信任能够增进对警察的信任。相对而言,普遍信任比特殊信任更能增进受访者的警察信任,两种社会信任对于城市受访者的警察信任的影响大于对农村受访者警察信任的影响。

表2 影响城乡居民警察信任因素的逻辑斯蒂回归分析

	模型1:农村样本		模型2:城市样本		模型3:总样本	
	B (S.E.)	Odds Ratio	B (S.E.)	Odds Ratio	B (S.E.)	Odds Ratio
控制变量						
性别	-.053 (.077)	.949	-.110 (.069)	.896	-.091 (.051) *	.913
年龄	.007 (.003) **	1.007	.004 (.003)	1.004	.005 (.002) **	1.006
教育程度	-.196 (.052) ***	.822	-.072 (.033) **	.931	-.098 (.028) ***	.907
是否党员	-.072 (.178)	.930	-.030 (.094)	.970	-.008 (.082)	.992
是否汉族	-.487 (.140) ***	.614	-.291 (.152) *	.748	-.415 (.103) ***	.660
是否信教	.316 (.110) **	1.372	.153 (.111)	1.166	.242 (.078) **	.785
是否农村户口					.377 (.078) ***	1.457
社会流动	.031 (.024)	1.031	.071 (.021) ***	1.074	.055 (.016) ***	1.057
社会公正感	.014 (.001) ***	1.014	.014 (.001) ***	1.014	.365 (.025) ***	1.441

续表

	模型1：农村样本		模型2：城市样本		模型3：总样本	
	B（S.E.）	Odds Ratio	B（S.E.）	Odds Ratio	B（S.E.）	Odds Ratio
家庭经济地位	.002（.052）	1.002	-.095（.048）*	.909	-.054（.035）	.948
普遍信任	.477（.038）***	1.611	.582（.39）***	1.789	.523（.027）***	1.687
特殊信任	.164（.035）***	1.178	.237（.034）***	1.267	.201（.024）***	1.222
预测变量 政治效能感						
外在效能感	.233（.040）***	1.263	.405（.037）***	1.500	.321（.027）***	1.378
内在效能感	-.180（.041）***	.835	-.092（.037）**	.912	-.137（.027）***	.872
政治参与						
依法抗争	-.125（.038）***	.883	-.025（.028）	.975	-.060（.022）**	.942
社区参与	-.029（.040）	.972	.004（.034）	1.004	-.017（.025）	.983
基层选举	.070（.079）	1.073	.275（.076）***	1.316	.267（.073）***	1.306
户口*基层选举					-.197（.104）*	.822
Constant	.868（.270）***	2.382	.613（.256）**	1.846	.407（.198）*	1.502
N	4987		4980		9978	
-2 Log likelihood	4502.854		5377.703		9932.731	
Nagerkerke R^2	.177		.223		.215	

我们再来看一看作为主要预测变量的政治效能感和政治参与对于警察信任的影响。

第一，外在效能感能够显著提升受访者对警察的信任。在三个模型中，外在效能感这一预测变量对于因变量的正向影响都有统计显著性，说明受访者的外在效能感越强，他的警察信任程度也越高。相比而言，外在效能感对于城市居民的警察信任的影响程度大于农村居民。

第二，内在效能感能够显著减弱受访者对警察的信任。在三个模型中，内在效能感对因变量的影响都有负向的统计显著性，表明受访者内在效能越强，反而越不信任警察，这一趋势在农村更为明显。

第三，依法抗争在农村样本中对因变量的负向影响有统计显著性。也就是农村居民越是经常参与不同形式的依法抗争，他们越不信任警察。不过，这一预测变量对因变量的影响在城市样本中不具有统计显著性。

第四，社区参与对于因变量的影响不具有统计显著性。在三个样本中，社区参与对于警察信任的影响都不具有统计显著性。不过，仔细比较我们还是发现城市样本与农村样本存在细微的差别：虽然都不具备统计显著性，但在农村样本中，社区参与对于因变量的影响的回归系数是负的，而城市样本中这一系数是正的。

第五，参与基层选举在一定程度上能够增进受访者对警察的信任。在三个模型中，基层选举这一变量对因变量的影响在城市样本和总样本中都有正向的统计显著性，但在农村样本中却没有显著性。在这里，基层选举指的是农村的村委会选举和城市的居委会选举。在总样本，我们加入了户口和基层选举的相互作用项（"户口 * 基层选举"），其对因变量的影响是显著的，而且是负向的，这表明基层选举对于城乡居民的警察信任影响程度上是不同的，即对城市居民的影响显著大于对农村居民的影响。

五 讨论与结论

基于2010年的CGSS数据，本文在控制了受访者的人口学变量和社会信任等变量后，探讨了政治效能感和政治参与对于中国城乡居民警察信任的影响。我们假定较高的政治效能感和更高程度的社区事务以及基层选举的参与能够增进对警察的信任，而依法抗争的参与则可能减少对警察的信任。我们的研究表明，政治效能感和政治参与与警察信任有很大的关系。尽管存在一些微小的差异，我们的发现在很大程度上与国外已有的研究结果是一致的。

首先，我们发现外在效能感能够增进城乡居民的警察信任。当受访者觉得他们在让政府对其诉求做出回应方面是有影响力的话，他们往往对警察持正面积极的看法。国外已有研究发现，外在效能感与政府信任之间存在正相关[1][2]，这与我们的研究是一致的。有学者在中国农村的研究中发现，外在政治效能感能够促进村民对现任村干部和自治系统的正面看法[3]，我们的研究也有类似发现。与西方民主国家相比，尽管中国仍然是一个"高权力

---

[1] Catterberg G. & A. Moreno, "The Individual Bases of Political Trust: Trends in New and Established Democracies," *International Journal of Public Opinion Research* 18 (2006).

[2] Niemi R. G. et al., "Measuring Internal Political Efficacy in the 1988 National Election Study," *American Political Science Review* 85 (1991): 1407-1413.

[3] Chen J., "Popular Support for Village Self-government in China: Intensity and Sources," *Asian Survey* 45 (2005).

距离的社会"（high power distance society）①，公众没有期待能够更多地参与到政府的决策中去，但是外在效能感对政治信任有正面影响这一发现也适合中国的城乡居民。

我们的发现也表明，内在效能感和政治参与也对城乡居民的警察信任产生影响，虽然影响的方向与原先的假设不一致。如果考虑到以往文献中发现的在内在效能感和政治信任之间的不确定关系②，那对本项研究中的内在效能感与警察信任之间存在负相关这一发现也就不会感到惊奇了。而且，尽管政府对公众需求的反应能够增进他们对政治制度的信任，但是，对自己能力更有自信的受访者对政府机构的期待也可能更高，因此更可能产生反建制（anti-establishment）的情感，可能与现有政治体制存在更大的张力，并因此导致对警察的信任下降。未来的研究应该进一步探讨内在效能感和政治信任的这种负向关系。

其次，我们发现依法抗争和基层选举这两种非传统的政治参与方式对警察信任有着重要的影响。基层选举与警察信任的这种显著相关可以看作是基层选举的参与在民众中产生一种赋权效应，民众通过参与基层选举而对基层社区事务有了更大的发言权。那为什么城市基层的选举的促进作用更大于农村呢？城市的社区居委会与农村的村委会虽然都是基层的群众自治组织，但后者重要性远超前者，而且自20世纪80年代中期开始的村级选举搞得轰轰烈烈，其竞争激烈程度远高于社区居委会的选举。虽然城乡基层选举的参与都可以在一定程度看作是一种亲建制（pro-establishment）的行为，但农村的选举因其具有的竞争性使其更可能包容一些具有反建制倾向的村民的参与，因而其对村民警察信任的增加幅度自然要小于城市选举对城市居民的影响。

与基层选举参与对警察信任的增进作用不同，依法抗争更可能导致对警察的不满。通常情况下依法抗争者是在走投无路的情况下才会为了他们的冤屈诉诸抗争。这些人可能因为遭受了不公待遇而可能对政府机构抱有负面的态度。此外，尽管公众的抗争有多种形式，而且大多数的抗争都是制度化的、和平的，参与抗争往往会提升与政府和警察的紧张，甚至是暴力对抗的程度，从而导致对政治制度的负面评价。

---

① Hofstede G., *Culture's consequences: Comparing Values, Behaviors, Institutions and Organizations Across Nations* (2nded.) (Thousand Oaks, CA: Sage Publications, 2001).
② Morrell M. E., "Survey and Experimental Evidence for a Reliable and Valid Measure of Internal Political Efficacy," *Public Opinion Quarterly* 67 (2003): 589-602.

第三，我们发现受访者一些重要的身份地位指标对警察信任有重要影响。分析表明，性别、是否少数民族、受教育程度以及户口等都与警察信任相联系，即男性的警察信任低于女性，汉族低于少数民族，年轻人低于老年人，受教育程度高者低于受教育程度较低者，城市居民低于农村居民。通常情况下应是弱势群体更多地表现出对当政者的不满和不信任，但上述这些群体，即男性、汉族、年轻人、受教育程度较高者、城市居民决非传统意义上的弱势群体。30余年的改革开放和持续的经济增长可能使得这些群体对政府的期待不断提升，对政府的不满也日益增多，对政府的信任也呈现出下降的趋势。这种情况与西方民主国家20世纪90年代以来出现的"批判性公民"现象非常类似[1]。这需要进一步的研究来探讨这些群体与警察信任之间的关系。

最后，我们发现公众对警察的信任是与他们的社会信任及公正感密切相联系的。从某种意义上说，警察信任可以被看作是包括更广的相互关联的社会态度的一部分。对某一方面制度的正面评价会影响另一方面的评价。在本项研究中，较高普遍信任和特殊信任的受访者对警察的信任度也较高，越是认为社会公正的受访者对警察的信任也较高。未来的警察信任研究应该继续将这些态度因素纳入进来考虑。

必须指出的是，由于使用的是二手的调查数据，本项研究存在两点不足。首先，本项研究缺少以往研究中被证明有效的几个预测变量。例如，近期的研究表明，表现性的关注（例如，邻里的凝聚力和生活质量）和工具性的关注（例如，对成为罪犯受害者的担心）是中国人对警察信任的有效预测变量[2][3]。同样，个人与警察接触的经验也会影响对警察的评价[4][5]。为了更好地理解中国人的警察信任，未来的研究应该把这几个自变量作为预测变量考虑进来。

---

[1] Norris P., *Critical Citizens: Global Support for Democratic Government* (Oxford: Oxford University Press, 1999).

[2] Sun I. et al., "One Country, Three Populations: Trust in Police among Migrants, Villagers, and Urbanites in China," *Social Science Research* 42 (2013a).

[3] Sun I. et al., "Public Assessments of the Police in Rural and Urban China: A Theoretical Extension and Empirical Investigation," *British Journal of Criminology* 53 (2013b).

[4] Lundman R. & R. Kaufman, "Driving While Black: Effects of Race, Ethnicity, and Gender on Citizen Self-reports of Traffic Stops and Police Actions," *Criminology* 41 (2003).

[5] Weitzer R. & S. Tuch, "Perceptions of Racial Profiling: Race, Class, and Personal Experience," *Criminology* 40 (2002).

其次，我们在本项研究中只使用一个单一的项目测量警察信任。尽管这一做法在以往的文献中并不少见，而且也得到了最近有关中国人的警察信任是单一维度的这一发现的支持①②，单一指标的测量容易导致把社会现象简单化甚至造成误解③。未来的研究应该考虑从不同的方面，诸如基于程序的信任和基于结果的信任④，使用综合的和较为全面的指标，来测量中国人的警察信任。

我们的研究发现对于中国当政者有重要的启示。毫无疑问，警察信任是政治信任的重要组成部分，同时也是百姓对政治制度信任的重要指标。我们发现诸如较高的外在效能感、参与基层选举和较高的社会信任感和公正感，这些亲建制的活动，能够增进公众对警察的信任。政府应该加快政治体制改革的步伐，让民众有更多的政治参与渠道。

另外，我们的研究表明反建制的活动，尤其是依法抗争，会导致对警察信任的流失。中国现有的信访制度存在不少问题，许多上访者的问题得不到解决，应该进行相应的改革，建立更有效的意见表达渠道和维权机制。公众的不满如果不加以疏导的话，有可能升级为广泛的挑战现有体制的激进活动。因此，政治改革虽然不一定保证能增进政治信任，但是却可以在很大程度上增进政府的合法性。

---

① 同上页2。
② 同上页3。
③ Hudson J. & S. Kuhner, "Beyond the Dependent Variable Problem: The Methodological Challenges of Capturing the Productive and Protective Dimensions of Social Policy," *Social Policy and Society* 9 (2010).
④ Tyler T. & Y. Huo, *Trust in the Law: Encouraging Public Cooperation with the Police and Courts* (New York: Russell Sage Foundation, 2002).

邻避冲突与中国的环境矛盾*
——基于对环境矛盾产生根源及城乡差异的分析

李德营**

摘　要：当前我国的邻避冲突不断爆发，但对邻避冲突进行分析，可以发现它难以应对目前中国所遭遇的环境矛盾：从邻避冲突的诉求目标而言，它的局限促使其仅能保护当地免受邻避设施的直接危害；从邻避冲突的产生条件而言，这种抗争行动难以适用于乡村地区。结合我国环境矛盾的产生机制以及环境矛盾的城乡差异，可以认为邻避冲突对于城市地区环境矛盾的解决容易造成邻避设施向乡村地区转移，进而可能引发更为严重的环境矛盾。为此，解决当前中国的环境矛盾需要城乡一体化意义上的环境改革措施。

关键词：环境矛盾　邻避冲突　生产永动机　城乡差异

改革开放以来，我国的工业化水平不断上升，城市化的程度不断提高；另一方面，这也致使我国的环境矛盾频繁发生。从内容上而言，环境矛盾包含生态环境恶化以及由生态环境恶化引发的社会冲突两个方面。而作为环境矛盾的一种极端表现形式，有资料显示自1996年以来，我国的环境群

---

* 基金项目：本文获得国家社科基金重点课题"现阶段我国社会矛盾演变趋势、特征及对策研究"（12AZD041）；教育部人文社科青年项目"农村环境冲突中的科学话语与权力关系研究"（13YJC840032）的支持。文章还以《邻避冲突与中国的环境矛盾——基于对环境矛盾产生根源及城乡差异的分析》为题，发表于《南京农业大学学报》（社会科学版）2015年第1期。

** 李德营（1987～），男，汉族，山东济宁人，南京大学社会学院2012级博士研究生，研究方向为环境社会学；联系电话：13770538793；Email：li198764@126.com。

体性事件保持了年均29%的增长速度①。无疑,这折射了当前我国环境矛盾的严重程度。

在这些快速增长的环境矛盾中,邻避冲突作为一种新的形式加入其中,并在全国各地接连上演:2012年7月至10月短短四个月的时间便爆发了三起具有邻避性质的环境群体性事件(什邡事件、启东事件、宁波事件);2013年接连发生了昆明、成都市民抵制 PX(对二甲苯)项目以及上海松江市民抵制电池厂建设的事件;2014年5月杭州余杭区又爆发了当地居民抵制垃圾焚烧发电厂建设的事件。这一连串的邻避事件展现了当前时期我国环境矛盾的新形式,并凸显了其可能的影响与规模。需要思考的是,这种新形式的抗争行为对于今天我们需要面对的日益突出的环境矛盾意味着什么?当前尚未有研究对其进行探讨,为此本文试图结合中国环境矛盾的发生机制以及城乡差异进行分析。

一 "危机治理"导向下的邻避研究

20世纪60年代,美国多地兴起了抵制垃圾填埋场、炼油厂等设施在当地建设的运动,由此,O'Hare 提出了邻避设施②这一概念。所谓邻避设施是指诸如垃圾填埋场、炼油厂等具有污染威胁或者其他(如监狱)具有污名的设施。而邻避冲突即指当地居民对这些邻避设施建设进行抵制,由此引发的冲突。伴随着人们环境权利意识的觉醒、价值观念的转变等因素的影响,从关于国内邻避冲突的各种报道中我们发现,当前国内城市区域的邻避冲突已经向风险预防型转变,如前文提及的在全国各地接连上演的邻避冲突。并且,回顾相关研究文献可以发现,这些研究着重分析危害尚未发生之时的风险预防冲突。因此,基于这种社会现象的重要性,本文对邻避冲突的关注也将聚焦于它的风险预防特性。

虽然邻避设施具有污染威胁、污名等对当地社会而言的负外部效应,但它们往往又是当前社会运行所需要的。因此,邻避设施一般具有作为社会公共设施的公共性和风险—收益不均衡的负外部性两个方面的特征。需要指出的是,当前一些大型化工项目等企业生产设施虽然具有非公共性,

---

① 佚名:《让更多环境纠纷在法庭解决》,《新京报》2012年10月28日第 A02 版。
② O'Hare M, "'Not on My Block You Don't: Facility Siting and the Strategic Importance of Compensation," *Public Policy* 4 (1997): 407 – 458.

但是这些设施生产的往往是当今社会所广泛需要的一些原材料或产品,因而它们也便具有了另外一种意义上的"公共性"。而且更为重要的是,正因为这些设施的获益者为个人或者少数人,而它们潜藏的风险是巨大的,并且这些风险往往由设施所在地的居民承担,由此,这些企业生产设施实际上更为凸显了邻避设施风险—收益不均衡方面的特征。当然,本文无意在此过分夸大邻避设施存在的风险而将其视为"洪水猛兽"。或许正如国内一些新闻报道所宣称的,已经成为国内众多邻避冲突起因的 PX 项目在国外"往往与居民区'亲密接触',日本 NPRC 炼厂与居民区仅隔了一条高速路"[1];又或者如国外相关研究所显现的,在一些地区邻避设施的建设并未遭到当地居民的强烈反对,进而能够在当地从事生产活动。然而,这些研究也表明,邻避运动的兴起和成功与否与权力、经济存在密切的关系[2][3]。借助这些因素,当地居民的抵制态度或行为能够被成功消解。而为削减自身成本的企业以及受制于公共财政的政府,则往往将消解抵制的诱惑措施指向在政治、经济上较为羸弱的地区。在当前社会,社会底层群体往往缺乏"用脚投票"的机会,由此不得不与其他人不愿意共处的设施为邻[4][5]。尤为重要的是,萨哈和莫哈伊对 1950～1990 年密歇根州固体、有毒废物和邻避设施选址的历时研究发现,在邻避运动兴起之前,有相当数量的设施选址位于房屋和就业条件较好的地区;而在邻避运动兴起之后,邻避设施更多地位于少数种族和低收入群体居住的地区[6]。

关于邻避设施的选址,或许正如 W. 弗洛伊登伯格等人所言,技术风险引发的冲突并非技术问题而是政治问题,因为邻避设施的选址意味着向另一个群体强加风险[7]。尤其是在环境监管薄弱、公共空间匮乏等社会约束较

---

[1] 张媛媛:《PX 真相》,《光明日报》2014 年 5 月 18 日第 16 版。
[2] Edward Walsh, Rex Warland and D. Clayton Smith, "Backyards, NIMBYs, and Incinerator Sitings: Implications for Social Movement Theory," *Social Problems* 1 (1993): 25 – 38.
[3] Rachel A. Wright and Hilary Schaffer Boudet, "To Act or Not to Act: Context, Capability, and Community Response to Environmental Risk," *AJS* 3 (2012): 728 – 777.
[4] Denise Lach, "Introduction: Environmental Conflict," *Sociological Perspectives* 2 (1996): 211 – 217.
[5] A. E. Luloff, Stan L. Albrecht and Lisa Bourke, "NIMBY and the Hazardous and Toxic Waste Siting Dilemma: The Need for Concept Clarification," *Society & Natural Resources* 1 (1998): 81 – 89.
[6] Robin Saha and Paul Mohai, "Historical Context and Hazardous Waste Facility Siting: Understanding Temporal Patterns in Michigan," *Social Problems* 4 (2005): 618 – 648.
[7] William R. Freudenburg and Susan K. Pastor, "Public Responses to Technological Risks: Toward a Sociological Perspective," *The Sociological Quarterly* 3 (1992): 389 – 412.

少的状况下，需要警醒在其他地区风险较低的项目，是否在这些地区具有较低的风险。在现实中，房屋可以为人们遮风避雨，但是偷工减料导致的房屋倒塌也会伤及在其中居住的居民的性命；甚至在美国，圣巴巴拉石油开采项目建设之前，当地政府的宣传标语是"如能（拥有）可以将人送上月球（的技术）……"，以此向公众保证项目的安全性，然而在1969年却发生了对美国环境运动具有开创性影响的圣巴巴拉石油泄漏事故。

存在着社会性的需求与当地面临风险之间的张力，这往往促使当地居民在冲突中仅抵制邻避设施在当地的建设，这也即"邻避"英文原名"Not In My Back Yard"的含义。而当前发生于中国各地的邻避冲突已经充分显现了这方面的目标诉求。如在各地对PX项目的接连抵制中当地居民均要求这些设施迁出该地区，而在国内若干对邻避冲突的实证研究中也展现了当地居民的这种目标诉求[1][2]。在环境正义的视野下，这种抵制行为是居民对自身遭遇的风险—收益不公正对待的合理表达，展现了当地居民环境权利的合理诉求[3]；另一方面，这种诉求目标也展现了其局限所在——仅抵制这些设施在当地的建设，而在社会运转需要这些设施的情况下，它们便会被安置于其他地区。从这种角度审视邻避冲突，可以看到它是在自利动机下引发的环境冲突[4][5]。

关于邻避冲突，还需要提及的是，也有研究将其看作发生于城市这个特定地域空间的地方冲突[6]。虽然伴随着各地居民环境权利意识的觉醒，邻避冲突可以发生于任何地域空间，但是结合目前国内邻避冲突发生的实际状况来看，这些冲突多发生于城市地区，如厦门、大连、昆明、成都等一系列PX抵制事件，上海市民抵制电池厂建设的事件以及杭州余杭市民抵制垃圾焚烧发电厂建设的事件等，它们均发生于城市或城乡结合部，事件中

---

[1] 何艳玲：《"邻避冲突"及其解决：基于一次城市集体抗争的分析》，《公共管理研究》2006年第4卷。
[2] 娄胜华、姜姗姗：《"邻避运动"在澳门的兴起及其治理——以美沙酮服务站选址争议为个案》，《中国行政管理》2012年第4期。
[3] 王彩波、张磊：《试析邻避冲突对政府的挑战——以环境正义为视角的分析》，《社会科学战线》2012年第8期。
[4] 何艳玲：《"邻避冲突"及其解决：基于一次城市集体抗争的分析》，《公共管理研究》2006年第4卷。
[5] 陈宝胜：《邻避冲突基本理论的反思与重构》，《西南民族大学学报》（人文社会科学版）2013年第6期。
[6] 何艳玲：《"邻避冲突"及其解决：基于一次城市集体抗争的分析》，《公共管理研究》2006年第4卷。

均有当地市民的身影。当前国内关于邻避冲突性质的研究对于我国邻避冲突的分析往往忽略了这方面的特点，而这对于我国的环境矛盾而言具有至关重要的作用，下文也将对此进行详细分析。

除忽略了邻避冲突发生的地域特性之外，当前国内关于邻避冲突的分析往往关注邻避冲突产生的原因与应对策略。如何艳玲的分析便展现了在我国城市中单位制弱化、社区建设运动兴起的背景下邻避冲突产生的原因及其治理的对策[①]。陈宝胜则在对邻避设施、邻避情结、邻避冲突等概念本土化界定的基础上，分析了其产生的原因以及公共政策制定中的应对策略[②]。另有研究探讨了这些邻避冲突构成的"公共危机"中非政府组织应当发挥的作用，并试图借助非政府组织应对这种危机[③]。相比于这些对邻避冲突的概化讨论，陶鹏等将邻避冲突引发的群体性事件区分为污染类、风向集聚类、污名化类、心理不悦类这四种亚类型进而探讨邻避冲突事件的治理机制[④]。在这些研究之外，其他关于邻避冲突的研究也往往在这种"问题—原因—应对"的框架下，展开对邻避冲突产生原因、治理对策的分析[⑤][⑥][⑦][⑧]：其产生的原因可归结为心理、政府决策的透明和公正性、经济、利益集团、专家等多种因素的影响[⑨]；应对策略则包括转变政府治理模式，完善公共参与、补偿机制等[⑩]。

当前这些关于邻避冲突的研究所强调的是如何对邻避冲突形成的危机进行治理，可将其概括为"危机治理"取向的研究。"危机治理"取向的研究从政府管理、公共政策制定的角度对邻避冲突产生的原因进行探讨，进

---

① 何艳玲：《"邻避冲突"及其解决：基于一次城市集体抗争的分析》，《公共管理研究》2006年第4卷。
② 陈宝胜：《公共政策过程中的邻避冲突及其治理》，《学海》2012年第5期。
③ 范履冰、俞祖成：《公共危机中的非政府组织功能分析——以"厦门PX事件"为例》，《理论探索》2008年第5期。
④ 陶鹏、童星：《邻避型群体性事件及其治理》，《南京社会科学》2010年第8期。
⑤ 何艳玲：《"中国式"邻避冲突：基于事件的分析》，《开放时代》2009年第12期。
⑥ 王佃利、徐晴晴：《邻避冲突的属性分析与治理之道——基于邻避研究综述的分析》，《中国行政管理》2012年第12期。
⑦ 娄胜华、姜姗姗：《"邻避运动"在澳门的兴起及其治理——以美沙酮服务站选址争议为个案》，《中国行政管理》2012年第4期。
⑧ 王奎明、于文广、谭新雨：《"中国式"邻避运动影响因素探析》，《江淮论坛》2013年第3期。
⑨ 黄岩、文锦：《邻避设施与邻避运动》，《城市问题》2010年第12期。
⑩ 董幼鸿：《"邻避冲突"理论及其对邻避型群体性事件治理的启示》，《上海行政学院学报》2013年第2期。

而将其归结为前述几种原因。但如果从环境矛盾的角度进行审视，可以发现除了风险—收益不均衡导致的不公平感之外，这些邻避冲突产生的原因还在于不断恶化的生态环境与居民日趋敏感的环境意识之间的冲突。然而，回顾"危机治理"取向下的研究，可以发现它们对于冲突产生原因的探究并未触及环境问题的产生机制以及环境问题的解决措施。在应对策略上，"危机治理"取向的研究探讨的范围也局限于如何在具体的事件中治理发生的危机，并未考虑到邻避冲突的形成条件、我国环境矛盾类型的差异等因素复合所产生的影响。

因此，也就需要思考：在环境矛盾日趋严重的现代中国，这种"危机治理"取向的邻避研究方式是否能够为促进当下中国环境矛盾的解决提供认知基础？进而，将思考的范围由学术研究转向邻避冲突这件事情本身：在城市中频繁爆发的，具有特定诉求与生成条件的邻避冲突对于当下中国的环境矛盾意味着什么？何以频繁爆发的邻避冲突不能终结中国的环境矛盾，反倒引致相同或者不同类型的环境矛盾在各地接连上演，并且在接连不断的邻避冲突等环境矛盾中，中国的生态环境进一步趋向恶化？

二 环境矛盾的根源与城乡差异

结合当前中国的社会结构以及环境矛盾产生的根源，可以发现，具有"危机治理"旨趣的相关分析难以为这些问题提供解答，具有特定目标诉求以及自身特点的邻避冲突也难以成为中国环境问题的解决之道。相反，更有可能的是，在当前中国的社会结构以及环境问题的产生机制下，环境矛盾会进一步加剧。

（一）环境矛盾产生的根源

对于环境矛盾产生的根源，在生态环境恶化方面，A. 施奈伯格（Allan Schnaiberg）提出的"生产永动机"（Treadmill of Production）理论提供了较好的解释。施奈伯格认为生态恶化是资本生产模式内在固有的，用于投资的资本增长促进了生产的扩张，并在为获取更多利润的目下形成了持续、无休止的永动机。这种永动机形成了对自然资源不断扩大的压力，进而也就造成了生态环境的急剧恶化。但是，"生产永动机"理论并非只涉及经济因素，相反，还涉及与"生产永动机"相关联的社会—政治机制。"生产永动机"在促进对自然资源需求迅速增长的同时，形成了更高水平的社会福利与社会期待，而受利益集团以及选民支持的政治机器因此致力于维护、促进生产的扩张、经济的增长，由此便进一步强化了"生产永动机"的运转，最终致使生态环境急剧恶化①。

对正处在工业化进程之中的中国而言，经济增长与生态恶化之间的关联是显而易见的。国内有研究将中国生态环境恶化的根源归结为与"生产永动机"相似的"政经一体化开发机制"②；地方政府在政绩考核以及财政收入的双重压力下，试图通过招商引资、发展工业等措施推动当地的经济增长；作为另一端的经济，各种企业不断兴建、扩张，由此也便形成了当下中国对地方资源的"政治经济一体化开发机制"。在这种开发机制下，生态环境被"经济至上主义"置于可牺牲的境地，环境执法、环境监管等管理机制往往存在缺位的状况，由此当地的生态环境也日趋恶化。不断恶化的生态环境激发了当地居民的抗争行为，并在全国范围内造成了环境冲突频繁爆发的状况。而全国各地不断发生的环境污染、破坏事件以及其他渠道提供的环境方面的信息也增加了能获知这些信息的群体的环境意识，从而引发了邻避冲突这种形式的环境矛盾。

（二）环境矛盾的城乡差异

这些频繁爆发的环境矛盾并不具有完全一样的性质与特点，相反，它们与当前中国的城乡二元结构相重叠，由此形成了环境矛盾的城乡差异。城乡在环境方面的差异既表现为城市与乡村地区在组织、制度和舆论等环境控制手段以及控制过程存在不同③，也表现为当前城乡环境矛盾的发生形式存在差别——在城市，虽然也存在危害发生之后的冲突，但是随着环境意识等因素的影响，预防式的邻避冲突在城市逐渐凸显；而在乡村，冲突仍较多地发生于危害产生之后，预防式的邻避冲突仍相对较少。对于这种危害产生之后的环境冲突，本文将其称为危害引致型环境冲突。由此，邻避冲突与危害引致型环境冲突构成了当前我国环境矛盾的两种类型。当然，面对现实的复杂性，这种理想类型意义上的区分并不能完全涵盖社会现实：当前城市区域仍可能发生危害产生之后的冲突，而一些非典型乡村地区也

---

① Kenneth A. Gould, David N. Pellow, and Allan Schnaiberg, "Interrogating the Treadmill of Production: Everything You Wanted to Know about the Treadmill but Were Afraid to Ask," *Organization & Environment* 3 (2004): 296 – 316.

② 张玉林：《政经一体化开发机制与中国乡村的环境冲突》，《探索与争鸣》2006年第5期。

③ 洪大用：《我国城乡二元控制体系与环境问题》，《中国人民大学学报》2000年第1期。

可能存在预防式的邻避冲突。并且随着乡村地区的居民不再只关注经济收入，具备了邻避冲突产生的其他约束条件，邻避冲突也将在其他地区展开。如在浙江余杭居民抵制垃圾焚烧发电厂建设事件中，垃圾焚烧发电厂"引发了包括杭州城区居民、中泰乡辖下村村民的担忧。从5月9日起，不断有城区居民和中泰乡村民到九峰村聚集"[1]。但从余杭事件也可以发现，就目前而言，预防性的邻避冲突仍较可能与城市有关。

环境矛盾发生形式的不同与邻避冲突赖以产生的两个条件存在密切关系。第一，邻避冲突产生的首要条件在于能够获取与环境相关的信息，其中较为关键的则是与项目建设有关的信息。一些研究认为，从居民的角度而言，当地居民的抵制行为展现了他们环境意识的觉醒[2]。然而，与国外邻避冲突的兴起相似，环境意识的觉醒需要以环境问题的凸显为前提：正是频繁爆发的环境污染、破坏事件提供的信息增加了居民对各类项目的敏感程度，最终引发了抵制项目建设的邻避运动。而邻避冲突中与项目有关的信息能够促使居民获取行动动机，进而采取预防性的行动。尤其是在大型项目引发的邻避冲突中，传递的信息往往扮演了动员居民行动的角色：关于石化等大型项目的信息多被描述为对当地所有居民生命安全产生威胁。由此，无须过多的组织便能够动员较多的居民采取行动。从国内发生的多起大规模邻避冲突事件也可以发现，这些事件并没有严格的组织动员过程，关于大型项目具有威胁的信息便能够动员多数居民参与抵制活动。而对其他地区抵制活动的了解，也能够为当地的抵制行为起到示范作用，并促使当地居民产生"其它地区都不要的项目，我们为什么要"[3]的心理。第二，邻避冲突的兴起还需要具备相应的行动空间。在行动空间里，一定数量的居民能够通过自发或者组织的方式，聚集在某一关键性的地域，在那里表达自己的诉求，进而引发包括各级政府、新闻媒体等在内的不同社会主体的关注，产生实际影响。在国内，邻避冲突的行动空间一方面体现为政治空间——居民能够以"集体散步"的方式大量聚集；另一方面则体现为地理空间——交通干道、政府办公楼前的广场等可以进行"表演的舞台"。

城乡居民在上述两方面存在的差异导致了环境矛盾发生形式的不同。首先，城市居民能够提前获知与项目有关的信息。与项目有关的信息主要

---

[1] 薛家明：《一建就闹困局怎么摆脱？》，《中国环境报》2014年5月14日第2版。
[2] 陈宝胜：《邻避冲突基本理论的反思与重构》，《西南民族大学学报》（人文社会科学版）2013年第6期。
[3] 陈晓：《宁波人的抗议：以PX的名义》，《三联生活周刊》2012年第45期。

包括两个方面：第一，当地将要或正在从事某项目施工建设的信息；第二，该项目对环境、生命健康等具有威胁的信息。另外，了解到其他地区对类似项目已经进行抵制的信息能够极大地激发当地居民对该项目的抵制行为。在信息等各方面高度发达的城市地区，居民能够相对容易地获取这些方面的信息。比如，对于项目施工建设的信息，居民通过浏览政府网站或者新闻报道便可获取。城市中各种便捷的交流、沟通渠道则为居民之间交流信息提供了可能。如在厦门PX事件的案例中，有讨论PX项目的QQ群"还我厦门碧水蓝天"[1]，也有小鱼社区、厦门大学公共BBS等网络社区，更有内容为"翔鹭集团合资已在海沧区动工投资（苯）项目，这种巨（剧）毒化工品一旦生产，意味着厦门全岛放了一颗原子弹，厦门人民以后的生活将在白血病、畸形儿中度过。我们要生活、我们要健康！国际组织规定这类项目要在距离城市一百公里以外开发，我们厦门距此项目才十六公里啊……"的短信[2]。在这些方便的信息沟通渠道下，城市中规划建设或正在建设的设施可能存在风险的信息才能被众多居民了解[3]。

除了需要具备一定的物质设施之外，生活于城市中的一些社会精英使居民对信息的获取也变得相对容易。尤其是一些敏感项目，比如石化项目、垃圾焚烧厂，地方政府可能将与项目有关的信息弱化、隐藏，以此降低社会的关注度（比如在最近的余杭事件中展现的）。在这种情况下，居民对相关信息的获取便存在困难。然而，政协委员、人大代表以及政府工作人员等生活于城市中的社会精英群体的存在，能够为居民获取信息提供渠道，由此降低了信息获取的难度。对于邻避冲突中社会精英群体的作用，尤其值得关注的是近年来知识分子群体的加入所产生的巨大影响。特别是自然科学领域的一些专家学者，他们传递出的在建项目存在威胁的信息能够为居民的抵制行为提供合法性，激发更多居民的参与。厦门等地的邻避冲突便展现了专家群体的巨大作用。政协委员、人大代表等社会精英群体的作用不仅表现在提供合法性的叙事方面，作为城市社会中的一员，他们还能够借助自身的话语权力在当前的政治体制内向行政部门表达意见。在启东、

---

[1] 刘向晖、周丽娜：《历史的鉴证——厦门PX事件始末》，《中国新闻周刊》2007年第48期。
[2] 朱红军：《百亿化工项目引发剧毒传闻　厦门果断叫停应对公共危机》，《南方周末》2007年5月31日。
[3] 当然，这些信息可能是真实的，也可能是被夸大甚至错误的信息，但是这些信息的"真实"与否并不妨碍邻避冲突的产生，对于邻避冲突的产生更为重要的是这些信息被居民了解。

厦门等案例中，当地的政协委员、人大代表便借助"两会"的平台向行政部门表达了对在建项目的异议。

在行动空间方面，"散步"为生活于城市的居民提供了表达意见的特殊方式。这种表达意见的方式之所以特殊，原因在于它借助日常生活中的"散步"行为来表达政治诉求。在对游行、示威存在严格控制的情况下，城市居民采用"散步"的方式表达自己的环境诉求能够突破政治体制的限制，获取一定的政治行动空间。而在采取这种方式获取的政治行动空间中，居住地与表演舞台之间的空间距离又发挥着极为重要的作用：较近的空间距离使得居民能够以较低的成本发起抵制行动，也能够促使当地居民较为容易地聚集在交通要道或政府办公楼等至关重要的地域空间。更为重要的是，日常生活中"散步"这种行为往往发生于与居住地较近的空间内，使用"散步"的宣称也要求行动者活动的区域距离居住地较近。因此，对于城市居民而言，使用"散步"的宣称也能够具有逻辑上的合理性。最后，城市居民使用"散步"这种表达意见的特殊方式需要聚集数量较多的个体才能引起公共权力乃至全社会的关注。对于人口高度密集的城市而言，这也具有客观可能性。

城市具备的这些邻避冲突发生的条件，使城市能够成为邻避冲突频发的区域。反观乡村地区，这些条件大部分往往难以具备。并且，在"经济至上主义"的支配下，经济相对落后的乡村地区的居民更多关注的是如何进入在当地设立的工厂，以便获得较高的经济收入。而其他对环境问题具有敏感性的群体，如新闻从业人员、知识分子群体则多生活于城市，除发生特别事件，他们难以与广大的乡村发生关联，由此，在关注的主体上，乡村地区存在缺失的状况。如在全国各地发生的多起"血铅超标"事件中，我们难以看到事件发生后除了新闻媒体之外的精英群体的介入，而新闻媒体的关注则集中于危害发生之后而非事前。

从信息获取的角度而言，虽然当前手机等在很大程度上普及，但除手机这种沟通渠道之外，乡村地区的居民对于传播信息量更大、传播信息效率更高的网络渠道仍缺少接触的机会。根据中国互联网络信息中心的调查报告，截至2010年12月底，互联网在城镇的普及率为50.0%，而在农村地区仅为18.5%。进而，对于已经发生的各类环境矛盾，乡村居民的了解程度也较低。加之乡村地区居民的受教育程度相对较低，难以掌握现代社会林林总总的环境科学知识，从而对各类项目可能的危害程度缺乏认知，如2007年全国公众环境意识调查报告显示，从城乡常住人口看，城镇常住人口的环境认知指数高于乡村常住人口,而在环境总体意识较低的人群中,城市常住人口占28.1%,农村常住人口则达到了71.9%。由此乡村地区的居民也难以具备抵制各类项目建设的可能性。相反,现实中经济因素的诱惑可能促使他们欢迎这些项目,而不是抵制。只有这些项目的危害性显现,已经明显地影响到当地居民的正常生活时,乡村地区的居民才可能进行抗争,即发生本文所称的危害引致型环境冲突。如山西临县白家峁血案所展现的,一方面当地村民深受煤炭开采带来的环境危害,这引发了村民的不满;另一方面,当地村民却也垂涎于煤炭开采带来的巨额财富[①]。

另外,乡村地区与行政中心的距离较远,前往位于城市的行政中心表达自己的诉求需要一定的经济成本,而在没有受到确切危害的情况下,基于成本—收益的考量也阻碍了预防性的抗争行为。并且,距城市中心较远的乡村地区的居民使用"散步"这种宣称,难以获得逻辑上的解释,不能构成乡村居民抗争合法化的宣称。而在参与个体数量方面,对于乡村地区的居民而言,他们往往基于传统的人际关系发起抗争行动,抗争也往往局限于一个村庄之内的居民,难以具备与城市中的抵制行动相等同的大量个体。由此,在城市邻避冲突中经常看到的"散步"等表达意见的方式难以适用于乡村地区的居民。当前国内关于农村环境抗争的诸多研究,多展现了环境污染、危害发生之后村民采取的,往往伴随暴力行为的"原始抗争"[②]"依情理抗争"[③]等行动。而回顾关于乡村地区环境抗争的新闻报道可以发现,当地居民行动的对象往往是村庄附近的交通要道、企业或者乡镇政府,较少涉及县级以上地方政府,因此较难引起上级政府的重视。

故而,当前阶段我国的环境矛盾与城乡二元结构相重叠,造成了在具备各种发生条件的城市区域邻避冲突频繁爆发,而在不具备这些条件的乡村地区危害引致型环境矛盾更为常见。由此,也就需要进一步思考:在当前我国的环境矛盾具有普遍性的制度发生机制以及类型化的城乡差异这两种现实情形之下,频繁发生的邻避冲突对于中国的环境问题具有什么影响?

---

① 杨继斌:《难定归属的煤矿,无人阻止的血案》,《南方周末》2009年10月22日第A08期。
② 李晨璐、赵旭东:《群体性事件中的原始抵抗——以浙东海村环境抗争事件为例》,《社会》2012年第5期。
③ 罗亚娟:《依情理抗争:农民抗争行为的乡土性——基于苏北若干村庄农民环境抗争的经验研究》,《南京农业大学学报》(社会科学版)2013年第2期。

三 邻避冲突对当下环境矛盾的影响

无疑，在制度性的生产机制作用下，环境冲突频繁爆发，进而呈现开篇述及的环境群体性事件以年均29%的速度增加这种趋势。而在该趋势中，区域性的差异则致使环境矛盾向抵制能力较弱的乡村区域转移。

（一）邻避冲突对环境矛盾的影响

首先，从制度性的发生机制而言，当前中国的环境矛盾缘起于"政经一体化开发机制"形成的"生产永动机"以及价值观念的变化、法律制度的不完善等社会性成因，进而引发了频繁爆发的环境矛盾。因此，终结当下中国的环境矛盾需要关停环境矛盾的制度性发生机制，通过制度性的措施解决环境矛盾。

然而，正如邻避冲突的内涵所显现的，当下不断兴起的邻避冲突将其抵制的目标局限于具体的邻避设施，仅仅抵制这些设施在当地的建设、运行。在设施停止建设、搬离该地区之后，邻避冲突即宣告成功和完结。对于当地社区而言，邻避冲突式的抵制行为的确能够保护本地的生活环境，使其免受污染源的直接损害。但是，这种未能超越单个具体事件的抵制行为并没有将其抵制的目标指向环境矛盾产生的制度性原因，进而也不能阻止当前中国环境矛盾的制度性生产机制对于生态环境的损害。2007年5月发生了厦门市民抵制PX项目的事件，但是源于国内对PX衍生产品PTA（苯二甲酸，PX的下游产物，一种纺织业广泛使用的原料）的大量需求，"因为市场紧俏、投资额巨大，动辄投资数百亿元的年产值和纳税额对地方政府有巨大诱惑，很多地方排队跑PX项目"①，由此厦门市民抵制PX项目的事件并没能够阻止在其他地域兴建PX项目，最终也就出现了宁波、成都、昆明等各地的市民接连抵制PX项目的现象。如果将邻避冲突进行成本计算，无疑，各地不断兴起的重复性的邻避冲突是对社会资源的一种极大浪费。并且，基于贝克所言的生态灾难具有的"飞去来器效应"②，最终这些外迁的设施也将影响邻避冲突发生的社区，无人能够得以幸免。

如果说邻避冲突难以在整体上终结当下中国的环境矛盾仅是自利动机

---

① 黄玉浩：《"PX项目"群体过敏症》，《新京报》2012年12月24日第A16版。
② 乌尔里希·贝克：《风险社会》，何博闻译，译林出版社，2003，第21页。

下的一种消极后果，那么结合制度性的发生机制以及当下中国环境矛盾的城乡差异进行分析，可以发现它还造成了更具危害的"以邻为壑"的结果。

正如前文所言，在我国城乡二元结构下，城市居民拥有的林林总总的方便条件促使他们能够发起"散步式"的邻避运动，由此邻避冲突往往发生在城市地区；相反，在不具备这些条件的乡村地区，当地的居民难以采取预防性的措施，以抵制可能给当地带来危险的设施与行为。在"生产永动机"形成的对资源以及工业产品的大量需求下，类似PX等的工业活动成为必然发生的行为。然而在具有较强抵制能力的城市居民的抵制下，遵循邻避设施选址所谓的"阻力最小原则"①②，这些设施必然会到抵制能力较弱的地区，以维持甚至扩大生产活动。乡村地区便成为此种逻辑下较为合适的区域。而且，在当前我国"政经一体化开发机制"的作用下，经济较为薄弱地区的地方政府对这些工业企业也抱持欢迎的态度③，进而，在这些推力与拉力的作用下，污染工业由东部向中西部、由城市向乡村转移也便成为必然发生的事情。因此，只关注本地域生态环境的邻避运动在无法将其抵制目标指向制度性成因的同时，通过这种抵制性的推力将风险转嫁于其他区域，形成了"以邻为壑"的情形。

在这种情形中更进一步加重其危害的是，乡村地区环境监管手段及监管过程的羸弱致使乡村处于不利的境地，当地的生态环境或居民的身体健康也更容易遭受损害。另外，相比于具有较强应对能力的城市居民而言，乡村居民在当前城乡二元体制之下，拥有的医疗救助服务较差，经济能力较弱，表达自己诉求的渠道也较少。由此也便决定了这些经过邻避冲突而转移至乡村地区的邻避设施一旦对当地居民的身体健康以及当地的生态环境造成损害，应对能力较弱的乡村居民还将遭受医疗救助、经济因素等方面的"二次受害"。而在寻求生存救济的乡村居民与政经一体化开发机制中的地方政府之间也容易形成对立性的局面，进而可能演化为暴力型的群体性事件，从而使得这些乡村居民遭受更为严重的危害。在该过程中乡村中

---

① 何艳玲：《"邻避冲突"及其解决：基于一次城市集体抗争的分析》，《公共管理研究》2006年第4卷。
② 娄胜华、姜姗姗：《"邻避运动"在澳门的兴起及其治理——以美沙酮服务站选址争议为个案》，《中国行政管理》2012年第4期。
③ 经济发达者如大连、宁波、厦门、成都、昆明等城市都难以拒绝PX项目，可以想象如果这一项目意图落户于贫困县市时的情形。

的村民之间，村民与乡村精英之间，乡村精英之间也可能产生对立与分化①，由此造成乡村处于失范与解体的状态。

因此，从当前我国环境矛盾的现实状况而言，城市中邻避冲突发生频率及其成功概率的提升往往意味着乡村地区环境问题的增加以及危害引致型环境矛盾更为频繁的爆发。进而可以认为，在当前我国的城乡差异之下，借由邻避冲突取得的城市地区生态环境的改善是以其他区域的生态环境恶化作为前提的。对于中国的环境矛盾而言，邻避冲突所带来的更多的可能是"意料不到"的恶果。

（二）以厦门 PX 事件为例

以"危机治理"为导向的邻避研究未能揭示邻避冲突与当下中国环境矛盾的关系，环境矛盾导向下的邻避研究需要结合环境矛盾的发生机制与类型差异进行分析。为此，下文将以厦门市民抵制 PX 项目的事件为例，展现环境矛盾导向下关于邻避冲突的研究需要关注的内容。而本研究之所以以该事件为例，存在几个方面的原因。其一，在一些既有的学术研究②③，尤其是新闻报道④⑤⑥⑦中，厦门市民抵制 PX 项目的事件往往被视为一次成功的案例，甚至被认为是"媒体话语中中国公众参与的'里程碑'、'民本导向的典范'、'民意胜利'的代表"⑧，影响了随后的一系列邻避冲突，而环境矛盾导向下对厦门 PX 事件的分析也能够展现该起"成功"事件的不成功之处，以此揭示"危机治理"导向下邻避研究的盲点以及邻避冲突的缺陷。其二，围绕着 PX 的毒性，当前已经形成了众多争议，甚至演变出"清华学生捍卫百度百科中 PX 低毒描述"的事件⑨，这里暂且不论前文提及的在一定社会约束条件之下，低毒的 PX 生产设施才不会对周围居民造成影

---

① 张玉林：《环境抗争的中国经验》，《学海》2010 年第 2 期。
② 朱谦：《抗争中的环境信息应该及时公开——评厦门 PX 项目与城市总体规划环评》，《法学》2008 年第 1 期。
③ 胡象明、唐波勇：《危机状态中的公共参与和公共精神——基于公共政策视角的厦门 PX 事件透视》，《人文杂志》2009 年第 3 期。
④ 刘向晖、周丽娜：《历史的鉴证——厦门 PX 事件始末》，《中国新闻周刊》2007 年第48 期。
⑤ 笑蜀：《祝愿厦门 PX 事件成为里程碑》，《南方周末》2007 年 12 月 20 日第 E29 版。
⑥ 朱红军：《"公众参与"背后的政府考量》，《南方周末》2007 年 12 月 20 日第 A01 版。
⑦ 苏永通：《厦门人：以勇气和理性烛照未来》，《南方周末》2007 年 12 月 27 日第 2 版。
⑧ 周葆华：《突发公共事件中的媒体接触、公众参与与政治效能——以"厦门 PX 事件"为例的经验研究》，《开放时代》2011 年第 5 期。
⑨ 马龙：《我们为什么捍卫一个词条》，《人民日报》2014 年 4 月 14 日第 20 版。

响，需要进一步思考的是，如果这种存在争议的项目也遭到城市居民的抵制，那么那些被证实存在污染的项目又会面临怎样的遭遇呢？无疑，答案是不言自明的。由此，对于具有争议的PX项目的分析也能够从另一个侧面揭示我国农村地区的境遇。

当前已有众多关于厦门PX事件的研究，然而正如"危机治理"导向下的邻避研究所共同存在的问题，它们关注的焦点在于厦门市民参与抵制行为的动机，抵制行为取得成功的因素，以及厦门市政府的应对措施等[①②]，其最终的落脚点是危机治理而非环境。与之不同，环境矛盾导向下对厦门PX事件的研究则要与政治经济体制以及另外的地域——漳州联系在一起。

2007年发生了厦门市民抵制海沧区PX项目建设的事件，该项目于2006年8月开始建设。如果建成投产，"这个号称全世界最大的PX项目及其下游产业，将至少每年为厦门的GDP贡献800亿元，这相当于厦门现有GDP的四分之一强"。正是源于"政经一体化开发机制"所形成的驱动力，地方政府对能够带来经济大幅度增长的PX化工项目趋之若鹜。然而海沧区近年来一直存在环境恶化的问题——毗邻工厂的村民、附近的业主以及北京师范大学附属海沧学校的部分老师反映时常能够闻到一股酸酸的气味。由此，在PX项目这个导火索的作用下，引发了厦门市民抵制PX项目的邻避运动[③]。

正如前文所言，发生于城市中的邻避冲突具有其得以产生的各种前提条件，厦门市民抵制PX项目的事件也不例外，如便利的信息沟通渠道、邻近的空间距离等。其中，尤其是专家学者以及人大代表、政协委员的参与，大大增强了市民抗议的合法性以及取得成功的概率。在厦门市民与政府关于PX项目的冲突中，最终拥有充足资源的居民取得胜利：在市民的抵制下，2007年5月30日厦门市政府宣布项目缓建，当年12月召开PX项目公众座谈会后，厦门市政府决定放弃该项目。无疑案例中厦门独特的社会、政治条件促使该起邻避冲突能够以平和的方式解决。以上这些也是大部分关注厦门PX事件的邻避研究所关注到的内容。

---

① 张虎彪：《环境维权的合法性困境及其超越——以厦门PX事件为例》，《兰州学刊》2010年第9期。
② 周志家：《环境保护、群体压力还是利益波及厦门居民PX环境运动参与行为的动机分析》，《社会》2011年第1期。
③ 朱红军：《百亿化工项目引发剧毒传闻 厦门果断叫停应对公共危机》，《南方周末》2007年5月31日。

然而，以环境矛盾为导向的关于邻避冲突的研究还需要进一步考量厦门市民抵制之后发生的事情，而这也是"危机治理"导向的邻避研究所忽视的。在厦门市决定放弃该项目之后不久，2008年上半年福建省政府决定将该项目迁建到漳州市古雷镇，当年9月，《古雷区域发展建设规划》获福建省政府批准①。为争取该项目获得国家发改委的批准，漳州市发改委投资处部门领导在春节后上班的第一天便飞赴北京②。2009年3月，国家发改委正式批准该项目在古雷建设③。无疑，结合环境矛盾的发生机制与城乡类型差异看待PX项目由厦门迁移至漳州以及漳州政府部门的急切心理，便不难理解：正是在"政治经济一体化开发机制"以及厦门市邻避运动的作用下，PX项目由厦门迁移至其他区域；并且对于漳州市而言，PX项目承载了这座以农业为特色的城市的工业梦想——2002年起确立"工业立市"发展战略，以追赶发达的闽南厦门、泉州二市。因此也不难理解，虽然在漳州东山县部分民众对PX项目落户采取了反对行动，但是在地方政府全民动员的宣传与游说下，这些本就难以与厦门邻避运动相比的抗议趋于瓦解④，PX项目在没有遭到与厦门同等阻碍程度的情形下顺利落户漳州地区。

上述关于厦门与漳州PX项目建设的介绍，构成了此次PX事件的完整圆环。如果仅基于厦门市民抵制PX项目的单个案例进行分析，正如既有"危机治理"导向的邻避研究分析的，这次邻避运动无疑是一次成功的社会运动。然而，如果以环境矛盾作为研究的导向，结合环境矛盾的发生机制与类型差异，可以发现厦门市民的邻避运动并没有在对环境矛盾的应对中取得完整意义上的成功。相反，厦门市单个区域邻避运动的成功造成了邻避设施迁往农业城市——漳州的悖反现象。并且，虽然对于PX的毒性至今仍存在争议，但是如果结合今天不断发生的污染转嫁、转移问题，这种悖反现象便不再是无关痛痒的特殊案例，而恰恰是当前我国环境矛盾所急需面对的问题。

四 小结

对当下中国环境矛盾的发生机制与类型差异进行分析，以自利为目标

---

① 黄玉浩：《"PX项目"群体过敏症》，《新京报》2012年12月24日第A16版。
② 苏永通：《厦门PX后传"隐姓埋名"进漳州》，《南方周末》2009年2月5日第A05版。
③ 黄玉浩：《"PX项目"群体过敏症》，《新京报》2012年12月24日第A16版。
④ 苏永通：《厦门PX后传"隐姓埋名"进漳州》，《南方周末》2009年2月5日第A05版。

的邻避冲突并不能解决今天中国所面临的环境矛盾。更为严重的是,在不同区域、不同群体之间的抵制能力存在差异的情况下,一个地域或者群体邻避运动的成功往往意味着其他区域环境矛盾的凸显与生态环境的恶化。因此,在这种自利性的只抵制在建设施而不指向问题产生的制度性原因的邻避冲突的作用下,环境矛盾仅仅是从一个区域转移至另外的区域,而这种转移与城乡二元结构等社会经济因素相重叠,由此形成了更为严重的社会危机。

如何解决当下中国面临的环境矛盾?正如前国家环保局局长曲格平所言,面对当前中国的环境矛盾,我们需要一场变革①,但是,这场变革不应是局限于特定地域的抵制活动或者改革措施。相反,为应对当前中国的环境矛盾,我们需要的是一场城乡一体化意义上的环境改革。这场环境改革应当秉持环境正义的理念,视城市和乡村地区为在环境权利上相互平等的主体。而为了保证在环境权利上相互平等的关系,首先,需要改革政治经济一体化的制度性开发机制,转变地方政府乃至社会整体的"经济至上主义"观念,而在转变"经济至上主义"观念的同时还需要培养各社会群体的环境意识,保证城市、乡村地区的居民均能够为保护环境而采取行动。无疑这需要在整体层面重建当代社会,既抑制生产永动机肆无忌惮的扩张冲动,也要转变"以消费为荣",追求过度消费的价值观念。其次,需要建立完善、有针对性的信息公开机制,确保无论城市抑或乡村地区的居民均能够及时了解与项目建设有关的信息。尤其是面对乡村地区的居民时,需要采取适宜的信息公布方式,使其能够及时、准确地掌握相关信息。而在信息公布的内容方面,也亟须建立适当的机制,确保企业、政府等相关主体难以隐瞒对自身不利的信息。再次,需要在环境监管等方面执行城乡统一标准,弥补乡村地区环境监管薄弱的现状。最后,还需要完善乡村地区居民表达自身环境权利的信息渠道,这要求一方面确保乡村居民能够表达自身的需求;另一方面,通过完善社会机制促使社会精英深入乡村地区,与乡村居民结成息息相关的共同体。

---

① 曲格平:《我们需要一场变革》,吉林人民出版社,1997。

网络条件下的组织形式和规模决定：
元意识形态的地位问题*

王水雄**

摘　要：基于新技术的出现，加上初步的观察，推测组织规模与形式的改变趋势，这无可厚非。但是，由此便断言某种经过深思熟虑的理论是错误的，并将其轻易地抛弃掉，似乎就显得太过轻率了。本文以诺思《经济史中的结构与变迁》的基础理论为框架，结合对"中国互联网企业"的经验观察，尝试与卡斯特有关网络社会组织趋势的某些论述展开对话。本文强调：网络条件下组织形式和规模的一些基本决定逻辑并未改变；改变的是知识、技术和信息的相对价格、法定权利的界定要求以及交易费用的高低。不过，全球化背景和网络条件的确助推了组织中"元意识形态"重要性的凸显。

关键词：网络条件　组织形式　组织规模　元意识形态　诺思

互联网的发展使得远距离的人可以非常迅速地联系起来，将非常丰富的信息（包括供给和需求信息）和知识，便捷地在网络之中传递，在这个意义上整个地球成了一个村庄。这个过程也被卡斯特概括为是一个"流权力之地位优先于权力流"（the power of flows takes precedence over the flows of power）的过程；"流权力"意指"网络化的逻辑"（the networking logic）所展现的力量，主要涉及整个社会结构的"社会组织形式的网络化"（the networking form

---

* 本文接受的基金项目资助为：国家社会科学基金项目（项目号：11BSH040）。最初以"网络条件下的组织形式与规模——元意识形态的地位问题"为题，发表于《社会发展研究》2015 年第 1 期。

** 作者简介：王水雄，中国人民大学社会理论与方法研究中心，社会学系，副教授。

of social organization）趋势和能量；而"权力流"则是"经由网络所表现出来的特定的社会利益"（the specific social interests expressed through the networks）的力量。"流权力之地位优先于权力流"这样的对网络社会的描述，也可以用卡斯特的"社会形态结构有着超过社会行动的显要性"（the pre-eminence of social morphology over social action）这样的短语来表达[1]。

看来，根据卡斯特的论述，当今世界在网络条件下，不仅组织形式将网络化，组织的规模似乎也将会扩大。但实际上是否的确如此呢？这需要从最基本的有关组织形式和规模的理论出发，结合一些经验现象来加以探讨。本文尝试结合卡斯特新经济时代组织趋势的相关论述，以诺思《经济史中的结构与变迁》的基础理论为框架，强调基本逻辑和元意识形态在一般组织形式和规模决定理论中的重要作用，并以中国一些网络企业相关的事件为佐证，探讨元意识形态对当今网络条件下组织建构的重要意义。

一　卡斯特的组织趋势判定

在《网络社会的崛起》一书中，卡斯特分析了网络社会中组织形式与规模相关的发展趋势。他指出，近些年来[2]分析家强调有关组织演变方面的两个趋势，第一个趋势强调市场在世界各地日益分化，以及商品需求在量和质上的不可预测性，导致企业从僵化的"大规模生产"（mass production）向"弹性生产"（flexible production）转变[3]；第二个趋势是大企业陷入危机，"中小型厂商复归为新发明的代理人，以及创造就业的来源"[4]。

不过，卡斯特指出，有关大企业陷入危机的趋势，似乎并无定论。贝内特·哈里森的研究表明，在美国、西欧以及日本，大企业在资本及市场方面集中的比例仍持续增加，至少在比较长的一段时间里（从1984年到1994年），除了英国以外，主要的经济体国家中，大企业所占的雇用比率也没有变化。在贝内特·哈里森看来："一般来说，中小企业在金融、商业及

---

[1] Manuel Castells, *The Rise of the Network Society* (second edition), (Wiley-Blackwell, 2010), p. 500.
[2] 所谓"近些年来"，是以《网络社会的崛起》成书和修改的1996年或2000年为基点。
[3] 曼纽尔·卡斯特：《网络社会的崛起》，夏铸九、王志弘等译，社会科学文献出版社，2001，第190-191页。
[4] Manuel Castells, *The Rise of the Network Society* (second edition), (Wiley-Blackwell, 2010), p. 167.

技术等方面仍然受制于大企业；……比起大公司，小型企业较少在技术上领先，在过程及产品上也较缺乏技术创新能力。"①

对于大企业在网络新经济条件下发展趋势上矛盾的观察，卡斯特认为需要从两个角度来加以区分，一个是组织的规模，一个是组织的结构（或形式）。而这两者是密切联系在一起的。

比如，针对皮里奥与沙贝尔提出的多国凯恩斯主义（multinational Keynesianism），即"仰赖世界快速工业化所导致的需求持续增长，通过大型集团来扩张和征服世界市场"②。卡斯特非常正确地批评道：要实现这一点，"企业就必须改变其组织结构。有些改变意味着更经常地转包合约给中小企业，后者的活力及弹性有助于大公司提高其生产力和效率，也有助于整体经济"。③

卡斯特对大企业在新经济中发展之观察的结论性判断是："我们并没有看到强大的大企业就此消失，不过我们的确观察到了传统的企业组织模式的危机，该模式以垂直整合，以及层级性、功能性的管理为基础：企业内部进行严密的、劳动的技术性及社会性分工的'员工与生产线'系统"。④

卡斯特随后分析了日本的丰田主义，强调其管理和劳工之间的独特关系和工作现场的知识分享；分析了国际公司的网上联系对经济增长的价值；还分析了在高科技产业特别常见的、关注特定过程而并不排除竞争可能性的公司策略联盟。基于这些分析，卡斯特总结道："公司本身已经改变了它的组织模型，以便适应快速的经济及技术变迁带来的不可预知的情况。主要的改变可被描述为从垂直的官僚系统转向水平式公司"。⑤ 新经济下不同的组织趋势"都是一个基本过程的不同维度，这个过程即——作为标准化大规模生产和市场垄断条件下大公司之基本特征的——垂直的理性科层体制组织模式的解组过程"。⑥

---

① 曼纽尔·卡斯特：《网络社会的崛起》，夏铸九、王志弘等译，社会科学文献出版社，2001，第192页。
② 曼纽尔·卡斯特：《网络社会的崛起》，夏铸九、王志弘等译，社会科学文献出版社，2001，第193页。
③ Manuel Castells, *The Rise of the Network Society* (second edition), (Wiley - Blackwell, 2010), p. 167.
④ Manuel Castells, *The Rise of the Network Society* (second edition), (Wiley - Blackwell, 2010), p. 168.
⑤ Manuel Castells, *The Rise of the Network Society* (second edition), (Wiley - Blackwell, 2010), p. 176.
⑥ Manuel Castells, *The Rise of the Network Society* (second edition), (Wiley - Blackwell, 2010), p. 179.

网络条件下的组织形式和规模决定：元意识形态的地位问题

基于此，卡斯特提出了"水平式公司"（the horizontal corporation）模式和网络化策略作为组织形式的发展趋势。他说："为了使网络弹性的效益能够内部化，公司本身必须变成一个网络，并且让内部结构的每个元素活跃起来：这正是'水平式公司'模式的根本意义与目的之所在，通常增加了其单位的分散化，以及赋予每个单位的自主权，甚至容许它们彼此竞争，不过，是在一个共同的整体策略下竞争"。① 与此同时，在这样的大环境下，大公司也面临着变革的压力与机遇。卡斯特说："如果大公司本身能进行改革，将组织转换为一个结合多功能决策中心的网络，在新经济中就能真正成为较优越的管理形态"。②

卡斯特认为网络化策略的前提是，全球经济体系下个别市场的当地信息具有极大的价值，这些信息的价值甚至足以让经济运作的主体发生改变："实际的运作单位乃是由某个网络所促成的商业项目（business project），而不是个别的公司或正式的公司集团"。③ "近来的历史经验已经为信息化经济的新组织形式提供了一些解答。……就新组织的出现及成型而言，网络都是最基本的素材。由于网络依靠的是新技术范式所提供的信息力量，网络可以在全球经济的所有大街小巷里成型和扩张"。④

卡斯特认为："公司及公司次单位组成的国际网络，成为信息化—全球经济的基本组织形式"。⑤ 它超越于钱德勒"扎根国家的多国公司"等概念。总之，全球化竞争和信息技术的迅猛发展，带来了新的组织形式：网络企业（the network enterprise）的呈现。网络企业被卡斯特认为是应对新经济竞争的妙招：由于大量行业的进入门槛越来越高，"新的竞争者要单独进入这个市场相当困难，甚至也阻碍了大型公司跟上技术变革的步调来开辟新生产线，或是创新制程的能力。所以合作和网络化便成了分摊成本、风险，以及掌握随时更新之信息的唯一可能出路。……换言之，通过组织危机及

---

① Manuel Castells, *The Rise of the Network Society* (second edition), (Wiley-Blackwell, 2010), p. 176.
② 曼纽尔·卡斯特：《网络社会的崛起》，夏铸九、王志弘等译，社会科学文献出版社，2001，第204页。
③ Manuel Castells, *The Rise of the Network Society* (second edition), (Wiley-Blackwell, 2010), p. 203.
④ 曼纽尔·卡斯特：《网络社会的崛起》，夏铸九、王志弘等译，社会科学文献出版社，2001，第206页。
⑤ 曼纽尔·卡斯特：《网络社会的崛起》，夏铸九、王志弘等译，社会科学文献出版社，2001，第236页。

变革与新信息技术两者之间的互动,信息化—全球化经济的新组织形式已然浮现,那就是网络企业"。①

基于其有关企业的独特的定义,卡斯特对网络企业做了一个定义:"一种特殊的企业,其手段系统是由各自主目标系统之部分交织而成的。因此,网络中的组成元素相对于网络而言,既是自主又是依赖性的,也可能是其他网络的一部分,亦即是瞄准其他目标之手段系统的一部分。因此,既定网络的操作便依赖该网络的两种属性而定。其一是连续性,这是指促进组成部分之间的无障碍沟通的结构性能力;其二是一致性,这指的是网络目标及其组成部分之目标之间利益的共通程度"。② 网络企业成为信息化全球经济基本组织形式的原因所在,在卡斯特看来,是因为其运作适应了信息化经济的特征。信息化经济强调知识、信息的需求和生产,强调手段随目标而灵动变化和不断创新 "网络企业使得信息化—全球经济的文化物质化了;它借由处理知识而将信号转变为商品"。③ 在某种意义上,如果我们将卡斯特的网络化、网络企业理解为,在全球范围内的专业化过程中,涂尔干意义上的有机团结在全世界的形成及其组织形式,似乎也是成立的。

二 组织形式与规模的一般理论

虽然较好地描述了组织形式改变的问题,卡斯特却并没有给人们提供一个一般性的组织形式与规模的决定因素的分析,以及相应的组织理论。他很大程度上将应然的模式和经验的现实混在一起进行表述,而且视某种网络所促成的商业项目为新经济条件下的行为主体,所以关于网络条件下组织规模究竟是扩大还是缩小就仍然说不清楚;其决定因素是什么也很难明白。为了澄清这一点,非常有必要区分开最基本的理论模型与经验现实之间的差别,并明确理论模型的关键前提。

卡斯特在有关组织模式的研究过程之中,提到了威廉姆森,但是他基本上对其观点抱批评态度,他说:"威廉姆森认为,大企业的出现乃是将交易内

---

① 曼纽尔·卡斯特:《网络社会的崛起》,夏铸九、王志弘等译,社会科学文献出版社,2001,第214页。
② 曼纽尔·卡斯特:《网络社会的崛起》,夏铸九、王志弘等译,社会科学文献出版社,2001,第214-215页。
③ 曼纽尔·卡斯特:《网络社会的崛起》,夏铸九、王志弘等译,社会科学文献出版社,2001,第215页。

部化，以便降低不确定性，与极小化交易成本的最佳方式，这个说法极具影响力，但是面对20世纪60年代中期至90年代早期，以企业外部网络为基础的亚太地区资本主义发展的惊人过程时，这种说法就不成立了"。① 卡斯特的这一批评对威廉姆森存在误解，因为威廉姆森显然注意到了伴随着企业规模扩大，大企业"极小化"外部"交易成本"，降低外部不确定性之余，其内部交易成本（亦即组织成本）相应地会上升。威廉姆森早在1971年就说过："若其他情况相同，当与行政协调有关的摩擦日益严重时，求助于市场交换就更有吸引力了。然而，解释纵向一体化的组织失灵问题，已超出了本文的范围。简而言之，主要是因为，较之官僚主义程序，对有限理性的考虑和对市场交换客观性的较为信任，在市场可以被认为'运转良好'的情况下，市场中介一般优于内部供给"。② 显然，在威廉姆森看来，纵向一体化也存在"组织失灵"问题，这很好地诠释了企业与市场相互替代的含义。

卡斯特还批评了其实也同样是接受了新制度主义思想的钱德勒③的相关分析，卡斯特对钱德勒的思想做这样的总结："钱德勒将大型多单位公司的兴起归因于市场规模扩大，以及让公司能够掌握广大市场的通信技术，因而获得规模经济与范围经济的效益，并且内化成为公司的一部分。钱德勒将他对于美国市场大型厂商扩张所作的历史分析，延伸来解释多国企业的兴起，视之为对经济全球化的反应，这次利用的是提高了的信息技术"。④ 而卡斯特认为真实的过程并不是这样的。借助于埃恩斯特的观点，卡斯特指出："虽然市场规模被假定为促成垂直多单位企业的形成，竞争的全球化却在多方向的网络里造成大公司的解组，而网络成为实际的运作单位，技术愈趋复杂带来的交易成本提高，并未导致大公司交易的内部化，而是经由网络将交易外部化与分摊成本，这么做虽然明显增加了不确定性，但也让不确定性得以传散和分摊"。⑤

---

① 曼纽尔·卡斯特：《网络社会的崛起》，夏铸九、王志弘等译，社会科学文献出版社，2001，第235页。
② 陈郁编，《企业制度与市场组织——交易费用经济学文选》，上海三联书店、上海人民出版社，1996，第3页。
③ 小艾尔弗雷德·D. 钱德勒：《看得见的手——美国企业的管理革命》，重武译，王铁生校，商务印书馆，1987。
④ 曼纽尔·卡斯特：《网络社会的崛起》，夏铸九、王志弘等译，社会科学文献出版社，2001，第235页。
⑤ 曼纽尔·卡斯特：《网络社会的崛起》，夏铸九、王志弘等译，社会科学文献出版社，2001，第238页。

卡斯特的上述批评显然也误解了钱德勒的思想。钱德勒虽然指出了市场规模的扩大对于大型公司的存在非常重要，但是他同时也强调了：在纵向结合之外还存在横向联合；纵向结合对横向联合的替代，并不都是有利的。他说："在那些技术不适合大量生产，以及大量的分配无法从专门的安排或服务中得益的工业中，纵向结合就不会带来集中化。在劳动密集型的、低能耗的工业中，管理的协调不能造成单位成本大幅度的降低，也并不提供任何专门的服务，从而不能筑起一道防止进入的壁垒，这时，纵向结合就不是一种取代横向联合的有利策略"。① 显然，钱德勒对技术作用的强调，并不是看重它的复杂性，而是看它是否适合大量生产的性质。如果是适合大量生产的技术，无论其复杂程度如何，一定条件下，所谓"结合"都可能表现出卡斯特所谓网络化、钱德勒所谓横向联合的特征。

事实上，当卡斯特说到"经由网络""分摊成本"，"让不确定性得以传散和分摊"的时候，他在根本上是接纳了新制度经济学的观点。从公司角度看，既然"不确定性""得以传散和分摊"，那么，将交易外部化的网络，和钱德勒的横向联合在内涵上一样，显然是一种约束条件下的有效的组织形式。

这样看来，似乎可以说，新制度主义经济学为有关组织形式和规模决定的研究提供了一个最基本的脚手架，或者说一般理论的比较好的起点。而不是卡斯特急于简单抛弃的对象。

新制度主义经济学是沿着科斯所开创的先驱性研究所展开的。这一先驱性研究指出，如果现实世界中的市场，如同经济学家所假定的价格机制那样的完美，那么企业的存在就是没有必要的，因为几乎所有的组织活动都会被这样一种"市场"所承担。正是因为现实生活中的市场是不完美的，是存在交易费用的，企业才得以存在。基于交易费用的发现，科斯指出：企业最好是被视为是市场的替代物。②

诺思的一些探讨着手于：企业为什么能够替代市场？对于这个问题，除了科斯所说的"交易费用的节约"之外，阿尔钦和登姆塞茨，也提出了队生产理论，强调由团队生产可能带来的规模效益："如果通过队生产所获得的产出大于……分生产之和加上组织约束队生产成员的成本，就会使用

---

① 小艾尔弗雷德·D. 钱德勒：《看得见的手——美国企业的管理革命》，重武译，王铁生校，商务印书馆，1987，第 427 页。
② Ronald Coase, *The Firm, the Market, and the Law*, (Chicago and London: The University of Chicago Press, 1988).

队生产"。① 当然，威廉姆森所指出的企业对机会主义行为的克服作用也是一个重要原因，因为"较之企业之间的活动，在企业内部可以强制实施的控制手段的种类更多"。②

除了上述企业替代市场的基本因素增多（减少）可能带来组织规模的扩大（缩小）之外，还有更多的外部因素可能带来组织规模的扩大。钱德勒强调了市场和技术的作用，认为它们"是决定是由制造厂商还是由经销商来执行协调功能的重要因素。它们在决定美国企业的规模和集中化方面，具有比企业家能力、资本的可得性或公共政策等要大得多的影响"。③

当把目光转向历史，诺思有关国家行为的观察就超出了钱德勒所关注的美国的范围，其对国家本质作用的理解，也就不限于简单的公共政策。因此，诺思对国家这个层次的理论关注相对于钱德勒来说要更精准。在笔者看来，诺思的国家理论和意识形态理论，渗透于产权理论和交易费用理论，填补了新古典经济学的相对价格理论，在不同的层次上决定了组织的规模乃至形式的问题。而关于这些理论所构成的层次，可以粗略地用图一来表示（相对价格理论居于最内层）。

虽然诺思的主要目的是解释历史上产权结构及其使（the structure and enforcement of property rights）的变迁，但是，我们仍然可以用这个模型来解释组织规模与组织形式。组织意味着一个级别的权利主体。组织规模越大，意味着这一级财产权利相应地越多；财产的相对价格越高；相应地，如果没有人口进入限制的话，相关社会成员的数量也会越多。这些人口或社会成员以什么形式基于有形或无形的财产组织起来，则与这些财产的物理形态、转移或"流动"方式，以及人的针对这些财产的行使一定实在行为的（法律的、经济的、社会的）权利密切相关。如果市场机制是完美的，或者交易费用（包括组织费用）为零，那么产权主体规定到什么样的级别（进而组织规模的大或者小）就是无关紧要的，社会成员也可以以原子般的离散方式存在、形成一个非常简单的"组织"。正是因为交易费用的高昂——有时这是人为导致的，国家以及意识形态的作用和影响就需要引入到财产

---

① 科斯等：《财产权利与制度变迁：产权学派与新制度学派译文集》，刘守英译，上海人民出版社，2004，第63页。
② 陈郁编，《企业制度与市场组织——交易费用经济学文选》，上海三联书店、上海人民出版社，1996，第3页。
③ 小艾尔弗雷德·D. 钱德勒：《看得见的手——美国企业的管理革命》，重武译，王铁生校，商务印书馆，1987，第436页。

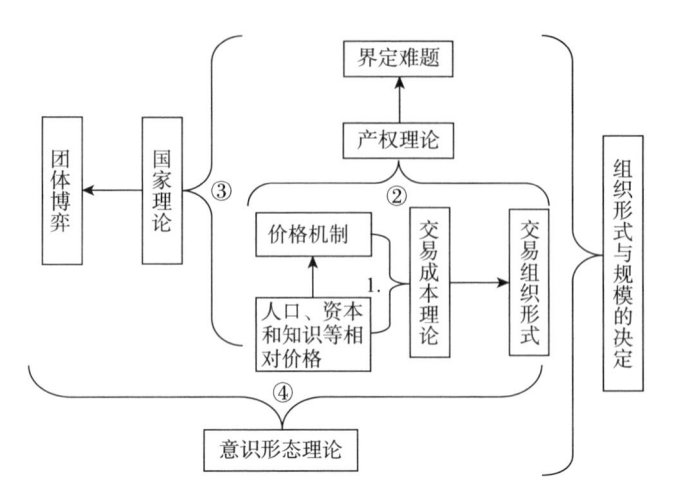

图1　基于诺思思想的组织形式与规模决定示意

权利以及人的权利的详细规定和实施（to be specified and enforced），以及交易费用的降低之中来加以考虑。

在诺思看来，国家所提供的基本服务是博弈的根本性规则，它包括两个方面的目的："第一，是明确关于竞争与合作的基本规则，以提供一个产权结构（也就是在要素和产品市场中明确规定一个所有权结构），促使统治者获致的租金最大化；第二个目的是，在第一个目标的框架中，降低交易费用，以使社会产出最大化，从而使国家能获得的税收增加"。① 但是，许多时候这两个目的是相互冲突的，统治者受到权利竞争的约束和交易费用的约束，"由于交易费用（监督、检测和课征赋税）的存在，相对于无效率的产权而言，有效率的产权可能给国家带来更高的收入，却带给统治者更少的税收。因此，统治者常常发现他的利益所在是准予垄断，而非构造更具竞争性状况的产权"。②③ 显然，"准予垄断"会导致组织规模偏大，组织形式倾向于层级制。

但是，即便是存在国家的作用和影响，对各级行动者利益最大化行为

---

① Douglass C. North, *Structure and Change in Economic History*, (New York · London：W · W · Norton & Company, 1981), p. 24.
② 这一段中译本翻译成："有效率的产权也许导致国家的高收入，但与那些无效率的产权相比，由于交易费用（监督、检测和课征赋税）会减少统治者的税收，因而统治者常常发现他的利益所在与其说是准予垄断，不如说是导致更激烈竞争状况的产权"（道格拉斯·C·诺思：《经济史中的结构与变迁》，上海三联书店，上海人民出版社，1994，第28页）。显然，译者将作者的意思搞反了。
③ Douglass C. North, *Structure and Change in Economic History*, (New York · London：W · W · Norton & Company, 1981), p. 28.

进行约束的考核费用仍然是巨大的。在这种情况之下,就需要用意识形态来约束此类行为,比如说搭便车行为。意识形态对此类行为的约束方式是:通过行为者所认同的道德和伦理准则的力量,促使个人在搭便车时必须承受额外的负担。诺思指出:"一个社会中劳动专业化和分工越发达,与交易相关的度量费用也就越大,相应地,设置有效率的道德和伦理准则的费用也越大"。① 由此可以判定,意识形态的性质、发挥作用的方式,以及国家和社会对意识形态的投入,都是带来组织规模和组织形式变化的重要因素。当然,组织形式与规模反过来也会影响意识形态和国家的上述诸行为。

三 互联网引入和理论修正

诺思注意到了当代信息社会对国家理论及意识形态理论所带来的影响。"信息成本降低的结果导致社会个体相信不同的更为优惠的交换条件可能在别处盛行",② 这当然会使得国家统治者的潜在竞争者变多,进而提高社会成员的权利空间和谈判地位(或相对价格),相应地国家统治者的权利空间和谈判地位会有所下降。此外,通过批判性地引用丹尼尔·贝尔和奥尔森等人的观点,诺思在一个注释中指出:"随着现代社会信息成本的下降,意识形态会变得更为分散化和碎片化,没有知识企业家能够将这些意识形态结合起来,形成一种单一、连贯的意识形态,并且俘获绝大多数人的心"。③④ 不难看出,诺思认为在网络条件下,要坚持一种单一的、内在连贯的意识形态是困难的,这一点如果不对组织规模构成影响的话,也势必对

---

① Douglass C. North, *Structure and Change in Economic History*, (New York·London: W. W. Norton & Company, 1981), p. 56.

② Douglass C. North, *Structure and Change in Economic History*, (New York·London: W. W. Norton & Company, 1981), p. 51.

③ 原文为:"…with the modern fall in information cost ideologies have become more fragmented and partial and no intellectual entrepreneur has been able to weld them into a single coherent ideology that has captured a large percentage of the populace"。这一段的中文翻译也存在明显的错误,其文为:"随着现代信息费用观念的兴起,意识形态已经变得更为分散而非集中化了,而企业家能够将这些意识形态结合起来,从而形成一种单一的、连贯的意识形态,这种意识形态已经赢得了绝大多数人们的赞同"(道格拉斯·C. 诺思:《经济史中的结构与变迁》,上海三联书店,上海人民出版社,1994,第65页)。这个翻译显然也把作者的意思搞反了。

④ Douglass C. North, *Structure and Change in Economic History*, (New York·London: W·W·Norton & Company, 1981), p. 58.

组织形式产生作用。

诺思在《经济史中的结构与变迁》中指出了在美国的社会条件下不同的（可能是分散化、碎片化的）意识形态发挥社会影响和作用的方式。他提到："通过政治和司法程序进行资源配置，给意识形态提供了大量的机会，来决定决策的过程"。[1] 虽然诺思并没有明确指出，但是，就此可以说，在美国，其政治和司法程序为意识形态层面的博弈奠定了根本规则，正是在这个意义上，政治和司法程序在美国社会构成了一种元意识形态，一种元合法性，一种基础性准则。这也使得美国社会虽然意识形态显得分散化、碎片化，但由于元意识形态的相对稳定，整个庞大的国家仍然具有很好的凝聚力，能有机团结起来。

虽然没有借用新制度经济学的分析框架，但是卡斯特也非常重视社会背景：包括制度和文化对组织形式的影响。而有关新技术对组织形式的影响，正是在这样的背景下被强调的。他说："经济组织的各种形式并非出现于社会真空：它们根植于文化与制度之中。每个社会都会造就自身的组织安排。一个社会越是具有历史独特性，便越会独立于其他社会而演进，而其组织形式也就越特殊。然而，当技术拓宽了经济活动的范围，而企业系统也在全球规模上互动时，组织的形式便散布开来、彼此借用，并创造出混合的形式，以便回应大抵相同的生产与竞争模式，同时适应它们运作其间的特殊社会环境"。[2]

通过对经济组织进行比较研究之后，特别是对东亚社会的企业组织模式进行分析之后，卡斯特一定程度上呈现了东亚企业系统的共同的网络化特性。卡斯特还"认为国家替华人网络提供了关键性的支持"，[3] 而为了维持网络的活力，国家如何转变其统治形式，扮演好角色就变得至关重要起来。"从地平线上浮显出来的是，强大的华人企业网络与中国的多层次结构两者之间逐渐形成的连接。事实上，华人企业获利最高的投资已经出现于中国。这种连接产生之后，华人企业的自主性就会受到考验，同时共产党所建构的发展性国家也会受到考验，看看是否有能力转变其统治形式，能

---

[1] Douglass C. North, *Structure and Change in Economic History*, (New York · London: W · W · Norton & Company, 1981), p. 56.

[2] 曼纽尔·卡斯特：《网络社会的崛起》，夏铸九、王志弘等译，社会科学文献出版社，2001，第215 – 216页。

[3] 曼纽尔·卡斯特：《网络社会的崛起》，夏铸九、王志弘等译，社会科学文献出版社，2001，第223页。

够驾驭弹性的、奠基于家庭的网络企业,而无须压制。如果这两种情况都发生了,世界经济格局将会有所改变"。①

卡斯特最后也上升到了意识形态的层次,提出了信息主义精神的观点。他认为,新时代经济组织的基本单位不是一个主体,而是网络,这些网络基于"信息主义精神"黏附在一起。他认为信息主义精神"确实是一种文化,不过是一种转瞬即逝的文化……任何想要将网络中的位置凝结为特定时间及空间之文化符码的企图,都会造成网络的废弃过时,因为它会变得过于僵化,无法适应信息主义之多变几何形式的要求。信息主义的精神是'创造性破坏'的文化,而此创造性破坏的速度已加速到处理其信号的光电反馈的速度"。②

信息主义精神的特征,在卡斯特的笔下,更多的是基于对当今时代经济组织的描述,显得缺乏逻辑一致性的基础。卡斯特试图对网络企业进行意识形态抽象的时候,似乎应该在理论体系中找准其具体位置;并将其与交易费用和财产权利的相关思想结合起来,而不是对后者加以排斥。事实上,"网络"之所以能够成为新时代经济组织基本单位之一,部分地乃是由于信息技术发展条件下,扩大了的交易网络和日益完善的权利体系使得无形的知识与信息能有形化、数码化,提升了其相对价格的同时还易于"流动",以及网络建立、维持和使用的成本大大降低,进而也就降低了交易费用的缘故。

尽管卡斯特的信息主义精神将国家对企业组织的作用和影响看得有些低,卡斯特对网络条件下保证企业充分自主性的强调是正确的。这是一种"自己活,同时也让别人活"或者"自己说话,同时也让别人说话"的思想。这一精神可能带来的企业运行和决策程序,通常更为开放、透明和带有民主气息。

总结上文的相关论述,可以得出如下两个观点:(1)互联网时代大型组织垂直整合的组织方式面临挑战,大型组织如想继续保持原来的规模,就非常有必要改变它的组织方式,对层级体制下的各单元的自主性给予必要的尊重和恰当的限制。(2)无论从权利安排、谈判地位,还是从交易费用出发,组织新形式的出现和组织规模,都会受到国家和意识形态的约束

---

① 曼纽尔·卡斯特:《网络社会的崛起》,夏铸九、王志弘等译,社会科学文献出版社,2001,第234页。
② 曼纽尔·卡斯特:《网络社会的崛起》,夏铸九、王志弘等译,社会科学文献出版社,2001,第244–245页。

或者助推;由于意识形态的分散化、碎片化,元意识形态的根本性凸显出来,在这个过程之中,会涉及国家力量发挥作用的程序,以及意识形态的博弈规则问题。当然,这两个观点是否成立,需要更进一步的经验验证。

四 一些网络事件的印证与启示[①]

网络条件下,有许多事件有助于提供事实基础来验证上文所阐述的理论逻辑和观点。下文简单地举三个与中国互联网企业相关的例子。笔者尝试从这些带有一定特殊性的例子出发,结合前面的理论,对未来的组织形式和规模趋势做出一定的现实判断,并对一些规律做更进一步的总结和阐述。

值得注意的是,本文有与卡斯特有关"网络企业"的论述相对话的意味,但是,所举的"中国互联网企业"的例子则只是卡斯特所谓"网络企业"之相当特殊的一种。卡斯特的"网络企业"涉及传统企业,严格地说涉及的是全球化背景下以及"网络条件下"的企业组织形式这样一个相当宽泛的问题;而"中国互联网企业"——虽然它们可能已经在美国上市——主要指涉的范围还是在中国,且其运作与互联网密切相关。不过,这却也并不影响我们以此为例,来与卡斯特进行对话的有效性;因为互联网企业毫无疑问是目前中国最能体现卡斯特所谓"信息主义精神"的一类企业。

(一) 流氓软件抵抗运动

流氓软件(或称恶意软件)有三个主要特点:一是在不经意间,就会"被安装";二是安装之后,无法卸载;三是除了弹出广告,没有其他正面功能。流氓软件往往最初以插件形式,在电脑用户安装软件的过程中,悄然安装。它们不能算是电脑病毒,但违反了国务院 147 号令《计算机信息网络国际联网安全保护管理办法》的一些规定,却又很难让一般的电脑用户抓住证据和把柄。其盈利点,一是针对客户之需,向电脑用户推出大量弹窗广告;二是向第三方提供捆绑插件业务,推广更多的(通常也是流氓)

[①] 本节涉及的网络事件之描述包括作者本人的体验与理解,也涉及大量的媒体报道、网友评论,除非有大段直接引述,不做一一注明。由于网络公司的知名度都相当高,匿名处理在一定程度上无用,本文除个别公司之外,不做匿名化处理。但,笔者强调本文的研究没有触犯任何网络公司相关利益的动机,而是力图保持陈述的客观立场。

软件；三是悄悄收集电脑用户私人信息。不难发现，流氓软件其实很容易做大"装机量"（即流氓软件侵入的电脑数量），一个软件的"装机量"一般在几十万到上百万之间，有的甚至达到千万级，这相当于以极低的成本掌控大量"有效"的宣传窗口，迅猛地扩大广告渠道规模。即使每个弹窗流量以三四分钱来计算，流氓软件公司的盈利也是相当可观的。

从2006年开始，不少个人、企业、行业协会、联盟组织、媒体，乃至政府主管部门都步入到了反流氓软件的浪潮之中，这导致流氓软件公司"上下游"两头受困：一些软件（比如暴风影音等共享软件）、下载网站（华军软件园）等不再愿意带上这些流氓软件作为插件；广告主也出于顾虑，不愿进行资金投入。经过持续时间较长的、轰轰烈烈的反流氓软件运动，流氓软件产业链急剧萎缩，一些类似3721网络实名等依赖流氓插件获益的企业受到了沉重的打击。

反流氓软件的这场运动中，瑞星、金山、360等杀毒软件乘势而起，通过提供专业的杀毒工具，帮助用户找出大部分流氓软件，并将是否删除的决定权交给用户。这一切导致后来这场运动被怀疑存在幕后操纵者，靠流氓插件为盈利点的企业被竞争对手"借刀杀人"。当然，一些被怀疑的人对此予以否认。尽管如此，流氓软件在道德层面侵害了电脑用户的权利和自由，在"意识形态"上站不住脚，引起公愤，使得一些竞争对手有"刀"可借，乃是其最终失败的关键。在这场运动中，行业自律、网民起诉、媒体曝光、主管部门监督等也都站在了道德价值的制高点上，形成了一种尊重电脑用户选择权利和自由的、带有程序合法性的"元意识形态"，反流氓软件因此被普遍认为是一个利国利民的运动。流氓软件的组织规模（这里一定程度可以以"装机量"作为组织规模的测量指标）自然而然地受到了遏制——哪怕它颇为"有利可图"，且是以网络化的形式运转的。

（二）腾讯和HC的经营理念

比较腾讯网和HC网这两个企业，不难发现两者的不同发展轨迹。腾讯网成立于1998年11月29日，至2014年员工数达2.5万余人，年营业额400亿元；而HC网成立于1992年，2003年在香港创业板上市，至2012年拥有3000多名员工，年营业额不详，据说2014年有人民币2亿元以上。在2013年由中国互联网协会评出的互联网企业百强中，腾讯排名第1，而HC排名第84。

这两个企业的差异，与业务是相关的，腾讯做的是即时通信，面对的主要是个人用户；HC做的则是B2B，面对的则主要是企业用户。不过，笔者以为，HC之所以远远落后，可能与其至少在最近都没有很好地做到"客户至上"不无关系。

笔者有位亲戚曾于2012年底在HC网工作过一段时间，她从她当时所在岗位的角度，跟我谈了谈对这个B2B电子商务平台的观感。在HC网，她做的是一个相对低端的业务（这说明HC网仍然存在层级化），任务是拉一些中小企业来HC网的商务平台开立账户；当然，一旦开户，这项服务是需要收费的。

"全国有3000多家企业在做与HC类似的业务。优质的客户基本上已经被筛选殆尽，我们如今面对的客户，有许多基本上不怎么懂电子商务。这些公司就盼望着HC帮它们的忙。所以，我们的签约客户会三天两头地打电话过来。"

"领导告诉我们，客户的这类事项，是售后服务部门的人负责。问题是，公司售后服务部门的人，我们自己都经常找不到。他们对客户的要求常常置之不理。客户对售后服务部门的人员不熟悉，所以，有问题就找到营销人员身上，弄得我一段时间里都不敢开机。我们有些营销人员被逼得急了，甚至跟客户吵起来……"

"HC网估计是想在一两年内在其他地方上市，所以就疯狂地拉客户，做业务量，但是售后服务跟不上。其他网站的B2B业务可能也存在类似问题。我有一个客户就不断地跟我抱怨百度在这个业务上的售后服务非常差。"

通过百度搜索，可以看到"HC网怎么样"[①]之类的问题下面，大多数的回复都是负面评价，这些一定程度上印证了以上的说法。下面是不同时间，一些网友的说法（在不影响原意的基础之上，引入本文时，其文字有所修改，删掉了一些粗话）。

2012 - 10 - 19，14：54，寂寞沙洲666（一级）的回答：

和HC合作了不到一年的时间，真是领教了沈阳HC这些人的嘴脸。合同签完，你就会被牵着鼻子，一步步地把你本来好好的企业搞

---

① 因为"HC"为化名，出于调研伦理的缘故，下面引述的"百度解答"也就不能通过注释来提供相应的网址。

得还没有以前那么顺风顺水。一路坎坷啊！在这我更要奉劝个人和企业打算要做 HC 的朋友们注意了：合作完你就知道什么叫"天下没有后悔药卖"的意思了。

2013-01-31，09：31，网友地质管宝钢（九级）的回答：

HC 的销售肯定是无敌的，我都做了会员，还被整天骚扰。一会儿标王，一会儿贷款，居然还办信用卡。为了骗钱真是绞尽脑汁。反正到期（后我）是死都不会做了。你想知道效果怎么（样），上 HC 网搜下你的同行就知道了。

2013-03-04，00：47，网友 A5550352（一级）的回答：

如果（去）百度公证你可以看到我的信息。如果 HC 网有效果，我们自己做的网站联合百度一定可以超越他们。我以前也是傻傻地加了。后来自己做网站联合主要搜索的网站，现在效果明显。HC 网就是一个懂网络的骗没有文化的人。就知道钱来得容易，打着上市（公司）的身份，披着上市名称，顶着大公司的牌子，类似大奶吓死小孩子。一句话不行，十句也是不行，应该有很多人不知道往哪里投诉。要是 HC 网的老板或副总看到这信息应该感到脸红，应该感羞愧。因为你们的员工都是你父母，而不是客户才是上帝。

网上一位热心网友的留言回答则表明 A5550352 关于"你们的员工都是你父母"的说法似乎太乐观了。

2012-06-22，10：25，热心网友：

HC 网简直就是血汗工厂，克扣员工工资，离职人员的提成基本都让主管和财务人员私吞了。找他们，他们会找出一大堆理由。没法说啊，骗股东吧，HC，看你能走多远。一群缺德的东西……

虽然一个网络企业铺的面过宽，吸纳的客户过多，而客户又不懂网络，员工又没有精力及时跟进，难免就会被抱怨。不过，HC 网无疑应该加强它的售后服务，并且将客户的权利放在相当重要的地位予以考虑，通过一定的程序设计，让客户的抱怨更多地针对具体部门，并将其转化为对整个公司优化服务的监管性力量。此外，公司的组织方式可能也需要进行较好的设计，以利于底层员工的利益表达。相对来说，腾讯"一切以用户价值为依归"的公司口号，则至少在形式上给出了一个比较好的价值承诺，或者说公司有了比较好的意识形态的支撑。

(三) 淘宝"十月围城"事件

2011年出现了淘宝网的所谓"十月围城"事件,这一事件可以看做对淘宝"层级化"营运的一种反制。

自2003年淘宝成立以来,其C2C(Consumer to Consumer,即个人对个人)的"自由"交易模式,吸引了一大批卖家进入。时间一久,卖家吸引注意力和凸显自身价值的重要性就突出出来。于是,淘宝里的卖家开始被"结构化",开始被区分等级。就像一些网络游戏需要打怪升级,买装备一样,这里也有"刷钻""刷信誉""刷人气""删差评"等说法。所以,即使淘宝是"免费"的,由于虚拟的"信誉"能够提高卖家被关注的程度和吸引的注意力,它就成了稀缺资源,淘宝内部员工寻租、贪污腐败的空间随着其汇聚卖家的数量、可层级化程度、买方注意力资源的稀缺程度的增大而增大。

这样的势能空间如何转化为正式的营运利润?2006年淘宝曾经有过"招财进宝"的动议,但最后归于失败。2008年4月,淘宝正式推出B2C(Business to Consumer)交易平台——淘宝商城,这个商城根据商品不同品类,每次交易收取卖家2%~5%不等的交易佣金。2008年9月,淘宝屏蔽了百度的搜索,而排在淘宝搜索结果第一页的商家大多来自淘宝商城;其主页还逐渐清除了进入单个店铺的渠道。这意味着淘宝一定程度垄断了卖家的广告权,使得卖家如果不通过淘宝商城这个平台商,就较难被买家看到或注意到。通过层级化,淘宝掌握了"营业执照"发放权,卖家要想获得"执照",就要掏钱。

2010年11月1日淘宝宣布,即日起淘宝商城启用独立域名,随后3个月将投入2亿元展开品牌宣传。2011年6月16日,淘宝网一分为三:一淘网、淘宝网、淘宝商城。2011年10月10日,淘宝商城进一步"层级化":公布了2012年度商家招商续签及相关规定,将原先每年6000元技术服务年费提高至3万和6万元两个档次;新建立"商家违约责任保证金"制度,要求入驻商户缴纳违约保证金,冻结于支付宝账户中,具体缴纳金额由原先的1万元升为5万、10万和15万元三档。

该新规导致了不少卖家有被淘宝抛弃的感觉,大量卖家在网上集结,相关网站的叙述为:"2011年10月11日近5万多名网友(不过一些报道表明巅峰时期人数是7千多)结集YY语音,对韩都衣舍等淘宝商城大卖家,实施'拍商品、给差评、拒付款'"。这是利用规则反"拍"淘宝。按照淘宝商城规定，买家可享 7 天无理由退货。集结的卖家们的战斗策略是：大批量、集中地向商城的大商铺"拍"货。若被"拍"商铺发货，则全部确定收货，并统一给商铺评级打 0 分或 1 分，再申请退款；若商铺 72 小时内不发货，按淘宝商城规定，买家可以得到赔偿，相关商铺将被扣分甚至关店。到后来，那些遭受攻击的店铺，"你一'拍'它就下架"。

这些"反淘"网友其实并非都是直接受新政影响的淘宝商城卖家，主力不少来自淘宝的大批 C 店卖家。YY 语音频道中"反对商城收费新政"的主题，迅速转变成"反对淘宝系无视卖家的垄断作风"。其中部分地涉及小二的腐败问题，有关人士指出："如果一个普通小二都能有这么多资源，那贪腐一定是普遍的行为……"此外，在一些报道中，"反淘"人士说："他想挣钱是无可厚非的，我们不是反对淘宝收费，但我们希望他们制定政策的过程能更加合理"，特别是"中小卖家能有参与机会"。

2011 年 10 月 15 日，国家商务部电子商务和信息化司负责人表示，商务部高度关注、重视此事件，已要求有关方面从稳定物价和支持小微企业的高度妥善处理并及时报告情况。淘宝方面表示，截至 2011 年 10 月 17 日，发动"围城"的管理人员中，已有 17 人身份确认，"近半在淘宝商城无店铺，在淘宝商城有店的都曾因为售假等各种违规行为被淘宝商城处罚过"。因"十月围城"而汇聚了人气的 YY 语音的相关频道，于 2011 年 10 月 17 日下午淘宝商城在杭州召开新闻发布会（马云做了一个小时的讲话，随后对外发布了旨在扶植诚信企业的五项措施）之后就慢慢解散了。

但是，该事件所引起的后果和反思是深刻的。不少卖家后悔曾将马云捧为"神"；而一些评议人则强调淘宝决策过程中工作人员与卖家之间的沟通问题。

以上三个案例带给我们的启示可以总结如下。

第一，所谓网络企业，或者说网络条件下的组织形式，其实并不必然是水平的。相反，网络企业的层级化现象是存在的，而且是普遍的；只要在合理的限度内，也能够为人们所认同。它关乎企业生存问题，正是为了谋生，它需要在合理的限度之内将自己的"客户"层级化；而为了便于管理，也需要将自己的"员工"层级化。当然，需要注意到"中国互联网企业"在最初时组织结构相对于传统企业更扁平；其在发展过程中不断层级化，并不意味着原来传统的层级制组织就不会（或不应该）往更网络化或横向联合的方向发展。不过，笔者想强调的是：基于网络化，便**断言**"水平式公司"将大行其道，可能是错误的。

第二，对于网络条件下的组织特别是网络企业，以程序合法性为特征的元意识形态似乎显得尤其重要。组织所能做出的价值承诺的好坏和践行的能力，直接影响了组织能走多远，维持多久，规模能做到多大。网络条件下由于信息相对自由地流动，网络所牵涉的相关当事人数量相对过去更多，行为信息和毁誉评价的扩散速度也更快，意识形态的呈现形式也就不仅仅是具体的、静态的一套有关道德伦理的说辞，而是更多地涉及最基本的元意识形态，它们是**各类组织或具体意识形态互动的程序合法性**，而不应该是卡斯特所谓的"信息主义精神"。

第三，这种所谓元意识形态的建构，部分地取决于来自网络外部其他网络对其造成的竞争压力；部分地，取决于网络内部各种行为主体的抗争权、退出权，以及其相应的行使这些权利的能力，以及各行为主体所拥有的自由组织权和能被有效组织起来的程度。如果有替代性网络的话，行为者从特定组织的网络中退出会相对容易。如此，一些网络企业为了维持其规模效益（规模效益是网络企业最为重要的利润根源之一），就会倾向于在价值承诺中不断增加一些元意识形态的要素，以应对员工以及客户可能的抗争或退出行为。

第四，除了规模大所带来的注意力（或广告）效益、声誉好处和与之相应的易受攻击之外，"网络企业"与任何企业一样，它们的组织规模和形式也都受到**其产品的相对价格**的影响。这意味着，企业需要积极地投身于**价值的持续创造**，才能较长时间地维持其规模与层级性体系。对于互联网企业而言，鉴于其提供的主要是信息、知识和技术，相应地，这些信息、知识和技术的相对价格就变得利益攸关；而维持较高的价格（进而也就是较大的组织规模），需要持续的、相对以往更加快速的创新。即使是对于大型跨国公司——它们也被卡斯特认为将会迈向"网络企业"——而言，为了维持组织的"大型"与"层级"，在包括管理、服务等诸多方面进行创新也是至关重要的。

五 讨论：元意识形态的进程？

卡斯特对网络社会的企业组织形式和规模多有观察，不少判断颇有洞见；但是，由于简单地抛弃了坚实的、一般性逻辑基础，相关的某种判定（比如有关水平式公司的组织趋势之判定）似乎显得有失水准。

网络条件下的组织形式和规模决定：元意识形态的地位问题

对现实组织趋势之判定，其思维也许需要放置在一个如图一所示的"相对价格（或相对地位、谈判地位）理论＋产权理论＋交易费用理论＋国家理论＋意识形态理论"的框架之中，才能较好地理清技术（特别是信息技术）对组织产生影响的逻辑机制。

随着信息技术的发展加上法定权利体系的完善，与信息、知识和技术相关的权利交易不仅成为可能，而且交易范围大大扩大，这也使得与它们相关的权利的相对价格在新经济时代获得极大提升，于是相应的组织规模和网络范围势必会迅速膨胀。当然，鉴于信息、知识和技术的流动速度大大增加，相关生产网络间的竞争日趋激烈，组织衰败的速度也可能会增加。

对于以知识、数据和信息服务为主要业务的平台型互联网公司而言，互联网络中的行动者一定程度上是产（生产）消（消费）合一的。客户既是网络的服务对象，又是它的"员工"。有关组织的规模与形式的思考因此也就有必要加入对这种"产消合一"现象的考量。毫无疑问，网络公司可以一段时间里通过表面工作，虚假价值，注意力炒作，口号型、静态性意识形态来汇聚人气，也可以占到一国庞大人口数量的"便宜"。但是，如果长时间没有"元意识形态"（程序合法性）的支撑，再加上价值创造不足，"客户"（其实也可以说是"员工"）的体验不好，则公司极可能容易遭遇"十月围城"之类的危机；如果应对失当，会带来巨大损失乃至崩溃。

网络条件下的企业，就像一个金融性组织，它已经越来越容易在一国甚至是全球之内迅速地达到其组织可能性的边界。大量人口的加入，大量注意力的投注，同时也意味着挤兑风险的飙升。如果在一段时间里缺乏国家机器的强制力（或者即便有，也难以动用），它往往也就需要在比较短的时间之内建立起自己的"元意识形态"，才能持久生存、可持续发展。更重要的是，甚至是现代国家机器以及金融机构本身，对"元意识形态"的需求也已经越来越迫切。

卡斯特强调了网络社会中"流权力"和"流空间"的重要性。"流权力"和"流空间"在很大程度上可以视作网络退出权和新的可供加入的网络空间的大量存在。不过，这样的"自由"并不意味着层级制因此就会受到摧毁性打击，因为人的可能的退出空间在现实世界里毕竟是有限的；何况在注意力日渐显得（相对于信息爆炸而言）短缺的时代，网络规模大的话，其本身是能够带来额外广告和信誉价值的。

国家机器与金融机构以及其他"网络企业"之间的短兵相接，多多少少会使卡斯特所说的"流权力"和"流空间"受到压制。最近的一个相关例子是：瑞银在全球追税的压力之下，不再承诺为客户的银行信息保密。这似乎意味着，未来层级制中的人们不会再去更多地关注退出权这样的"用脚投票"的权利，而可能相对更多地关注于"用手投票"的权利。这反倒极可能会加快元意识形态（程序合法性）在组织中的建构进程。

　　基于上文的分析，笔者认为，也许还需要在图一框架的外围增加一个"元意识形态"的维度，来综合地看待网络条件下组织形式和规模的决定问题。"元意识形态"在信息技术不发达时，可能并不那么容易在组织问题中彰显出来；但是，一旦步入信息时代，随着人口流动的权利和能力等增加，随着信息的获取渠道日益丰富，随着不同网络竞争的加强，再加上人们相对更容易组织起来，组织中"元意识形态"（程序合法性）的重要性就会时不时地彰显出来。

社会比较理论视角下的城乡收入与改革损益感的实证研究[*]

王元腾

摘　要：本文基于影响居民主观感受的"结构决定论""局部比较论""集体机制论"三种解释机制，并结合社会比较理论，利用2012年社会发展与社会建设调查数据，分析了城乡居民收入与改革开放成果分配的自我感知（改革损益感）的关系。研究表明：城乡分割背景下，绝对收入、相对收入均对改革损益感有显著的正向影响；城乡居民间改革损益感差异较大，相对于农村居民，城市居民更不认为自己是改革开放的受益者；绝对收入、相对收入与城乡间的交互作用与居民改革损益感存在显著的正向关系，绝对收入、相对收入对农村居民改革损益感影响效应显著高于城市居民。本文考察了城乡分割背景下，"结构决定"和"局部比较"两种机制在城乡居民改革损益感差异上的解释力，同时，创造性地探讨了"结构决定—集体机制"和"局部比较—集体机制"间的交互效应对城乡居民改革损益感的调节效应。

关键词：改革损益感　社会比较　绝对收入　相对收入

---

[*] 本文数据来自上海大学上海社会科学调查中心，感谢授权使用。本文是科技部支撑计划课题"劳动者全生命周期的就业信息服务系统及应用"（项目编号：2013BAH10F00）的阶段性成果并得到了刘玉照教授主持的上海市教育委员会、上海市教育发展基金会2009年度"曙光人才"计划项目的资助（项目编号：09SG40）。最初以"绝对收入、相对收入与改革损益感——城乡分割背景下的再考察"为题，发表于《社会发展研究》2015年第2期。马磊博士、冯猛博士、张军博士、贾文娟博士、陈伟博士候选人以及上海人文社科青年沙龙成员等曾给予作者写作和修改上的启迪和帮助，在此一并致谢。本文"改革损益感"指的是居民对改革开放受益或受损评价的自我感知，如无特殊说明，本文的"改革"指"改革开放"。

一 问题的提出

改革开放 30 多年以来,我国发生了翻天覆地的变化,综合国力和国际影响力不断增强,人民生活极大改善,社会事业大跨步前进。与此同时,利益固化、腐败蔓延、贫富分化等社会问题日益显现。近 10 年来,反映城乡居民收入差距的基尼系数保持近 0.5 的数值高位运行。受二元经济结构影响,自 20 世纪 80 年代以来,我国城乡居民收入差距逐步扩大,城乡收入比超过 3 倍[①]。社会利益关系是所有社会关系的核心所在,改革开放的实质是社会利益关系不断调整的过程[②]。社会结构变动中最突出、最核心表现也是利益结构的变化[③]。就我国社会转型期各种利益矛盾的实质而言,利益格局的调整变化集中表现为社会各阶层、各群体如何分享改革发展成果的问题[④]。

改革开放以来,从居民收入角度看,我国城乡居民分享改革发展成果的差距逐渐拉大,农村居民处于劣势地位。利益分配不合理冲击了社会稳定的物质基础,为经济社会发展埋下了隐患[⑤]。但是,改革开放以来,我国城乡社会总体处于平稳运行状态,城乡居民均对收入不平等保持较高的容忍度,而且相对于城镇居民来说,农村居民更倾向于接受当前的不平等[⑥],并未因改革成果分配问题发生社会动荡。此外,关于幸福感、生活满意度等主观感受的研究也表明大多数中国民众认为自己较幸福且生活满意度较

[①] 吕庆喆:《2013 年中国城乡居民收入和消费状况》,载李培林等主编《2014 年中国社会形势分析与预测》,社会科学文献出版社,2013,第 17 页。
[②] 洪远朋、陈波:《改革开放三十年来我国社会利益关系的十大变化》,《马克思主义研究》2008 年第 9 期;周晓虹:《中国人社会心态六十年变迁及发展趋势》,《河北学刊》2009 年第 5 期;鲁锐:《改革开放以来我国主要社会群体利益关系问题分析》,《学习与探索》2010 年第 6 期;李培林:《中国改革以来阶级阶层结构的变化》,《黑龙江社会科学》2011 第 1 期。
[③] 孙秀艳:《社会认同:协调社会利益关系的新视角》,《中共福建省委党校学报》2007 年第 6 期。
[④] 郭彦森:《变革时代的利益矛盾与社会和谐》,知识产权出版社,2008,第 216 页。
[⑤] 佘民卿:《影响我国社会稳定的几个因素简析》,《中国浦东干部学院学报》2010 年第 6 期。
[⑥] 怀默霆:《中国民众如何看待当前的社会不平等》,《社会学研究》2009 年第 1 期;王甫勤:《社会流动与分配公平感研究》,博士学位论文,复旦大学社会学系,2010,第 126 页;Wu, Xiaogang, "Inequality and Distributive Injustice: A Comparative Analysis of Mainland China and Hong Kong." The China Quarterly200 (2009): 1033 - 1052。

高，且农村居民的幸福感和生活满意度显著高于城市居民①。由此，不禁会产生疑问：为什么城乡间改革开放成果分配不平等的现实与居民自我感知出现如此巨大的差异？对此，关于我国居民不平等感知、分配公平观等主观感受的研究日益增多。但是，涉及民众主观感知的研究仍处于初始阶段，系统性分析有待加强②。

目前，与改革损益感相类似的收入分配与社会公平主观感受的实证研究中，其解释机制主要有基于自利理论的"结构决定论"③、基于相对剥夺感的"局部比较论"④、基于制度环境的"集体机制论"⑤ 和基于价值观念的"文化归因论"⑥ 等几种分析思路。"结构决定论"强调，获得的现实物质利益越多或社会阶层地位越高的居民，其社会公平感和平等分配感也较高。然而，也有学者认为，客观阶层地位的高低与人们对宏观社会不平等的态度并不完全一致，部分阶层地位较低的人对社会不平等的态度反而更

---

① 罗楚亮：《城乡分割、就业状况与主观幸福感差异》，《经济学（季刊）》2006 年第 3 期；袁岳、张慧：《2009 年中国居民生活质量调查报告》，载汝信等编《2010 年中国社会形势分析与预测》，社会科学文献出版社，2010，第 129 页；王鹏：《收入差距对中国居民主观幸福感的影响分析》，《中国人口科学》2011 年第 3 期。

② 李骏、吴晓刚：《收入不平等与公平分配：对转型时期中国城镇居民公平观的一项实证分析》，《中国社会科学》2012 年第 3 期。

③ 翁定军：《阶级或阶层意识中的心理因素：公平感和态度倾向》，《社会学研究》2010 年第 1 期；张海东：《城市居民对社会不平等现象的态度研究——以长春市调查为例》，《社会学研究》2004 年第 6 期；Wang, Fuqin. , "Perception of Distributive Justice of the Residents in Contemporary China's Large Cities: An Empirical Study Based on the Survey in Shanghai." *Chinese Journal of Sociology* 31 (3) (2011): 155 - 183.

④ 怀默霆：《中国民众如何看待当前的社会不平等》，《社会学研究》2009 年第 1 期；刘欣：《转型期中国大陆城市居民的阶层意识》，《社会学研究》2001 年第 3 期；刘欣：《相对剥夺地位与阶层认知》，《社会学研究》2002 年第 1 期；马磊、刘欣：《中国城市居民的分配公平感研究》，《社会学研究》2010 年第 5 期；Wang Feng, *Boundaries and Categories: Rising Inequalities in Post - Socialist Urban China* (Stanford. California: Stanford University Press, 2008).

⑤ 孙明：《市场转型与民众的分配公平观》，《社会学研究》2009 年第 3 期；Wang Feng, "Boundaries of Inequality." In Whyte, M. K. , *One Country, Two Societies: Rural - Urban inequality in Contemporary China* (Cambridge: Harvard University Press, 2010)；王甫勤：《社会流动与分配公平感研究》，博士学位论文，复旦大学社会学系，2010，第 126 页；谢宇：《认识中国的不平等》，《社会》2010 年第 3 期。

⑥ 李骏、吴晓刚：《收入不平等与公平分配：对转型时期中国城镇居民公平观的一项实证分析》，《中国社会科学》2012 年第 3 期；孟天广：《转型期中国公众的分配公平感：结果公平与机会公平》，《社会》2012 年第 6 期；谢宇：《认识中国的不平等》，《社会》2010 年第 3 期。

为温和①。在此基础上，马磊、刘欣②否定了"结构决定论"而验证了"局部比较"在决定中国城市居民微观分配公平感受中的重要作用。"集体机制论"则强调制度环境、城乡差异、地区差别对民众主观感受的影响。孙明③以2005年中国综合调查资料为依据，强调了分配制度的市场化对民众分配公平观的影响，谢宇④则指出中国的不平等很大程度上受到区域和单位等一些集体机制的影响。除此之外，"文化归因论"观点得到学者的支持，孟天广⑤考察了中国公众的结果公平感和机会公平感，发现社会结构对结果公平感和机会公平感均有重要影响，但影响机制存在差异。李骏、吴晓刚⑥则从社会分层与利己主义理论、文化与公平价值观、实际与认可的不平等理论出发，综合分析了教育、就业部门、年龄、实际不平等程度与中国城镇居民公平观的关系。但是，实证研究中的"文化归因"难以测量，本文暂不做讨论。

总体来看，已有实证研究多致力于理论观点的验证，较多关注中国城市居民的自我感知，而大多忽略了中国民众中群体基数庞大的农村居民，即使关注到城乡差异的部分研究仍然缺乏实证分析，城乡居民关于分配成果感知的差异仍需深入探讨。受长期的城乡分割影响，城乡居民关于成果分配的主观感受不仅受"结构决定"或"局部比较"的单独影响，与其所处的城乡环境也有着极大关系，而且这种"集体机制"会间接影响前两种机制对城乡居民主观感受的影响。然而，已有研究忽视了对"结构决定—集体机制""局部比较—集体机制"间可能存在的内部交互作用这一重要影响机制的探讨。

改革发展成果是在特定历史时期全体社会成员协调创造的文明产物，是社会共同利益的一个重要组成部分，需社会成员共同分享。综合客观指标分析城乡居民改革成果分配现实，特别是从以收入为代表的财富状况来看，城乡居民皆为改革的受益者。但是，城乡间仍然存在一定的差异。本文对解释民众改革分配主观感受的几种既有理论进行梳理，并演绎出研究

---

① 怀默霆：《中国民众如何看待当前的社会不平等》，《社会学研究》2009年第1期。
② 马磊、刘欣：《中国城市居民的分配公平感研究》，《社会学研究》2010年第5期。
③ 孙明：《市场转型与民众的分配公平观》，《社会学研究》2009年第3期。
④ 谢宇：《认识中国的不平等》，《社会》2010年第3期。
⑤ 孟天广：《转型期中国公众的分配公平感：结果公平与机会公平》，《社会》2012年第6期。
⑥ 李骏、吴晓刚：《收入不平等与公平分配：对转型时期中国城镇居民公平观的一项实证分析》，《中国社会科学》2012年第3期。

假设，随后利用"社会发展与社会建设调查"2012年度调查数据，并结合调查所在地统计公报的城镇居民人均可支配收入和农村居民人均纯收入的统计数据，从改革成果分配最关键的收入角度分析城乡分割与居民主观感受间的关系。本文试图探讨城乡居民对改革成果分配的主观评价是基于"结构决定"，或是"局部比较"，抑或是二者与"集体机制"的交互作用。由此进一步细化为以下具体问题：（1）客观的改革成果分配现实是否与主观的城乡居民自我感知一致？（2）改革开放成果分配的主观感受（改革损益感）在城乡之间有什么样的差别？（3）受城乡分割因素影响，城乡居民间改革损益感的收入效应是否有差异性？

二 文献回顾与研究假设

当前，理解中国所处的社会矛盾与冲突凸显的社会转型问题，最为重要的是揭示社会结构特征和利益关系性质[1]。改革开放以来，市场经济发展与社会结构变化引起了利益关系的不断调整，重要表现为以收入水平为标志的利益差距在社会各阶层、各群体间逐步扩大[2]。改革的最终目的是实现利益共享和社会公平，而多数人受损、少数人受益的局面必将丧失社会发展的最基本的意义。因此，利益矛盾已成为社会转型时期所要面对的主要问题，利益关系协调成为实现社会和谐的关键[3]。关于改革成果分配的研究多集中于社会分层领域，且重点关注收入、财产为核心的经济资源占有的层化和差异现象，并致力于勾勒出收入分配不平等的客观事实。尽管这类研究分析了不平等分配格局的发展趋势及其背后的社会经济原因，但是探讨人们对于不平等的主观感知或评价的实证研究仍然较少。

李培林[4]曾指出他多习惯于从现实差距的测定来分析和推论人们对收入分配差距的心理承受能力，而简单地将社会心态的变化视为经济原因的结果。他进一步分析认为，特定的情况下，人们的情绪情感、价值意向和认

---

[1] 李路路：《社会结构阶层化和利益关系市场化——中国社会管理面临的新挑战》，《社会学研究》2012年第2期。
[2] 李培林：《中国改革以来阶级阶层结构的变化》，《黑龙江社会科学》2011年第1期。
[3] 洪远朋、陈波：《改革开放三十年来我国社会利益关系的十大变化》，《马克思主义研究》2008年第9期。
[4] 李培林：《中国贫富差距的心态影响和治理对策》，《中国人民大学学报》2001年第2期。

知取向等主观心态也会成为社会稳定的关键性影响因素。与此类似，马广海[1]认为社会心态[2]状况已经成为经济社会运行的重要影响因素，并将社会心态测量划分为社会情绪、社会认知、社会价值观和社会行为意向四个基本维度。因此，关于改革成果分配的主观认知的社会心态领域的研究能够一定程度上弥补当前关于改革利益分配的研究只注重结果分析而忽略个体主观心理感受的不足。

改革成果分配最核心的指标是以收入为代表的财富分配，孟天广[3]发现收入显著地促进结果公平感，是最重要的社会结构解释因子。因此，本文着重分析收入因素对城乡居民的改革损益感的影响。

（一）结构决定、绝对收入与改革损益感

"结构决定论"的核心理论基础为利己主义理论，主要认为人们基于自我利益的实际情况来判断主观感受。个体分配公平感的主观感受取决于其从现有分配方式中所获利益的多寡[4]。经济收入、职业或阶层地位和教育水平等客观社会位置的影响时常被用来验证利己主义理论[5]。不平等认知研究中，张海东[6]认为从客观层面来讲，获得的现实物质利益越多的人更倾向于对社会不平等持积极的态度，反之亦然。分配公平感研究中，翁定军[7]认为公平感是主观阶层意识和客观社会经济地位间的中介变量，社会经济地位较高的人更倾向于公平的社会认知。除此之外，以客观绝对收入为代表的社会地位与幸福感和生活满意度关系研究发现，绝对收入与主观幸福感间存在显著的正向关系，高收入群体的幸福感和生活满意度显著高于低收入

---

[1] 马广海：《论社会心态：概念辨析及其操作化》，《社会科学》2008年第10期。
[2] 马广海将社会心态定义为：社会心态是与特定的社会运行状况或重大的社会变迁过程相联系的，在一定时期内广泛地存在于各类社会群体内的情绪、情感、社会认知、行为意向和价值取向的总和。
[3] 孟天广：《转型期中国公众的分配公平感：结果公平与机会公平》，《社会》2012年第6期。
[4] Ng, Sik Hung & Allen, Michael W., "Perception of Economic Distributive Justice: Exploring Leading Theories." *Social Behavior and Personality: An International Journal* 33 (5) (2005).
[5] 李骏、吴晓刚：《收入不平等与公平分配：对转型时期中国城镇居民公平观的一项实证分析》，《中国社会科学》2012年第3期；马磊、刘欣：《中国城市居民的分配公平感研究》，《社会学研究》2010年第5期。
[6] 张海东：《城市居民对社会不平等现象的态度研究——以长春市调查为例》，《社会学研究》2004年第6期。
[7] 翁定军：《阶级或阶层意识中的心理因素：公平感和态度倾向》，《社会学研究》2010年第1期。

群体[1]。

社会比较理论的内部比较认为,当个体难以找到比较对象时,过去的经历可以在一定程度上弥补这一缺位而更倾向于与自己过去情况进行比较[2]。改革开放以来,城乡二元结构有所松动,城乡流动更为频繁,生活节奏逐步加快,个体往往难以确定比较对象。此时,居民可能会倾向于与自己过去情况进行比较,即纵向比较。有学者认为,人们在与过去进行比较时往往会通过低估过去或高估现在的方式实现自我提高的目的[3]。考虑到改革开放前城乡居民收入基数普遍较低且差距不明显的事实,从社会心态的纵向比较视角来看,绝对收入一定意义上代表着城乡居民与过去生活状况的比较。整体来看,无论是城市居民还是农村居民较改革开放之前的收入均有极大的提升,即绝对收入有大幅度的增长,以2012年为例,城镇居民人均可支配收入24565元,比1978年增长71倍,农村居民人均纯收入7917元,比1978年增长58倍[4]。纵向比较意义下的绝对收入水平越高,城乡居民则更可能对改革成果分配持积极评价。

基于以上讨论,无论城乡居民视绝对收入为客观经济地位的象征,还是视之为与改革开放之前的收入状况的自我对比,城乡居民绝对收入越高,其更可能倾向于认为自己是改革的受益者,由此做出以下假设。

假设1:绝对收入水平越高,城乡居民越倾向于认为自己是改革受益者。

(二) 局部比较、相对收入与改革损益感

"局部比较论"从社会心理学的社会比较理论、相对剥夺理论出发解释

---

[1] 罗楚亮:《绝对收入、相对收入与主观幸福感——来自中国城乡住户调查数据的经验分析》,《财经研究》2009年第11期;吴丽民、陈惠雄:《收入与幸福指数结构方程模型构建——以浙江省小城镇为例》,《中国农村经济》2010年第11期;朱建芳、杨晓兰:《中国转型期收入与幸福的实证研究》,《统计研究》2009年第4期。

[2] 刘得明、龙立荣:《国外社会比较理论新进展及其启示——兼谈对公平理论研究的影响》,《华中科技大学学报(社会科学版)》2008年第5期。

[3] 孙炯雯、郑全全:《在社会比较和时间比较中的自我认识》,《心理科学进展》2004年第2期。

[4] 数据来源:国家统计局:《改革开放铸辉煌,经济发展谱新篇——1978年以来我国经济社会发展的巨大变化》,《人民日报》2013年11月6日第10版。

民众的主观感受形成机制。美国著名社会心理学家费斯廷格①首先提出了社会比较理论（Social Comparison Theory），即与自选参照对象进行能力、境况、观点比较的过程。他认为每一个体都具有评价自己状况的愿望，在缺乏客观的社会标准的情况下，往往将他人视为比较的尺度来进行自我评价。而个人只有通过与他人进行比较后，才能正确认识自己和他人，以对自身的社会地位、能力水平等状况做出评价②。社会比较是一种灵活多样而又普遍存在的社会现象，根据比较方式的不同可分为平行比较、上行比较和下行比较③。王鹏④进一步解释认为：上行比较通常与优于自己的人进行比较，一般会导致不满情绪，更容易产生自我受损感，进而导致消极的自我评价；平行比较是指与自己各方面状况相似的人进行比较，基于自我感受而产生受益或受损感；而下行比较主要是与比自己差的人进行比较，利于改善心境，会产生自我受益感，进而导致积极的自我评价。美国社会学家斯托弗等人⑤首先提出相对剥夺（Relative Deprivation）的概念，后来社会学家默顿⑥加以系统阐释。此后，有学者进一步阐释认为，相对剥夺是指个人通过与其自选的参照群体的比较后而发现自己处于劣势时所产生的被剥夺的负面心理体验⑦。

在分配公平感研究中，亚当斯⑧从社会比较的角度出发提出了经典的公平理论，他认为人们在关心自己所获回报的绝对量的同时，还希望了解回报的相对量，以评价自己的生活状况来衡量社会公平性。国内外的诸多研

---

① Festinger, Leon., "A Theory of Social Comparison Processes." *Human Relations* 7 (1954): 117 – 140.
② 王鹏：《收入差距对我国居民幸福感的影响研究》，博士学位论文，西南财经大学公共管理学院，2012，第 18 页。
③ 邢淑芬、俞国良：《社会比较研究的现状与发展趋势》，《心理科学进展》2005 年第 1 期；张玲：《社会比较研究综述》，《研究生法学》2010 年第 3 期；张春芳：《群际情境下社会比较对自我评价的影响》，硕士学位论文，西南大学心理学院，2011，第 2 ~ 10 页。
④ 王鹏：《收入差距对我国居民幸福感的影响研究》，博士学位论文，西南财经大学公共管理学院，2012，第 18 ~ 19 页。
⑤ Stouffer, S. A., et al., *The American Soldier: Adjustment during Army Life*, Vol. 1 (New Jersey: Princeton University Press, 1949).
⑥ Merton, Robert K., *Social Theory and Social Structure* (New York: Free Press, 1957).
⑦ Runciman, R. G., *Relative Deprivation and Social Justice: A Study of Attitudes to Social Inequality in Twentieth Century Britain* (Berkeley: University of California Press, 1966).
⑧ Adams, J. Stacy., "Inequity in Social Exchange." In L. Berkowitz, *Advance in Experimental Social Psychology*, Vol. 2, (New York: Academic Press, 1965), pp. 267 – 299.

究已经验证"局部比较"对居民的主观感受有着极强的解释力①。除此之外，在幸福感研究中，伊斯特林②发现绝对收入与居民主观幸福感间的相关系数较低，反而相对收入越大，居民幸福感更强。随后，国内的一些研究发现相对收入而并非绝对收入对幸福感和生活满意度有显著的正向影响③。

从社会心态的比较理论角度看，人们一般喜欢与他们周围的人做比较，或者与他们相似的人做比较。只有存在参照对象，收入才成为一个可以评价的影响因素④。当收入成为比较的对象时，个体间收入差距的扩大将会引起相对剥夺感的上升，从而损害主观受益感。参照社会比较理论，刘得明、龙立荣⑤认为当知晓周围人状况时，个体能进行全面的比较。此时，居民的比较对象主要倾向于选取同一群体中的其他人。相对剥夺理论认为收入差距的不断扩大增加了民众的相对剥夺感，从而降低了人们的主观受益感。而社会比较理论的平行比较着重考察与自己相似的人的比较结果，因此也可以视为一种特殊的内群体比较方式。因此，与自己周围人收入相比较，相对收入越大，改革受益感可能越强。

综合上述讨论，"局部比较"充实了居民主观感受的"结构决定"单一影响机制的解释。由此，本文做出如下假设。

---

① 刘欣：《转型期中国大陆城市居民的阶层意识》，《社会学研究》2001年第3期；刘欣：《相对剥夺地位与阶层认知》，《社会学研究》2002年第1期；怀默霆：《中国民众如何看待当前的社会不平等》，《社会学研究》2009年第1期；马磊、刘欣：《中国城市居民的分配公平感研究》，《社会学研究》2010年第5期；Wang Feng, *Boundaries and Categories: Rising Inequalities in Post-Socialist Urban China* (Stanford. California: Stanford University Press, 2008)。

② Easterlin, R. A., "Income and Happiness: Towards a Unified Theory." *Economic Journal* 111 (473) (2001): 465–484.

③ 官皓：《收入对幸福感的影响研究：绝对水平和相对地位》，《南开经济研究》2010年第5期；鲁元平、王韬：《收入不平等、社会犯罪与国民幸福——来自中国的经验证据》，《经济学（季刊）》2011年第4期；罗楚亮：《绝对收入、相对收入与主观幸福感——来自中国城乡住户调查数据的经验分析》，《财经研究》2009年第11期；任国强、桂玉帅、刘刚：《收入对主观幸福感的影响——国际的经验与国内的证据》，《经济问题探索》2012年第7期；任海燕、傅红春：《收入与居民幸福感关系的中国验证——基于绝对收入与相对收入的分析》，《南京社会科学》2011年第12期；王俊秀：《社会比较、相对收入与生活满意度》，《社会学评论》2014年第3期。

④ 奚恺元、张国华、张岩：《从经济学到幸福学》，《上海管理科学》2003年第3期。

⑤ 刘得明、龙立荣：《国外社会比较理论新进展及其启示——兼谈对公平理论研究的影响》，《华中科技大学学报（社会科学版）》2008年第5期。

假设2：相对收入越大，城乡居民越倾向于认为自己是改革受益者。

(三) 集体机制、城乡分割与改革损益感

谢宇[1]提出了"集体机制"的解释机制，他认为民众的主观感知很大程度上可以归因于集体的因素，比如区域、户籍、工作单位、社会关系、村镇、家族、家庭等。在此之前，有学者曾指出户口对人们的社会地位影响非常大，即农村户口和城市户口的人群之间有很大的差异[2]。王鹏[3]发现居民在居住地、户籍等属性方面存在着收入差距的跨层次效应。城乡分割体制下，农村居民、城市居民和流动人口逐渐形成特定的社会群体，对社会地位和分配公平有着迥异的看法[4]。王甫勤[5]发现大城市居民对自己的收入状况以及整个社会的收入分配更为不满，他进一步指出将社会不平等归于内因的城市居民越倾向于分配公平的态度，而越将社会不平等归于外因，则其更认为社会不公平。袁岳、张慧[6]通过绘制2000年至2009年中国城乡居民总体生活满意度变化趋势图，分析指出：除2006年城市居民总体生活满意度高于农村居民之外，在其他各年度，农村居民总体生活满意度均高于城市居民。幸福感研究中，有学者指出收入与幸福之间的悖论关系正是源于制度、社会人口因素等外在因素间的差异[7]。由于城乡分治多年，加之城乡之间的差别巨大，周晓虹[8]认为改革开放促使中国人的主观感受和心理积淀形成了以都市人格、乡村人格为代表的城乡差异模式。

---

[1] 谢宇：《认识中国的不平等》，《社会》2010年第3期。

[2] Wu, Xiaogang, Donald J. Treiman, "The Household Registration System and Social Stratification in China: 1955 – 1996." *Demography* 41 (2004): 363 – 384.

[3] 王鹏：《收入差距对我国居民幸福感的影响研究》，博士学位论文，西南财经大学公共管理学院，2012，第52页。

[4] Wang Feng, "Boundaries of Inequality." In Whyte, M. K., One Country, *Two Societies*: *Rural - Urban Inequality in Contemporary China* (Cambridge: Harvard University Press, 2010).

[5] Wang, Fuqin., "Perception of Distributive Justice of the Residents in Contemporary China's Large Cities: An Empirical Study Based on the Survey in Shanghai." *Chinese Journal of Sociology* 31 (3) (2011): 155 – 183.

[6] 袁岳、张慧：《2009年中国居民生活质量调查报告》，载汝信等编《2010年中国社会形势分析与预测》，社会科学文献出版社，2010，第129页。

[7] 朱建芳、杨晓兰：《中国转型期收入与幸福的实证研究》，《统计研究》2009年第4期。

[8] 周晓虹，《中国人社会心态六十年变迁及发展趋势》，《河北学刊》2009年第5期。

由于我国长期存在的二元经济体制，城乡之间可认为是相对独立的社会实体，农村居民与城市居民可以看作两个相对独立的组织群体，城乡居民的自我评价也往往会建立在对各自相应群体的认知基础之上。从社会比较理论分析，个体也可以选择组织外的他人进行比较。改革开放发轫于农村，城乡差距曾在改革初始时期一度缩小，然而随着改革重心由农村转向城市，城乡差距不断扩大的趋势愈演愈烈[1]。随着城乡一体化的推进和信息时代的到来，在进行改革成果分配的自我评价过程中，除前文已叙述的比较方式外，城乡居民之间还存在群体间相互比较的可能，即外部比较。结合社会比较理论分类，以农村居民为参照群体，城市居民的外部比较也可称为下行比较。由于城乡之间收入差距的客观事实，城市居民在与农村居民进行的下行比较中更可能认为自己是改革受益者。但是，有学者的研究发现与农村居民相比，城市的居民明显对社会群体收入分配状况感到不公平[2]，如此便出现矛盾的观点。再看农村居民的改革损益感，与城市居民相比，农村居民的外部比较可视为上行比较。基于悬殊的客观收入差距，与城市居民收入相比，农村居民更倾向于认为自己是改革的受损者。但是，孙炯雯、郑全全[3]认为个体在做对比时往往会出现自我提高的规避心态。同时，当进行重要的维度的比较时，相对位置比较低的个人会采用回避比较的策略来应对消极的心理情绪[4]。因此，在评价改革成果分配时，农村居民也可能会有规避心理，从而与过去自我状况进行比较而更倾向于认为自己是改革的受益者。同样，基于现有研究，农村居民的改革损益感同样出现对立性观点。综上所述，以收入作为比较对象，城乡居民的改革损益感出现了两种矛盾的可能。

综合既有研究结论与社会心态理论，城乡居民的改革损益感的差异可能存在截然不同的表现。由此，做出如下两个竞争性假设。

假设3a：与农村居民相比，城市居民更不倾向于认为自己是改革

---

[1] 卢向虎、张正河：《我国城乡差距的原因到底是什么》，《调研世界》2005年第3期。
[2] 王甫勤：《社会流动与分配公平感研究》，博士学位论文，复旦大学社会学系，2010，第126页。
[3] 孙炯雯、郑全全：《在社会比较和时间比较中的自我认识》，《心理科学进展》2004年第2期。
[4] Blanton H, Buunk B P, Gibbons F X, Kuper H., "When Better-Than-Others Compare Upward: Choice of Comparison and Comparative Evaluation as Independent Predictors of Academic Performance." *Journal of Personality and Social Psychology* 76 (3) (1999): 420–430.

受益者。

假设3b：与农村居民相比，城市居民更倾向于认为自己是改革受益者。

城乡收入水平皆受制于市场发展规律、固有条件差异、城乡二元体制、国家发展战略等影响因素，改革开放以来城乡发展差距不断扩大[①]。当下，城乡二元分割体系依然存在，户籍制度、经济政策、开放程度等都是拉大城乡收入差距的重要因素[②]。分配公平感、幸福感、生活满意度等研究发现收入状况对居民主观感受有重要的影响，就城乡间差异来说，已有研究却没有进一步解释是收入状况与城乡分割的交互效应对居民主观感受的影响，更没有揭示出其中的作用机制。假如收入对居民的改革损益感有一定的影响，那么收入对城市居民、农村居民改革损益感影响的敏感程度有什么差别呢？改革开放之前，由于我国长期的再分配体制的存在，城市成为再分配经济的中心，农村成为体制的边缘，城市从农村获取大量的资源，直接导致农村居民的收入基点低于城市居民。如前文所述，改革开放以来，城乡居民收入都有大幅上升，但是收入带来的边际受益感却不相同。由此，本文认为除去单独的社会结构或者社会心理能够解释改革损益感外，"结构决定—集体机制"和"局部比较—集体机制"的交互作用也有一定的解释力，即"绝对收入—城乡分割""相对收入—城乡分割"的交互作用会影响到城乡居民的改革损益感。进一步考察，本文认为绝对收入和相对收入的升高对城乡居民的改革损益感的影响效应可能存在一定的差异。由于农村内部收入差距远小于城市，且城市居民的收入基点远高于农村。因此，同样增加一单位的绝对收入，收入基点较低的农村居民更可能感觉自己受益。同理，同样增加一单位的相对收入，收入基点较高的城市居民更不可能感觉自己受益。由此做出以下假设。

假设4a：提高一单位绝对收入，城市居民比农村居民更不倾向于认为自己是改革受益者。

假设4b：提高一单位相对收入，城市居民比农村居民更不倾向于认为自己是改革受益者。

[①] 收入分配研究课题组：《当前我国居民收入分配差距的现状、特点及原因研究》，《江西社会科学》2010年第10期。

[②] 陆铭、陈钊：《城市化、城市倾向的经济政策与城乡收入差距》，《经济研究》2004年第5期。

三 数据、变量与方法

(一) 数据

本文数据来自于上海大学上海社会科学调查中心主持的"社会发展与社会建设"2012年度大型社会调查。本次在全国（不含港澳台）六大行政区（华北、华东、东北、华南、西南、西北）中各抽取一个有代表性的省份构成调查总体，于2012年8月至2013年5月在上海、河南、甘肃、吉林、云南和广东六省市同时进行。调查对象的年龄限定为18~69岁的常住人口，调查受访者的年龄、性别、收入、教育等情况。考虑到各省市的人口总量较大的差异性，故采取多阶段分层随机抽样的方法。虽然此方法不能直接推断全国总体，但可以反映全国基本状况，同时对于各省市的总体也有代表性。

为了尽可能降低设计效应、提高抽样精度，在可操作的前提下，本调查对上海和其他五省的省会市辖区（包括深圳）采用三阶段不等概率抽样，而对五省地级市的市辖区和其他县级单位均则采用分层的四阶段不等概率抽样。考虑本次调查的具体内容以及过往调查经验，农村地区的异质性要小于城市，故在大、中城市和城镇农村的样本分配中，倾向提高大、中城市居民的抽样比例。具体样本分布详见表1。

而在具体调查过程中，考虑到问卷后期复核及其他客观因素，最终超额完成595份问卷，有效样本量为5745个。由于本文关注研究对象的收入与改革损益感的关系，依据研究实际需求，过滤掉不相关的调查问题和数据，共选取了5710个研究样本。

表1 样本在各抽样框中的分配

抽样框	区、县	街道、乡镇	居委会、村委会	最终单元
上海	—	20	20×2=40	40×25=1000
五省				
抽样框1（省会）	5×1+1=6	6×3=18	18×2=36	36×25=900
抽样框2（地级市）	5×2=10	10×2=20	20×2=40	40×25=1000
抽样框3（县/县级市）	5×3=15	15×3=45	45×2=90	90×25=2250
合计		103	206	5150

(二) 变量

1. 因变量

本文重点关注城乡居民改革损益感的自我评价,利用问卷调查问题:"中国改革 30 多年来,综合考虑各方面(比如医疗、住房、教育、工作和收入等),您认为自己是改革的受益者吗"。共分五类排序回答,分别为受益很多、有一些受益、很难说、有一些吃亏、吃亏很多。本研究将回答重新编码为三类定序变量:3 = 受益,2 = 很难说,1 = 受损。

2. 解释变量

本文以居住地为标准将城乡操作化为二分虚拟变量(城市 = 1,农村 = 0),另一核心自变量为家庭人均收入,具体操作化为家庭人均绝对收入和家庭人均相对收入。与此类似,幸福感的研究中,罗楚亮[1]和任海燕、傅红春[2]均采用家庭收入而不是用个人收入代表收入变量。本文重点考察城乡居民对改革开放这一重大历史变迁过程的主观评价,家庭人均收入而不是个人收入进入模型更为恰当,原因有以下两点:(1)我国民众的家庭观念浓厚,一般以家庭为经济共同体的核算单位,成员之间有着强烈的经济互助行为,相比于个人收入,家庭人均收入更能体现改革损益感的总体评价。(2)由于本数据的调查对象为个人,若抽取无工作、自我选择失业者、在校学生等无收入群体时易产生样本缺失值,影响有效样本量。

通过问题"您家 2011 年全年家庭总收入是多少"得出家庭总收入,通过问题"请问除您以外,您家里还有哪些人,请根据年龄大小告诉我们您家里每一个人的姓名或者称呼"计算得出家庭成员数,考虑到劳动力年龄问题,用家庭总收入除以 16 周岁[3]以上家庭成员数得出家庭人均收入。就相对收入的度量方法来看,既有的研究倾向于运用研究者选定、被试者主观判断、收入方程估计三种方法的一种或几种[4]。囿于问卷题目设计,本文

---

[1] 罗楚亮:《绝对收入、相对收入与主观幸福感——来自中国城乡住户调查数据的经验分析》,《财经研究》2009 年第 11 期。

[2] 任海燕、傅红春:《收入与居民幸福感关系的中国验证——基于绝对收入与相对收入的分析》,《南京社会科学》2011 年第 12 期。

[3] 我国劳动法规定,年满 16 周岁即具有劳动能力,可参加工作。

[4] 罗楚亮:《绝对收入、相对收入与主观幸福感——来自中国城乡住户调查数据的经验分析》,《财经研究》2009 年第 11 期;官皓:《收入对幸福感的影响研究:绝对水平和相对地位》,《南开经济研究》2010 年第 5 期;任海燕、傅红春:《收入与居民幸福感关系的中国验证——基于绝对收入与相对收入的分析》,《南京社会科学》2011 年第 12 期;王俊秀:《社会比较、相对收入与生活满意度》,《社会学评论》2014 年第 3 期。

的相对收入的参照组的度量只能由研究者来设定。本文根据被访者所在地级市的平均收入作为参照基点来计算相对收入水平,考虑到城乡收入差距,相对收入的计算分为城市和农村两部分[①],农村居民相对收入以农村居民家庭人均收入与本地农民人均纯收入的商值计算,城市居民相对收入以城市居民家庭人均收入与本地城镇居民人均可支配收入的商值计算。本文认为在社会比较的复杂逻辑中,与当地平均水平的对比难以避免模糊性,但是,考虑到本文关注的城乡间的差异这一主题,加之城乡相对分割的现实,此种对比较仍能反映居民的横向比较的事实。本文对收入进行了对数处理,即取绝对收入和相对收入的对数形式进行模型估计[②]。

3. 控制变量

本研究将年龄、性别、党员、教育年限[③]、住房产权形态[④]等个体特征因素作为控制变量。性别为二分变量(男=1,女=0)。年龄为连续变量。宗教信仰状况为二分变量(无宗教信仰=1,有信仰宗教=0)。政治面貌分为中共党员和非中共党员,为二分变量(中共党员=1,非中共党员=0)。住房产权形态为二分变量(拥有住房=1,无住房=0)。具体变量描述如下。

表 2 变量描述表

	类别变量		连续变量		
	样本数	百分比(%)		均值	标准差
因变量			解释变量		
受损=1	412	7.22	绝对收入对数	0.128	1.195
很难说=2	790	13.84	相对收入对数	-0.165	1.024
受益=3	4508	78.95	部分控制变量		

---

① 各地级市的城镇居民人均可支配收入和农村居民人均纯收入由各自统计局发布的当年的统计公报得来。

② 为避免原始有效数据的丢失,本文采用 ln(1+x)的形式对绝对收入和相对收入分别取对数。原绝对收入单位为万元。

③ 问卷调查时询问的是被访者的教育程度,本文根据中国学制转为教育年限。有研究表明,使用这种转换并不会导致研究结果偏差,且能够节省模型的自由度。详见 Xie Y. & Hannum. E., "Regional Variation in Earnings Inequality in Reform-Era Urban China". *American Journal of Sociology* 101 (1996): 950-992。

④ 无论是城市还是农村,住房已成为居民不动产的重要组成部分,住房的拥有可能会影响其改革损益感。

续表

	类别变量		连续变量		
	样本数	百分比（%）		均值	标准差
社区类型			年龄	44.128	13.845
城市 = 1	3247	56.87	受教育年限	9.166	4.642
农村 = 0	2463	43.13			
性别					
男性 = 1	2823	49.44			
女性 = 0	2887	50.56			
宗教信仰情况					
无宗教信仰 = 1	4755	83.27			
信仰宗教 = 0	955	16.73			
政治面貌					
中共党员 = 1	617	10.81			
非中共党员 = 0	5093	89.19			
住房产权形态					
拥有住房 = 1	4147	72.63			
无住房 = 0	1563	27.37			

（三）方法

本文考察的城乡居民的改革损益感为定序变量，进一步操作化为三分类变量：受益、很难说和受损。为更好地揭示事实，本文应用序次逻辑回归模型（ordered logit model）对不同秩序的发生概率进行结果估计。此模型存在一个等比例系数假设（parallel regression assumption）的前提，本文应用 Stata 软件中 brant 命令对此进行了检验，发现解释变量均符合此假设，控制变量中只有政治面貌符合此假设。这说明，年龄、性别、宗教信仰状况、受教育年限、住房状况对改革损益感的影响效应更为复杂，而作为序次逻辑回归的改进模型的一般化序次逻辑回归模型（generalized ordered logit model）也很难对其各分界点的差异做出明确的解释，且本文的着力点并不在此。本文重点关注绝对收入、相对收入、城乡等几个核心解释变量的影响效应，经检验这些变量均符合等比例系数假设前提。因此，常规的序次逻辑回归模型的参数估计仍可以实现对核心关注变量影响效应的考察。序次逻辑回归在数学上可以表述如下：

本文中对改革损益的自我评价有三个选项，那么

$Y_i = 1$（受损）　　　如果 $-\infty \leq Y_i^* < a_1$

$Y_i = 2$（很难说）　　如果 $a_1 \leq Y_i^* < a_2$

$Y_i = 3$（受益）　　　如果 $a_2 \leq Y_i^* < +\infty$

令
$$Y_i^* = \beta x + \varepsilon$$
$$P(Y = j | X) = F(a_j - \beta X) - F(a_{j-1} - \beta X)$$

模型计算出的参数是 β，截距代表潜在变量的分布（latent variable distribution）$a_1 \cdots a_{j-1}$。此处，$F_j(X)$ 是类别次序 j 的累积概率函数。序次逻辑回归模型使用最大似然法进行参数估计。

四　回归结果分析

基于调查数据，表 3 报告了城乡居民与改革损益感的交互分析。

表 3　城乡居民与改革损益感交互分析

	城市		农村		总计	
	频数（人）	百分比（%）	频数（人）	百分比（%）	频数（人）	百分比（%）
受损	301	9.27	111	4.51	412	7.22
很难说	553	17.03	237	9.62	790	13.84
受益	2393	73.70	2115	85.87	4508	78.95
总体	3247	100	2463	100	5710	100

注：Pearson chi^2（2）= 125.8929，Pr = 0.000

从表 3 可以看出，被访者中 78.95% 的居民认为自己是改革的受益者，13.84% 的被访者持不确定态度，另有较少数认为自己是改革的受损者（7.22%）。以上数据说明大多数城乡居民认可当前的改革成果分配现状，对现实利益获得较为满意，与怀默霆[1]、王甫勤[2]、吴晓刚[3]和孟天广[4]对分

---

[1] Whyte, M. k., *Myth of the Social Volcano: Perception of Inequality and Distributive Injustice in Contemporary China*. (Stanford, CA: Stanford University), 2010.

[2] 王甫勤：《社会流动与分配公平感研究》，博士学位论文，复旦大学社会学系，2010，第 67 页。

[3] Wu, Xiaogang, "Inequality and Distributive Injustice: A Comparative Analysis of Mainland China and Hong Kong." *The China Quarterly* (200 (2009): 1033 – 1052.

[4] 孟天广：《转型期中国公众的分配公平感：结果公平与机会公平》，《社会》2012 年第 6 期。

配公平感的调查结果基本一致。此外，农村居民认为自己受益的比重明显高于城市居民，城乡居民间差异值得深入探讨。

为了确保结论的稳健性，本文使用逐步回归的方法进行估计，通过模型中依次加入相关变量的方法，考察主要解释变量绝对收入、相对收入、收入与城乡的交互项以及其他控制变量的显著性①。表4为城乡居民绝对收入与改革损益感的序次逻辑回归估计结果，分四个模型进行讨论，报告的是各变量的发生比率（odds ratio），即对模型回归原始系数取幂后的值②。

表4 绝对收入与改革损益感的序次逻辑回归估计结果

	模型一	模型二	模型三	模型四
绝对收入对数		0.981	1.069 *	1.189 **
		(0.031)	(0.034)	(0.063)
城市 = 1			0.428 ***	0.412 ***
			(0.039)	(0.039)
城市×绝对收入对数				0.852 *
				(0.055)
年龄	1.006 *	1.006 *	1.010 ***	1.011 ***
	(0.003)	(0.003)	(0.003)	(0.003)
男 = 1	0.993	0.990	0.942	0.940
	(0.065)	(0.065)	(0.063)	(0.063)
无宗教信仰 = 1	0.986	0.989	1.022	1.026
	(0.088)	(0.089)	(0.093)	(0.093)
中共党员 = 1	1.496 ***	1.501 ***	1.516 ***	1.532 ***
	(0.180)	(0.181)	(0.183)	(0.185)
受教育年限	0.971 ***	0.973 **	1.007	1.008
	(0.008)	(0.009)	(0.010)	(0.010)
拥有住房 = 1	1.490 ***	1.483 ***	1.110	1.121
	(0.107)	(0.107)	(0.087)	(0.088)
节点一	0.100 ***	0.102 ***	0.084 ***	0.081 ***
	(0.018)	(0.019)	(0.015)	(0.015)

① 因绝对收入与相对收入存在多重共线性问题，本文分为两部分讨论。
② 发生比率即为各原始回归系数的 EXP（B）值。

续表

	模型一	模型二	模型三	模型四
节点二	0.349 ***	0.354 ***	0.294 ***	0.284 ***
	(0.062)	(0.063)	(0.053)	(0.051)
Pseudo R^2	0.0118	0.0119	0.0239	0.0247
N	5710	5710	5710	5710

注：（1）表内输出结果为发生比率（Odds ratio），括号内为标准误（SE）；（2）*** $p<0.001$，** $p<0.01$，* $p<0.05$（双尾检验）。

模型一为基准模型，表示控制变量对因变量的影响，年龄[①]、中共党员、拥有住房均对改革损益感有显著的正向影响，受教育年限则有显著的负向影响[②]。模型二在模型一基础上加入了绝对收入变量[③]，模型拟合度无显著变化[④]。因此，模型二不能检验绝对收入对城乡居民改革损益感的影响。

在模型二的基础上，模型三加入了城乡变量，模型拟合度显著提高，较模型一和模型二有较大改善。模型三中的绝对收入对改革损益感的影响效应为正数，且在90%的置信水平下显著，这说明在控制城乡、年龄、性别、宗教信仰、中共党员身份、受教育年限、拥有住房等变量时，绝对收入对改革损益感有显著影响，由此假设1的得到验证。绝对收入与改革损益感之间的显著关系说明处在城乡分割背景下的居民客观收入的高低与其改革损益感关系较大。此外，从社会心态角度看，包含居民与自己情况对比意义的绝对收入，代表着居民与改革之前的收入比较，考虑到城乡改革前后的收入变化状况，纵向的收入提高，城乡居民更认为自己是改革受益者。

此时，城乡变量对改革损益感的影响效应为负数且显著（$p<0.001$），

[①] 笔者通过对因变量与出生年代（1978年前出生、1978年后出生以及1978年达到劳动年龄）进行交互分析发现，无论是否将年龄按照改革开放的节点划分，其与因变量的交互效果与直接运用年龄变量差异不大。此外，笔者也试图把年龄分组后进入模型的 Stata 估计结果予以呈现，其结果估计与当前模型相差无几。又因为本文不重点关注年龄的影响效用，故偏向于采用当前模型。

[②] 由于模型报告的是回归系数换算后的自然指数值，但本文对于系数解释时应用其换算前的系数正负符号，即值大于1表示正向影响，值小于1表示负向影响，此后类同。

[③] 根据 Stata 软件 lrtest 命令检验结果。

[④] 本文关于嵌套模型改善的评判均采用伪 R^2 和 Stata 软件中 Lrtest 命令相结合的方法进行。Lrtest 命令用来进行序次逻辑回归模型的比较检验，其方法为：估计模型后用 Estimates Store 命令保存，然后进行检验。经检验，下文中嵌套模型均较基准模型有较好的改善，但因篇幅所限，具体检验结果本文未予呈现。

相对于农村居民来说，城市居民更不倾向于认为自己是改革的受益者。控制变量中的受教育年限和拥有住房对改革损益感的显著性消失，但年龄和中共党员身份依然在99%的置信水平上显著，说明城乡变量可以解释受教育年限和拥有住房对改革损益感的影响。此时，绝对收入变量对改革损益感影响效应为正数且显著（$p<0.05$），可以说明城乡间绝对收入的影响效应存在差异，模型四将进一步证明这一假说。

模型四在模型三基础上加入了城乡与绝对收入交互项变量，拟考察二者的交互效应对改革损益感的影响。经检验，模型四的拟合度较模型三有显著提高，且交互项对改革损益感影响显著。此时，城乡变量对改革损益感的影响效应为负数且显著（$p<0.001$），其值小于模型三中的城乡变量的发生比率，但仍可以肯定在控制绝对收入和基准控制变量时，相对于农村居民，城市居民更不认为自己是改革受益者，这部分支持了假设3a的成立。模型四中城乡与绝对收入交互项变量对改革损益感影响效应为正数且显著（$p<0.05$），可以解释此模型中城乡变量发生比下降的原因。绝对收入与城乡交互变量的显著性说明，在控制其他变量的情况下，每提高一单位的绝对收入，相对于农村居民来说，城市居民更不倾向于认为自己是改革受益者。由此，支持了假设4a的成立。

此外，模型四中的年龄和中共党员身份对改革损益感的影响较为显著（$p<0.001$）。具体来看，年龄对改革损益感的影响效应为正数，综合考虑前几个模型中的年龄变量的显著性，这说明在控制其他变量的情况下，老年人更倾向于认为自己是改革受益者。同理可以说明，控制其他变量的情况下，相比于非中共党员，中共党员更认为自己是改革受益者。

表5为城乡居民相对收入与改革损益感的序次逻辑回归估计结果，仍然分四个模型进行讨论，报告的是各变量的发生比率（odds ratio）。

表5 相对收入与改革损益感的序次逻辑回归估计结果

	模型五	模型六	模型七	模型八
相对收入对数		1.224 ***	1.176 ***	1.390 ***
		(0.038)	(0.038)	(0.074)
城市=1			0.485 ***	0.446 ***
			(0.043)	(0.041)

续表

	模型五	模型六	模型七	模型八
城市×相对收入对数				0.773 ***
				(0.051)
年龄	1.006 *	1.008 **	1.011 ***	1.012 ***
	(0.003)	(0.003)	(0.003)	(0.003)
男=1	0.993	0.997	0.947	0.942
	(0.065)	(0.066)	(0.063)	(0.063)
无宗教信仰=1	0.986	0.984	1.021	1.026
	(0.088)	(0.089)	(0.093)	(0.093)
中共党员=1	1.496 ***	1.419 **	1.465 **	1.490 ***
	(0.180)	(0.172)	(0.177)	(0.181)
受教育年限	0.971 ***	0.965 ***	1.003	1.008
	(0.008)	(0.008)	(0.010)	(0.010)
拥有住房=1	1.490 ***	1.374 ***	1.073	1.086
	(0.107)	(0.100)	(0.084)	(0.085)
节点一	0.100 ***	0.094 ***	0.084 ***	0.088 ***
	(0.018)	(0.017)	(0.015)	(0.016)
节点二	0.349 ***	0.327 ***	0.297 ***	0.311 ***
	(0.062)	(0.059)	(0.053)	(0.056)
Pseudo R^2	0.0118	0.0174	0.0267	0.0288
N	5,710	5,710	5,710	5,710

注：（1）表内输出结果为发生比率（Odds ratio），括号内为标准误（SE）；（2）*** $p<0.001$，** $p<0.01$，* $p<0.05$（双尾检验）。

与模型一相似，模型五表示控制变量对因变量的影响，年龄、中共党员身份、拥有住房均对改革损益感有显著的正向影响，受教育年限则有显著的负向影响。建立在模型五基础上的模型六加入了相对收入变量，模型拟合度较前者有显著提高。此时，相对收入对改革损益感的影响效应为正数且显著（$p<0.001$）。这说明与相对收入对城乡居民改革损益感存在显著关系，无论生活在农村还是城市，相对收入越高，居民更认为自己是改革受益者。

模型七在模型六的基础上加入了城乡虚拟变量，模型拟合度进一步提高。此时，相对收入对改革损益感的影响效应的累计发生比率仍为正数，但数值较模型六有所下降，这说明城乡因素影响下，相对收入对改革损益感影响作用减弱但仍在99%的置信水平下显著。根据以往研究可知，长期存在的城乡二元结构下城乡居民收入差距过大的现实可能会导致加入城乡虚拟变量后相对收入的作用减弱。模型七中城乡虚拟变量的发生比为负数且显著（$p<0.001$），这说明在控制其他变量的情况下，相对于农村居民，城市居民更不认为自己是改革受益者。相对于模型六，模型七中的受教育年限和拥有住房两个变量虽然对改革损益感有正向影响但已不显著。因此，城乡变量可以解释这两个变量对因变量的影响，综合模型三的结论，说明改革损益感受城乡二元结构影响较大，城乡分割可以更好地解释居民的改革成果分配的自我感知。

再看模型八，相对收入、城乡、城乡与相对收入交互项三个核心解释变量纳入整体模型且对改革损益感的影响皆显著，经检验，其模型拟合度进一步提高。具体来看，在模型七基础上加入相对收入与城乡交互项变量后，相对收入对改革损益感的影响效应为正数且显著（$p<0.001$），说明在控制其他变量的情况下，相对收入越高的居民越倾向于认为自己是改革的受益者。城乡和相对收入的交互项的影响效应为正数且在99%的置信水平下显著，说明相对收入的增加对城市居民和农村居民的改革损益感的作用存在显著差异，即在控制其他变量的情况下，与农村居民相比，提高一单位相对收入，城市居民更不倾向于认为自己是改革受益者。由此，可以支持假设4b的成立。

此时，城乡变量对改革损益感的影响效应为负数且显著（$p<0.001$），说明在控制相对收入、城乡与相对收入交互作用以及其他控制变量的情况下，相对于农村居民来说，城市居民更不倾向于认为自己是改革的受益者，其更倾向于受益感的概率较农村居民低55%。结合模型四的结论，至此，支持了假设3a的成立。

改革开放以来，农村内部的收入差距远小于城市内部，且且农村依然保持着传统熟人社会的特性。因此，相对于城市居民，农村居民在社会比较的过程中，不会感知到收入差距如此之大，而更倾向于认为自己是改革的受益者。根据社会比较理论，假设3a的成立进一步证实了城乡居民之间进行外部对比时，往往难以找到参照群体和标准，而转向内部对比，即城乡间的外部比较转化为城乡各自的内部对比。结合相对收入与改革损益感的关系的结论，可以得出城乡居民的微观感受更倾向于建立在与周围人的对比之上，即使有向外对比的可能时也往往转化为内部对比。社会比较参照对象的选择过程往往嵌入于社会网络中,人们之间的社会互动越强、越频繁、越复杂,就越可能互相比较[1]。此外,城乡居民的对比参照点的选择可能与中国社会关系的"差序格局"特点有关[2],也可能受长期以来的城乡二元体制所形成的相对独立的城乡关系影响。在差序格局和城乡二元模式下,城乡居民形成了各自的社会关系网络,分别构建了与周围人互动的圈层结构,更容易通过与内部圈子成员的比较来评价改革开放的成果分配。

此外,与模型三和模型四相同,模型七和模型八中的年龄和中共党员身份对改革损益感的影响仍然较为显著($p<0.001$)。从模型八来看,年龄对改革损益感的影响效应为正数,说明老年人更倾向于认为自己是改革受益者。与此类同,在控制相对收入等变量的情况下,中共党员更倾向于认为自己是改革的受益者。由于本文篇幅所限,对控制变量的影响效应暂不做讨论。

综合以上实证模型的结果,影响居民改革损益感的机制中不仅仅存在"结构决定"或"局部比较"两种解释逻辑,城乡分割背景因素不可忽视。首先,城乡居民对改革开放的评价存在差异,相对于农村居民来说,城市居民更不认为自己是改革受益者。其次,城乡因素在绝对收入、相对收入对改革损益感的影响中有一定的调节效应,即绝对收入和相对收入的提高更可能给农村居民带来改革受益感。图1和图2[3]分别模拟了某一具体情况

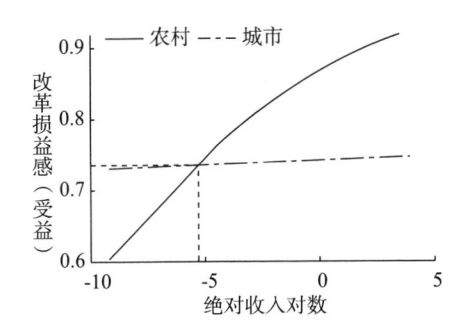

图1 绝对收入影响效应的城乡差异 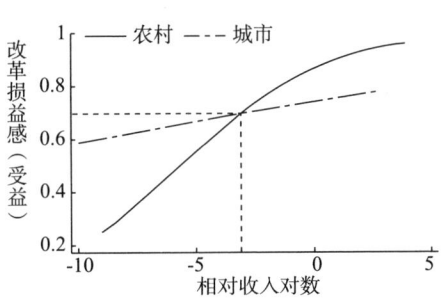   图2 相对收入影响效应的城乡差异

---

[1] Gartrell, C. D., "The Embeddedness of social Comparison." In Walker, I. & H. J. Smith., Deprivation: Specification, Development, and Integration (Cambridge, UK: Cambridge University Press, 2002), p. 164 – 184.

[2] 费孝通,《乡土中国》,人民出版社,2008,第34页。

[3] 两个模拟图形中,各控制变量取其均值,绝对收入和相对收入取其对数值。

下，收入对城乡居民改革受益感的影响状况。由绝对收入影响效应的城乡差异图可见，在临界值之前，绝对收入水平较高的城市居民的受益感较强，但是随着绝对收入的逐步提升，农村居民的改革受益感提升速度远高于城市居民。而现实生活中大部分城乡居民的收入已超过临界值，从而呈现出农村居民更倾向于认为自己是改革受益者的实证结果。相对收入的影响效应与此类同。

五 结论与讨论

改革损益感反映了城乡居民对改革开放成果分配的评价，对社会变革的认同感，还能进一步反映出对未来改革的态度。本文利用"社会发展与社会建设"2012年度调查数据，并结合调查地统计公报的城镇居民人均可支配收入和农村居民人均纯收入的统计数据，基于社会比较理论视角，实证研究了城乡居民收入与改革损益感的关系。研究发现，基于"局部比较"，即与周围人的内部比较而不是与外部群体的外部比较影响了城乡居民的改革损益感，绝对收入、相对收入对改革损益感皆有显著正向影响。相对于农村居民，城市居民更不认为自己是改革的受益者。在此基础上，进一步得出绝对收入、相对收入对农村居民改革损益感的敏感度高于城市居民，即在控制其他变量的情况下，提高一单位的绝对收入或相对收入，相对农村居民来说，城市居民更不认为自己是改革的受益者。

本文回答了"改革开放成果分配不平等的现实与城乡居民自我感知出现如此巨大的差异"这一问题，研究发现，城乡居民改革损益感的评价是"结构决定"与"局部比较"双重影响的结果，但是二者的影响效应须放置于城乡分割的背景之下来考察。由于城市居民间收入差距比农村居民间收入差距更大的事实及长期城乡分割的二元结构的存在，从社会比较的横向比较来看，城乡居民皆将内部群体作为比较对象来评价改革开放的成果分配。城乡居民关于改革开放成果分配的自我感知的差异与怀默霆[1]、王甫勤[2]、马磊、刘欣[3]、孟天广[4]关于分配公平感的研究基本一致。与此同时，

---

[1] 怀默霆：《中国民众如何看待当前的社会不平等》，《社会学研究》2009年第1期。
[2] 王甫勤：《社会流动与分配公平感研究》，博士学位论文，复旦大学社会学系，2010，第67页。
[3] 马磊、刘欣：《中国城市居民的分配公平感研究》，《社会学研究》2010年第5期。
[4] 孟天广：《转型期中国公众的分配公平感：结果公平与机会公平》，《社会》2012年第6期。

本文进一步探讨了"绝对收入—城乡分割""相对收入—城乡分割"对城乡居民改革损益感的调节效应，并进一步呈现了绝对收入、相对收入对改革损益感的效应在城乡群体间存在显著差异的结论，这也是本研究的贡献之处。

此外，本文在对话分配公平感、幸福感、生活满意度等解释居民主观感受的"结构决定论""局部比较论""集体机制论"三种解释机制基础上，融入了社会心态研究中的社会比较理论的"内部比较—外部比较""上行比较—平行比较—下行比较"的社会心理逻辑解释，进而考察了城乡居民间改革损益感的差异。首先，绝对收入单独效应对城乡居民改革受益感没有显著的影响，但加入城乡变量的考察时，绝对收入影响效应开始显著。这说明评价改革开放时，城乡居民考虑不仅仅单独关注自己的实际所得，而更多地受城乡分割环境影响。此外，改革损益感的影响效应中存在绝对收入与城乡变量交互作用，提高一单位绝对收入，城市居民比农村居民更不倾向于认为自己是改革受益者。因此，进一步释放改革红利，增加居民收入，尤其是农村居民收入仍是当前需要解决的问题。其次，相对收入对改革受益感有显著的正向影响，这是城乡居民利用"内部比较"而不是"外部比较"评价改革开放的成果分配的结果。同时，相对收入与城乡变量的交互影响对改革损益感有显著的影响，提高一单位相对收入，城市居民比农村居民更不倾向于认为自己是改革受益者。因而，在缩小城乡居民整体收入差距的同时，要更加重视城乡居民内部的收入差距，缩小组内和组间两个层面的差距势在必行。最后，城乡居民的改革损益感存在差异，处于客观优势的城市镇居民与处于客观劣势的农村居民进行比较时"上行比较"和"下行比较"失灵，而倾向于转化为各自相近群体的"平行比较"，从而呈现出城市镇居民比农村居民更不倾向于认为自己是改革的受益者，这与中国传统社会关系的"差序格局"和长期的二元结构所形成的城乡分割有一定关系。这启示我们，随着我国城镇化的逐步推进，在深化改革中尤其要重视城市居民内部的收入差距，出台更多的措施缩小城市居民内部收入差距，让更多的人享受改革的巨大红利。

同时，本文的研究还存在一定不足。首先，囿于问卷设计，尚未对城乡间流动人口进行分析，有待后续研究继续推进。其次，收入只是影响居民改革损益感的因素之一，除此之外，影响居民改革损益感的因素还有哪些？这些影响因素又对改革损益感产生怎样的影响？其影响机制是什么？这些问题都需要后续研究进一步的推进。另外，本文对相对收入的衡量仍存在不足，对于精细化的研究推进，本文赞同王俊秀①提出的问卷设计上启动参照对象的考察的观点②，只有知晓了具体的比较方式，才能较好地验证相对比较对居民主观感受的影响，才能更深层次地分析社会心态的变化。

---

① 王俊秀：《社会比较、相对收入与生活满意度》，《社会学评论》2014年第3期。
② 是指"相对"的测量。因为参照对象的选择直接影响到相对收入的测量，而精细化的参照对象尚未出现在现有的问卷调查中。

从"反理论"到理论自觉:重构社会工作理论与实践的关系

文 军 何 威

摘 要: 社会工作学科在发展过程中,理论和实践的分割运行一直是其自身专业化发展的极大障碍。而这种分割运行,更像是一种社会工作实践活动对理论的主动抛弃。因此,许多社会工作者在处理个案、小组和社区等专业层面的实践活动过程中,很难系统性地自觉运用任何一种理论。社会工作的过度强调实务取向使得社会工作者在专业实践中常常会带有某种"反理论"立场的倾向,而这种"反理论"的立场又使得社会工作实践本身宝贵的专业价值更多地流于经验层面,从而最终造成对社会工作理论和实践发展的双重不利影响。在中国,社会工作专业学科体系构建的不断完善,离不开其专业理论的发展,而这当中倡导专业社会工作者的理论自觉意识非常重要,并成为推动中国社会工作理论和实践协调发展,促进社会工作者专业认知和实务方法提升的重要手段。

关键词: "反理论"立场 理论自觉 社会工作理论与实践

西方社会工作理论的发展,从一开始对心理学相关理论的借鉴到之后尝试借用心理学、社会学、临床医学等多学科理论,可以说,经历了一个从单一性到多元化的过程。而伴随着这一过程,整个社会工作的发展实际上也经历了从没有理论甚至"反理论"到借用其他学科理论,再到自觉探寻理论支持的转变过程。社会工作理论与实践之间的关系也由彼此对立到

---

* 文章发表于《社会科学》2014年第7期。

表层的游离再到更深层次的交流与互动。但不可否认的事实是，作为一门注重实际操作层面的学科，社会工作学科的知识体系和理论基础的建构本身还存在许多障碍，其中之一便是长久以来社会工作对实务倾向的过度强调，这使得专业社会工作者面临理论选择和运用的诸多困境。

一 社会工作发展历史中的"反理论"痕迹

纵观西方社会工作的发展，实践贯穿于其从产生到发展的全过程，社会工作价值观也是为了规范社会工作者的实践而产生的。而相比之下，社会工作理论却是"姗姗来迟"，通常会被解读为它只是对社会工作"形成专业或学科"的一种补充。当代社会工作的前身是西方以教会为主体的、以协助济贫为目的的志愿活动，以英国最具有代表性。17世纪产业革命以前，英国的志愿济贫活动主要由教会承担，直至产业革命兴起，教会无力再承担沉重的救济任务，这催生了伊丽莎白女王在位时期1601年法案的颁布，也就是著名的"Poor Law"（旧称"济贫法"）。该法案建立了初步有效的救济行政制度，形成了救济工作方法，成为现代各国救济事业的开端，救济事业也由此有了其进一步发展的坚实基础。之后，有组织的志愿工作逐渐在西方兴起。而第一批由志愿工作者转任为有薪资的"社会服务工作者"的人，可能是美国卫生委员会的特别救济部（The Special Relief Department of the United States Sanitary Commission）所聘雇的社会服务工作人员，其主要工作就是解决内战中士兵及其家属的社会与健康问题。[①] 这只是特定历史条件下的产物，并不能代表社会工作职业化已经迈出了第一步。美国内战结束后直至19世纪中后期，以英国慈善组织会社为代表的城市慈善机构的兴起，才真正标志着当代社会服务工作的起步。在这一阶段，社会工作的前身，西方早期的社会慈善救济活动受客观历史原因和人的认识与信仰的局限，并未有明显的理论规范痕迹。早期的社会救助者更谈不上具备理论意识，他们更多是靠自我意识中或自发而成的价值观来约束自己。但不可否认的是，西方社会早期一系列的救助行动和有组织的实践成果使正处在变革中的世界看到了社会服务工作的价值所在，也为这类活动有规模地开展和正向演化创造了基本条件。

---

① 林万亿：《当代社会工作理论与方法》，台北：五南出版社，2003，第68页。

随着社会的不断进步，救助的规模也在不断扩大。在19世纪的美国，一些救济者认识到无法将普惠主义落实的事实，而且这种救助会直接影响穷人的道德培养。于是，受斯宾塞（Herbert Spencer）的社会理论和社会达尔文理论（Darwinian Theory）的影响，慈善组织会社运动逐步将有选择的慈善救济方法引入城市慈善事业管理当中。虽然这与一向反对救济"官僚化"的宗教性志愿价值背道而驰，但首次体现了理论在影响社会服务工作者价值观上的作用。1883年，芝加哥的道斯（Anna Dawes）开始公开呼吁建立专业训练的必要，同年，美国水牛城慈善组织会社的罗森瑙（Nathaniel S. Rosenau）也认为有必要找一些经过特殊训练，以此工作为职业并愿献身于此者来负责此项工作。[①] 这意味着社会工作逐步将"行外人"与"专业社会工作者"区分开来，更是将社会服务的工作提升到一个相当专业的层面，并要求其有专业的知识体系和技巧来支撑服务实践者的行动。1917年，芮奇蒙德（Marry E. Richmond）发表《社会诊断》（*Social Diagnosis*）一书，标志着社会工作的方法成为一门独立的知识，社会工作的技术成为一种可传递的技术。[②] 社会工作也由此有了增进专业知识和技巧性的新要求。至此，社会工作专业知识和理论开始正式登上社会工作专业发展的舞台。在这之后，弗洛伊德的精神分析理论很快进入了社会工作领域，并长期占据了社会工作理论的高地。虽然"精神分析的洪流"使当时的社会个案工作者受益良多，但在客观上也限制了专业社会工作者的视野。寻求进一步专业化的社会工作者开始了心理学理论以外的新知识体系的探索。此时，在一些社会工作实践者的认识中，也首次出现了反对某种理论观念的立场，而在当时的背景下，这种认识和立场毫无疑问推动了社会工作知识体系的架构朝着多元化方向发展。

经过两次世界大战所带来的社会变革，新出现的一系列社会问题也开始冲击着社会工作的发展，社会工作服务对象人群的多样化和复杂化使得各种形式的直接服务成为专业实践的主流，由此而生的对于这一专业的反思风潮也开始大行其道。这一时期对于社会工作内省的重要主题之一就是社会工作是否真的称得上一个专业，是否应该具有明确的专业地位和理论基础。但不论是何种观点，可以肯定的是，在这一阶段，对于自身专业性的内省已经使专业理论的地位得到了广泛的肯定。然而在这一时期，由于

[①] 林万亿：《当代社会工作理论与方法》，台北：五南出版社，2003，第73页。
[②] 李迎生：《西方社会工作发展历程及其对我国的启示》，《学习与实践》2008年第7期。

政府参与社会服务事业的力度越发强大,以及英美在这一阶段向福利国家转型所带来的诸多改变,带有法制和行政色彩的社会服务使得社会工作丧失了一部分专业独占性,一部分社会工作者开始对专业的理论意义和实践的价值产生异议。值得注意的是,西方社会工作教育也在这一时期受到20世纪五六十年代相对自由的社会政治氛围的影响开始逐渐升温。20世纪60年代,可应用于社会工作的理论在数量上获得了巨大的增长。社会工作者竞相从弗洛伊德心理学、认知心理学、社会学等学科中借用指导性理论。社会工作的职业知识空间被迅速但不系统地充实起来。可以说,这是一个充满理论生机的时期。社会工作者对理论观念的竞逐被视为社会工作健康发展的一种标志。[1] 于是,专业社会工作实践有了更多的理论架构可以依托。与此同时,一些基于专业实践的理论模式也开始被探索出来。专业社会工作者的理论意识在这一时期得到了极大的提升,专业社会工作者在实践过程中脱离理论的做法也普遍被认为是与社会工作专业的发展背道而驰的。随着全球化进程的加快和整个社会开放程度的大大提升,社会福利与社会工作也越来越被大众所需要了,但同时社会工作也开始面对新兴服务模式和市场化浪潮的冲击。克鲁格(Kreuger)就提出在21世纪有三个重要因素是社会工作无法回避的:(1)高科技对传统社会工作干预技巧的挑战;(2)知识经济时代对社会工作知识建构本质与价值的挑战;(3)社会结构的根本变位。[2] 新时期技术的发展使经过百年发展的社会工作传统知识架构和实务技巧受到了巨大的冲击,同时社工与案主之间、社工与社工之间的联系更加紧密,这也使得社会工作者在专业实践中变得更加注重案主的需求。服务意识的提升使社工能更加细致和清晰地记录案主的变化,但这种工作方式太重视案主人群的关怀以及各类服务方案的设计等,疏忽了实务内涵的拓展,由此造成了实务成果呈现的流逝与理论的松散等流弊。[3] 这使得理论研究本身就相对薄弱的社会工作更加朝着操作层面倾斜。个案工作和社会活动模式不断受到重视使得在这一时期的理论研究大多从实践技巧中推理而来。由于服务模式的细化和市场化的快速发展,需要有理论检验和创新成分的评估过程也开始出现与实务流程相互脱节的现象。从社工自身的角度来讲,在这一时期,社会工作者的受专业教育程度在

---

[1] 王思斌:《西方社会工作的历史与现状》,《中国社会工作》1996年第2期。
[2] Larry Kreuger, "The End of Social Work," *Journal of Social Work Education*, 33 (1997): 19 – 27.
[3] 简春安、赵善如:《社会工作理论》,台北:巨流图书公司,2010,第69页。

不断提升的过程中，面临社会工作发展大环境的流变。高校培养出的拥有专业理论素养的社会工作者面临理论无用武之地的尴尬；而这种尴尬也反作用于社会工作专业学生对待理论知识的态度，如此便会形成对专业理论主动排斥的恶性循环。此外，对于有经验的专业社会工作者来说，尤其是在中小型的社工机构中，竞争性的社会秩序使得他们更加注重完成项目的高效率，从而很容易忽视专业理论的嵌入。但同时我们看到新时期的新发展推动了社会工作实践技术和模式前所未有的优化，这种情形无疑把当今的社会工作者置于专业理论知识和实践高效率发展的两难之中。

因此，从社会工作产生与发展的早期实践到如今已颇为专业化的职业发展中，社会工作者的"反理论"立场实际上一直是存在的。即使是在信息高速传播、社会工作专业综合性发展的今天，这一立场也没有得到彻底的改变。无论"反理论"立场昭示了社会工作专业理论和实践的何种关系，就其概念本身而言，这一立场带有鲜明的目的性，即社会工作者在专业实践的过程中，专业理论的配合往往并不重要也并不是必需的。至于如何规避这种不合理的目的性，以及培养在社会工作专业层面上的理论自觉意识，就需要看到"反理论"立场背后的内容究竟铺陈了什么。

二 从理论欠缺到"反理论"立场的形成

从社会工作的整个发展历程来看，其一直都在强调社会工作富有技巧性地帮助人，并且是带有符合某种特殊价值观的"助人"活动。可以说，社会工作对"助人的艺术"（art of helping）实践特色的强调是由来已久的，而其作为一个专业所应该具有的知识性和理论性特色远没有实践性特征富有渊源性。社会工作发展至今，其理论来源大致有两种形式：一种是对其他学科的理论借鉴，另一种是对实践经验和技巧的归纳总结。可以说，纯理论性知识的缺少一直是社会工作专业发展的大问题。此外，社会工作专业研究中侧重于经验性、技巧性和实践性的研究仍然占绝大多数。比如，在西方学者所统计的 2000~2009 年发表的 100 篇最具影响力的社会工作文献中，有关社会工作理论讨论的文章不足 10 篇，而且这些与理论相关的文章均是有关社会工作理论运用方面的讨论，纯理论研究的文章 1 篇都没有。[1] 而对于社会工作者和研究者来说，专业理论的缺少直接导致的就是他们在专业研究和实践中对专业理论选择的困境。

"反理论"作为一个颇具主观导向性的名词，其概念并没有明确的界定。学术研究中对于"反理论"的概念的讨论大多是从解释学和知识学的角度来进行的。美国乔治华盛顿大学教授史蒂文·纳普（Steven Knapp）在其著作中就提出："在英美传统中，关于理论的争论常常是在认识论的背景下对文本阐释者的争论，而非对文本的本体论的争论。如果理论的本体论方案是设想语言在意图之前的状态，那么认识论的方案则是设想知识在阐释之前的一种状态。"[2] 一些西方学者也认为，理论在研究中主要发挥普遍性的指导和制约作用，而这种效果会使研究带有预设的知识，从而形成一定的普遍性。但是，在学理层面首次明确提出反对理论的则是到了20世纪80年代，加州大学伯克利分校的两位英文系教授斯蒂文·克莱普（Steven Knapp）和瓦尔特·本·迈克尔斯（Walter Benn Michaels）在美国权威杂志《批评探索》上提出了"反对理论"（against theory）的口号。[3] 在他们看来，在现代性来临并把"人"的地位及其理性大大抬高的背景下，理论的目的只是在文本阐释中才发挥了某种带有研究预设性的"不恰当"的效果，其本身就带有某种天然的弊端。因为"理论"作为现代性的一个缩影，其涉及秩序、规则和价值取向，依赖于逻辑、理性和理智等现代性元素，遭到许多学者尤其是后现代学者的反对和批判。一些激进的后现代社会工作学者更是呼吁必须取缔理论的特许地位，削弱它们的作用和降低它们的身价，以实现没有"理论"的社会工作。

笔者认为，"反理论"在概念上与"反启蒙"（anti-enlightenment）有相似之处。[4] 可以说，启蒙的辩证法或启蒙的悖论就在于，启蒙在破除迷信

---

[1] David R. Hodge, J. R. Lacasse & O. Benson, "Influential Publications in Social Work Discourse: The 100 Most Highly Cited Articles in Disciplinary Journals: 2000 – 09," *British Journal of Social Work*, July, (2011) pp. 1 – 18. 该文的中文翻译稿请参见文军等译《社会工作领域最有影响力的期刊论文——2000~2009年专业期刊中引用率最高的100篇论文》,《中国社会工作研究》2012年第9辑。

[2] S. Knapp, "Against Theory," *Critical Inquiry* 8 (1982): 737.

[3] 陆涛、陶水平：《理论·反理论·后理论——关于理论的一种批判性考察》,《长江学术》2010年第3期。

[4] 甘阳认为"反启蒙"所要破除的最大迷信可以说正是"启蒙本身的迷信"，亦即西方现代启蒙所导致的种种现代迷信：对技术的迷信，对理性本身特别是工具理性的迷信，对人掠夺自然、奴役自然的权力的迷信，对宏大话语和普遍主义的迷信，以及对西方中心论的迷信……

的同时往往也在创造自己新的迷信。而对理论来说亦是如此，过于崇尚理论也会导致实践与理论的脱节，从而引发"反理论"立场的产生。进一步延伸到社会工作领域来说，长期对实践性的推崇使得社会工作专业对理论表现出前所未有的饥渴，可对于理论研究的无限"迷信"但"无作为"又使得一些专业社会工作者体验到了在实践过程中理论运用的困惑，他们要求摒弃以理论为中心，并希望以日常生活经验和局部的叙述来取而代之，让社会工作只专注于人们日常生活的服务领域，"反理论"的立场也由此应运而生。

有关社会工作中的"反理论"立场，艾琳·芒罗（Eileen Munro）在《社会工作研究中理论的角色地位》一文中提到了"反理论立场"（the anti-theoretical stance）这个概念，其本质含义就是倡导社会工作者的实践不需要任何形式的理论指导，不持有任何理论立场从事社会工作服务。当然，芒罗也指出了反理论化会误导社会工作者，让他们产生"不需要任何理论就可开展工作"的错误认识。[1] 凯伦·罗斯科（Karen D. Roscoe）等学者在研究中也提出了社会工作的"叙事性"（Narrative）特征，"专业社会工作实践正在成为一种十分复杂的过程，而现实情况是，专业理论并不能应用到实践当中去……社会工作研究正逐步变为一种叙事性的研究"。[2] 他也指出如果在社会工作专业实践中刻意地排斥理论的作用，那么专业的社会工作实践过程会变得平淡无奇。在实务工作过程中，许多社会工作者本身在专业知识和理论程度上的不足使他们感觉到技巧与经验在社会工作实践操作的过程中所发挥的巨大作用；对于专业敏感性的缺乏也使专业实践活动的策划、评估甚至督导的过程都流于技巧与经验层面；同时社会工作专业发迹于临床诊断的历史，以及社会工作专业理论自身的缺乏也更加强化了社会工作者重经验而轻理论的意识。马尔科姆·凯里（Malcolm Carey）还从另一个角度解释了社会工作者"反理论"立场的客观缘由，他指出："大多数社会工作都认为他们的实践工作是与官僚机构和毫无技巧性与理性可言的工作相关的……行政任务的规则性限制了社会工作的自由发展，也限制了

---

[1] E. Munro, "The Role of Theory in Social Work Research: A Further Contribution to the Debate," *Journal of Social Work Education*, 38 (2002): 461-470.

[2] K. D. Roscoe, A. M. Carson & L. Madoc-Jones, "Narrative Social Work: Conversations between Theory and practice," *Journal of Social Work Practice*, 25 (2011): 47-61.

社会工作者的理论知识创造……"①他认为许多社会工作实践被行政化的现象也是导致社会工作者忽视理论的主要原因之一。

其实，"反理论"行为作为一种社会工作专业的实践者在实践操作过程中自觉产生的意识，其概念本身就带着对理论的依赖性。也就是说，对于一部分实务工作者来说，有选择性地放弃专业理论与实践的结合，或者因为对某种以不恰当的理论来指导实践行为的反感而产生的"反理论"行为，可以将其看作社会工作专业理论与实践已经在实践者的认识中达到某种程度融合的表现。可以说，这是理论与实践"相依为命"的一种特殊模式。但这种看似不可分割性，或者至少是藕断丝连的关系，为何会造成相当一部分社会工作者，尤其是策划和实施社会工作专业实践的活动者在实务活动的过程中产生"反理论"的倾向？芒罗在文中引用了塞尔（B. A. Thyer）对社会工作实践和教学过程的一个发现：社会工作者和本专业的学生在进行实践活动时，在一定形式上选择了对社会工作理论的主动抛弃，②即在没有督导或者专业教师所提供的现成的理论和思想基础来架构实践活动的前提下，社会工作实践活动的实施者往往是被动地接受现有的理论和思想，即使不适合，也会生搬硬套地和实践活动相联系。一些实践者和研究者甚至在没有明显的外显性理论作为实践指导时，会被要求建立一个新的理论框架来与实践相配。正是这种认为专业理论和实践本身就具有某种不可分割性的认识，使得"削足适履"的行为产生。这不仅使社会工作专业学习者在汲取社会工作既有理论时，主动地歪曲化理论，同时也抹杀了社会工作实践本身与适合的理论联系后所产生的多元化的专业性价值。

与此同时，芒罗针对理论在社会工作实践中的角色，提出了自己的观点。她认为社会工作专业的学生应该在实践中做详细的案例研究，以明确有理论在指导他们的评估和介入。她发现，有很多对于专业理论的阐述是在服务完成后添加进去的，其目的只是为了更切合项目及课程的要求。正规的理论教学在大学中往往是比较粗略的，除非督导运用一个清晰的理论框架，或者在实践活动之前明确使用某种理论作为指导，否则学生很难在与案主的直接互动中明确而系统地运用任何一个理论指导服务。学校老师和机构督导通常知道这种情况，但常常默认这种不恰当的理论运用方式。

---

① M. Carey, "White - collar Proletariat? Braverman, the De - skilling/up - skilling of Social Work and the Paradoxical Life of Agency Care Manager," *Journal of Social Work*, 7 (2007): 93 – 114.
② B. A. Thyer, "What is the Role of Theory in Social Work Practice?" *Journal of Social Work Education*, 37 (2001b): 9 – 25.

这无疑是一种恶性循环,因为它强化了一种社会工作实践与理论不相干的意识,更有甚者会认为理论只是专业学者的某种学术游戏,是在耍花腔,与社会工作实践者无关。总的来看,这种"反理论"立场的形成,其主要原因在于以下几点。

第一,"反理论"立场在本质上其实是社会工作专业理论和实践的脱离。 大卫·豪(D. Howe)曾指出,任何专业没有理论都必然停留在低窄的层次上,所有实务行动都不可能达到其目的。[①] 不过这种实践脱离理论的做法主要来源于实务工作者的主观意识。究其原因:一方面,在某种程度上这是社会工作者自我认识变化的结果。许多社会工作者在实践活动中渐渐忽视了整个实务过程中的接案、策划、评估等环节中所包含的理论线索;另一方面,社会工作者也逐渐改变了以理论指导实践的做法,转而更加重视实践经验的获得与技巧的养成,这样便更加弱化了社会工作专业理论在社会工作者心中的地位。社会工作领域有关理论与实践脱离或整合的研究早在20世纪80年代就已经出现了。有学者通过文献研究就证实了社会工作理论研究和临床实践之间的脱离一直存在且大为流行。[②]

第二,社会工作理论和实务工作发展不平衡的大环境也造成了实践主动脱离理论的现象。 更确切地说,是社会工作理论的发展严重滞后于社会工作实务的发展。这在中国的社会工作专业发展过程中表现得尤为明显。许多高校开展社会工作专业教育之初就没有对社会工作专业本身有一个清醒的认识,认为社会工作主要不是一个理论研究的问题,而是一个实务层面的操作问题。因此,在社会工作专业训练上,往往只追求操作层面上实务能力的提高,而对理论的学习和研究漠然视之。[③] 此外,进入21世纪以后,随着社会工作理论发展趋势的多样化和社会工作实务的趋同性加强,社会工作理论研究范式的多元整合趋势变得越来越明显。[④] 社会工作实务发展也越来越趋向技能化和经验化,而这种实务工作上大量的技能和经验的总结与积累,更多是将社会工作专业实践推向了单一性的边缘。而与之相对应的

---

① D. Howe, *An Introduction to Social Work Theory* (Alders hot, Berks: Wildwood House. 1987), p. 98.
② 例如,早在1978年,英国学者肖恩和沃顿(Shaw and Walton)通过研究发现,那个时期最优秀的社会工作者在实际工作中很少运用社会工作理论和方法,27名专业社工中只有不到6名的人表示会在服务方案设计中使用社会工作理论或文献资料。
③ 文军:《当代中国社会工作发展面临的十大挑战》,《社会科学》2009年第7期。
④ 文军:《论社会工作理论研究范式及其发展趋势》,《江海学刊》2012年第4期。

是，社会工作自创立以来，在西方国家，其基本上都经历了一个从没有理论指导到自觉采用理论指导，从指导理论的单一化到指导理论的多元化，从主要借用心理学的理论到尝试借用心理学、社会学、认识论等多学科的理论这样一种发展、演变历程。[①] 可以说，社会工作理论经过百年来的发展，已经演变成一个较为完整的多元性和系统性的体系。社会工作专业实践的趋同性和专业理论的多样性两种截然不同的发展轨迹不可避免地导致二者之间的脱离。单轨式的发展也无形中将社会工作者分化为两个阵营——理论研究者和实践者。这一点在社会工作的高校教育中表现得尤为明显。以中国为例，相关数据显示，截至2013年，中国大陆已经有近400所大学开办了社会工作本科和专科层次的教育。此外，还有61所学校开办了社会工作专业硕士（MSW）教育。但是由于社会工作专业对口岗位的缺乏，社会工作目前还处于一种专业化走在职业化前面的状态。而许多高校采取的迎合政府管理体制需求的教育培养模式也使社会工作教育对理论的要求逐渐降低。许多在高校从事教学与科研工作，本应该主要成为社会工作理论研究者的大学教师纷纷倾注于开办各种社会工作实务机构，这看似能够将理论与实践工作结合起来，实际上是等于主动选择了放弃自己在理论研究方面的优势而醉心于大量具体实务内容的操作。[②]

第三，社会工作本土性理论的缺失也会造成社会工作者在理论选择上的种种困境。按照大卫·豪的观点，社会工作理论可以划分为"为社会工作的理论"（theory for social work）与"社会工作的理论"（theory of social work）两个层次。在这两个层次中，以弗洛伊德的心理分析理论和帕森斯的结构功能主义等基础性理论组成的"为社会工作的理论"抽象度较高。相对于以危机干预、行为治疗和任务中心模式等倾向于技巧层面理论的"社会工作的理论"来说，"为社会工作的理论"理论性和学术性更强，也更难以被社会工作者所接受。虽然专业化的社会工作在社会发展过程中已经引起了各国的普遍重视，但是相比较西方发达国家，社会工作在发展中国家

---

① 王思斌：《西方社会工作的历史与现状》，《中国社会工作》1996年第2期。
② 笔者认为，在当前，中国许多高校教师纷纷热衷于创办各种社会工作实务机构的现象，在很大程度上是由于职业社会工作的专业化指导严重缺乏，这与刚刚起步的中国社会工作专业教育和政府部门对社会工作实务的大力推崇和渴求有关。但是这种现象的长期存在不仅会有损社会工作专业教育本身，而且也不利于社会工作实务的职业发展。因为双重甚至多重角色的并存不仅不符合现代职业发展的要求，而且会导致社会工作理论研究人才的严重匮乏，从而最终损害社会工作实务发展。

（包括中国在内）的发展仍然比较滞后。① 本土性理论的相对缺失，也正是广大发展中国家社会工作发展所面临的重要问题。在社会工作的教育中，这一问题表现得尤为明显。以中国为例，自20世纪80年代后期社会工作学科在中国高校恢复和重建以来，对于社会工作理论方面的教育大多是照本宣科地套用西方主流社会工作理论的教育，而缺少对本土特色的社会工作模式的理论总结与传授。在某种程度上，这种理论教育模式会抹杀一些社会工作者对理论研究和运用的热情，也会对中国社会工作专业理论的发展形成不"接地气"的印象，将社会工作理论与实践进行主观上的区别对待，从而加深"反理论"的意识。

三 "反理论"立场的表现及其对社会工作的影响

可以预见的是，"反理论"的立场无疑会对整个社会工作专业化进程产生不利影响，同时也有可能将社会工作专业在我国的发展引入一个歪曲的本土化层面，从而使大众对社会工作专业形成错误的认知。这不仅会对专业社会工作者的专业思维产生反作用，而且还会削弱社会工作专业学习者的专业认同感。具体来说，其影响主要体现在以下五个方面。

第一，社会工作者的"反理论"立场会导致实务的随意性和破碎性。社会工作者在实践活动过程当中，缺乏策略和理论，或者可以说，没有理论、策略甚至计划就开展实务工作。据笔者对一些社工机构的调查，无论是社工个人还是机构，在处理个案或者开展活动时，以理论模式进行实践指导的屈指可数。分析其原因，并不是机构中的社会工作者专业知识和理论的缺失。相反，一些机构内的社工是高校社会工作专业出身，不可谓不知专业理论知识。主观选择上对专业理论和模式的忽视才是这一问题的症结所在。为了在政府购买服务项目期限内完成工作任务，一些机构和个人甚至杜撰个案或者省去实务工作的一些必要环节。实务工作者自身的随意性直接加剧了专业实践的破碎性，这种实践环节造成的破碎性也错误地引导了社会工作实践者和研究者对于理论的选择和运用，使得社会工作的专业特质无法体现，更加剧了实践者今后工作的主观随意性。如此形成了看似不可逆转的恶性循环。一些个案和小组工作缺乏规划，出现程序上的错误，评估过程缺乏理论支持，

---

① Midgley, J. and Conley, A., "Social Work and Social Development Theories and Skills for Developmental Social Work," *The British Journal of Social Work*, 43 (2013): 620-621.

而一些实务工作者或者督导对这种错误采取放任的态度,从而造成决断力的缺失。社会工作专业教育对理论意识培养的缺乏,也加剧了这一现象。前文已经提到,芒罗在其研究中提出了在机构的项目运行,以及高校社会工作教育的理论教学过程中,督导和教师往往默许不恰当的行为或者忽视理论运用的行为。这不只是一个求知的原则性和学术的严谨性问题。社会工作者专业态度上的随意性不仅是对社会工作职业化和本土化本意的扭曲,客观上也加深了专业理论和实践的相关联系的裂痕。

第二,"反理论"立场会导致社会工作理论研究的方法不平衡发展。社会工作专业理论大体来源于两方面:其一,对包括心理学、政治学、经济学、法学、生态学、公共行政理论、社会学经典理论家的相关学说,精神分析理论等诸多社会科学经典理论在内的外借理论的演绎与推理;其二,对在长期的专业实践中形成的具有自身实践特色的一系列包括评估的理论、技巧和方法,如危机介入模式、心理社会治疗模式、人本治疗法等在内的实务理论的归纳与总结。综观如今的社会工作专业理论的运用,实务理论仍然占较大比重。而实务理论自身来源的特殊性,会使得社会工作者逐步产生"经验归纳可成为理论"的错误认知。有关一种专业理论的架构,科学方法完全不同于日常的、直观的方法,是系统且严格的验证方法。① 本身带有"反理论"倾向的社会工作者,尤其是理论研究者会将实践中的一些观察和证据带入理论研究,甚至会将一些带有感情偏执和特殊性的实证资料作为普适性理论架构的基础。美国佛罗里达大学教授托米·格莫瑞(Tomi Gomory)曾非常明确地指出这种归纳法的错误在于违背了价值中立和自由假设。② 这种针对理论观点的归纳不能仅仅通过观察和实证材料形成一种机械的和"可靠的"方法。换句话说,在社会工作理论研究中,如果仅靠大量的实务经验来总结归纳一个理论,一个特例的出现就很容易将之前的所得全部推翻。"反理论"倾向就很容易将社会工作者带入类似"天下乌鸦一般黑"的理论误区。③ 当然,我们不能否认技巧性和经验性理论在社会工

---

① Munro, E. "The Role of Theory in Social Work Research: A Further Contribution to the Debate," *Journal of Social Work Education*, 38 (2002): 461-470.
② Gomory, T., "A Fallibilistic Response to Thyer's Theory of Theory-free Empirical Research in Social Work Practice," *Journal of Social Work Education*, 37 (2001a): 26-50.
③ "天下乌鸦一般黑"这个假设不能够被归纳证明。虽然我们可以找到很多黑色的乌鸦,但如果我们找到了一只不是黑色的乌鸦就可以马上证明这个推理的虚假性。因此,从这个角度来说,有时候以归纳的方法来"证实"某一种理论假设可能是非常困难的,但如果我们采用一种"证伪"的方法却很快就能够得出结论。

作专业理论中的地位，我们需要看到的是，这些理论并不是由机械的归纳和推理产生的，而是大量的实践经验和技巧经过了研究者的再造。这一过程大大超越了实践者所观察和体验到的经验，而往往这种创造性的经验才是真正需要归纳和推理的。

第三，"反理论"立场会导致社会服务的过度市场化和服务流程的过度技术化。 提供服务是一个复杂的过程，而现在已经被分解并简化为离散的部分，经验成为衡量服务能力的量化指标，这样就允许复杂的社会工作任务被资格稍低从业者以较低的报酬来完成。[1] 一项专业的社会工作实践活动需要规范的流程和规划作为实施的依托。随着社会经济的发展，以市场为主导向的社会服务机构应运而生，这也使社会服务的模式不可避免地被打上了市场化、标准化和流程化的烙印。在追求效率和成本最低化的基础上，一项完整的社会工作活动往往被拆分为多个独立的模块，不同模块的运行也多是雇用专业素养和能力较低但技巧熟练、经验丰富的廉价从业者，甚至自行开展技术培训来保障服务的运行。这无疑会加深社会工作者以及社会工作专业毕业生的就业焦虑。同时，这种"舍本逐末"的行为无疑会对社会工作的专业发展和理论进步造成不可挽回的伤害，而且无论是对社会工作理论与实践的整合，还是对社会工作者自身理论敏感性和自觉性的培养都会产生不利影响。从另一个角度来看，这种对社会服务的市场化和标准化操作也会对社会工作者的志愿精神产生消极影响。志愿精神作为一种自觉的、不计报酬和收入而参与到社会服务活动的认识体现，它的产生远早于社会工作本身，在发展过程中受到普遍关注的志愿活动主要有19世纪美国的慈善组织运动（the Charity Organization Society movement）和睦邻友好运动（the Settlement House movement）。从本源上说，西方社会工作也是基于志愿活动而产生的。可以说，社会工作专业价值观与理论和志愿精神乃是一脉相承的。社会工作者以及服务项目的组织者的"反理论"立场，在侧面上为社会服务的错误市场化因素的发展方向提供了滋长的温床，客观上消解了部分社会工作者的志愿精神。

第四，"反理论"立场造成社会工作者专业价值观的淡化。 以接纳、尊重、个别化、案主自决、知情同意、保密和不批判为核心原则的社会工

---

[1] Karen Healy & Gabrielle Meagher, "The Reprofessionalization of Social Work: Collaborative Approaches for Achieving Professional Recognition," *British Journal of Social Work*, 34 (2004): 243–260.

价值观是构成社会工作的重要组成部分。在理论层面上,它是理论取向和专业目标的基础;在实践层面上,它又是社会工作者的价值标准和实践动力。与此相对应的是,社会工作理论的引导与实践激励也对社工价值观的维系与个人成长具有重要作用。社会工作者本身要站在一个客观的立场上与人进行交流。当实践力驱使社会工作者以达到某种目标作为专业研究或实践的目的时,这只是在单纯地为了达成某种个人的预设或者兴趣上的偏见所进行的工作,在这一过程中,专业价值观会被主观抛弃,而专业理论的价值也就荡然无存了。可以说,当社会工作者在实践活动中主观地将理论的作用进行弱化甚至抛弃时,实际上他是对以人本主义和人道主义为基础的社会工作价值观和伦理的一种违背。

第五,寄生于以政府为主导的社会工作发展模式中的"反理论"立场阻碍了社会工作者专业理论意识的养成。这当以发展中国家的社会工作发展模式表现最为明显。社会工作者在实务工作的过程中,越来越多地受到了政策和行政规则的局限。以中国的情况来说,目前的社会工作发展属于"政府主导型",总的来说,这种发展模式也符合我国特有的发展环境。但是问题在于,这种特殊的模式带来了一些特殊的问题。某些政府部门包括城市的街道办事处和基层社区,因囿于本部门的权力和利益,至今仍难以割舍计划经济体制下的某些社会职能,故而自觉不自觉地"以政代社""政社不分",热衷于包办本应由社会服务机构或社工人员所承担的事务。[①] 此外,长久以来,在我国相当一部分具有社会工作专业性质的活动,如妇女儿童保障、爱老慰老、再就业培训都是由一些政府或准政府组织,如工会、妇联、共青团等来包办和承担的。这种政府职能向社会性事务的延伸使一部分工作人员参与或者完全承担了本应由具备相应的专业工作理念和足够理论知识的人员承担的工作。这一现象不仅降低了社会工作实践的专业性,也淡化了社会工作专业理论和价值观在社会工作者理念上的自觉认识。这种发展模式在客观上不仅抑制了社会工作职业化和专业化的发展,也无形中为社会工作者理论意识的培育设置了障碍。英国学者斯科菲尔德和安德鲁·皮斯豪斯(Scourfield and Andrew Pithouse)就在研究中指出:"虽然社会工作更多地朝向以一套专业的模式来完成实践活动的方向发展,但是作为社会工作者来说,也应该具有对社会政策进行阐释和适当调适施行的决

---

① 徐永祥:《试论我国社区社会工作的职业化与专业化》,《华东理工大学学报》(社会科学版)2000年第4期。

断力。"[①] 因此，对社会工作者来说，学会规避那些行政性因素对专业社会工作理论性和知识性的影响也是十分必要的。

四 理论自觉：重构社会工作理论与实践的关系

理论自觉意识对于哲学社会科学研究者来说是不可或缺的。本文所述的理论自觉是指对社会工作实践认识的一种正确态度以及社会工作者自我反思的理论品质，其本质上是要求把实践问题转化为理论问题。[②] 就一个学科而言，对于研究者来说，理论自觉包含对理论学习的自觉、对理论选择的自觉以及对理论反思的自觉。一个学科在建构的过程中，需要不断有大量理论的更新和完善作为整个学科体系架构的支撑，而对于理论的产生和发展，在学科初始知识架构的基础上，往往又来源于研究者自身的问题意识和研究能力。理论自觉在社会学的场域之中已经有了较为充分的阐释。中国人民大学郑杭生教授在谈到社会学的理论自觉时，就认为自觉到我们的目标是世界眼光、中国气派兼具的中国社会学，而不是西方社会学某种理论的中国版，是中国社会学界对自己理论的反思，也是对别人的理论的反思结果，是对自己所教学、所研究的社会学理论和社会理论的自知之明。这是"理论自觉"的主要内容，是"理论自觉"的首要自觉。[③] 而对社会工作的专业研究者来说亦是如此：理论自觉意识并不是将自身的理论研究和经验研究作为西方既有理论的案例或者验证，拥有兼具中西的专业理论意识和学会自觉运用理论于实务之中才是社会工作者的追求。

社会工作作为一门独立的学科，其知识体系的深入和发展必须建立在一定的理论架构之上。1917年里士满（Richmond）的《社会诊断》一书开宗明义地提出要以科学的方式助人，"成为科学"即为社会工作追求的专业目标[④]，这无疑揭开了整个社会工作学科理论建构的序幕。社会工作专业的发展离不开理论的发展及其应用，而好的社会工作理论应该符合下列条件：

[①] Scourfield, J. & Pithouse, A., "Lay and Professional Knowledge in Social Work: Reflections from Ethnographic Research in a Child Protection Team," *European Journal of Social Work*, 9 (2006): 323-337.

[②] 文军：《论布迪厄反思社会学及其对社会学研究的启示》，《上海行政学院学报》2003年第3期。

[③] 郑杭生：《关于加强社会学理论研究的几点思考》，《河北学刊》2006年第5期。

[④] 何雪松：《社会工作的四个传统哲理基础》，《南京师大学报》（社会科学版）2007年第2期。

第一，必须符合社会工作的价值与伦理；第二，应遵循科学验证；第三，应没有伤害性；第四，符合本土。① 在漫长的社会工作专业化发展和学科建设的进程中，无论是包括心理学、政治学、经济学、法学、生态学、公共行政理论、社会学经典理论家的相关学说、精神分析理论等诸多社会科学经典理论在内的外借理论对社会工作专业理论的影响，还是在长期的专业实践中形成的具有自身实践特色的一系列包括评估的理论、技巧和方法，如危机介入模式、心理社会治疗模式、人本治疗法等在内的实务理论对社会工作理论的充实，这一学科的理论一直在经历一个不断多元化的过程。社会工作理论的重要作用也在这一重视实践的专业中不断显现。而在这段历程中，社会工作专业也逐渐产生了实践和理论双轨运行的趋势。如何处理社会工作理论与实践的关系，不但直接关系到对社会工作学科本质的整体判断，更间接影响到社会工作的服务理念和服务方法。

理论与实践关系的问题并不是一个新问题。在哲学层面上，关于理论与实践关系的探讨，已经有了较为成熟的观点。这些观点大致可分为两个方面：一方面，传统哲学将实践视为理论的一部分，认为只有理论才能获得问题的答案，由认识出发，通过思考，用认识到达，是这一观点的主旨所在。所谓实践活动，只是理论规划和认识深入的一个过程。另一方面，无论是亚里士多德实践主义哲学的开创，还是马克思主义哲学中实践是检验真理的唯一标准将实践主义哲学的波澜推向高潮，这一观点始终将理论与实践置于明确的"主""次"关系上，在这一关系中，实践成为了理论前进的铺路石。在实证主义哲学家杜威（John Dewey）看来，"认知不是一种外在旁观者的动作而是参与在自然和社会情境之内的一份子的动作，那么真正的知识对象便是在指导之下的行动所产生的后果了"。② 然而，在事实层面上的实践与抽象的理论很难实现真正的统一。在社会科学研究中理论更多地发挥指导性的作用，风笑天就提出，在社会学研究中，理论对经验研究发挥三种作用：理论作为研究的基础、背景，为研究提供特定视野和概念框架；理论指导研究的方向；理论提供研究的解释。而经验研究在施行的过程中，也会体现其特有的理论功能。③ 然而，学术界中一系列对理论与实践关系的探讨结论似乎对社会工作并不适用。社会工作专业的特殊性

---

① 熊跃根：《从社会诊断迈向社会干预：社会工作理论发展的反思》，《江海学刊》2012年第4期。
② 杜威：《确定性的寻求》，傅统先译，上海人民出版社，2004，第196页。
③ 风笑天：《社会学研究方法》（第三版），中国人民大学出版社，2012，第35~37页。

在于其自身实践操作性的学科特色。在实践先行而生的情况下，专业理论的次生性和对其他学科理论的大量借鉴，使其更像是实务工作的"派生品"。有一些社会工作专业理论，其主要内容就是为社会工作者提供一套实务工作程序、方法与技巧模式，如危机干预模式理论和任务中心模式理论等。① 许多社会工作者更是将理论与实务经验等同起来，这样便很容易将理论本身的重要作用及其在学科发展中的独立性抹杀。

此外，在探讨社会工作理论和实践关系问题的同时，还应该将有关专业价值观的思考纳入这一范畴之中。社会的文化情境使社会工作理论在吸收心理学和社会学优秀理论成果的过程中，还需要将社会工作者的价值中立性和服务对象的自我认同性纳入其中，建构出具有鲜明特色的理论模式来指导实践。在实证主义者眼中，社会科学研究是事实层面上的研究，社会工作者理解案主的问题，也是事实层次上的实践分析。在理论研究中，研究者应保持价值中立的态度，在充分考虑社会工作服务对象因素的同时，不应把自己的价值判断加诸事实的分析或案主的问题。只有这样才可以对该现象或事件获得客观的了解。② 然而，虽然社会工作专业价值理念在理论的研究中应占有重要的地位，但事实上社会工作专业实践和价值观往往具有相似的视角。而对于社会工作专业理论来说，自身的知识性特质使得多数崇尚操作的经验型和技巧型的社会工作者并未将其视为一种必要的存在。

当前，在社会工作专业发展的过程中，出现了专门从事社会工作实务工作的实践者和专门负责社会工作理论研究的理论学者的角色分化。一些从事社会学和社会工作理论研究的研究者就认为，社会工作本身就是没有理论的，它只是一项实际操作层面的工作，从其他学科借用而来的理论不能称为社会工作自身的学科理论；很多从事实务工作的社会工作者也认为，社会工作就是帮扶困难群体，积累经验才是最重要的。而这种分化以及个体"反理论"立场在专业认知中的局部建立也无形中使二者在社会工作理论的理论自觉性上出现了微妙的差别。当然，社会工作专业实践和研究中理论前提的缺失，在很大程度上是由社会工作专业研究者缺乏必要的理论自觉造成的，这一点"反理论"立场表现得尤为明显。无论是对于社会工作专业理论的认同，还是在西方社会工作的理论框架之外，建构适合这一专业在中国发展的理论体系，都是社会工作者应该具有的理论自觉性的表

---

① 谢立中：《社会工作理论专题讲座第四讲》，《社会工作》2008年第5期（上）。
② 乔世东：《论社会工作理论与实践的关系》，《广西社会科学》2008年第7期。

现。"反理论"立场在社会工作者的意识中造成了一种对专业理论的失语状态，这种状态所造成的自觉选择性的缺失，以及对理论先导性和自身专业性的怀疑在一定程度上打破了自觉意识对专业理论的关怀。

不可否认的是，对于大多数人来说，社会工作还是一门"助人的艺术"，其实践上的优势大大盖过了理论上的发展。社会工作者常常将强调经验和注重现象研究的实证主义理论作为实务工作的指导，以追求实务工作的效果与经验，从而在工作评估中忽视其与理论的结合对工作效果、专业价值的提升。加之"反理论"立场引导下的实践者对专业理论的曲解、不适当运用甚至主动放弃，无疑增加了社会工作理论与实践发展的不平衡性。长此以往，社会工作者的理论自觉性便会逐渐消解，这也是横亘在社会工作专业化道路上的一个巨大障碍。从另一个角度来说，专业社会工作者认知当中的"反理论"立场和理论自觉性的此消彼长，也在客观上反映了专业成熟度的变化。只有培养专业人才的理论自觉性，才能推动社会工作专业核心理论内涵的提升和核心理念的提炼，从而形成良好的专业研究氛围。社会工作在西方发展的一百多年里，在理论的层面已经由没有理论发展为对专业理论的自觉采用。这当中除了社会工作理论自身多元化发展的原因之外，专业社会工作也更加认可专业理论的地位和作用，专业理论开始引领实务工作的方向，这无疑促进了这一新兴专业不断走向成熟。随着社会发展的复杂化和多种社会问题的凸显，社会工作实务工作者逐渐被推向了专业的前沿，一些实务技巧、方法和模式也逐渐被提炼为专业理论，理论研究者正面对相对小众化的窘境。实务工作远远领先于专业理论的进步，甚至出现了实践引领理论发展的状况，在这种情况下，更谈不上专业社会工作者理论自觉性的培养。当然，综合社会工作一百多年发展的轨迹，我们不能断定这就不是社会工作专业化发展的一条全新路径，但在没有理论自觉的学科环境下看专业的成熟就像是在"逆流而上"。因此，培养专业社会工作者理论选择的自觉性才是打破"反理论"立场，促进和谐的专业理论与实践关系建立的重要手段。对此，我们亟待着手准备的是以下四个方面。

第一，培养理论自觉性，首要在于问题意识的培养。 一个学科在建构的过程中，需要不断有大量理论的更新和完善作为整个学科体系架构的支撑，而对于理论的产生和发展，在学科初始知识架构的基础上，往往又来源于研究者自身的问题意识和研究能力。问题意识的凸显，是进入21世纪以来中国哲学社会科学研究的一个强音，但因理论能力、学科壁垒、视野局限等因素的制约,并没有很好地转化为理论自觉,因此,应积极推进从学科建设为导向的研究模式向理论自觉为导向的研究模式的转变。① 社会工作专业对于理论意识的培养往往更加艰难。理论自觉要求研究者在面对专业问题时具有理论先导性意识,用理论的视角来发现问题、提出问题和解决问题。专业社会工作者尤其是专业实践者的视野往往局限在实务工作领域之中,对于问题意识养成可谓举步维艰,因此研究能力更是难以提高。对于专业社会工作者和学习者来说,在专业实践和学习过程中,要注重对经验技巧和既有理论知识的批判和反思。在专业实践中,要将理论植根于实务工作者的各个环节之中,尤其要注重在实务工作评估环节的理论嵌入,学会用专业理论的视角了解实践的专业化程度,反思专业化的问题。

第二,社会工作者对于理论学习的自觉也是关键。长久以来,对于专业理论意识的培养往往建立在对这一学科理论发展历史的不断了解的基础上。然而对于社会工作专业来说,其本身专业理论对社会学、心理学等学科的借鉴使得学习者在建构自我的理论意识过程中会产生迷惑,对于相关学科理论的自觉性误导往往使社会工作者在专业实践和研究中找不到理论当中专业价值的体现。这就要求在社会工作专业教育中,尤其是在理论教学中,个体对专业理论的学习要一脉相承,用社会工作理论的发展历史来影响社会工作者的理论自觉意识,避免理论角色的"反主为客"。而专业社会工作者在理论学习的过程中不仅要对西方优秀的理论成果自觉借鉴,同时还要养成对本土理论中传统资源的自觉吸收意识。

第三,理论自觉意识的强化在于对理论的自觉运用。理论的学习在于培养社会工作者的理论兴趣,真正在实务工作中对理论的应用才能将理论自觉意识的培养推向纵深。在熟练地掌握一种理论的主要内容,把握该理论的主要精神的前提下,能够熟练、灵活地运用这种理论,并能在运用过程中自觉地纠正不符合这种理论的错误倾向,这样才能提高专业理论自信。② 对于作为理论主体的社会工作专业理论来说,对其有信心才能更好地让理论在实务工作中发挥指导性作用。理论自信以理论自觉为基础,同时它作为一种量变的过程,也是一种对理论自觉性养成的助推。社会工作者应在专业实践中坚定地相信专业理论是科学的,是对实务工作大有裨益的,从而坚定地运用专业理论的框架和体系来勾画实践的轨迹。这种对专业理

---

① 邹诗鹏:《理论自觉与当今中国哲学社会科学研究》,《学术月刊》2011年第6期。
② 贺善侃:《论理论自信与理论自觉》,《思想理论教育》2013年第1期。

论的自信所带来的理论自觉运用,无疑在潜移默化中对专业社会工作的理论自觉意识产生了积极影响。

第四,理论自觉来源于反思过程中的不断创新。在对理论自觉反思的过程中,实践的变化性和经验技巧的多元性也使得专业实践者对特定社会工作专业理论的适用性产生怀疑。对一名专业社会工作者来说,专业环境已经为其提供了一些可选择的理论模式。社工可以使用这些理论中的一个,试着扩展它、挑战它或详细说明它,社工可以检测不同理论之间相互替代的涵义,如果社工有企图心的话,甚至可以混合不同观点的一些面向,或许社工将想出一个完全不同的理论观点。① 从这一层面上来说,社会工作专业不仅要反思已成的理论在实务当中的应用维度和效度,还要不断自觉地以自身为对象进行反思,并自觉地反思自己的语言符号,才能确立、维护自己的科学地位和政治功能。② 社会工作要成为一门反思的科学,才能够成为一个具有理论自觉的学科。社会工作应当将反思发展为必须具备的专业理论品质,作为专业的社会工作者和理论研究者,要结合学科背景和发展所依存的客观历史条件,不断反思专业的实践模式、理论建构和经验表达,批判陋习,提出新问题。在理论选择迷茫时,要将理论和当下实践的特殊情况结合起来,在现实指导下自觉地对既有理论进行批判、扬弃和创新。

五 社会工作理论自觉对中国社会工作发展的启示

"反理论"立场本身也是一个理论立场,某种类型的一般理论既是可能达成的,也是值得追求的。那种否定一切科学基础和标准,忽视具有整合性和指导性作用的一般理论的做法不仅不可取,而且会在很大程度上妨碍社会工作理论与实务工作者的发展。正如台湾学者林万亿所归纳的:理论能够帮助社会工作者将复杂、多变、混乱的人类行为与社会环境系统化、模式化与秩序化,指引实务社会工作者选择适当的介入模式。将社会工作经验整理回馈到理论中,有助于修正、精确化理论,更好地提升实务水平。③ 社会工作专业的发展始终都在致力于建构一个全面、多元、理论与实践相协调的学科知识体系,以强化专业认同。目前在我国,社会工作的发

---

① Russell K. Schutt, *Investigating the Social World: The Process and Practice of Research*, 6th ed. (Washington D. C.: Sage Publications Inc. 2008) p. 167.
② 保跃平:《论社会学的理论自觉》,《学园》2009 年第 7 期。
③ 林万亿:《当代社会工作理论与方法》,台北:五南出版社,2003,第 172 页。

展已经基本达成了专业化和职业化的共识,而对于社会工作发展历程中"反理论"立场的阐释和评判,其实际目的在于唤起社会工作实践者和专业学习者对实践和理论脱离问题的思考,强调专业理论的重要作用,同时唤醒专业社会工作的理论自觉意识。美国学者本·奥卡特(Ben A. Orcutt)指出,一个优秀的社会工作者应尽可能掌握下列三方面的知识:第一,社会和行为科学的基础理论;第二,社会工作领域的实务理论、原理和价值观;第三,定量和定性的科学研究方法与成果。[1] 对于社会工作者的理论教育固然重要,但在这之前,更需要的是培养社会工作者和研究者的理论自觉性。无论在个案、小组、社区工作中,还是在实务工作的各个阶段中,社会工作者都需要能有意识地为规划、操作和评估找到契合的理论依据,实现理论自觉意识在社会工作专业人才培养中的有效嵌入。

目前在我国,社会工作面临一个在既有西方社会工作理论和价值观的基础上,实现具有本土特质的再专业化和再职业化的问题。19世纪以来社会工作发展的历程证明,无论是"脱离实践的理论"还是"脱离理论的实践"都带有自身的局限性,无法从各自的角度引领社会工作专业朝一个健全、协调发展的学科方向发展。而关于这一问题,一些学者也提出了"实践的理论化"和"理论的实践化"的策略思路,即强调理论在实践中的引导性,以及实践之于理论的修正和完善作用。从这一角度出发,中国社会工作亟待解决的问题,其实就是在社会工作专业人才培养的过程中出现的理论与实践脱节的问题。在我国社会工作人才队伍建设工作蓬勃发展的今天,社会工作者"专而不职"和"职而不专"的问题也随之而来。这与"反理论"立场在如今专业社会工作者意识中的滋生不无关系。对于中国社会工作专业发展而言,对"反理论"立场的修正并不能只停留在对客观理论知识的优化,以及处理理论与实践关系的基础上。在更多的层面上,这种立场所带来的决定是受社会工作者自身的价值观和专业敏感性左右的,而专业社会工作者的理论自觉性又是这一问题的题中之义。社会工作从"反理论"到理论自觉,不仅强化了专业社会工作者的理论认知,体现了专业实践运行的知识性,也对整个社会工作专业化和理论化发展的大环境提出了新的要求。从这个角度来说,中国社会工作的发展还有很长的路要走。

从社会工作,乃至整个社会科学的国际形势来看,培养理论自觉无疑

---

[1] Orcutt, B., *Science and Inquiry in Social Work Practice*, (New York: Columbia University Press, 1990).

是社会科学学科走向世界学术中心的必由之路。尽管不同国家的社会工作状况有其共通性，但作为后发的中国社会工作，无论是理论成熟度还是实践模式的丰富度都无法与西方已相对成型的社会工作专业体系相提并论。再者，我国社会工作的本土化发展已经超越了专业化发展的步伐。无论是带有浓厚行政色彩的社会工作，还是一些非专业化的社会工作操作模式都使得专业化急需提高的中国社会工作事业的发展举步维艰。与此同时，政策性的倡导虽然带动了中国社会工作发展的积极性，但也在侧面上改变了社会工作专业教育的动机，造成了研究资源相对缺乏和动力的相对不足，而教育和职业资源却相对过剩的状况。这些无疑都淡化了社会工作的专业性，进而逐步消解社会工作者的理论自觉性。

不可忽视的是，中国社会工作的后发性所带来的挑战和机遇是一体两面的。一方面，社会工作"非专业化"所带来的理论意识和自觉性的空白恰恰避免了"去专业化"的错误倾向。更多的中国社会工作者在理论意识上更像是一张白纸，行政性和体制化的牵引使他们无法全面地接受成熟理论的熏陶，理论自觉和理论自信更是无从谈起，但这也为其更好地接纳专业理论的角色，理解专业理论的作用，更好地运用专业理论来指导实践埋下了伏笔，同时也会促使理论朝着更深层次的方向发展。另一方面，"反理论"的立场势必将提高社会工作的理论自觉意识推到专业发展的前沿，这不仅可以帮助后发的中国社会工作实现跳跃式发展，而且也是中国社会工作学科和研究进入世界中心舞台的必由之路。2012年6月李长春同志在马克思主义理论研究和建设工程的工作会议的报告中指出"我们的一些理论研究和学术创新还落后于这一伟大实践，一些人没有立足于这一伟大实践进行理论研究和学术创新，而仍然习惯于简单套用西方的范畴、理念和结论，用西方话语来解释中国丰富独特的发展实践，削中国实践之足，适西方理论之履"。可见，提倡理论学习、理论反思和理论自觉性的培养，已经成为中国社会工作学科发展的关键。中国社会工作要在探索西方专业发展历程中不断寻找专业理论在本土运用中的差异性，用本土性的理论自觉促进专业实践和理论的融合。在这一过程中，中国社会工作教育者与研究者将在确立中国社会工作专业化发展方向与战略中发挥主导性作用。只有这样，具备理论自觉意识，同时实现理论和实践协调发展的中国社会工作学科建设才能实现跳跃式发展，才能符合国际学科和研究发展的潮流。

全球移民治理与中国困局[*]

左晓斯[**]

摘　要：本文概要分析了全球移民治理现状和趋势，也较为系统地研究讨论了中国的移民问题及其对中国发展与稳定的重大意义。在此基础上，从认知与观念、战略与规划、体制与制度、资源与能力、协调与合作、数据与研究六个方面证明，中国有可能正陷入移民治理困局，尽管这个困局可能尚未被国家决策层和各级政府察觉。

关键词：移民　全球治理　诸边主义　中国困局

一　问题的提出

讨论移民治理问题，不妨从美国说起。美国是世界上最为典型的移民国家，以移民立国，以移民兴国；移民不仅成就了美国，而且是世界第一强国。移民对就业和工资水平的影响、政治联盟、政府运行、教育和其他公共机构、政府和日常生活语言、公共道德与犯罪、资源分配和消耗、人口增长等，所有这些均构成美国社会争论的焦点。(Gerber, 2011: 2 - 13)[①]但总体而言，从始至今，美国社会和美国历届政府均对移民基本持开放的态度。美国人始终相信，正是来自天南地北的各国移民和不同思想文化传统的交流、碰撞，成就了今日美国无尽的创造力和生命力；当同文同种的

---

[*] 本文已于 2014 年 9 月 15 日在《广东社会科学》第 5 期发表。
[**] 作者简介：左晓斯，广东省社会科学院社会学与人口学研究所副所长，研究员，博士。
[①] D. A. Gerber. 2011. *American Immigration: A Very Short Introduction*. New York: Oxford University Press.

欧洲大陆陷入历史性衰退时，充满异质性的北美大陆却克服了金融危机呈现一派生机。

今天，无论是国际移民还是国内移民，都仍需面对美国人首先提出的那个终极性的政治、社会和文化问题：我（们）究竟是谁？特别地，当他（她）跨过边界，究竟还是不是公民？这似乎是一个动态和持续的地位变化过程，他（她）究竟是公民还是（非公民）移民取决于来源地与目的地之间的权力关系（Guild and Mantu, 2011: 3）①。美国人几乎不会被视为移民，其公民身份全球有效；发展中国家公民无论是留学还是观光都会被当作移民；欧盟移民进入加拿大不会引起疑窦，美国的墨西哥人或西班牙的摩洛哥人却常常成为争议话题。同样，中国北上广居民在全国各地几乎不会被视为打工仔、打工妹，北上广的外地人却是需要严格管控的流动人口。

在中国，移民集中的地方往往也是经济发展最快、社会最具活力的区域。香港、澳门是移民在总人口中占比最多的中国城市，长江三角洲、珠江三角洲以及环渤海经济圈是中国发展最快的三大区域，也是移民，特别是务工型移民最为集中的地区。正是这一庞大群体的陆续流入和长期存在，三个区域成为中国制造业最集中的地方和世界制造业基地；一旦这一群体的规模发生异动，必对这些区域的整体经济运行造成巨大压力；一旦这一庞大群体的思想、行为发生异常，特别是因为不平等、不合理的治理体制和机制引发矛盾和不满，将对这些区域的社会稳定构成巨大威胁。因此，中国的移民，特别是务工型移民既是一个巨大的人力资源宝库，一笔巨大的经济财富，也可能是中国经济社会持续发展的沉重负担，甚至是一个随时可能爆发的火药桶。

效应是正还是负，关键在于如何治理。在一个经济社会已经运行到一个需要转型的阶段，如果我们依旧沿用旧思维、老办法，以为只要满足最低工资标准，提供基本保障，就可以应对已经有了新想法、新需要、新追求的第二代、第三代移民，将大错特错，将使我们的社会治理陷入被动。事实上，近年来一系列的社会冲突和劳资矛盾爆发已经证明，我们急需一种新的移民治理，包括新的理念、新的体制、新的机制。

如此种种问题，虽然已有不少研究，但将中国移民放在全球治理背景下审视可能会有全新的发现。

---

① E. Guild, and S. Mantu. 2011. *Constructing and Imagining Labor Migration: Perspectives of Control from Five Continents.* Surrey, England: Ashgate Publishing Limited.

二 全球移民与移民治理概观

(一) 全球移民进程：趋势与诠释

1. 趋势与特点

据国际移民全球委员会 (the Global Commission on International Migration, GCIM) 和国际移民组织 (International Organization for Migration, IOM) 报告，1970 年全球国际移民总数为 0.82 亿，2000 年上升为 1.5 亿，2005 年这个数字上升到了 2 亿，2010 年继续上升至 2.14 亿，到 2050 年，预计这个数字将上升到 4.05 亿 (GCIM, 2005; IOM, 2010)[①]。国际移民数量增长迅猛，但其占世界人口的份额基本稳定，大约为 3% (2005 年至 2010 年，份额仅轻微上升 0.1%，由 3% 上升至 3.1%) (UN DESA, 2009)[②]。

全球移民的主要特点是：移民大多集中在发达国家特别是主要发达国家，美国一直是所有国家中移民数量最多的；国际移民越来越向都市区集中，全世界有超过 20 个城市拥有超过 100 万外国出生的居民，全世界 25 个城市外国出生居民占到其总人口的 25% 以上；国内移民数量更为庞大，2009 年世界各国国内移民总数估计在 7.4 亿左右；国际汇款数额巨大，2009 年的国际汇款估计有 4140 亿美元，其中 3160 亿美元流向了发展中国家，其中印度和中国是最大受益国；各个国家和地区对移民的态度总体满意但出现分化，发达国家趋向正面，而发展中国家转向负面 (Price and Benton‐Short, 2007; UNDP, 2009; UN DESA, 2009; World Bank, 2010; Ratha et al., 2010)[③]。

[①] Global Commission on International Migration (GCIM). 2005. *Migration in an Interconnected World: New Directions for Action.* Geneva: GCIM; International Organization for Migration (IOM). 2010 *World Migration Report 2010 – The Future of Migration: Building Capacities for Change.* Geneva: IOM.

[②] United Nations Department of Economic and Social Affairs (UN DESA). 2009. *Trends in Total Migrant Stock: the 2008 Revision.* New York: UN DESA.

[③] M. Price, and L. Benton‐Short. 2007. Counting Immigrants in Cities across the Globe, Migration Policy Institute (MPI,), http://www.migrationinformation.org/Feature/display.cfm? ID = 57; United Nations Development Programme (UNDP). 2009. *Human Development Report 2009. Overcoming Barriers: Human Mobility and Development.* New York: UNDP; United Nations Department of Economic and Social Affairs (UN DESA). 2009. *Trends in Total Migrant Stock: the 2008 Revision.* New York: UN DESA; World Bank. 2010. *Migrant Remittance Inflows*, last data, April 2010. Washington, D. C.: World Bank; D. Ratha et al. 2010. *Migration and Development Brief 12: Outlook for Remittance Flows 2010 – 2011: Remittance flows to developing countries remained resilient in 2009, expected to recover during 2010 – 2011.* Washington, D. C.: World Bank.

2. 原因与价值

如专家估算，尽管跨越国界的国际移民仅占世界总人口的很小一部分（约3%），但绝对数量和在很多国家和地区总人口中的占比都在快速上升，各方面影响和后果日益显现，越来越成为许多国家重要的政治议题；作为全球化的最重要体现和标志之一，也日益成为国际上最为重大的公共话题，越来越多的国家、国际组织、联合国机构以及非政府组织和私人机构加入进来，试图寻找出使得各相关方利益最大化成本最小化的移民治理方式方法。移民问题同时也吸引了越来越多的学科和学者的研究兴趣。来自不同视角、对移民相关议题的研究文献越来越丰富。研究主要尝试回答四个问题，一是驱动移民特别是劳工移民（labour migration）的主要动力是什么；二是国家的移民政策源自什么（基于怎样的考量）；三是如何测度和评估政策的效果；四是移民趋势和相关政策走向（Guild and Mantu，2011：1）[①]。

IOM相信，2008年前后的经济危机的确使得世界很多地方向外移民的速度放慢了，但似乎并没有触发移民大规模回流。随着经济复苏和就业增长，不仅移民的规模会很快超过危机之前的水平，移民的构成以及到达的目的地也会发生深刻转变。这种新的发展既有人口分化、环境变迁、技术革命、社会网络、全球政治经济流变等方面的影响，更有结构性因素。其中之一是，相对发达国家，发展中国家的劳动力增长迅猛：预计直到2050年，发达国家的劳动力依然维持在6亿人左右，而发展中国家的劳动力总数将由2005年的24亿人增长到2020年的30亿人以及2040年的36亿人。不少发展中国家的就业市场至少在2030年前都将停滞不前，使得发达国家与发展中国家的发展机会差不断扩大。因为各种原因，包括应对人口老龄化、吸引留学生和高技能人才的需要，发达国家对移民劳工（migrant labour）的需求很可能会持续增长。其他类型的移民，包括非法移民、国际旅行者、环境移民、难民、生活风格移民等也会因各种原因持续增长。（IOM，2010：3）[②]

管理得当的移民无论对目的地国家经济增长和创新，还是对来源地国家减贫和发展都是强大力量，也能够为移民及其家庭提供自由和发展机会

[①] E. Guild and S. Mantu. 2011. *Constructing and Imagining Labor Migration: Perspectives of Control from Five Continents*. Surrey, England: Ashgate Publishing Limited.

[②] International Organization for Migration (IOM). 2010. *World Migration Report 2010 – The Future of Migration: Building Capacities for Change*. Geneva: IOM.

(UNDP，2009)①。20世纪90年代中期，移民在不同的接受国一度被认为既可能是潜在的威胁，也可能是资产；而一些来源国视外流移民是一种损失并谋求补偿。2000年之后，出现了一种新的、更加积极的移民观：人的流动（移民）不仅是无可避免的，而且可以是积极有利的；要让人的流动积极正面，就必须至少让利益攸关三方（来源国、目的地国以及移民自己）均受益。越来越多的欧洲国家改变了对移民的看法，认识到移民作为资产的优势和价值（Ghosh，2000；Bosswell，2003）②。联合国发展计划署在其2009年年度报告中提出，流动是人类发展的必要条件。这种观点源于发展研究（Development Research）。人们发现，贫困的病因在于发展机会的缺乏。因此，移居到机会更多的他处也是一种发展战略。正如Bakewell（2008：1341-1358）所说，发展无边界，如果移民可以改善自己以及家人的境况，就是一种上佳的发展选项。③

（二）全球移民治理：演变与趋势

治理（governance）可以专门用来描述20世纪80年代和20世纪90年代伴随公共部门改革（the public-sector reforms）所发生的国家角色和性质的转变。最为典型的是，这些改革被认为已经导致科层等级制向市场、准市场和网络的广泛运用的转变。治理表达了一个广泛的信念：国家越来越依赖其他组织保障实现她的意图、传递自己的政策、确立统治模式。治理也可以用来描述国家依赖其他组织或者国家发挥很少或者根本发挥不了作用时的任何一种管制模式（any pattern of rule）。全球治理或国际治理（global governance or international governance）指的就是在全球层面建立的管制模式，因为联合国太过弱势，根本不可能像主权国家那样在其疆域内施加自己的意志和影响。（Bevir，2007：364）④

全球治理是因应不断凸显的跨国议题而特别提出来的。（Betts，2011：

---

① United Nations Development Programme (UNDP). 2009. *Human Development Report 2009. Overcoming Barriers: Human Mobility and Development*. New York: UNDP.
② B. Ghosh (ed). 2000. *Return Migration: Journey of Hope or Despair*. Geneva: IOM; C. Bosswell. 2003. *European migration policies in flux: Changing patterns of inclusion and exclusion*. Oxford: Blackwell's and Chatham House.
③ O. Bakewell. 2008. "Keeping them in their place: The ambivalent relationship between development and migration in Africa." *Third World Quarterly* 29: 1341-1358.
④ M. Bevir. 2006. *Encyclopedia of Governance*. Thousand Oaks: SAGE Publications.

7)①它通常强调国际层面公共管理的两大特征：超越国家的权力让渡（the transfer of authority）；公私机构在管理全球公共事务中形成伙伴关系（partnering）。然而，在移民政策领域，国家主权并未松动，各国并不愿意将边界控制或移民选择的权力让渡给国际组织或多边机制。但从20世纪90年代中期以来，相关方做出了密集的积极尝试以应对移民一个或多个方面的问题，移民已经成为全球政策议程的组成部分，同时各主权国家在确定其移民政策上保有极大的自主权。国际移民具有显在的跨界性和各国移民政策的相互依赖性，尽管缺乏"自上而下"的多边框架，但出现了一个迅速显现的"自下而上"的全球移民治理框架；各国正在创设各种特别或临时的多层移民治理；一个日益复杂、包含双边的、区域的、区域之间的制度阵列正在诞生，使得各国能够有选择地参与到与不同伙伴国家之间的各种非正式合作。除了显现中的双边和区域制度外，大量规制其他政策领域的多边制度对各国应对移民问题也具有非常显著的参考价值。20世纪90年代以来的移民治理新发展和新举措可以分为两个阶段：20世纪90年代开始为第一波，2005年以后为第二波。

1990年标志着处理跨国移民方式的显著变化。有不少新举措是为着把各国带到一起讨论共同的移民议题而提出来的。1993年，奥地利和瑞士带头组建了国际移民政策发展中心（ICMPD）。这是一个为成员国提供移民管理专业知识的政府间组织。欧美内部关于移民问题的几场讨论以及阿姆斯特丹条约中关于移民和庇护政策的积极协作也出现在这个时期。因此，联合国难民事务高级专员的使命和授权在面对冷战后冲突和政治暴力提出的变幻莫测的挑战时受到重新审视并得以扩大。IOM也扩大了她的授权，从一个引导移民交通运输的技术机构转变成为冷战后最核心的移民治理机构（Geiger et al, 2010：1 - 20）②。随着20世纪90年代中期发起区域进程，IOM谋求将相邻各国组织起来共同商讨移民政策和移民模式。普埃布拉（Puebla）和马尼拉（Manilla）进程以及后续的区域框架已经促进了输出国与输入国之间的对话和持久关系，这对国际移民治理意义重大。尽管如此，这个时期以多边方式提出移民问题的主要是欧洲各国政府以及邻近国家，各项举措的影响也是有限的。

---

① A. Betts. 2011. *Global Migration Governance*. New York: Oxford University Press.
② M. Geiger et al. 2010. "The Politics of international migration management." In *The politics of international migration management*, edited by M. Geiger et al (eds), pp. 1 - 20. New York: Palgrave Macmillan.

2005年以后这个时期实施了一系列新的举措：联合国任命了一位移民特别代表；创设了全球移民委员会，并于2005年提交了相关报告；2006年全球移民小组创立，给不同国际机构中的移民政策带来更大的协调性，促进各方更加尊重现存国际移民法律；促进输出国与输入国在政策领域的协调和合作，满足各方发展目标。也是在联合国框架下，移民与发展高阶对话于2006年举办，旨在引起利益相关者对劳工招募、移民人权和安全相关政策的协调性特别是效率的重要性予以足够重视。随后又召集了几场讨论会，并由此于2006年创设了全球移民与发展论坛（GFMD）。第二次移民与发展高阶对话于2013年举行。所有这些行动和举措都有赖于各国和世界银行、联合国开发计划署这类国际组织的参与。在欧洲，ICMPD开始聚焦能力建设机制，以便有效管理移民。与2001年启动的伯恩计划（the Berne Initiative）一道，2004年开始了移民管理国际议程，目的在于协助各国更好地开发移民政策和立法能力以及行政执行能力。欧盟议会也开始着手发展与第三国的合作计划。旨在协助第三国通过能力建设项目应对移民问题的伊尼亚斯（AENEAS）计划于2004年启动。连经合组织（OECD）也在这个时期围绕国际移民管理议题动员起来。从20世纪70年代开始，OECD就一直在发布成员国国内移民的相关报告。高阶政策论坛为成员国推出了路线图（Road Map）。与第一波相比，这一时期的举措较少聚焦移民流，更多关注国家政策以及各国政策之间的协调性。

一些学者对这些移民治理进程进行反思后特别强调，移民治理是一个高度政治性的过程，不仅在输入国与输出国之间，而且在不同的人口管理模式之间都会产生巨大张力；关键是要清醒地意识到，移民治理以对问题的性质及其解决方案有着不同观点的角色之间的权力斗争为特征；成功的移民治理有赖于获得其中主要角色，包括国家、各类组织和私人机构对通用方法（路径）支持的能力；含有多边目标的政策在执行阶段遇到种种挑战表明，在官僚逻辑内部以及地方、国家以及国际政策层面之间也存在裂缝与张力（Geiger et al., 2010: 1-20; Kunz et al., 2011）。[1]

可以说，人类社会移民其实有着悠久历史，只是到了最近才被视为一

---

[1] M. Geiger et al. 2010. "The Politics of International Migration Management." In *The Politics of International Migration Management*, edited by M. Geiger et al (eds), pp. 1-20. New York: Palgrave Macmillan; R. Kunz et al. 2011. "Introduction. Governance through Partnerships in International Migration." In *Multi-Layered Migration Governance*, edited by R. Kunz et al (eds), *The Promises of Partnership*. London: Routledge.

个全球重要议题，也引发了国际合作在其中有着怎样作用的热烈讨论；但规范国家对移民问题反应的国际制度框架与二战后联合国规制其他国际议题的多边主义完全不同。国际移民量的增长使得移民问题日渐突出并且不断被政治化；国际移民质的变化，包括日益增长的南北流动和随着劳工市场国际化而不断推高的劳工移民比重。两方面共同作用将导致各国开始追求以合作的方式将移民利益最大化，同时将与不合需要移民相关的代价减到最小。各国终于认识到，孤立行动无法实现自己的移民目标，协作和合作成为必要。然而除了难民体制，世界上还没有正式或综合的多边体制来规范各国如何应对人员跨境流动，也没有专司此责的联合国组织监察各国是否遵从规范和规则，后冷战时代发展新的正式合作机制的尝试不仅十分有限而且总体上也是失败的。不过，正式的、协调一致的、基于联合国体制的治理框架虽然还不存在，但丰富且有些碎片化的全球移民治理却以类似织锦（tapestry）形式在各个层面存在：首先是在诸如难民体制、国际劳工组织公约及护照使用规范等领域于战争期间建立的正式多边主义架构；其次是用来规制其他虽无移民标签但对各国应对人员流动颇有价值的国际协定，如世界贸易组织法律、海洋法、人权法、人道法等，这种嵌入性治理机制使得大量其他国际组织和角色越来越积极介入移民问题的讨论；最后，随着对劳工移民和非法移民的政治关注增长，一种可以统归到"跨区域主义"旗下更具排他性而不是包容性的新合作机制正在出现，将双边、多边和跨区域合作交织于一体。

三 全球移民治理体制：走向兼收并蓄的诸边主义

我们究竟期待或需要怎样的移民治理体制（regime）？这个期盼驱使联合国前秘书长安南委任多伊做出报告以及成立国际移民全球委员会。但两项措施都未能展示出全球移民治理协调一致的观点和前景。目前，有两个场域各国都在持续参与讨论以努力描绘全球移民治理的形态：一个是"移民与发展"，出现在联合国内部和移民与发展论坛；一个是国际移民组织（IOM）主导的讨论，聚焦于非法移民，主要透过 RCPs（区域协商进程）进行。（Betts，2011：320）[1] 这两个场域的讨论很少互动，也未曾尝试提出统一的协调一致的全球移民治理愿景，但其中相互竞逐的观点大致可以归

---

[1] A. Betts. 2011. *Global Migration Governance*. New York: Oxford University Press.

结到两大类别，即非正式的网络治理和正式的多边治理，同时蕴含第三种前景或选择——协调一致的诸边主义（coherent plurilateralism），而且可能是最合要求最有可能在政治上取得平衡的。三者共同构成了全球移民治理的发展方向。

（一）非正式网络治理

当前全球移民治理的趋势之一，是志趣相投的国家组成排他的、非正式的团体就共同关心的议题举行区域和区域间对话。这种非正式网络越来越被各国视作有效解决方案，因为相同意愿国家的小型联合可以避开和绕过联合国体系约束性义务和公认的无效率，同时实现各种协作和合作，使他们能够感知到移民相关利益最大化。RCPs 模式在 IOM 的推广下迅速扩散开来，成了全球移民治理的通行做法。北方国家偏爱他们可以据此展开讨论并进行最优实践的俱乐部方式，力图避开透过联合国系统的正式多边主义（协定）。非正式网络治理并不直接规定各方的权利、责任和义务，而是将注意力集中于创造各种条件，使得主权国家可以主要透过双边协议根据可选择的特定基础参与协作与合作。跨区域非正式网络治理可以提高效率，而且更大的排他性也有利于就政治敏感议题进行坦率和公开的交流，但按照权利、公平和责任的标准衡量，其结果可能更不确定。RCPs 就是一个具有排他性的论坛，不对公众开放，没有其议程的文件记录，也就不可能促进具有包容性的全球移民治理；更要命的是，它代表着一种强化各国间现存权利不平衡的模式，即通过使实力更强的国家或移民输入国根据自己的战略和策略系统地吸纳和排斥预期的伙伴国，巩固现有的不平等。换言之，现有非正式网络和跨区域治理结构为北方国家创造出对预期的南方伙伴国采用"择地诉讼"（forum-shopping）和"分而治之"（divide and rule）手段的机会。非正式网络模式的确提出了许多有关网络与权力关系的质疑。有学者指出，非正式网络在议程设定、共识构建、政策协作、知识生产与交换、规范设定与传播等环节都显示出与权力的重要关联；许多发展中国家积极支持更具包容性和开放性的多边治理形式本身就意味着，他们认为现有 RCPs 模式并不恰当，无法满足他们的需要和关注（Woods and Martinez-Diaz, 2009）[①]。

[①] N. Woods, and L. 2009. Martinez-Diaz, *Network of Influence? Developing Countries in a Networked Global Order*. New York: Oxford University Press.

(二) 正式多边治理

多边主义治理最具竞争力的一种考量也许应基于联合国的新移民组织 (Bhagwati, 2003: 98 - 104)[①], 主要依据是权利和公平。这得到许多热衷于为北方国家创设许可其劳工移民、保障其权利的强制性义务的发展中国家的共鸣和支持。联合国体系提供包容和开放的论坛, 各国在这里都可以参与坦诚对话, 也允许创设强制性规则和规范由此将基于权利的关注落到实处。但一些国家批评这种具包容性的多边主义形式没有效率, 也无法对移民现实做出及时响应。的确, 联合国关于移民的讨论一直受制于南北分化和对立, 北方国家不愿意在移民领域做出重大带有约束性的妥协。也的确有不少移民领域属于联合国体系内, 如难民保护、贩卖人口、缘于环境的迁移等清晰地划在联合国体系内并在联合国论坛上讨论和辩论。北方国家, 特别是美国一直不愿意支持对劳工移民进行以联合国为基础的强制性规制, 因此, 基于联合国制度、协调一致的劳工移民治理框架将主要由于南北对峙而遥遥无期。联合国移民与发展全球论坛上的投票、《联合国全体移民及其家庭成员权利公约》的签署情况、移民与发展首次高阶对话上泾渭分明的辩论等等, 都清晰例证了南北对峙是如何阻止劳工移民领域联合国为基础的治理结构的诞生。这并不是说这种治理结构不可能, 但联合国中最强大的国家看来对这样一个制度还暂无兴趣。可喜的是, 情况似乎有了少许改变。美国对多边主义的态度越来越积极, 中国、印度在移民治理问题上越来越活跃。这可能会重塑全球移民治理。在贸易、环境等议题上, 各国耗时多年才发展出多边主义治理的架构。关于全球移民治理的讨论仅仅始于1994年开罗举办的人口与发展国际会议 (ICPD), 现在就要清晰界定联合国在移民问题上的角色着实有点为时尚早。但无所作为毕竟将使联合国面临信誉和权威方面的巨大挑战; 如果各国都考虑将多边主义看作是比非正式网络治理的替代者更有效的劳工移民治理方式, 那就需要更大程度的改革。

(三) 协调一致的诸边主义

当前全球移民治理的另一个趋势是创设一种涵盖双边的、区域的和区域间制度的织锦式松散结构, 以补充已有的多边主义制度。各国根据自身

---

① J. Bhagwati. 2003. "Borders Beyond Control." *Foreign Affair* 82: 98 - 104.

的偏好和权限以不同的进度和不同的轨迹有选择地参与制度化合作。似乎很可能的是,这种诸边主义趋势(即不同模式和不同治理水平共存)将继续确定全球移民治理发展的大方向;全球移民治理必须在非正式网络治理与正式的多边主义二中选一的观点代表着一种错误的二分法;其实还有替代性的第三条道路,即尝试打破网络治理的灵活性和效率与联合国体系提供的对于公平、权利和包容性之间的平衡。这种作为替代者的协调一致的诸边主义,源于一种双重认知:一方面,单靠非正式的跨区域治理机制无法满足发展中国家和移民的权利要求;另一方面,纯粹的多边主义途径也许不够灵活,并不总是能够适时响应小型国家俱乐部的特殊要求。即时的挑战是要在碎片化的交叉性织锦与折中方式(不同移民领域由此受制于它们自己的制度架构)之间以最大的协调一致性达成平衡。为此需要跨越所有现存制度的更大程度的协作,更大程度对权利的全盘重视。全球移民小组和 RCPs 间会议制度的创设以及移民与发展全球论坛的存在,全都代表对跨越治理水平和移民领域更大协调一致性需要的积极认可。但在实践中,这些机制还没有取得自己所宣称的那种一致性,政策制定者对问题的反应也预示着对现存协作机制所取得的成就的不满。基于协调一致的诸边主义陈述全球移民治理前景的一种方式,就是首先确定全球移民治理应当实现怎样的功能。根据国际制度框架应当使各国能够确定偏好重合(重叠)的领域并在这些领域推动国际合作这样一种判断,可以确认全球移民治理的五大功能,但当前而言每个功能领域都有严重不足(Betts,2011:320-325)。①

规范性监督或监督性规范。现存治理的最大缺陷之一,是缺乏一种制度权威监督各国履行国际移民法规定的现有义务。IOM 没有清晰确定的规范作用,而且与联合国难民事务高级专员监督国际难民法和红十字国际委员会(ICRC)监督国际人道法的作用相比,还没有任何组织在移民领域拥有类似规范作用。移民人权相关领域问题更为严重,它常常落在不同国际组织的授权的中间地带,无人真正负责。

对话论坛。移民与发展全球论坛(GFMD)为各国开展移民对话提供了最具包容性的平台。但无论是按参与者(国家或非国家角色)还是按移民范围(类别),它在总体上仍然不够包容性。联合国移民与发展高阶对话为整个国际社会聚会创造了机会,只可惜从 2006 年第一次会议到 2013 年第二次会议中间竟然相隔 7 年之久。因此还需要继续为最具包容性的移民对话论

---

① A. Betts. 2011. *Global Migration Governance*. New York: Oxford University Press.

坛创造合适的大环境。

服务供应。很多组织支持各国移民领域的能力建设，最著名的是 IOM。但能力建设倾向于集中在与边境控制、旅行文件等相关议题上，忽视了其他领域的能力建设。东非能力建设调查发现，许多 IOM 训练出来的边境战士对如何识别虚假文件很在行，却不知道"难民"的定义。

政治引导。国际组织能为各国发挥的一个重要作用，就是透过引导防止集体行动失败。通过确定双方利益的契合领域并提出合作或协作的愿景，国际组织可以在许多政策领域扮演重要角色，但一到移民领域，这种作用就消失得无影无踪。例如，IOM 总部几乎没有能力参与政治引导，其他移民工作组织又缺乏团队和资源发挥这种作用。然而，一旦领导和愿景出现，这种功能就很关键。

知识能力。为了确定需要国际合作的领域，全球移民治理必须有知识能力，以便能够有分析地或者按议题或者按更广泛的政治和制度环境参与移民领域的发展。然而，现时还没有一种主要移民制度有这方面的能力。国际组织或国际组织集团，都需要培养更强大的移民领域知识能力。如果其持续致力于国际移民并热衷于同时作为知识银行或货币银行，世界银行就是这种角色的最佳人选。在初始阶段，它也许会涉及召集国际专家团队，就如世界气候变化领域出现的情况一样。

确定这些功能并不能提供统一的移民治理前景，但能够以有助于找出现存制度织锦中的空白和缺陷的方式阐明全球移民治理的程序目标。至少在不久的将来，期待出现一块可以在上面构建单一多边主义框架的白板其实不现实。相反，必须根据各国和移民的利益使现存制度更好地发挥作用。全球移民治理将不会建立在联合国为基础的一体适用的多边主义愿景之上。但我们仍需努力使现存制度的复杂织锦更协调，更好地响应一个流动性日益增强的世界的挑战。

四 中国移民问题与治理困局

（一）中国的移民问题日趋关键

移民问题在中国是否重要，取决于中国移民的数量和对经济社会政治文化的影响。我们不妨从国际移民和国内移民分别予以观察和分析。

1. 国际移民

从中国的实际情况看，我们可以从移民流出与流入、汇款流入与流出、出国留学生数量等方面进行观察。虽然由于渠道原因数据有的有些陈旧，有的不那么准确，但相对数还是有说服力的。根据 IOM《2010 年世界移民报告》和美国皮尤研究中心官方网站 *Changing Patterns of Global Migration and Remittances* 报告，截至 1990 年，中国外迁移民（emigrants）总数为 410 万人，位居第七；2000 年的数字是 580 万，居世界第五；至 2013 年，总数为 930 万，位居第四（位于印度、俄罗斯和墨西哥之后）。另据联合国 2013 年 9 月公布的世界移民报告显示，中国移民主要目的地为美国、韩国、日本、加拿大、澳大利亚和新加坡。中国外迁移民具有以下几个特点：一是中国外迁移民的数量呈持续增长态势；二是由于人口基数大，外迁移民在人口中的比重并不大，对人口规模和结构不会构成直接冲击；三是目的地比较集中，但近年来有扩散的趋势。从移民流入情况看，据联合国经济社会事务部的报告，中国大陆一直不是世界主要目的地国家，2000 年、2005 年、2010 年分别拥有 50.8 万、59 万和 68.6 万外来移民（主要来自发展中国家），与美国的 3481.4 万、3926.6 万和 4281.1 万（分别占总人口的 12.1%、13%、13.5%）相比不值一提。但中国澳门和中国香港的情况完全不同，2000 年、2005 年和 2010 年的数据分别是澳门 24 万、27.8 万和 30 万，占到总人口的 54.5%、57% 和 54.7%；香港为 266.9 万、272.1 万和 274.2 万，占到总人口的 40%、39.5% 和 38.8%。两个特别行政区都是典型的移民城市。中国是世界上最主要的国际汇款流入国，一直高居全球第二位，仅次于印度；但近年来已经同时成为重要的国际汇款流出国，2000 年以来一直是仅次于马来西亚但高于日本的亚洲第二（2008 年马来西亚、中国和日本流出的国际汇款分别为 64 亿、57 亿和 48 亿美元）（UN DESA，2009）。① 改革开放以来，中国有越来越多的年轻人出国留学，逐渐成为美国、加拿大、澳大利亚、英国、日本、新西兰等西方国家最主要的生源地，仅在澳大利亚，中国留学生就占到外国留学生的 1/4 左右。

2. 国内移民

如果说国际组织和国际机构将出生地不在本国的居民视为国际移民是可行的话，将中国国内户口不在本地的居民视为国内移民就是合理的。由此观察，中国国内移民数量以及占总人口的比重都在迅速上升。具体数字见图 1 和图 2。国内移民与国际移民的差别在于，除水库移民等工程移民、

---

① United Nations Department of Economic and Social Affairs（UN DESA）(2009). Trends in Total Migrant Stock: the 2008 Revision, New York: UN DESA.

自然灾害移民等受迫移民、扶贫开发等政策性移民等，中国绝大部分国内移民都是自愿移民，主要是为寻找更好发展机会产生的劳工移民（含自雇劳工移民），其中大部分进入各种企事业单位就业，处于劳动年龄段。这些移民（流动人口）的去向主要是由西往东，由乡往城。各地 2010 年与 2000 年相比人口比重变动情况也证明了这一点。其中人口总量及人口占比均增长较大的五个省市依次是广东、上海、浙江、北京、天津，人口总量及占比下降的依次是四川、湖北、重庆、安徽，人口大省河南人口总量增长但人口占比下降幅度与重庆和安徽并列全国第三。总人口中 15～59 岁人口为 9.40 亿，占 70.14%，与 2.61 亿流动人口对照，剔除其中的少量非劳动人口，移民在全国劳动人口中的占比超过 1/4。在全球大约 7.4 亿国内移民中，中国的份额达到了约 35.27%，超过了三成。

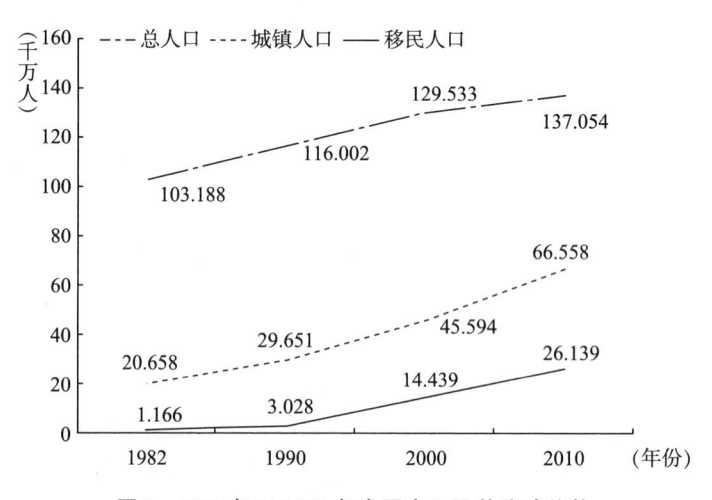

图 1　1982 年至 2010 年中国人口及其流动趋势

3. 移民与中国的发展

虽然中国有香港、澳门、深圳等移民城市，但总体而言，中国从来不是移民国家，移民问题从来没有提升到国家战略层面。这主要源于我们对移民与国家发展、移民问题与国家影响的认识局限有关。其实，正确认识移民的历史必然性、移民可能产生的巨大价值、流民可能引发的巨大风险，充分发掘和利用其综合价值，尽量化解治理不当带来的危害，在中国尤其值得重视。

在国际移民层面，我们可从两方面来理解。以投资移民、技术移民和留学人员为主的外迁移民越来越多的事实需要引起决策层的注意，在分析原因的基础上考虑对相关政策甚至是大政方针做出必要调整以留住资本、技术和人才，同时也要考虑已经移居国外的移民权利保护，必要时伸出援手，或提供充分的回流渠道和机会，让他们与祖国（母国）保持联系和感情，即使身在他国也能心系中华，或者奋力报效祖国，或者力促所在国与中国保持紧密关系（试想一下以色列裔美国人对以色列的积极作用和巨大贡献）。中国也在近年来逐步成为移民目的地（看看广州童心路小北路一带密集的非洲兄弟），由于缺乏成熟的国际移民治理制度安排以及多边、双边协定，他们给各地政府带来越来越大的压力，甚至冲击到中国与这些移民来源国的外交关系。也由于缺少足够的意愿、能力和制度设计，我们极力想要引进全球高端人才的计划也时常难以实现。

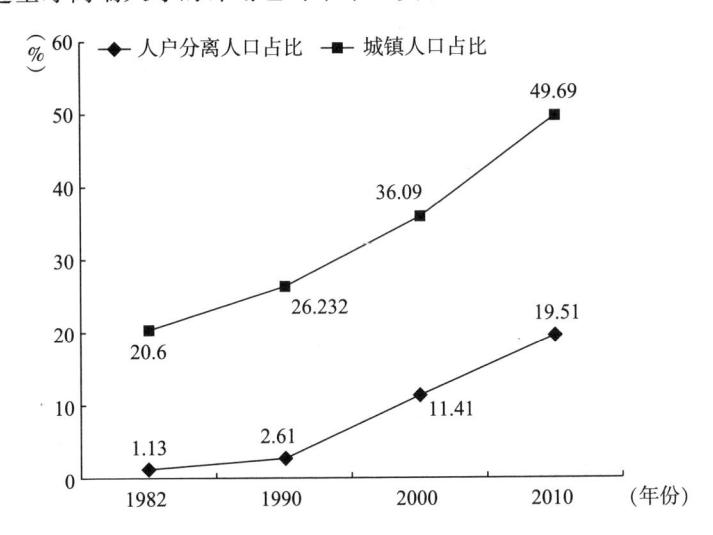

图 2　1982 年至 2010 年中国城镇人口和流动人口变化趋势

注：以上图表均根据历次全国人口普查数据整理。

国内移民更是中国移民的重心和主体。超过 2.6 亿的人口在全国各地流动，不仅为各地带来了廉价人力资源，支撑起作为世界工厂的中国制造业，也是各地小微工商企业主的主体，既带来税收，又创造就业，更是各地房屋租赁业的绝对客户主体，为当地居民带来无尽财富。与此同时，不协调的政策法律、不平等的待遇地位，加剧了各种矛盾的集聚和爆发，移民集聚地成为以本地人与移民对立冲突为特征的群体性事件多发之地，农民工集中的企业成为农民工与企业主和地方政府对峙的劳资矛盾冲突的热点，甚至发展成重大社会性事件，影响到经济发展和社会环境。移民的作用和影响，完全可以用"水可载舟，亦可覆舟"来形象表达。

（二）中国移民治理评价

总结中国移民治理状况，可以用两句话简要概括：没有移民战略，只有零星政策；没有持续治理，只有临时应急。从1957年算起，中国已有十二个国民经济和社会发展五年计划，并且已经开始规划第十三个五年计划。纵观这些计划，没有发现其中有移民治理的内容。中国也有文化发展战略、城镇化发展战略（不涉及移民）、计划生育战略、医疗卫生发展战略、反贫困战略，甚至有结核病防治规划、预防与控制艾滋病中长期规划、行动计划等，就是没有移民治理战略、规划、计划，国家没有，移民集中的省市也没有。当然，对于仅涉及特定地区、特定群体的水库移民（如三峡移民）、灾害移民、扶贫开发移民等，国家倒是有特定的零星政策，包括补偿、安置、扶持等具体措施。对于以农村剩余劳动力为主体的庞大流动人口，中国只有临时应对措施或事后调整制度或政策，包括孙志刚事件后对收容和暂住证制度的改革，民工荒以及众多群体性冲突后的积分制，罢工事件（南海本田事件为标志）和劳资冲突（东莞裕元鞋厂事件为标志）愈演愈烈之后对农民工工资、社保等基本权利的勉强认可，但对这个庞大群体的未来，从来没有持久、长远的治理策略，因此需要不断扩充综治维稳的队伍、资金、装备，不断制定新的应急计划。

按照国际移民治理的四大标准，即效率（efficiency）、公平（equity）、正当性（legitimacy）和权利（rights）（Betts，2011：24－28）[1] 来评价，中国移民治理肯定存在大问题。从移民特别是劳工移民来看，无论是输入地还是输出地，都没有研究、统计、预测和规划；移民何时外迁，迁往何处，目的和期望如何，计划如何，逗留多久，全部都是自发行为，或是亲朋介绍，或是根据道听途说；企业招聘，也是各显神通，或者在公司门口墙壁上招贴广告守株待兔，或者在车站码头设摊摆点吆喝揽人，或者去人才中心和职业介绍所花钱请人代招，大多是临时抱佛脚。其结果就是需要劳动力的企业和地区找不到合适、足够的人力资源，急需外出寻找机会的劳工移民也找不到满意、足够的工作岗位。与这种移民供需不匹配的相关后果之一，便是移民治理的低效率或无效率。就公平而言，在正式多边框架缺乏时，相对强势的移民输入地一方一般都是移民治理的主导者，在如何对待移民问题上，输出地基本没有话语权；高技能劳工移民也都是由欠发达

---

[1] A. Betts. 2011. *Global Migration Governance*. New York：Oxford University Press.

地区流向发达地区，即使是低技能劳工移民，输入地也可以对就业领域实施限制；许多移民选择在仅提供相对较低的薪金和几乎没有什么权利的地方和企业就业的事实（设想一下在香港做家佣的菲律宾妇女和在大陆沿海地区血汗工厂拼命加班工作的内地劳工），并不能证明他们不知道或要主动放弃这些权利，而是没有更好的选择。移民治理中的正当性要求实现如下核心权衡：一方面，移民治理体制和制度要获得公众支持；另一方面，也要求那些制度安排促进结果公正，并守护移民这类无法获得程序性和法律资源的局外人（outsiders）利益（Buchanan and Keohane, 2006）[1]。以此标准衡量，我们那些零散的移民政策和制度的正当性的确非常欠缺。移民治理的第四个重要判断标准是它在多大程度上尊重了移民和公民个人的权利。在中国，移民的诸多基本权利得不到保障，如不能与本地市民一样参与政治生活和社会生活，即使长期居住也得不到市民权（这一点甚至比获得外国公民权都要难），不能平等就业（如公共部门就业限制），教育、住房、卫生保健以及社会保障和社会服务等方面的歧视，被视为特殊的弱势群体（黄晨熹，2013）[2]。也就是说，当前中国移民治理政策和结果按照全球多数规范性标准衡量都是明显不公平、不合理、不恰当的。

我们可以透过"边界"（the border）概念来进一步理解和评价移民治理。边界本身是一个地理用语，但自从有了民族国家和一国之内的行政区划（以及相应的差异），边界越来越成为一种社会法律机制，涉及多个角色和多种划界机制。判定你是否是公民（市民）、成员、是否属于这里、是否享有权利，或者笼而统之，是否是公民（市民）（citizen）还是非公民（非市民）（non-citizen）不再只是地理界线，更重要的是社会法律边界；一个人即使已经出现和存在于一定疆界内，也会因为这条社会法律界线的存在将你划为公民或非公民，并享有天差地别般的不同权利（Guild and Mantu, 2011: 17-20）[3]。在中国，这条社会法律边界就是户籍制度。户籍制度是中国国内移民划定的依据，是移民治理体制和制度的基础，也是理解中国移民治理种种问题的一条重要线索。

---

[1] A. Buchanan and R. Keohane. 2006. "The Legitimacy of Global Governance Institutions." *Ethics and International Affairs* 20: 405-437.

[2] 黄晨熹，2013，《迁流、弱势和社会保护：流动人口社会政策研究》，《劳动经济评论》第6卷第1辑。

[3] E. Guild, and S. Mantu. 2011. *Constructing and Imagining Labor Migration: Perspectives of Control from Five Continents*. Surrey, England: Ashgate Publishing Limited.

中国社会科学界对移民问题的研究除特定的水库移民、灾害移民和扶贫开发移民外，最多的就是关于农民工的各种调查、报告和研究。其中不乏名家大家，如陆学艺、李培林、李强、王春光、宋林飞、蔡禾、蔡昉等的专著、论文、政策建议等，也有国务院发展研究中心课题组、国务院研究室课题组、国家统计局课题组、国家人口和计划生育委员会流动人口服务管理司等重要部门的调研报告、调查报告、监测报告、发展报告等。但这些研究成果都停留在学术研究或政策建议层面，基本未进入制度安排或法规政策。自2003年起，国务院（及办公厅）出台了多个《意见》《通知》《报告》等，尤其是2006年颁布的具有标志性的文件《国务院关于解决农民工问题的若干意见》（国发〔2006〕5号），认识到了解决好农民工问题的重大意义，提出了做好农民工工作的指导思想和基本原则，特别提到要抓紧解决农民工工资偏低和拖欠问题、依法规范农民工劳动管理、搞好农民工就业服务和培训、积极稳妥地解决农民工社会保障问题、切实为农民工提供相关公共服务、健全维护农民工权益的保障机制等重点工作，但是由于此文层次和法律地位并不高，也没有配套政策和考核指标，更重要的是将全部责任推到了地方各级政府，其执行力和约束力可想而知，《意见》中的六大问题可以说一个也没有真正解决，文件颁布8年后的2014年东莞裕元鞋厂事件再次揭开了社保问题的盖子（疮疤）。有趣的是，自此文公布开始，"农民工"这一歧视性称谓倒是制度化了。

（三）中国移民治理困局

因此，可以说中国移民治理存在系统困局，尽管这个困局可能还未被决策层和各级政府察觉和识别。我们可以从以下六个层面、环节和领域来观察。

1. 观念盲区与认知缺失

无论是国际移民政治还是国内移民治理，有什么样的移民观，就会有什么样的移民治理思路和战略。试想一下作为移民国家的美国有着怎样的全球视野和开放心态，作为移民城市的香港、澳门以及深圳又与内地城市有着怎样不同的思维观念和发展战略。但中国作为一个整体，或者其大部分版图内的地区，包括北上广这类开放性（国际）大都市，在看待移民和对待移民时，在观念上与封建领主制和保甲制时代有些类似，因为它们都秉承一种基本认识：其一，地盘、封邑观念深厚，我的地盘我做主，我的收益不外溢，外人不得沾染；其二，人依附于地并且处于可以人人相互监督（举报）的熟人社会最便于管理和统治，因此古时保甲制盛行，当代人盯人战术也很受有关部门欢迎。受这种近乎封建观念的制约，从政府到社会各界，根本无法认识到移民之于人类社会发展不平衡阶段的历史必然性，也认识不到移民对于经济发展、文化交流、社会进步乃至人类基因和智识优化的巨大意义，也就没有动力去建构相关体制机制，完善制度政策，推进移民进程。如果走不出"地盘+管制"这类思想桎梏或观念困局，中国的移民治理难有突破。

2. 战略模糊与规划缺省

在中国，"移民"这个概念官方使用范围很窄，主要用于工程移民（如水库移民）、灾害移民和扶贫开发移民，但对数量占绝大多数的人户分离人口，我们一贯使用"流动人口"。对于农村外出务工移民，我们正式定义为"农民工"——虽然这个定义本身就是一个"伪概念"，不知道它究竟说的是工人还是农民，以至于我们不知道该如何从制度安排和政策法规上对待他们。这种基本定位和发展战略的模糊，使得各地在实践中将一种"权宜之计"固化为"农民工体制"（宋国恺，2014：1）[①]，甚至开展逐底竞争（The Race to the Bottom）（Baglay and Nakache，2014：7）[②]，在移民政策领域出现劣币驱逐良币的现象。也是由于认知错误与战略模糊，从中央到地方都没有要对这个牵涉几亿人口的移民问题做出规划的意图和想法，对这个庞大群体的现在和未来没有战略定位和长远安排，也就不会有应对劳工短缺、劳资冲突和群体性事件等经济社会问题的有效预警和长远之策。移民战略缺位将给中国整体发展战略以及各个分领域的战略实施带来基本缺陷，移民治理困局将会传导到经济社会政治等各个领域，引发一系列后续困局。

3. 体制落后与制度陈旧

按照一些国家的成功经验，要么设立专责部门，要么根据移民问题不同领域将职责分散到不同部门但一定有一个牵头部门或协调机构。从我国的实践来看，对流动人口（移民）的管理主要沿袭20世纪50年代的户籍制度、相关的治安管理条例以及收容遣送制度（已于2003年因孙志刚事件触发反对声浪而废止，但仍然"阴魂不散"），主要从防范、管制、限制的

[①] 宋国恺，2014，《农民工体制改革——以自雇佣个体农民工城市社会融合为视角》，社会科学文献出版社。

[②] S. Baglay, and D. Nakache (ed). 2014. *Immigration Regulation in Federal States: Challenges and Responses in Comparative Perspective.* New York: Springer.

目的出发，由公安司法部门实施。它是单向的、一言堂式的、命令式的"我说你听"，甚至是一种专政，这与全球推行的多元协商、合作参与、折中共赢的治理理念完全不同，独步于全球主流社会治理大趋势之外，也与全球倡导的移民有序、人道、可预见的流动有助于人类社会发展的理念格格不入。在一些移民人口占比较大的地区如广东东莞、江苏苏州等地先后成立了（东莞市）新莞人服务管理局、（苏州市）外来人口管理委员会、（海门市）新市民服务管理办公室等专责当地移民事务的管理部门，但由于上无对口下无支撑，资金没有保障，职能难与原有部门区隔（主要部门不愿放权）等原因，地位尴尬，难有作为，有的甚至最终被合并。由于没有机构，没有法规（只有没约束力的零星意见、通知、方案、办法等）条令，也就不会有新的制度安排，要么回到老办法，要么放任不管。沿用人口鲜有流动的计划经济时代的制度管理（非治理）21世纪的流变世界，突破移民治理困局的可能性为零。

4. 资源不足与能力低下

与综治维稳应急等领域的开支相比，移民或流动人口服务管理的资源中央政府没有预算，地方政府没有余钱。当然，没有规划，没有目标，没有体制和制度安排，没有或很少有专门队伍，你要钱干什么？因此不需要预算。没有预算，就只能请领导审批；领导日理万机，移民事务还提不上议事日程；没有上到议程的工作自然要等到最后，最后当然是不了了之。政府不重视，社会也不会管，即使有资源也不会流入这个方向。没有资源，也就不会有专业的议程设置、问题研究、组织培训、人才队伍、工作网络、交流合作，能力不会提升。当然，能力建设和提升并不一定需要增加公共开支、消耗公共资源，而是可以通过清理过时、不当或无效的制度、法律和政策，改革、更新或完善不完备、不适应、不接地气的体制机制来实现。但由于缺乏意愿和意志，这种改革或清理常常一拖数年，或者虎头蛇尾。如果我们考察现有各级政府以及管理团队在移民治理方面的能力，将可以预期，对于如何认识和评估当前的移民问题，如何制定相关战略、规划和政策，如何清理、改革或构建治理体制和体系，如何进行国际、区域或国内地区之间合作，如何评估和修订劳工移民、社会融合和权利保护相关政策等，各方面的能力不是缺如就是比较低下，即使现在认识到问题的重要性和严重性，应对起来不是手足无措，就是漏洞百出。

5. 协作无力与合作空白

移民是跨界行为，至少涉及来源地、中转地和目的地，移民治理至少涉及经济发展、社会安全与公民权利,因此,必须有顶层设计、政策协调与区域合作。但在目前的中国,中央与地方之间在移民问题上,离理想且有效的央地权责划分——整体移民治理战略、规划和制度框架由中央负责,具体的移民社会融合在中央协调下由各地承担,在中央大框架下地方可以根据自己的特殊需要和优先目标享有一定的自主权(Baglay and Nakache, 2014:9)[①]——还很远:中央没有战略、规划或制度框架,地方也没有移民社会融合的系统安排。即使在相邻的移民输入省与输出省之间,也缺少沟通,没有信息共享,没有政策协调,更没有合作协议。其结果是,来源地的居民盲目、自发四处流动,没有政府的引导,没有社会的协助,没有私人部门或市民社会组织的培训;而在目的地省份或地市,时而感到移民带来的公共服务和社会治安的压力,时而感到人力资源短缺对地方经济发展的制约而无能为力。这是一个双输的结果和格局。在区域、跨区域以及双边、多边合作成为国际移民治理的大趋势的背景下,我们与中国移民主要目的地、在华外国移民主要来源地在政策协调、合作协定、共同行动(特别是权利保护、非法移民规制、移民回流等领域)似乎也不积极、不主动、少作为。这可能与中国多年的所谓独立自主、不干涉别国内政的对外政策造成的思维定式有一定关系,但与中国作为全球最大的移民来源地之一、最大国际汇款流入地之一以及新兴的移民目的地的国际移民地位完全不符,也与我国奉行的"合作共赢"外交方针背离。

6. 数据不全与研究分散

从某种意义上说,正是由于数据和研究方面的欠缺,制约了包括决策界在内的社会各界对中国移民问题的认知,进而影响到观念转变、战略和规划制定、制度和政策安排等一系列层面。中国不是没有移民数据,而是这些数据来源多样,既有全国普查得出的,也有统计部门、公安部门、计生部门、人社部门甚至工信部门或发改委的,因而或者笼统而不细致,或者相互不一致。缺乏权威、有统摄力的体制安排,让相关部门有共同的标准、一致的方法、统一的口径甚至共同的行动来获取数据,或者对获得的数据相互进行核对和校验,这种困局无法摆脱。在研究方面,中国这方面的力量并不薄弱,只是缺乏组织协调和激励机制开展综合、权威、持续的研究以及成果发布;研究机构与决策部门之间缺乏沟通的意愿和渠道,特

[①] S. Baglay, and D. Nakache (ed). 2014. *Immigration Regulation in Federal States: Challenges and Responses in Comparative Perspective.* New York: Springer.

别是政府一方的需求并不足,既不愿意花足够的资源加强相关研究,也不愿意将学术界的大量成果转化为制度设计和社会政策;反过来,这种自发的、个别的、间断的移民研究的价值又大打折扣。西方国家和国际机构在建立统一的基础数据库、组建权威研究机构以及持续开展综合性、国际性合作研究方面的现存经验值得借鉴。

五 结语

中国的移民治理困局暂时未见有破局的迹象,甚至未被各级政府察觉。但作为一个重大的经济、社会乃至政治问题,困局的持续存在甚至不断发酵加重,肯定会波及社会经济政治文化等各个方面,危及国家的发展和稳定。至于破解之道,需要针对各个方面、各个环节、各个领域进行逐一研究,分析深层原因,制定治本之方,并在移民利益攸关方共同参与和努力下尽快实践。这是中国各级政府、学术界和包括移民群体在内的社会各界的共同挑战和课题。

三 二等奖论文

特大城市外来自雇经营者的市民化机制研究

——基于北京南湖大棚市场的调查

陈宇琳[**]

摘 要：近年来，我国大城市尤其是特大城市的外来商业服务业人口呈现快速增长态势，而外来自雇经营者往往成为被治理的重点对象。本文以北京南湖大棚市场拆除案例为线索，通过追踪调查和深度访谈，从城市起步阶段、发展阶段以及失业应对等方面分析外来自雇经营者的就业过程和市民化路径。研究发现，外来自雇经营者具有企业家的潜质，并且他们是最有可能市民化的群体，而大棚市场则是其实现市民化的孵化器。进而对现有城市建设和社会治理的模式进行反思，为制定城市建设管理政策提供参考意见。

关键词：自雇经营 外来人口 市民化 北京 特大城市

一 引言

近年来，我国大城市尤其是特大城市随着商业服务业不断发展，外来商业服务业人口呈现快速增长态势。以北京为例，2000~2010年全市商业服务业人员从165.3万增长到330.6万，其占就业总人口的比重从24.0%增

---

[*] 国家自然科学基金项目（批准号：51378278）资助。最初以"特大城市外来自雇经营者的市民化机制研究——基于北京南湖大棚市场的调查"为题，发表在《广东社会科学》2015年第2期。

[**] 作者简介：陈宇琳，清华大学建筑学院城市规划系，助理研究员，研究方向为城市社会学。邮箱为 chengulin@ mail. tsighua. edu. cn。

长到33.8%。同期，外来商业服务业人口从67.7万增长到216.0万，其占商业服务业人口的比重从41.0%提高到65.3%。新增外来就业人口中一半以上进入商业服务业，且有相当部分从事自雇经营。[1]

然而，由于外来人口激增带来交通拥堵、环境污染、住房短缺、社会服务保障不足等诸多问题，外来自雇经营者往往首当其冲成为大城市治理的重点对象。北京和上海等地先后提出"以业控人""以房管人"等外来人口管理对策，其控制的"业"多指商业服务业，管理的"房"多指城中村和城乡接合部的农村出租房屋，以及老旧住宅小区中的群租房。2013年年末，北京提出"搬迁动物园批发市场"等疏解人口举措，进一步将外来自雇经营者的去留问题推到了风口浪尖。

本文将通过追踪调查和深度访谈，对特大城市外来自雇经营者的生存状态和市民化路径进行研究，重点回答三个问题：（1）外来自雇经营者自身是否具有潜力和发展前途？（2）外来自雇经营者的市民化过程有什么特征？（3）外来自雇经营者实现市民化是否存在特定的机制？

本文研究主要涉及市民化、自雇经济和就业机制三方面理论。在市民化方面，生存理论从主体的视角，分析了农民工的生存道义和生存伦理，认为农民工基于理性选择，遵循先求生存、再求生活的市民化路径。[2] 社会融合理论和城市适应理论从客体的视角，从经济、社会和心理或文化等层次对市民化进行分析。[3] 有学者认为经济、社会、心理和文化是递进关系，并且在先后顺序上是先经济、后社会，最后再是心理和文化。[4] 也有学者认为经济、社会、心理和身份四个层次并不存在递进关系，而且经济融入并不必然带来其他层次的融入。[5] 已有研究构建了分析市民化过程的多维度框架，但不同外来群体实现市民化的路径并不相同，需要分类讨论。

在自雇经济方面，非正规经济相关研究发现，自雇经营是农民工就业

---

[1] 北京市统计局：《北京市2010年人口普查资料》。
[2] 詹姆斯 C. 斯科特：《农民的道义经济学：东南亚的反叛与生存》，译林出版社，2001；黄平：《寻求生存——当代中国农村外出人口的社会学研究》，人民出版社，1997；文军：《从生存理性到社会理性选择——当代中国农民外出就业动因的社会学分析》，《社会学研究》2001年第6期。
[3] Gordon, Milton M. *Assimilation in American life* (New York: Oxford University Press, 1964); Han Entzinger & Renske Biezeveld, *Benchmarking in immigrant integration* (Erasmus University Rotterdam, 2003).
[4] 田凯：《关于农民工的城市适应性的调查分析与思考》，《社会科学研究》1995年第5期；朱力：《论农民工阶层的城市适应》，《江海学刊》2002年第6期。
[5] 李培林、田丰：《中国农民工社会融入的代际比较》，《社会》2012年第5期。

的主要渠道。① 从就业分流和选择上看，国外研究发现少数族群成员从事自雇就业的收入高于工薪就业的收入。② 国内研究也验证了这一结论，发现农民工有从受雇向自雇、从正规向非正规就业的趋势。③ 对于农民工选择自雇经营的就业偏好及其原因已有较多分析，但对于农民工选择自雇经营之后的流动历程研究还很不足。

在外来自雇经营者的就业机制方面，已有的研究可以概括为两种模式，一种是聚居区模式，国外少数族裔经济理论提出，以唐人街为代表的少数族群聚居区是少数族裔企业家融入美国社会的重要空间载体，为他们提供了避免和本地劳动市场竞争的就业机会，为个人乃至整个群体向上流动提供了可行途径。④ 国内学者对北京"浙江村"和"河南村"的实证研究也发现，同乡同族的社会关系网络对聚居区内部农民工的就业和发展具有重要作用。⑤ 另一种模式是寄居模式，国外学者特指那些深入到下层社区从事商业活动的中间人弱势族裔企业家。⑥ 国内"城中村"内部的马路摊贩经营者也多属于这种类型。⑦

---

① 胡鞍钢、杨韵新：《就业模式转变：从正规化到非正规化——我国城镇非正规就业状况分析》，《管理世界》2001年第2期；李强、唐壮：《城市农民工与城市中的非正规就业》，《社会学研究》2002年第6期。
② Portes, A., Zhou, M., "Self-employment and the Earnings of Immigrant," *American Sociological Review* 61 (2) (1996) p. 219; Logan, John, Alba, R. D., Stulus, B. J, "Enclaves and Entrepreneurs: Assessing the Payoff for Immigrants and Minorities," The International Migration Review, (N. Y.) Summer. Vol. 37, Iss. 2, (2003) p. 344.
③ 万向东：《农民工非正式就业的进入条件与效果》，《管理世界》2008年第1期。
④ Portes, A., "The Informal Economy and Its Paradoxes", in N. J. Smelser & Swedberg, R. editors, *The Handbook of Economic Sociology* (Princeton University Press, 1994); Zhou, M, "Revisiting Ethnic Entrepreneurship: Convergencies, Controversies and Conceptual Advancements," *International Migration Review* 38 (3) (2004): 1040–1074.
⑤ 王春光：《中国社会政策调整与农民工城市融入》，《探索与争鸣》2011年第5期；王汉生、刘世定、孙立平等：《"浙江村"：中国农民进入城市的一种独特方式》，《社会学研究》1997年第1期；项飚：《跨越边界的社区：北京"浙江村"的生活史》，三联书店，2000；唐灿、冯小双：《"河南村"流动农民的分化》，《社会学研究》2000年第4期。
⑥ Bonacich, Edna. "A Theory of Middleman Minorities," *American Sociological Review* 38, 1973; Light, Ivan. *Ethnic Enterprise in America: Business and Welfare among Chinese, Japanese, and Blacks* (Berkeley: University of California Press, 1972); Portes, A., Zhou, M., "Self-employment and the Earnings of Immigrant," *American Sociological Review* 61 (2) (1996) p. 219; Logan, John, Alba, R. D., Stulus, B. J, "Enclaves and Entrepreneurs: Assessing the Payoff for Immigrants and Minorities," The International Migration Review, (N. Y.) Summer. Vol. 37, Iss. 2, (2003) p. 344.
⑦ 尹晓颖、薛德升、闫小培：《"城中村"非正规部门形成发展机制——以深圳市蔡屋围为例》，《经济地理》2006年第6期。

然而，在聚居区和寄居这两种模式之外，我国还有大量分布在城市各个角落的自雇经营者。随着外来自雇经营者数量的快速增长并逐渐走出聚居区和城中村，自雇经营者呈现出更为分散化混杂化的趋势。国外研究也发现，聚居区中的自雇经营者开始逐步走出聚居区向外扩散，寄居下层社区的自雇经营者也开始从下层社区走向上层社区。① 那么，我国特大城市的外来自雇经营者的就业历程和生存状况是什么样的？尤其是近几十年来我国在快速发展过程中出现了极为复杂的情况，在计划经济向市场转型的背景下，各类商贸市场从国营转为私营，② 在城市快速开发建设过程中，内城改造和外城扩张对各类商贸市场造成了严重挤压，③ 而城市管理相关部门对于外来人口及其就业空间的管理还很不完善，不是粗放的放任不管，就是粗暴的运动式拆迁。④ 在此背景下，虽然已有研究关注城市摊贩空间及其形成机制，⑤ 但多为横截面的静态分析。本文将通过追踪调查和深度访谈，对特大城市分散就业型外来自雇经营者的职业上升路径进行纵向考察，分析其生存状态和市民化过程，进而揭示其市民化机制。

二 研究方法

为深入挖掘外来自雇经营者的市民化机制，本文运用扎根理论，通过问卷调查和深度访谈对外来自雇经营者的生命历程进行追溯，勾勒其外出就业经历的纵剖面，并采用事件史的研究方法，对外来自雇经营者在大棚市场拆除前后生活状况进行实时的追踪调查，以真实记录他们在市场拆迁后的应对及其结果。

本文调查的案例位于北京市朝阳区望京的南湖大棚市场。望京地处北京市区东北部，占地面积约15.36平方公里，目前约有人口30万人，是北京近20年来建设量最大、人口增长最快的城市边缘社区之一。本文所调研

---

① 周敏：《少数族裔经济理论在美国的发展：共识与争议》，《思想战线》2004年第5期。
② Zhang, Qian Forrest & Pan, Zi. "The Transformation of Urban Vegetable Retail in China: Wet Markets, Supermarkets and Informal Markets in Shanghai," *Journal of Contemporary Asia* Vol. 43, No. 3 (2013): 497–518.
③ 柴定红：《上海非正规经济发展对农民工就业空间的挤压》，《社会》2003年第9期。
④ 李强：《要调整单纯控制人口的思路》，《北京晚报》2014年1月6日。
⑤ 杨滔：《北京街头零散商摊空间初探》，《华中建筑》2003第6期；薛德升、黄耿志：《管制之外的"管制"：城中村非正规部门的空间集聚与生存状态——以广州市下渡村为例》，《地理研究》2008年第6期。

的南湖大棚市场曾是望京地区规模最大、人气最旺的综合市场之一，建成于2001年，占地面积约13500平方米，共有商户500多户，于2012年12月由于房地产开发而拆除。笔者于2012年12月大棚市场拆除前夕对外来自雇经营者进行了全样本调研，调研内容包括基本情况、工作经历、居住现状、未来工作打算以及城市融入等方面，共获得有效样本370份，其中外来自雇经营者样本283份。在大棚市场拆除后，又于2013年1~6月对18位外来自雇经营者进行了追踪调查，通过半结构式深度访谈了解其再就业情况。

三 外来自雇经营者的就业过程分析

从起步、发展和失业应对三个阶段对外来自雇经营者的就业过程进行分析。

（一）起步阶段

（1）就业起点低

南湖大棚市场的自雇经营者中，外来农村人口占绝大多数。全样本调查的被访者中，76.5%都是外来农村人口，本地城镇人口的比例不到3.0%。从经营类型上看，外来农村人口主要集中在蔬菜、水果、家居布艺和缝补打印等工作较为辛苦且收入较低的类别，外来城镇人口主要集中在水产、肉蛋、食品烟酒和日杂用具等类别，而本地城镇人口主要集中在服饰箱包这类工作相对轻松且利润较高的类别（见表1）。

具体分析外来自雇经营者的特征发现，他们主要来自河南（22.2%）、河北（21.3%）、湖北（13.1%）、安徽（11.7%）和山东（8.8%）等北京周边省份的农村地区。外来自雇经营者的平均受教育年限为8.3年（初中），只有20.8%人接受过高中级以上教育，明显低于2010年北京常住外来人口43.9%的比例。从访谈中发现，从事自雇经营者投资小，风险小，而且工作稳定，又比较自由，因而成为外来人口就业的重要选择。"原来我搞装修，为什么后来没干，因为不稳定，装修公司要人的时候给你打电话，活就是有时候忙的时候特忙，你想歇着歇不了，有时候一完，没活儿的时候，一两个月，甚至三个月就没活。没活儿你就得闲着在家，老那么着急，闲着没事，我看着一个院的卖菜的，看着还行，就想着卖菜。卖菜太累了，后来那个市场就折了，我们就说不干了，找别的活干。后来想想卖菜又不

要什么本钱，本钱小一点，又没有什么风险。你说不想干了，这又不是多少钱的事，自己来去自由。"（T1：男，41，卖蔬菜）

表1 北京南湖大棚市场自雇经营者从业类型

	外来农村人口		外来城镇人口		本地城镇人口		合计	
	人数	比例	人数	比例	人数	比例	人数	比例
肉蛋	15	5.3%	8	10.5%	1	9.1%	24	6.5%
水产	3	1.1%	5	6.6%			8	2.2%
蔬菜	35	**12.4%**	1	1.3%			36	9.7%
水果	17	6.0%	1	1.3%			18	4.9%
粮油调料	16	5.7%	4	5.3%			20	5.4%
食品烟酒	12	4.2%	5	6.6%			17	4.6%
日杂用具	20	7.1%	7	9.2%			27	7.3%
电器文具	18	6.4%	5	6.6%	1	9.1%	24	6.5%
服饰箱包	112	39.6%	31	40.8%	9	**81.8%**	152	41.1%
家居布艺	25	**8.8%**	4	5.3%			29	7.8%
缝补打印	7	2.5%	1	1.3%			8	2.2%
其他	3	1.1%	4	5.3%			7	1.9%
合计	283	100.0%	76	100.0%	11	100.0%	370	100.0%

资料来源：笔者根据调查结果统计。

（2）学习技术，开辟市场，培育客户

从事自雇经营，既要有技术，又要有市场。对于没有技术的外来者，市场的需求就是他们努力的方向，那些善于学习技术的经营者，就能够在城市里立足。例如周先生夫妇，在1994年来北京之前一直在江西老家种地，到北京之后先跟着家里人学习卖菜，市场拆除后找的新市场只有卖肉的摊位，便又向家里人学习卖肉，10多年干下来，他们摊位前的顾客总是络绎不绝。"姐夫他们在柳芳卖菜，当时是他们把我们带过来的。带过来之后就在他们家吃饭，上他们家住呗。住了一段时间，就说我们找一点活干，赚钱嘛，就这么干起来了。""柳芳没有摊位啊，我们到了北京就在和平里市场卖菜，卖了七八年市场就拆了。拆了之后找的南湖。当时市场拆了啊，没有办法了，找不到合适的，就先找了一个卖肉的摊位。自己家里也有亲戚干这个嘛，然后就慢慢地慢慢地学嘛。"（Z1：女，48岁，卖猪肉）又如经营日杂用具的向女士，她卖的地毯壁纸等日杂用品进货非常杂，但她主

动去找货源，目前她的摊位是南湖市场里最有特色的。"别人不愿意接的事我就愿意干。"（X1：女，27岁，卖日杂）

对于那些掌握技术的经营者，如果没有市场也很难生存。市场环境下竞争不可避免，同样面对竞争，那些敢于主动开拓市场的经营者往往能够把握机遇，在新的市场中占据主动地位。例如赵先生，为了避开老乡竞争，他主动从官园市场来到南湖市场，成为南湖市场第一家卖佛事用品的店铺。"凡是卖我们家这一块的，天意的，东郊的，都是我们河北人老乡。""我是从官园批发市场过来的。官园啊，我们那边老乡多，都是我的亲戚本家的，所以说我就躲开我们老乡了。""以后我就挪到这里来了。这个大棚我是第一家进去的。"（Z5：男，36，卖佛事用品）又如小胡，2010年到北京后，先给叔叔做了一段帮工，之后自己也在同一个市场开了家调料铺，但生意并不算好，于是他便主动找到望京地区新开了一家店，生意做得挺红火。"在北京卖调料的一半都是我们福建那边的。""我叔叔他们在海淀区锦绣大地批发市场那边卖调料，我打工之后就来这儿混了四年，帮我叔叔他们，帮他收收货。""我们以前也在那个市场卖调味料，那时候在那边不行嘛，干了一年不到，没生意，没人买。然后就一直找一直找，找到南湖市场，我就开了这个店，就来这边干了。"（H1：男，23岁，卖调料）

有了技术和市场，还需要不断培育客源，才能够立足生根，持久发展。例如秦师傅，原来在四川老家的工厂里做了十多年的裁缝，1997年到北京之后，凭着自己的手艺，从民工的生活区摆摊做起，再到居民小区摆摊，最后进入大棚市场，就业逐渐稳定下来，成为南湖市场里最受欢迎的裁缝。"我不喜欢厂里干，我喜欢自己干。自己什么都会，自己有手艺多自在啊。""一开始听他们讲那里有个生活区，中午十点来钟那些民工上班了，我就把缝纫机拖出去，把我们家小儿子带着拖出去，摆两个小时，那些上班了，我就走了。下午那些人五点来钟下班了，我又去，天黑看不见我又走了，每天都是去两次。一开始去一天能挣个二十来块钱，或者二十多三十块钱。""后来慢慢地的，我们房东说，你到这个生活区只能赚点民工的零花钱，你要到那边去，那里有楼房的居民啊。嗨哟，后来那些人找我做衣服啊，我就做不完啦。做不完了我就不出来了，我就在家里，那些人都找到我住的村里面来做衣服。""后来慢慢地我就到市场那边摆摊，我的活一直都挺好的。"（Q1：女，51岁，缝补）不仅如此，要想在竞争中求得生存，贵在坚持不懈。南湖市场唯一的修鞋摊位是刘阿姨，即使收入很低，她仍然坚持干，最终在诸多竞争者的围剿中生存下来。"做这个行业有竞争，南

湖市场以前七八个人修鞋，扎一堆。""干这个不挣钱。我还是坚持下来了。"（L1：女，45 岁，修鞋）

（二）发展阶段

（1）延长就业时间、增加就业人数

延长就业时间是外来自雇经营者普遍采用的措施。问卷调查结果显示，南湖大棚市场外来自雇经营者的工作强度全部都是每周工作 7 天，每天平均工作 10.5 小时，其中蔬菜类经营者更是达到了每天平均 14 个小时。还有少数人每天工作长达 17 个小时，早上 3 点起床进货，晚上 8 点才能收摊。他们常年不分节假日、不论天气恶劣与否不间断地工作，其辛苦程度超乎想象，以延长就业时间"自我剥削"获得更多的收入。"每天都在干活，没有一天休息。早上 8 点到这，晚上回去一般干到 9 点，有的时候 10 点。以前露天真的好辛苦的，下大雪我都要跑出去的。"（Q1：女，51 岁，缝补）

在同样的就业时间下，增加就业人数能够提高效率。从问卷调查情况看，在南湖大棚市场经营的商户家庭化经营特征明显。受访者配偶和子女同在大棚工作的比例分别为 81.7% 和 29.5%。

（2）扩大市场规模、升级市场层次

在增加劳动强度和效率的同时，也有不少经营者尝试扩大经营规模，提升就业层次，进入稳定的商铺店面。卖家居布艺的陈先生在南湖市场经营期间曾经在五道口开过店面，由妻子负责看南湖市场的摊位，但五道口市场的生意并不好，陈先生打算积累一些资金后再去别的市场看看。"原来外面还弄了一个摊，在五道口，开了一年多吧，现在没有了，不干了，生意差一点。""现在生意不好做啊，生意好做你扩大规模可以的，你生意不好你资金没法周转。"（C1：男，33 岁，卖家居布艺）修鞋刘阿姨夫妇在和平里市场工作期间，自己也曾到北京站附近租了一个店面，由于租金过高，干了不到一年后又回到和平里市场。"当然想自己开一个店。很早的时候，我自己也开过店。大概（19）97 年的时候，在北京站。每月租金大概 1600。我自己开的，老公在和平里。但是干得不久，不到一年。"（L1：女，45 岁，修鞋）

（三）失业应对阶段

（1）屡拆屡战

在南湖大棚市场即将拆迁之际，当被问及对再就业工作的展望时，"继续干本行"和"大棚市场"成为受访者首选，分别占 65% 和 62%。

回溯外来自雇经营者来京之后的就业历程发现，由于市场被拆除而被迫辗转的外来自雇经营者不在少数（图1）。修鞋刘阿姨和卖肉周先生都曾在三环内的和平里市场干过，由于市场被拆除才从三环内找到四环外的南湖市场。经营日杂用品的向女士则更是由于市场被取缔，不断辗转于望京地区的望花路早市、大望京早市和南湖大棚市场。

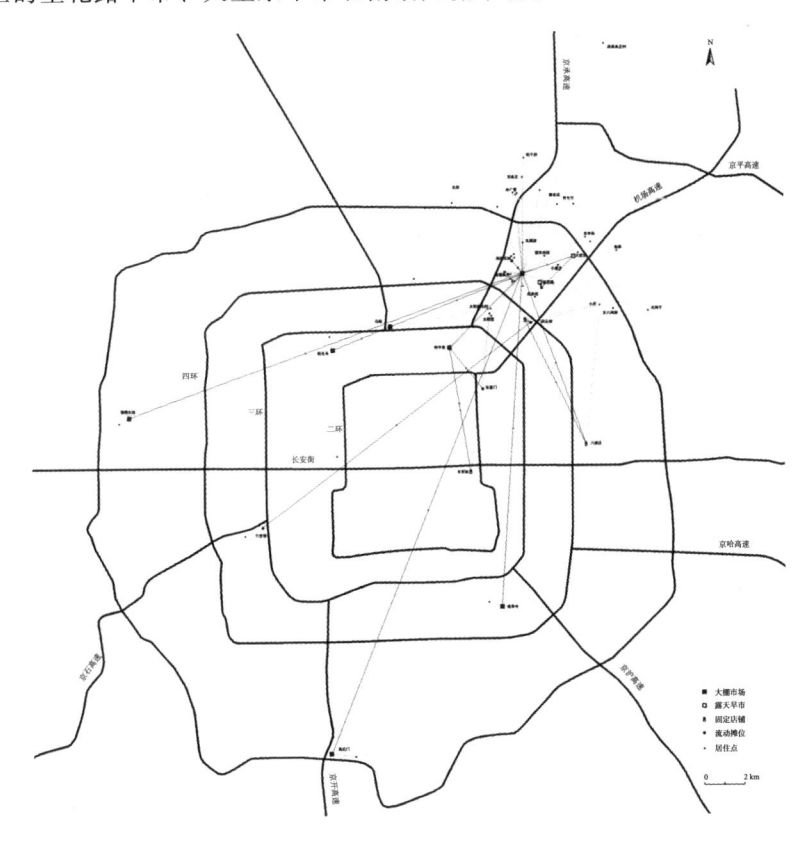

图1 外来自雇经营者来京后历次就业场所和居住场所的迁移过程
资料来源：笔者根据调查结果绘制。

（2）降低要求，灵活过渡

在接到拆迁通知不到一个月的时间里，已有55%的受访者表示找到了新工作。但是，为了能尽快找到工作，外来自雇经营者普遍降低了对新工作的要求。调查发现，被访者普遍愿意接受比南湖大棚市场更低的工作收入、更高的工作强度、更差的工作环境以及更远的通勤距离（表2）。

在流动过程中，灵活过渡是外来自雇经营者普遍采取的策略。例如，向女士在望京地区换过多个市场，由于市场屡遭拆除，曾经一度在小区门口推三轮车卖了一年的菜。"望花路早市我在那干了一年就拆了。然后我们推着三轮车在小区门口卖,卖了有一年。然后在大望京,那个时候还没拆,在那里干了两年。后来听说这边有就跑到南湖市场了。"(X1:女,27岁,卖日杂)卖菜的童先生在明光寺市场拆除后,由于新建的金五星市场租金过高难以承受,于是便在马路边摆摊卖了一年贺年卡,之后才找到马甸的京都慧新菜市场。"金五星那个市场大的投资多,我们没那么多钱,后来就没干了。""中途还在马路边摆地摊儿还摆了一年,卖贺年卡,就那个元旦那会儿卖贺年卡,卖贺年卡还行。"(T1:男,41,卖蔬菜)

南湖市场拆除后,卖菜的鲁女士夫妻俩原本计划去东昌丽华市场,但由于生意不好,果断放弃已交的2.2万元摊位费,找到南湖市场附近的南湖早市卖菜,尽管工作比之前辛苦很多,并且收入远不如从前,但他们仍然选择收入相对较高的早市经营。"那边生意不好,无法养活我。你看,那边一天卖那三把菠菜你要怎么卖,我那地里自己种的菜一天天地还在长,我怎么办?""其他商户在南湖干惯了,早市干不了,总的说来太累,再说早市又卖得便宜,赚不了多少钱嘛,不愿意。""只要早市不拆,我长期在那,因为那片熟客多嘛。""只要你不怕辛苦,舍得付出劳动,我觉得我们不会改行,改不了。"(L3:女,41岁,卖蔬菜)卖菜的童先生曾经工作过的明光寺市场和京都慧新菜市场都是因为城市开发而被拆除,当南湖市场再次被拆除的时候,童先生宁可收入低一些,仍然选择了位于城郊的相对更为稳定的东昌丽华市场。

表2 对下一份工作的最低要求打分(以南湖大棚市场为参照5分)

	均值	参照	差值
1)工作收入(低1—9高)	4.64	5	-0.36
2)工作强度(小1—9大)	6.02	5	1.02
3)工作环境(差1—9好)	4.13	5	-0.87
4)离家距离(近1—9远)	6.23	5	1.23

资料来源:笔者根据调查结果整理。

四 外来自雇经营者的市民化特征分析

(一)外来自雇经营者具有企业家的潜质

通过本文研究发现,外来自雇经营者具有企业家潜质。在日常工作中,他们勤勤恳恳、兢兢业业、吃苦耐劳。在面对市场拆迁取缔造成的"被动迁移"时，他们不怕挫折、从零开始、从容应对。不仅如此，外来自雇经营者往往怀揣不甘于现状、勇于开拓的职业理想和人生追求。在深度访谈中发现，大多数受访者都有扩大经营规模、寻求更为稳定就业的愿望，并且有近一半的人曾经或者正在付诸实践，一旦资金充足，他们便主动开拓市场，追求更稳定的就业。

与此同时，外来自雇经营在生活上极为节俭。调查数据表明，外来自雇经营者的月平均净收入为 4020 元，是 2011 年我国东部地区农民工工资 2395 元的 1.7 倍，甚至接近了北京市职工工资平均水平 4672 元，但他们的人均居住面积只有 5.71 平方米，远低于全市平均水平 29.06 平方米，而且住所设有独立卫生间和独立厨房的比例仅占 25% 和 34%，尽管居住条件如此"恶劣"，仅有 1/3 多（37%）的外来自雇经营者表示不满意，甚至有 20% 认为满意，可见他们将更多的注意力放在工作和"创业"上。

（二）大棚市场是外来自雇经营者实现市民化的孵化器

在外来自雇经营者实现市民化的路径上，大棚市场具有特殊的意义。首先，与马路摊贩、露天早市等非正规就业空间相比，大棚市场是一个相对稳定并且环境更优的就业场所，而与沿街底商店铺、商场固定摊位相比，大棚市场又具有租金更低、更加便民化的优势。

以南湖大棚市场为例，受访外来自雇经营者来到大棚之后的工作时长平均为 5.8 年，明显高于在此之前的在京平均每份工作时长 3.3 年。根据对被访者的工作经历的深度挖掘发现，来到北京后的工作经历主要有三种模式：（1）先从事其他非正规工作，工作变动频繁，一旦进入大棚市场从事自雇经营，就变得稳定起来；（2）先后辗转于不同大棚市场，工作地屡遭拆除，却始终坚持在大棚市场工作；（3）曾经尝试进入固定店面，但由于资金周转等问题又回到大棚市场经营。

由此可见，大棚市场是与聚居区不同的一种外来自雇经营者市民化的空间类型，它深入城市各个角落形成一个庞大的空间体系，同时又整合上下游各类非正规和正规的就业空间，成为外来自雇经营者向上流动的必经之路。

（三）外来自雇经营者是最有可能市民化的群体

在诸多农民工群体中，分布在城市各类市场体系中的自雇经营者是最有可能市民化的群体。工厂打工的农民工，多居住在工厂宿舍内部，与城市生活相对隔离；装修队的农民工，也多封闭在工棚中，并且由于工作场所经常流动，很难在城市扎根。同样是外来自雇经营者，聚居区模式的经营者尽管在经济层面是与主流社会融合的，但由于工作和生活都在聚居区内部，并且族群网络十分强大，这些经营者在社会交往和文化认同方面多局限在聚居区内部，与外界社会相对隔离（周敏，1995；项飚，2000）；而寄居模式的经营者也多由于"寄居者"的身份往往与当地的社会关系并无实质联系（周敏，2004），即使是国内"城中村"的马路摊贩，虽然与城中村居民不存在种族上的差异，但是他们交往的群体也多局限在同乡同族内部。

而在各种城市市场就业的外来自雇经营者的社会融合状况则显著不同。类大棚市场是实现外来自雇经营者与市民社会融合的"温室"。大棚就像一个城市大熔炉，不仅有来自天南地北的经营者，更有熙熙攘攘、源源不断的顾客，每周七天、每天长达12个小时的工作时间，强化了农民工与市民的交往。在大棚这个特定的空间里，既有不少北京本地商户，又有大量北京本地顾客，商户间互帮互助的融洽关系为农民工与市民沟通提供了基础，商户与顾客之间的良好关系更加拓展了农民工的社会网络。当问及是否愿意融入北京市民中时，高达55%的受访农民工选择"愿意"，31%选择"一般"。当问及你认为北京人是否欢迎你加入时，36%的农民工认为"欢迎"，41%认为"一般"。

从市民化多维度的分析框架看，"大分散、小聚居"的外来自雇经营者，由于工作在"市场"这个与城市生活的直接接触面上，成为和市民接触最多的一类外来群体，同时也得到了市民更多的理解和更好的接纳。这些外来自雇经营者与市民之间的良好关系，不仅体现在找工作等工具性网络上。"儿子初中整天在家上网，上了一年就不上了，没什么可去的地方，一个老在我那里裁裤边的就介绍他去上顺义古城的一个职业高中。现在儿子已经在4S店实习啦。"（L2：女，46岁，卖布杂）而且体现在更深层次的情感性网络上。"在这里干了十多年，都是老顾客。""和顾客的关系都很好，大家都很照顾我。刚才来的那个小伙子，我为什么不要他钱？他女朋友是做服装的，送了我一台缝纫机。你看，早上别人还送来了好多吃的，我还没时间吃。""有几个大姐对我可好了，打电话约我去到华联买菜，非要给我付钱。有的顾客过年上我家来改裤子，三百、二百的给我，都成朋友了。""人家吧，对你真是好，哪里有点疼啊，膏药、药水什么的，都给你买。但是她来找你做点活，你说不收人家的钱，人家还非要给。"（Q1：女，51岁，缝补）与此同时，经营者在与市民交往的过程中还逐渐形成了现代的城市观念。"自己种地是因为感觉从外面上的货不踏实，因为电视老广告，说有机蔬菜，有机蔬菜，就想到这一点。所以我就自己种，卖给别人我就敢说这话啊，说我的菜完全可靠，给别人撒谎也不行，骗别人我觉得心里不踏实。我自己种的就可以完全告诉别人，我心里也踏实。有人问我能给小孩吃吗？因为要是人家种的，我又不能瞎说，万一孩子抵抗力不好，吃了，那多危险啊。我就想到这一点，我们家也有两个孩子，小的那个才四岁嘛。"（L3：女，41岁，卖蔬菜）由此可见，外来自雇经营者在市场空间中实现了经济融入和社会融入的同步，甚至在社会和文化层面的融入还要快于经济层面的融入，具有与聚居区模式和寄居模式不同的特征。

五 社会治理模式的反思

周敏曾提出这样的问题，即我国的农民工能像美国少数族群聚集经济一样充满潜力吗？[1] 本文研究认为，对于特大城市外来自雇经营者而言，尽管其潜力受到来自当前城市治理方式的挑战，结论仍然是正面的。一方面，这些外来自雇经营者散落于城市各个角落，就业场所时常变动，工作场所不断被取缔致使其市民化道路中断甚至倒退。另一方面，我们也欣慰看到这些外来自雇经营者还是在"屡拆屡战"，并自我构建出由马路摊贩、露天早市和大棚市场组成的"动态市场体系"，并从中艰难巩固生存空间和上升路径。外来自雇经营者的生存空间虽然很狭小，但他们生存的能力却很强，他们通过自身努力实现市民化的意愿很坚定，问卷结果显示有近一半的被访者打算长期在北京定居（42.4%）。

我国当前在城市建设和社会治理等诸多方面仍存在不足，为本地居民和外来人口所编织的城市经济社会生活网络尚有不少漏洞，而外来自雇经营者依靠自己辛勤的劳动、敏锐的嗅觉、灵活的形式，自下而上重新编织起的这张"隐形"的网。他们已成为城市发展不可或缺的重要力量，对城市社会经济结构的再造发挥了积极作用。

在重新认识外来自雇经营者积极贡献的同时，我们更需要对现有城市建设和社会治理的模式进行反思。以往"运动式"的驱逐取缔方式在实质

---

[1] 周敏：《唐人街——深具社会经济潜质的华人社区》，商务印书馆，1995。

上并不能带来城市品质和服务质量的提高，自雇经济不仅有其市场需求，而且还有可能发展成为城市的活力和特色所在。为此，我们亟须从城市规划编制、实施、管理的全过程，对商业服务业快速发展背景下的城市日常生活体系进行研究，在城市建成区积极探讨弹性的空间治理手段，在新建城区加强对便民服务设施的规划和设计，并探索可持续的运营模式，通过城市规划体系和社会管理体制的综合创新，促进社会的包容性增长和以人为本的城镇化的健康发展。

政府干预、利益联盟与技术标准竞争：
以无线局域网为例

李国武[*]

摘　要：技术标准竞争的结果在很大程度上取决于各自利益联盟的实力，而利益联盟的实力又可能受到政府干预方式的影响。对无线局域网领域的中国自主标准WAPI与美国企业主导的Wi-Fi标准之间竞争的案例研究表明，在发展初期（2003～2006年）WAPI之所以在成为国家强制性标准和国际标准过程中与Wi-Fi的竞争接连失利，主要是因为政府的不开放和不兼容政策导致WAPI没有迅速建立起成员广泛、实力强大且团结一致的利益联盟。而在发展后期（2006年之后），政府转向开放和兼容的政策，WAPI利益联盟的成员实力和协调能力得以不断增强，因此WAPI的市场表现较之前一阶段有了明显改观。

关键词：标准竞争　利益联盟　政府干预　开放性　兼容性

一　引言

在信息通信产业中，企业之间的竞争不仅表现在同一技术标准之内的价格竞争，还表现在不同技术标准的竞争。技术标准是一种特殊的制度规范，它不仅保证了产业和经济秩序，更重要的是还影响着产业链条中的收益分配，因此对标准主导权的争夺异常激烈。很长时间以来，信息通信产

---

[*] 李国武，中央财经大学社会发展学院教授，博士，主要研究领域为经济社会学和组织社会学。本研究得到国家社会科学基金项目"创新联盟的形成、扩散和治理研究"（11CSH060）和中央财经大学"中国企业海外发展的经济社会学研究"青年创新团队基金资助。

业领域的技术标准主要掌握在发达国家的跨国公司手中，发展中国家往往以标准采纳者和跟随者的身份存在。加入 WTO 之后，中国政府和企业明显加强了对自主标准的研发、设定和实施，并积极争取在国际标准化领域的话语权。作为国际标准化舞台的后来者，中国对自主标准的大力推行势必挑战发达国家企业主导的国际标准体系，威胁到发达国家企业的产业利益和竞争优势，引发中国标准与发达国家标准之间的竞争，甚至触发国际标准战（standard wars）。在无线局域网（WLAN）领域，中国自主标准 WAPI[①]与美国企业主导的 Wi-Fi[②]之间的竞争是其中的一个典型案例。中国方面曾试图在国内强制推行 WAPI 标准，以将 Wi-Fi 拒之门外，但此举遭到 Wi-Fi 利益联盟的强烈抵制，WAPI 作为国家强制性标准被迫延期实施。后来，在 WAPI 冲击国际标准的道路上，又受到 Wi-Fi 利益联盟的百般阻挠，一再受挫。在市场化应用方面，起初 WAPI 明显落后于 Wi-Fi，不过在 2006 年之后，WAPI 的市场表现大为改观。

这个案例提出值得我们思考的问题是，为什么 WAPI 起初在与 Wi-Fi 标准的竞争中处于下风，为什么 WAPI 标准后来又能奋起直追并未被 Wi-Fi 彻底击败？进一步而言，如何理解中国发起的标准设定和标准竞争过程，哪些因素影响标准设定和标准竞争的结果？

现有关于标准选择和竞争的文献集中于经济学领域，主要探讨的是标准选择过程中的市场机制。[③] 在网络外部性理论的基础上，经济学文献主要关注的是标准设定过程中企业的策略性行为及网络外部性对市场结果的影响。[④] 在网络外部性存在的条件下，初始用户基础对技术标准竞争的最终结果具有关键影响，因此标准主导企业如何扩大初始用户基础的行为策略成为研究的重点，其中联盟组建策略和兼容性策略得到了更多的研究。[⑤] 总体

[①] WAPI 是 Wireless LAN Authentication and Privacy Infrastructure（无线局域网鉴别和保密基础结构）的缩写。

[②] Wi-Fi 是 Wireless Fidelity（无线保真）的缩写，它指的是 IEEE 802.11 标准。

[③] Shane M. Greenstein, "Invisible Hands and Visible Advisors: An Economic Interpretation of Standardization", *Journal of the American Society for Information Science*, 43 (1992): 538 – 549; Victor Stango, "The Economics of Standards Wars", *Review of Network Economics*, 3 (2004): 1 – 19.

[④] M. L. Katz, Carl Shapiro, "Network Externalities, Competition and Compatibility", *American Economic Review*, (1985): 424 – 440; Michael L. Katz, Carl Shapiro, "Technology Adoption in the Presence of Network Externalities", *Journal of Political Economy*, 94 (1986): 822 – 841.

[⑤] Joseph Farrell, Garth Saloner, "Installed Base and Compatibility: Innovation, Product Preannouncements and Predation", *American Economic Review*, 76 (1986): 940 – 955; Carl Shapiro, Hal Varian, "The Art of Standards Wars", *California Management Review*, 41 (1999): 8 – 32.

而言，经济学主要强调的是联盟规模在标准竞争中的作用，认为能够吸引更多企业加入的标准联盟更容易在竞争中获胜。而标准发起企业在技术许可费用、标准的开放性和兼容性等方面的策略影响着联盟的组建和规模。

但是以往研究也存在一些不足：（1）仅仅用联盟规模来表示联盟实力，忽略了联盟的集体行动能力问题，因为加入联盟的企业的个体利益与联盟的集体利益存在不相容的可能；（2）主要集中于对企业参与标准设定和竞争过程的行为研究，忽略了政府的参与和作用，而政府干预在像中国这样的后发展国家发起的标准竞争中特别常见。

本文继续沿着利益联盟的角度分析技术标准竞争，认为利益联盟的实力影响技术标准竞争的结果。不过，与以往研究不同的是，我们不仅考虑了联盟的成员规模和构成问题，还考虑了联盟的集体行动能力问题。更重要的是，在对影响联盟实力的因素分析中，本文把政府这一重要的行为主体引入进来。基于利益联盟的理论视角，本文分析了 WAPI 在与 Wi-Fi 的标准竞争中的失利以及 WAPI 前后两个阶段不同的市场表现。

二 理论框架

（一）利益联盟与技术标准竞争

1. 技术标准竞争中的利益联盟

信息技术标准是实现相关领域信息技术实体之间互联互通的一套技术规范。制定、发布和推广标准的过程就是标准化或者说标准设定的过程。一项技术标准成功与否最终取决于市场中采用它的厂商和用户的数量。信息通信领域的技术标准通常具有网络外部性的特征，即一种技术标准对一个用户的价值受到采用该标准的其他用户的数量的影响。[1] 采用某种标准的用户数量越多，该标准对潜在用户的价值就越大，从而引发更多用户加入对它的采用。

技术标准的采纳过程受到初始条件和路径依赖的影响。当存在多种备选标准之间的竞争时，取得初始优势非常重要。这种初始优势可能来源于纯粹技术上的优势，也可能是时间上的领先。实际上，在很多情况下不同标准之间的技术优势事先难以区分。而早期阶段更大的用户基础更可能使

---

[1] M. L. Katz, Carl Shapiro, "Network Externalities, Competition and Compatibility", *American Economic Review*, 75 (1985): 424–440.

一项技术标准最终占据主导地位。由于网络外部性的存在，不同技术标准之间初始用户基础的差异被市场扩大，使强者越强，弱者越弱。

不兼容技术之间对市场主导权的竞争异常激烈，通常被称为"标准战"。标准战最终的均衡结果（不同标准的相对市场份额）存在多种可能，可能以停战（实现兼容）、寡头垄断或赢家通吃而告终。

一项技术标准从提出到应用，既需要产业链不同环节的供应商提供互补性的产品，也需要率先达到一定规模的用户基础，这个过程通常不是单个企业所能决定的，它涉及不同行动者之间的协调和合作。在缺乏一家主导性的企业和一项独一无二技术的情况下，提出和发起标准的努力经常要求建立隐匿的或公开的联盟。[①] 与关键的其他行动者结成战略合作关系是发生标准战时行动者经常采取的策略。面对市场上多种备选的技术标准，不同企业会根据各自的利益考虑选择支持或反对某项标准，因此会围绕某项标准形成利益联盟。利益联盟的实力决定标准竞争的结果，可从成员构成和集体行动能力两个方面来判断利益联盟的实力。

2. 利益联盟的成员构成

在标准竞争中，形成一个来源广泛、成员完整、实力强大的联盟非常关键。只有在市场应用中得到更多相关厂商和用户认可和接受的标准，才能成为事实上的标准。能否迅速吸引产业链不同环节的实力派厂商加入并在市场上率先引发正反馈机制决定了一项标准的前途。在围绕一项技术标准组建利益联盟的过程中，缺失任何一个产业环节的厂商都会延误其应用和推广。正如链条的强度取决于最弱的一环一样，采用新标准的步骤取决于对新标准兴趣最小的组件的供应商。[②] 率先向市场上大量投放根据某种技术标准生产的产品，会使这种标准在竞争中占据有利位置。而在标准的利益联盟中包含一些具有强大生产制造能力和很高市场影响力的厂商，则会提高标准的市场合法性，加速形成引发正反馈的临界规模，从而在标准竞争中赢得优势。

在标准竞争全球化的背景下，一项技术标准不仅需要争取国内厂商的支持，还应该吸引国外厂商的加盟。倘若不能得到有实力的国外厂商的支持，还对国外厂商采取封闭的态度，那么一项技术标准很难国际化。为了

---

① Garth Saloner, "Economic Issues in Computer Interface Standardization", *Economic Innovation and New Technology*, 1 (1990): 135 – 156.
② 卡尔·夏皮罗、哈尔·瓦里安：《信息规则：网络经济的策略指导》，张帆译，中国人民大学出版社，2000。

增强一项标准在国际市场上的合法性和赢得国外厂商的认可,标准发起者通常会争取使该标准成为国际标准,即得到国际性的标准化组织的批准,这些组织主要有国际标准化组织(ISO)、国际电工委员会(IEC)和国际电信联盟(ITU)等。

3. 利益联盟的集体行动能力

对一个标准联盟而言,成员构成和集体行动能力是两码事,虽然良好的成员构成为联盟的集体行动达成提供了必要的基础,但前者并不能保证后者一定发生。由于个体理性与集体理性之间的分歧,共同的利益需求并不能促使集体行动的达成,理性的个体为了自身利益可能会采取"搭便车"的行为。[①] 如果利益联盟中的一些成员想要拖延或破坏新标准的实施,这个联盟就很难团结一致。

联盟的参与者由于所处位置的不同可能有着不同的利益考虑和参与动机,这增加了相关参与者为实现共同利益而进行集体行动的难度。首先,标准中的技术所有者与技术使用者之间关于专利许可费就可能存在利益分歧。其次,在与国外标准的竞争中,本国企业面临自身市场利益与民族利益之间的权衡,一些企业为了维护自身在全球市场的利益,不一定会基于民族利益全力支持本国的自主标准。最后,有些企业可能具有双重或多重联盟成员身份,即它们同时参加了处于竞争关系的不同标准的产业联盟。这种多重身份会使这些企业的资源投入分散化,但它们更倾向于支持给其带来更大利益的标准。

(二)影响利益联盟实力的因素

1. 关键企业的能力和策略

一项技术标准的提出往往由至少一家企业作为关键行动者。关键企业对组建技术联盟的需要在很大程度上取决于其掌握关键资产的实力。[②] 标准发起企业的资产实力越强大,则联盟的重要性就越小;反之,则越需要联盟。

首先,在组建利益联盟的过程中,关键企业不仅是技术标准的提出者,它通常还要扮演联盟的组织者和协调者的角色。关键企业的动员能力越强,

---

① 曼瑟尔·奥尔森:《集体行动的逻辑》,陈郁等译,三联书店上海分店、上海人民出版社,1995。

② 曼瑟尔·奥尔森:《集体行动的逻辑》,陈郁等译,三联书店上海分店、上海人民出版社,1995。

越容易招募其他相关企业加入标准联盟。而这种动员能力主要来源于企业在市场和产业网络中的位置，关键企业在市场和产业网络中的中心度和显著度越突出，越可能具备强的动员能力。

其次，一个开放的标准更容易获得产业网络中其他企业的支持。[1] 标准的开放性指的是在标准设定过程中，不是一家或少数企业控制标准，并且持有核心专利的关键企业能够基于"公平、合理和非歧视性"条款来许可必要的专利。如果持有核心专利的关键企业不能在合理收费的基础上开放其知识产权，就会增加其他参与者的进入壁垒，降低标准的采纳速度和成功的可能性。

最后，标准发起企业采取兼容还是不兼容的策略也影响标准联盟的成员构成。如果一项标准的发起企业采取与竞争性标准不兼容的策略，那么技术标准的竞争结果在很大程度上取决于两个标准的利益联盟的实力强弱。一般而言，实力强大的标准联盟不愿意采取与实力较弱的标准联盟兼容的策略。如果标准发起企业采取与竞争性技术标准兼容的策略，则意味着标准联盟的扩大，企业在不同标准之间的竞争转变为标准之内的竞争。

2. 标准竞争中的政府干预

标准设定和竞争过程往往涉及政府干预。政府本身可以成为标准利益联盟的重要成员，同时政府的公共政策又会影响到联盟的形成。尤其是当存在大的规模经济，或者早期市场进入被认为是必要的国家经济战略时，一国政府会批准并强制执行某些法定标准。由于国家之间标准化管理体制的差别，不同国家的政府对标准设定的卷入范围和程度有所不同。相对于美国等西方发达国家，中国政府对标准设定的卷入范围更广、程度更深。

中国政府对标准设定过程的积极参与，一方面与中国的标准化管理体制有关。在中国的标准设定体制中，除了国家标准化管理委员会（以下简称国标委）作为专门管理机构发挥作用之外，各行业的主管政府部门仍起着主导性的作用，相关的标准化技术委员会或标准工作组仍受制于这些行业的行政主管部门。另一方面，在中国推行自主标准的过程中，通常需要与发达国家实力强大的跨国公司主导的标准展开竞争，中国政府出于国家利益的考虑会对本国企业主导的标准加以支持甚至保护。特别是在中国企业与国外企业的整体实力存在差距的情况下，中国政府如果采取完全不干

---

[1] Heejin Lee, Sangjo Oh, "The Political Economy of Standards Setting by Newcomers: China's WAPI and South Korea's WIPI", *Telecommunications Policy*, 32 (2008): 662 – 671.

预的方式，市场机制会使国外先行者的标准赢家通吃。

政府干预可以改变标准设定和竞争中的条件。首先，政府作为一个巨大且有影响力的买家，挑选或扶持技术界、产业界中的"优胜者"，可以在这些产业获得临界容量时助一臂之力，引导其走向自我维持的正反馈过程。中国政府经常通过政府采购、重大科技专项、优惠政策等措施，支持自主标准的研发、制定和推广。

其次，政府还可以利用管制者的身份干预自主标准与国外标准的竞争。中国政府在支持本国企业设定自主标准的同时，对国外标准既可以采取允许其在中国市场自由竞争的策略，也可以设立政策障碍使其难以在中国市场立足。政府将自主标准设定为国家强制性标准就是保护本国标准和抵制国外标准的一种极端做法。

最后，在设定国家法定标准的过程中，政府关于标准的开放性和兼容性方面的政策影响着标准联盟的成员规模与构成，甚至影响到竞争性标准联盟的抵制程度。如果政府对自主标准采取开放和兼容的政策，那么会有利于吸引联盟成员；如果政府采取封闭和不兼容的过度保护政策，则不仅会激起来自与之竞争的标准联盟的抵制，而且还会限制自身利益联盟的扩展。政府只有采取适当的干预方式，才会增加自主标准与国外标准竞争成功的可能性。

3. 政府部门内部的协调程度

中国政府对技术标准设定的积极干预并不意味着政府部门已与产业界形成了密切合作的良好模式。实际上，这种合作一直受到政府机构之间的"多头管理"及发生管辖权冲突时部门间协调问题的困扰。

这种协调不力更多地发生在同一级别的政府部门之间。这主要是因为信息通信产业领域的技术标准设定往往涉及工业和信息化部、国家广播电影电视总局、科技部、国家发展和改革委员会等多家政府部门的参与。多头管理的局面导致决策权威分散，部门之间的利益难以协调，延误标准设定过程。另外，不同级别的政府部门之间出于不同的利益考虑也可能对同一标准采取不同的态度。政府部门之间缺乏协调导致中国标准的利益联盟的集体行动能力下降，也会减少中国标准成功的机会。

三 案例描述：WAPI 与 Wi-Fi 的标准战

接下来，我们通过对 WAPI 的标准设定过程及其与 Wi-Fi 标准之间的竞争过程的描述和分析，来探讨政府干预和利益联盟对标准竞争的影响。

（一）标准战的发端

1. 先行一步的 Wi-Fi

1990年IEEE[①]802标准化委员会成立了IEEE 802.11无线局域网标准工作组，1999年发布了IEEE 802.11a和IEEE 802.11b。1999年，致力于在全球范围内推广IEEE 802.11标准兼容认证和商业应用的Wi-Fi联盟成立。2000年Wi-Fi联盟开始推出Wi-Fi认证项目，2001年认证的产品数为200款，2003年达到1000款。

在中国推出WAPI标准之前，基于Wi-Fi标准的WLAN产品已在中国市场销售。特别是作为Wi-Fi联盟重要成员的英特尔（Intel）公司于2003年推出了整合Wi-Fi无线上网技术的"迅驰"（Centrino）芯片。国内的笔记本电脑厂商也积极推出载有迅驰芯片的产品。

虽然Wi-Fi技术在市场推广上势头迅猛，但IEE 802.11b采用的WEP（Wireless Equivalent Privacy）加密技术安全性低，容易被非法用户侵入。为了改进其安全性，Wi-Fi联盟于2002年10月宣布了新的过渡性验证和加密协议WPA（Wi-Fi Protected Access），2004年6月又推出了采用新的加密方式WPA 2的IEEE 802.11i标准。

2. 中国制定自主标准 WAPI

中国是在Wi-Fi标准已拥有一定用户安装基础，但存在严重安全漏洞的背景下提出制定自主标准WAPI的。2001年8月，在工业和信息化部科技司的指导下，以西电捷通为首发起成立了中国"宽带无线IP标准工作组"，致力于开发中国的无线局域网安全技术。在西安电子科技大学综合业务网理论及关键技术国家重点实验室相关研究成果的基础上，2001年11月工作组就完成了WAPI标准的草案。

西电捷通是WAPI标准的主要技术提出者和推动者。这家高科技股份制企业于2000年9月在西安成立，起初注册资本为1000万元，其中曹军[②]个人投资750万元，西安电子科技大学以无线局域网技术作价250万元入股，获公司25%股份。

[①] 电气和电子工程师协会（IEEE）于1963年由美国无线电工程师协会和美国电气工程师协会合并而成。

[②] 曹军并不是做技术出身，以前是一个商人。他看好西安电子科技大学的无线局域网研究成果，于是利用其出色的公关能力，借助政府的力量来推进这一成果的应用。

3. 中国决定强制实施 WAPI

2003年11月26日，国家质量监督检验检疫总局（以下简称为"质检总局"）和国标委发布了《关于无线局域网强制性国家标准实施的公告》。2003年12月1日，质检总局和国家认证认可监督管理委员会（以下简称"认监委"）联合发布了《关于决定对无线局域网产品实施强制性产品认证的公告》，公告称"2004年6月1日起，未获得强制性产品认证证书和未加施中国强制性认证标志的无线局域网产品不得出厂、进口、销售或者在其他经营活动中使用"。

中国政府之所以强制推行 WAPI 国家标准，一个最大的理由是保护国家、企业和公民信息安全的需要。"WAPI 的安全性要明确优于现有的 Wi-Fi 联盟采用的 WEP 协议，即使与改进后的 WPA 协议比较，也仍有优势。"[①]

（二）强制性国家标准 WAPI 实施受阻

1. Wi-Fi 利益联盟的反对

WAPI 强制实施的计划招致了以英特尔、博通（Broadcom）、思科（Cisco）等来自美国的跨国公司为代表的 Wi-Fi 联盟核心成员的强烈反对。如果这些国外企业接受该决定，它们就必须要付出一定的转换成本，生产符合 WAPI 标准的产品才能继续在中国市场立足。而且，在 WAPI 标准发布后，国家商用密码管理办公室只授予了西电捷通、华为、中兴、联想等24家国内企业 WAPI 加密算法的使用权。外国企业想要生产符合 WAPI 标准的产品就要和获得加密算法的中国企业合作，这意味着外国企业进入中国市场会受到钳制，而且外资企业担心合作会使自己的知识产权受到威胁。[②] 2004年3月11日，英国《金融时报》称英特尔公司拒绝支持 WAPI，并指责这一加密标准属于落后技术，并且无法保证品质。全球最大的无线网络芯片制造商博通公司的首席执行官阿兰·罗斯告诉路透社的记者："我们不会玩他们的游戏。即使到了只有使用他们的加密技术才能进入中国市场的地步，我们现在也不打算承诺照办。"[③]

2004年1月 Wi-Fi 联盟主席邓尼斯·伊顿表示，如果2004年6月1日之前不能达成妥协的话，Wi-Fi 联盟将考虑抵制对华出口 Wi-Fi 产品。在

---

① 王以超、张帆：《还原 WAPI 之争》，《财经》2004年第7期。
② 王以超、张帆：《还原 WAPI 之争》，《财经》2004年第7期。
③ 方兴东、潘海霞、付炬：《WAPI，中国能顶住吗？》，《IT 时代周刊》2004年第7期，第38页。

相关企业和协会的游说下，美国政府也介入此事。2004年3月美国国务卿鲍威尔、商务部长埃文斯和贸易代表佐立克联名给中国政府写信，联名信递交到了时任中国国务院副总理吴仪和曾培炎手中，他们强烈要求中国政府改变对WAPI国家标准的强硬政策。

2. 国内产业界分化的反应

中国产业界没有团结起来一致支持自主标准WAPI。根据2004年国家知识产权局的资料，WAPI所涉及的三项核心专利技术全部由西电捷通掌握。很多企业都对成立不久且力量薄弱的西电捷通有质疑，认为WAPI技术被制定为中国的国家标准，西电捷通应该是最大的受益者，因为一个公司要想得到授权，就应该向它支付专利许可费。①

使用英特尔迅驰芯片的诸多中国笔记本电脑厂商大多不愿意全力支持WAPI，对WAPI是否强制执行持观望态度。正如一位无线局域网生产商所言："WAPI在堵截国外公司的同时，也可能对国内企业的产品与国际标准接轨产生一些影响。"②继2003年6月华为率先加入Wi-Fi联盟之后，中兴、联想等其他中国企业也成为该联盟的成员。可见，这些具有大量国际业务的中国网络设备和终端产品提供商实际上采取了"两边讨好"的策略。

在绝大多数相关国内企业保持沉默和观望的同时，只有西电捷通、六合万通、中电华大等几家小型科技企业积极投入对WAPI产品的研发和生产，但在此时它们尚不能批量提供可商用化的芯片。

3. 中国政府推迟WAPI标准的实施

让支持WAPI标准的企业和机构感到无奈的是，中国政府高层最终对Wi-Fi利益联盟做出了妥协。2004年4月22日国务院副总理吴仪率领的贸易代表团出席了第15届中美商贸联委会，与美方代表签署了八项协议和换文，其中包括一项名为美国对华《高科技出口最终用户访问换函》的协议。根据该协议，美方将通过行使一项名为"使用监督权"的有限定权力，放宽对出口到中国的高科技产品的限制。作为代价，中国方面则在WAPI标准和打击盗版两方面做出让步。2004年4月29日，中国质检总局、认监委和国标委联合发布公告，宣布WAPI标准延期执行，无线局域网产品强制性认证的实施时间也后延。

---

① 虞翔：《WAPI背后主角现身，英特尔只是争斗的一颗棋子》，《财经时报》2004年4月10日。

② 虞翔：《WAPI背后主角现身，英特尔只是争斗的一颗棋子》，《财经时报》2004年4月10日。

直到2006年WAPI标准的实施才有了转折。2006年6月2日,质检总局和国标委正式发布了《无线局域网国家标准》的公告,这次发布通过商务部向WTO/TBT做出了正式通报,而且在上报国务院有关领导批示后执行。[①] 直到2007年7月13日,认监委在修订2003年旧版规则的基础上发布了《无线局域网产品强制性认证实施规则》的公告,但实际上强制性认证的实施日期依然处于延期之中。

(三) WAPI国际标准化受挫

1. 第一次国际标准化努力

在强制推行国内标准受挫后,WAPI马上开始了成为国际标准的努力。2004年,在中国向国际标准化机构ISO/IEC、JCT1/SC6提交了WAPI提案之后,IEEE也向其提交了802.11i标准。WAPI与Wi-Fi的明争暗斗在国际标准化舞台上展开。

ISO/IEC JTC1由美国国家标准学会(ANSI)承担秘书处,于是美国方面利用其在JTC1中的权威地位,串通英国国家成员体一起操纵工作程序,使中国方面遭受不公正对待。2004年8月底,JTC1秘书处在没有征求中国国家成员体意见并无任何解释的情况下,单方面撤销了中国WAPI提案。相反,却同意IEEE 802.11i标准提案进入快速流程。由6人组成的中国代表团准备参加2004年11月8日在美国奥兰多举行的ISO/IEC JTC1/SC6年会时,4名主要技术专家被美国大使馆拒签,导致WAPI提案被迫推迟讨论。

2005年2月23日ISO/IEC、JTC1/SC6在德国法兰克福召开特别工作会议讨论WAPI和IEEE 802.11i的问题,在看到会议中所发生的无数严重违反规则的怪现象并导致中国提案继续遭受不公正待遇后,中国代表团决定集体退出此次会议。2005年4月21日,中国向ISO/IEC正式递交了投诉JTC1的申诉文件。5月17日,ISO总部在日内瓦召开了两个提案的调解会,ISO一位官员提出将WAPI和IEEE 802.11i合并的方案。但2005年8月在北京举行的中美双方WLAN标准ISO/IEC特别协调会议上,双方并未就合并方案达成一致。

2005年9月,ISO决定两个标准将分别作为提案接受投票表决。2006年3月13日,ISO以压倒性的多数否决了WAPI成为国际标准的提案,作为

---

① 王涛、张鹏:《WAPI缘何实现"大逆转"——对话WAPI产业联盟秘书长曹军》,《通信世界》2008年第31期,第17页。

Wi-Fi 安全传输协议的 IEEE 802.11i 则成为国际标准。在与 Wi-Fi 的国际标准竞争中，WAPI 以落败告终。

2. 第二次国际标准化努力

2008 年 4 月，在 ISO/IEC、JTC1/SC6 的日内瓦会议上，中国再次启动了 WAPI 提案。2009 年 6 月在 ISO/IEC、JTC1/SC6 的日本东京会议上，美、英、法等 10 余个与会国家成员体一致同意 WAPI 以独立文本形式开展国际标准推进工作。然而，在同年 10 月，中国 WAPI 技术专家赴美国的雷德蒙德参加国际标准会议时再次遇到名为"审查"，实为"拒签"的情况。

2010 年 1 月 WAPI 顺利通过了 NP（新工作项目提案）阶段投票，进入到 WD（工作组草案）评论阶段。不过，美国再次拒绝一名中方重要技术专家参加 2011 年 6 月在美国圣地亚哥举行的 ISO/IEC、JTC1/SC6 全会及工作组会议，WAPI 申请成为国际标准只能延后讨论。

（四）WAPI 与 Wi-Fi 的市场表现

1. Wi-Fi 的市场表现

在成为事实标准上，Wi-Fi 起步得比 WAPI 早，而且在全球范围内得到了广泛应用。2006 年之前，符合 Wi-Fi 标准的产品已在中国市场得到初步应用，特别是电信运营商布置的 WLAN 热点选用的都是基于 Wi-Fi 标准的产品。2006 年，载有迅驰芯片的笔记本电脑在中国的销量已超过 600 万台。截至 2011 年，全球已约有 7 亿 Wi-Fi 用户，热点部署数量已超 75 万处，Wi-Fi 设备累计出货量超过 20 亿部，且年增长率维持在两位数以上。[①]

2. 2006 年之前 WAPI 的市场表现

2006 年之前，WAPI 的精力主要放在成为国家标准和国际标准上，产业化进程缓慢，无论是基础芯片还是终端设备都没有多少投放市场的产品。截至 2004 年 4 月 8 日，只有方正、联想、西电捷通、明华澳汉 4 家企业的数款产品获得了由中国电子技术标准化研究所产品认证中心颁发的首批无线局域网 CCCi 认证证书。

直到 2006 年年初，六合万通才能提供量产的"万通四号"无线网络芯片，随后它又推出了通过硬件加密的方式实现包括 WAPI 算法在内的多种加密算法的万通 V 号芯片。2006 年，联想和方正等国内笔记本电脑厂商推出了多款符合 WAPI 标准的产品。索尼公司也推出数款支持 WAPI 标准的笔记

[①] 赵新：《全球 Wi-Fi 用户数已达 7 亿》，《人民邮电报》2011 年 9 月 8 日。

本电脑。

3. 2006年之后WAPI的市场表现

虽然与Wi-Fi相比，WAPI当前的市场应用仍逊色很多，但与2006年之前的情况相比，WAPI已大有进步。2009年年初，WAPI进一步成为中国移动、中国电信的A类必测项①。在2009年中国移动的相关设备招标中，总体设备需求量在10万台以上，99%以上的设备均具备WAPI功能。2009年1月，海华科技②推出WAPI手机专用无线模组，实现了WAPI终端可同时兼容Wi-Fi；10月，曾明确反对WAPI标准的博通公司在中国的最大代理商科通公司，代表博通公司以"科通宽带"的身份加入了WAPI产业联盟。

截至2011年年底，全球主流芯片厂商均已硬件支持WAPI，支持WAPI的芯片出货量已累计超过20亿；WAPI产品型号已超过2000个，具备WAPI功能的手机已超过600款。运营商所有在建的WLAN网络，均已具备WAPI功能，市场上有超过1000万台热点和4000万部手机具备WAPI功能。③

不过，在中国的运营商市场，虽然WAPI已经成为无线设备的标配，但在实际使用中大多没有开通WAPI加密功能，而是采用Wi-Fi的WPA和WPA2加密方式。④ 如何推动运营商和用户提高对WAPI加密方式的采用率仍是WAPI标准推广面临的重要难题。

表1　WAPI与Wi-Fi的标准化过程对比

标准设定	WAPI	Wi-Fi（IEEE 802.11）
国家/行业标准	2003年被发布为国家强制性标准 2004年被迫延期实施 2006年重新发布并实施	1999年发布了802.11b 2004年发布了802.11i
国际标准	2006年第一次申请国际标准失败 2008年开始第二次申请，目前尚无结果	2006年IEEE 802.11i被批准为国际标准
事实标准	限于中国市场 2006年之前产品数量很少 2006年之后产品出货量大幅增加	包括中国在内的全球市场 2003年认证的产品数达到1000种 2011年全球已有7亿多用户

---

① A类必测项目为必须要支持、必须要测试，而且测试必须要通过的项目。
② 海华科技是全球无线芯片知名厂商Marvell的核心芯片模组厂商。
③ WAPI产业联盟：《在路上——WAPI产业联盟月刊》2012年第24期，第2页。
④ 林斐：《WAPI标准处境尴尬：国标之路遇挫　国内应用遇冷》，《IT时报》2011年7月4日。

四 案例分析

那么，如何理解中国自主标准WAPI在与国外标准Wi-Fi的竞争中所遭遇的挫折，以及WAPI在成为事实标准过程中所经历的变化呢？我们试图从政府干预和利益联盟的角度加以分析。

（一）利益联盟的成员构成

一项标准从技术研发到市场应用需要得到诸多联盟成员的支持。WAPI成立标准化工作组和产业联盟的时间均晚于Wi-Fi，而且在规模和实力上远不如后者，结果导致WAPI的产业化和商用化推进明显滞后。

WAPI由2001年成立的中国宽带无线IP标准工作组起草制定，在作为创始成员的10家单位中只有2家是企业，6家是大学或研究机构，还有2家是政府机构。在2002~2006年WAPI试图成为国家强制标准和第一次申请国际标准期间，支持WAPI的主要是中国宽带无线IP标准工作组和被授予加密算法的24家国内企业，覆盖整个产业链的产业联盟尚未组建。特别是在此期间WAPI没有争取电信运营商的支持，而电信运营商是无线网络设备的重要买家，它可通过建设公共热点来推广无线连接技术。由于没有形成足够完整的产业联盟，此时的WAPI在很大程度上还停留在技术规范阶段，产业化和市场推广几乎没有。只有个别的小型科技企业在研发符合WAPI标准的芯片，可商用化的芯片尚未问世。没有赢得广大终端产品厂商和电信运营商的支持，大多数的公众用户也不了解WAPI。直到2006年3月，在WAPI第一次冲击国际标准无望的情况下，由国家发展和改革委、工业和信息化部及科技部三部委牵头，22家中国企业加入的WAPI产业联盟才正式成立，特别是中国移动、中国联通、中国网通和中国电信四大运营商也悉数加盟。到2007年年底，WAPI产业联盟成员单位32家；截至2011年，成员数量达到80家。随着成员数量的不断增加，WAPI才逐渐形成了完整的产业链。

反观Wi-Fi，其在技术上依托成员众多、实力强大的IEEE。1999年致力于推广IEEE 802.11标准的Wi-Fi联盟成立，其成员数量增长快且成员实力强。到2004年Wi-Fi联盟的成员已发展到208个，包括无线半导体制造商、无线产品制造商、计算机系统提供商以及软件制造商。在WAPI成立标准工作组时，Wi-Fi联盟就已颇具规模，特别是英特尔、博通、思科等跨国公司巨头已在全球范围内（包括中国市场）大力推广经过 Wi-Fi 认证的产品。截至 2011 年年底，Wi-Fi 联盟的成员企业已达 488 家[①]，其成员的数量、实力和来源都远胜于 WAPI 联盟。

（二）利益联盟的集体行动能力

在与竞争性标准进行博弈的时候，更能显示一个标准联盟的集体行动能力。在 Wi-Fi 利益联盟抵制 WAPI 作为国家标准强制实施的过程中，我们充分领略到 Wi-Fi 利益联盟的团结一致，也令人遗憾地感觉到 WAPI 联盟成员的各打算盘。

Wi-Fi 联盟之所以能够成功阻止 WAPI 在 2004 年 6 月 1 日开始强制实施，一个重要原因是联盟内各个公司做到了团结一致。美国信息技术产业理事会科技与贸易政策部主任安·罗琳丝在接受《美国之音》记者采访时说："我们力争在业内各个公司之间做到信息公开化。那时候，中国有好多报道说，某某公司已经跟中国方面私下谈妥准备合作了。我们就会找到那家公司，问他们有没有这么做，'这篇报道说你们这么做了，说这话的是谁？'我们一直在核对事实，总是纠集大家开电话会，互相通气，传达信息，让大家知道，那些不属实的报道，不要去管它，大家要坚守阵地。然后还要跟美国政府有关部门联系，告诉他们事实是怎么回事。"[②] 到了 2004 年 2 月，英特尔发布暂时无法支持 WAPI 的表态后，Wi-Fi 联盟、美国国家标准学会等将各成员组织在一起统一了态度，全面谋划封杀中国 WAPI 标准。

反观 WAPI 阵营，很多有实力的企业并没有站在国家利益的高度力挺 WAPI 标准，而是从自身利益出发持等待观望的态度，结果延误了 WAPI 快速产业化的时机。虽然国家密码办将 WAPI 加密算法的使用权赋予了 24 家国内企业，其中不乏像联想、华为、中兴这样的实力派企业，但这些企业大多态度暧昧，起初并没有对推广 WAPI 全力投入，甚至它们同时也加入了与 WAPI 竞争的 Wi-Fi 联盟。因为这些企业要面对国内和国际两个市场，如果中国强制执行 WAPI 标准就意味着它们要双线作战，增加它们的投入成本，所以从自身利益出发它们不太情愿接受 WAPI 标准的强制实施，也没有动力去游说政府一定要坚持标准强制实施的立场。结果在 WA-

---

① Wi-Fi Alliance, Annual Report, http://www.wi-fi.org, 2011.
② 吴磊：《WAPI 启示录》，上海情报服务平台，2005 年 11 月 25 日。

PI 发展初期，只有西电捷通、六合万通、中电华大等少数小型科技企业在奋力前行。

（三）关键企业的能力和策略

在 WAPI 利益联盟与 Wi-Fi 利益联盟的标准争夺战中，二者的关键企业存在明显的能力差异。WAPI 标准的主推手是西电捷通，它虽然掌握 WAPI 标准的核心专利，但毕竟是一家成立不久的小型科技企业，不具备大规模的生产能力和强大的营销能力，而且缺乏标准推广的经验。因此，单凭西电捷通的实力是无法快速地将技术规范转化为事实标准的，同时其在产业网络中的位置和影响力也使它难以动员其他厂商推进标准的商用化。后来随着方正、中国移动成为 WAPI 产业联盟的主要成员，关键企业的实力得以提升。与之相对，代表 Wi-Fi 利益联盟与 WAPI 展开竞争的是全球最大的半导体芯片制造商——英特尔。作为 Wi-Fi 技术的关键市场推动者，英特尔可以凭借其业界的领导位置影响诸多笔记本电脑厂商对 Wi-Fi 技术的选择。

另外，作为 WAPI 标准核心专利拥有者的西电捷通在初期没有制定明确且合理的专利收费制度，在技术开放共享上的犹豫不决使它很难获得更多厂商的信任和支持，最终延误了 WAPI 的产业化进程。有媒体报道，在 2004 年左右，一些国内芯片厂商就找到西电捷通寻求授权合作，但却被对方开出的苛刻条件吓退。[①] 后来，WAPI 核心技术持有者改变了专利授权政策，2008 年曹军在接受采访时表示："对于 WAPI 的前期推广应用，我们仅象征性地一次性收取 1 元人民币的专利费（按最终终端数量计），专利费用授权第三方法律机构办理。"[②] 这种转变促进了 WAPI 标准的产业化和市场应用。

除了利用其垄断地位积极推广 Wi-Fi 技术外，英特尔公司还采取诸多手段反对中国 WAPI 标准的强制实施并阻挠其申请国际标准。这些手段包括威胁停止向中国地区供应迅驰芯片及相关芯片组技术、游说美国政府向中国政府施压、在国际标准化组织中为讨论 WAPI 提案制造障碍并动员其他国家成员体给 WAPI 投反对票。

[①] 冀勇庆：《WAPI 命悬一线》，《IT 经理世界》2006 年第 6 期，第 40~42 页。
[②] 王涛、张鹏：《WAPI 缘何实现"大逆转"——对话 WAPI 产业联盟秘书长曹军》，《通信世界》2008 年第 31 期，第 17 页。

（四）政府干预

国际舞台上的标准之争不仅是企业联盟之间的竞争，而且涉及国家利益之间的较量。为了维护本国标准的利益，中美两国的政府以不同的方式参与了 WAPI 与 Wi-Fi 这场旷日持久的标准战。

中国政府在 WAPI 标准的设定中扮演了举足轻重的角色，但在 2006 年之前和之后明显采取了不同的干预方式。2006 年之前，中国政府试图通过强制实施和加密算法有限开放的策略保护中国自主标准的推广。这些举措意味着 Wi-Fi 标准将无法继续在中国市场存在，Wi-Fi 在用户基础上的初始优势将不复存在，而且国外企业必须要和中国企业合作才能生产符合 WAPI 标准的产品。中国政府原认为，为了不放弃有巨大吸引力的中国市场，国外厂商会接受中国政府强制实施 WAPI 标准的决定。不过，没想到这些做法招来 Wi-Fi 利益联盟的强烈反对和抵制，甚至有些国内企业也不满意，这无疑大大降低了支持 WAPI 标准的厂商数量。遗憾的是，中国政府的强制实施计划最终变成了不可置信的威胁。为了获得其他利益，中国政府高层在与美国政府的商贸谈判中做出让步，决定延期执行 WAPI 标准。这使得一个本来就很松散虚弱的联盟在经过数月的自我标榜和外界的种种质疑之后终于破裂。① Wi-Fi 产品在中国市场继续扩张，而 WAPI 的推广却陷入困顿。

当然，中国政府的延期让步并不意味着对 WAPI 的放弃，而是重新审视之前的做法，继而采取了更加适当的支持方式，这体现出中国政府在国际标准竞争中的学习和适应能力。2006 年之后，WAPI 不再采取与 Wi-Fi 针锋相对的不开放和不兼容策略，而是向全球公开了 WAPI 的加密算法。另外，中国政府采用政府采购、研发和产业化项目的财政支持、正式发布 WAPI 标准、推动成立产业联盟、禁止具有 Wi-Fi 功能的手机入网等方式推动 WAPI 的技术成熟、产业化和商用化。工业和信息化部从 2009 年开始要求具有无线网接入功能的手机、电信运营商采购的无线局域网设备必须具备 WAPI 标准（可同时兼容 Wi-Fi），这样不仅避免了 Wi-Fi 联盟成员的反对，而且迫使 Wi-Fi 联盟的国外厂商推出与 WAPI 相兼容的产品。结果，WAPI 与 Wi-Fi 在中国市场上的争端在很大程度上以兼容共存的方式和解，而不是你死我活、赢家通吃的结局。

---

① 王志强：《论 WAPI 联盟的突然破裂》，《中国企业家》2004 年第 5 期，第 44 页。

虽然 Wi-Fi 标准在很大程度上是在美国企业的主导下设定并进行市场推广的，但当面临来自禁止进入中国市场的威胁时，在产业界的游说下，美国的有关政府部门坚定地站在维护本国企业利益的立场上。在阻止中国政府强制推行 WAPI 标准时，美国政府代表产业界向中国政府施压并将此事列入中美商贸谈判议程，最终迫使中国政府妥协。在后来 WAPI 申请国际标准的道路上，从 2006 年到 2011 年美国政府三次拒签中国技术专家进入美国参加相关标准化会议，从而导致 WAPI 冲击国际标准屡屡受挫。

表2 从政府干预和利益联盟视角比较 WAPI 与 Wi-Fi

	Wi-Fi	2006 年之前的 WAPI	2006 年之后的 WAPI
联盟的成员构成	成员构成广泛、实力强大	只有标准工作组，尚未成立产业联盟	成立产业联盟，成员数量和实力增强
联盟的集体行动能力	集体行动能力强	集体行动能力弱	集体行动能力得到提高
标准设定的开放程度	开放度高	加密算法有限开放	加密算法全球开放
标准之间的兼容性	从不兼容走向兼容	强制性拒绝 Wi-Fi	强制兼容
核心企业能力和策略	英特尔、博通；动员能力强；许可费用低	西电捷通；动员能力弱；许可费用高	方正、中移动等加入；动员能力提高；许可费用降低
政府干预	美国政府施压、贸易谈判、拒签	强制性认证、加密算法有限开放、政府让步	政府购买、支持产业化、强制要求兼容

五　总结和讨论

技术标准竞争的关键是在初始阶段迅速形成达到临界容量的市场规模，进而引发正反馈机制。在对初始优势的争夺中，一项技术标准能形成实力强大且协调一致的利益联盟至关重要。政府不仅可以作为标准利益联盟的重要成员，而且政府采取的干预方式还会影响利益联盟的成员规模和集体行动能力。本文从政府干预和利益联盟的角度对中国自主标准 WAPI 与美国企业主导的 Wi-Fi 标准之间的竞争进行了分析。在前期阶段，WAPI 之所以在与 Wi-Fi 的竞争中接连失利，主要是因为政府和关键企业的不兼容和不开放策略导致 WAPI 没有迅速建立成员广泛、实力强大且团结一致的利益联盟，而且还引起 Wi-Fi 利益联盟的强烈抵制。而在发展后期，政府和关键企业转向开放和兼容的政策，WAPI 利益联盟的成员实力和协调能力得以不断增强，因此 WAPI 的市场表现较之前阶段有了明显改观。

  本文的研究表明，在后来者与先行者存在明显实力差距的条件下，政府如果采取完全不干预的方式，市场机制会使先行者的标准赢家通吃；而政府如果采取封闭和不兼容的过度保护方式，则不仅会激起先行者标准联盟的抵制，还会限制后来者利益联盟的扩展，从而不利于自主标准的设定和实施。政府只有采取适当的干预方式，才会增加自主标准与国外标准竞争成功的可能性。首先，在市场上已经存在国外厂商发起的事实标准的情况下，政府不宜强制推行自主的法定标准，而采取与先行标准兼容的策略更容易得到国外厂商的认可。其次，在设定和推广自主标准的过程中，政府和标准发起企业采用相对开放的策略可能争取更多国内外厂商的支持，从而加快自主标准的产业化和商业化进程。最后，政府在支持自主标准的过程中，不仅要注意政府干预与市场机制的有效配合，还需要减少多头管理，加强政府内部的协调能力。

城乡老年人口医疗可及性差异研究*

——基于 CLHLS 项目调查数据

李建新　夏翠翠**

摘　要： 老年人是对医疗卫生服务需求较多的群体，能否获得及时的医疗服务对老年人健康具有重要的影响作用。本文主要利用中国高龄老人健康长寿调查（CLHLS）项目 2002 年和 2011 年调查数据，呈现了城乡老年人口医疗可及性差异，并分析了差异的产生机制以及城乡差异的变动情况。研究结果表明，从 2011 年的数据上看，城乡老年人在"患重病能否得到及时医治"方面存在显著差异，城镇优于乡村；城镇低龄组老年人比农村低龄组老年人有更高的可能性"按期体检"；两个截面数据相比，整体上 2011 年老年人口的医疗可及性显著优于 2002 年，老年人群的医疗可及性有较大的改善；然而，2011 年的城乡老年人医疗差异较之 2002 年虽有缩小趋势但并不显著，城乡老年人医疗可及性不平等仍然存在。

关键词： 医疗卫生可及性　老年人口　城乡差异

一　引言

21 世纪我国已进入了快速老龄化时期，国家统计局数据显示，2010 年

---

* 基金项目：国家自然科学基金管理学部重点项目"关于改善老龄健康保障机制和科学管理效益的研究"（项目批准号：71233001）。文章部分内容发表在《中国卫生政策研究》，2014 年第 9 期，第 39~44 页，题为"我国城乡老年人口医疗服务可及性差异研究——基于 2011 年中国老年健康影响因素跟踪调查数据"。

** 作者单位：北京大学社会学系。

第六次人口普查我国60岁及以上老年人口占人口比重13.3%，2012年年末，我国60岁及以上人口比例上升至14.3%，高于世界平均水平（11%），而老年人口已经接近2亿。由于我国流动人口加剧，我国农村老龄化程度高于城市[1]。随着我国人口老龄化进程加速，城乡人口老龄化带来的一系列问题如养老如医疗健康等问题已成为社会和公众关注的焦点。医疗健康是全社会特别是老年人口最关切的问题之一。老年人是身体较为脆弱的群体，身体机能逐渐衰退，具有较大的医疗卫生服务需求，因此，医疗卫生服务是否可及对老年人群体的影响较之其他成年人群体更大，其健康效益也更大。医疗卫生服务可及性的群体差异则是社会不平等的反映，这其中我国城乡二元结构下医疗可及性差异可能更是如此。

20世纪六七十年代，我国建立起符合国情的"赤脚医生"、农村合作医疗制度，惠及大约90%的农村居民，一度被世界卫生组织和世界银行誉为"以最少的投入获得了最大健康受益"[2]。然而，80年代以来，伴随市场经济发展，以"放权让利"为核心的医疗改革瓦解了改革前建立的相对平等的基础医疗服务体系和保障体系，医疗卫生资源向大城市集中，部分城市居民丧失医疗保障，而农村几乎整体处于医疗保障缺失的状态。与此同时，医疗资源交由市场配置大大提高了医疗成本，这些变化不仅造成了"看病贵"的问题，也导致了不同社会群体的医疗卫生不平等问题，尤以城乡医疗卫生差异为突出[3]。为改变这一局面，2003年我国启动了新型农村合作医疗保险制度（简称"新农合"），2009年中共中央又再次下发文件，强调进一步深化医疗卫生体制改革，并提出着重解决基层医疗卫生服务不平等等问题。[4] 因此，近些年来我国在医疗卫生方面的投入不断在加大，医疗卫生条件和设施也逐渐在改善，伴随新农村合作医疗保险的全面推进，医保覆盖率的不断提高，我国城乡医疗卫生服务水平差异也有了新的变化。在我国医疗卫生事业迅速发展、医疗卫生体制改革方兴未艾以及我国城乡人口老龄化日趋严重的大背景下，本文将从城乡结构分层的视角关注城乡老年

---

[1] 曾毅：《中国人口老化、退休金缺口与农村养老保障》，《经济学》2005年第2期。
[2] 世界银行：《1993世界发展报告：投资于健康》，中国财政经济出版社，1993，第210～211页。
[3] 王绍光：《政策导向、汲取能力与卫生公平》，《中国社会科学》2005年第6期。
[4] 《中共中央国务院关于深化医药卫生体制改革的意见》（中发〔2009〕6号）中强调加快基本医疗保障制度、基层医疗卫生服务体系、基本公共卫生服务、国家基本药物制度的建设和推进公立医院试点。

人口医疗卫生可及性的差异、分析城乡医疗可及性差异产生的机制及其变化趋势。

二 文献综述与研究设计

世界卫生组织认为医疗卫生可及性是指居民去医疗卫生机构的方便程度，主要体现在距离医疗机构的远近、医疗服务获取的难易程度、医患关系的融洽度、诊疗的快捷方便程度和价格的公平。一般认为医疗可及性差异主要从两个方面定义：一方面是医务人员、医疗设备、医疗保险等的分配是否具有结构性的差异；另一方面是从医疗服务的效用来定义，即患者对医疗服务是否满意等[1]。国内的相关研究认为，医疗卫生可及性是指能够有组织、持续的为居民提供容易获得的医疗服务，这种医疗服务在服务内容、数量和价格上能够满足人们的需求，并被人们所接受[2]。医疗卫生可及性测量的指标体系，主要包括：有无医疗保险、医疗保险支付者、医疗费用主要支付方式、是否有定期医疗照料、就医距离和时间、医疗机构类型、医疗服务的类型、医疗服务的目的（治疗、预防还是保健）、是否能在疾病最佳的治疗区间内就医等[3]。国内相关研究中使用到的主要指标包括：就诊医疗机构的类型、医疗保险类型、就诊距离、就诊等待时间、上门服务情况、患病未治疗情况、治疗一次感冒的费用等[4]。综上，医疗卫生可及性有客观上医疗服务是否具有可获得性和主观上对医疗服务是否满意两个层面。

国外有关医疗可及性差异的研究从个人、家庭、社会经济因素三个方面进行了分析，认为个人基本人口特征、身体和心理特征、疾病发病情况、家庭支持、医疗保险、社会经济地位等主要因素[5]会影响到个人的医疗可及性。国内有研究指出，由于自新中国成立初期开始实行城乡户籍制度，城

---

[1] Aday, L. A., & Andersen, R., "A framework for the study of access to medical care", *Health Services Research*, 9 (1974): 208.

[2] 朱莉华，曹乾，王健：《居民健康与卫生保健及医疗服务的可及性关系——基 CHNS 2006 年数据的实证研究》，《经济研究导刊》2009 年第 13 期。

[3] Aday, L. A., & Andersen, R., "A Framework for the Study of Access to Medical Care", *Health Services Research*, 9 (1974): 208.

[4] 李邦松，魏国炳：《新型农村合作医疗制度的完善》，《中国卫生事业管理》2007 年第 2 期。

[5] Allison, J. J., Centor, R. M., & Farmer, R. M. "Racial Differences in the Medical Treatment of Elderly Medicare Patients with Acute Myocardial Infarction", *Journal of General Internal Medicine*, 11 (1996): 736 – 743.

乡实行不同的医疗保险政策，医疗卫生资源和设备在城乡之间的分配也存在不平等现象使得医疗卫生可及性存在着较大的城乡差异[1]。农村居民获得的医疗服务少于城市居民，城乡之间医疗卫生服务存在着不平等现象[2]。但伴随着近年来我国医疗方面的改革和投入，一些也研究提出了相反的证据，认为随着新农合覆盖面扩大，医疗服务利用方面的不平等缩小[3]。"新农合"提高了农村医疗服务的利用率，也减少了医疗服务利用的城乡不平等问题[4]。值得注意的是，以往的研究虽揭示了我国城乡医疗卫生可及性的差异，但并未过多关注在老年人群体中城乡医疗可及性差异及其产生的机制问题，同时也没有从动态的视角来考察我国近年来城乡医疗可及性差异的变化。显然，在我国城乡二元体制和医疗卫生改革的宏观背景下，探讨医疗卫生可及性的城乡差异以及差异的变化情况，具有较强的现实意义。

从社会分层的视角观察，我国城乡二元结构是我国社会分层的重要标志[5]。城乡社会分层不仅是两种不同户籍的社会身份划分，同时也是标志着城乡不同居民拥有不同发展机会和不同的资源分配的权利。在我国城乡二元结构背景下，我们认为城乡社会分层可能通过以下方式影响医疗可及性：第一，城乡差异表现在个体社会经济地位的差异。生活在城镇的居民有更多的教育和就业机会，而收入、教育等社会经济地位指标又会对医疗卫生服务利用产生显著影响作用[6]。第二，城乡在家庭结构和老年人居住照料方式上存在差异[7]。生病时能否及时就医，不仅与老年人获取医疗服务的经济能力和方便程度有关，也是一个家庭决策的问题。当前社会中，独居和空巢老年人增多，是否有人陪同就医、是否能迅速做出就医决策也会影响到老年人的就医可及性。第三，不同的城乡医疗保障体系也会影响到城乡居民医疗可及性。长期以来城市实行公费医疗、城镇职工医疗保险和城镇居民医疗保险制度，而在农村实行合作医疗保险，不同医疗保险种类的支付方式、保障

---

[1] 胡琳琳、胡鞍钢：《从不公平到更加公平的卫生发展：中国城乡疾病模式差距分析与建议》，《管理世界》2003年第1期。

[2] 林相森、艾春荣：《我国居民医疗需求影响因素的实证分析——有序 Probit 模型的半参数估计》，《统计研究》2008第11期。

[3] 封进、刘芳，《新农合对改善医疗服务利用不平等的影响——基于2004年和2006年的调查数据》，《中国卫生政策研究》2012年第5期。

[4] 程令国、张晔：《"新农合"：经济绩效还是健康绩效》，《经济研究》，2012年第1期。

[5] Wu, X., Treiman, D. J., "The Household Registration System and Social Stratification in China: 1955–1996", Demography, 41 (2004): 363–384.

[6] 解垩：《与收入相关的健康及医疗服务利用不平等研究》，《经济研究》2009年第2期。

[7] 王跃生：《当代中国城乡家庭结构变动比较》，《社会》2006年第3期。

力度的不同将会影响到就医可及性。第四，城乡居住地与医疗卫生资源的配置相关。2011年城市每千人口医疗机构床位数是农村的2.2倍，每千人口卫生技术人员数，城市是农村的2.5倍[①]，医疗卫生资源向城镇集中，城镇居民享受到更好的医疗卫生服务条件，可能有更好的医疗卫生可及性。

按照上述分析的思路，对于城乡医疗可及性差异性及其产生的可能机制，本文利用中国高龄老人健康长寿调查（CLHLS）项目的调查数据，将从老年人社会经济地位、老年人居住照料方式、二元社会保障和医疗保险体系以及医疗资源配置等四个方面考察，分别反映城乡老年人获取医疗资源的能力、就医决策的可能性、医疗保障和支持和获取医疗资源的便捷性，如图1所示。通过这样一个研究设计本文尝试回答以下问题：城乡老年人是否存在医疗可及性的差异？影响城乡医疗可及性差异作用机制是什么？近年来，城乡老年人医疗可及性整体变好还是变差？城乡老年人医疗可及性差异是扩大还是缩小了？

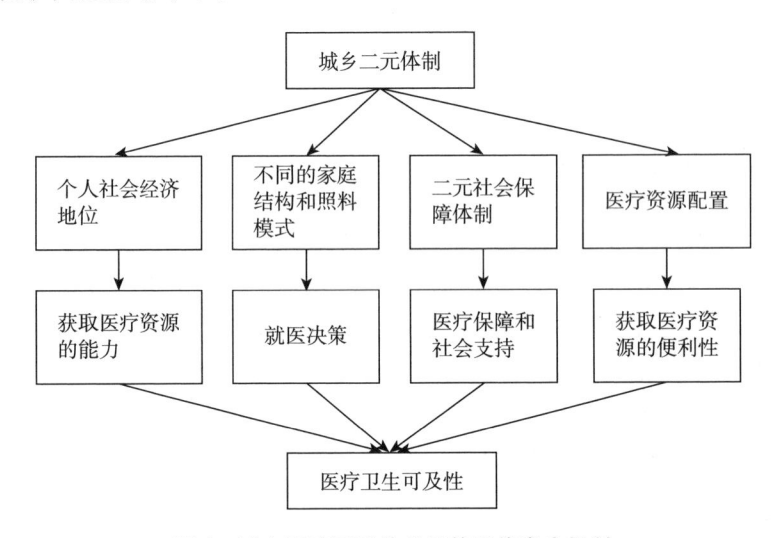

图1　城乡医疗可及性差异的可能发生机制

三　数据和研究方法

1. 数据来源

本文使用的数据为中国高龄老人健康长寿调查（CLHLS）项目追踪调

---

① 国家统计局：《中国统计年鉴2012》，中国统计出版社，2012。

查中的 2002 年、2005 年、2008 年和 2011 年调查数据，以 2002 和 2011 年数据为主。CLHLS 项目始于 1998 年，对 80 岁及以上的高龄老年人进行了访问调查，覆盖了全国 23 个省/直辖市，并在 2002 年将调研年龄范围扩展到 65 岁及以上。调查内容涉及老年人及其家庭的基本信息、老年人健康状况、生活方式、医疗卫生可及性等。在本研究中，剔除缺失值后最终进入分析模型的 2011 年样本量为 7637 个，其中男性老年人为 3532 个，占总样本量的 46.25%；80 岁及以上的高龄老年人样本有 4969 个，占总样本量的 65.06%。进入模型分析的 2002 年样本量为 14721 个，其中男性老年人为 6273 人，占样本总量的 42.61%；80 岁及以上的高龄老年人样本为 10241 人，占样本总量的 69.57%。

2. 变量

按照医疗可及性概念，本文因变量选用了两个指标：第一，生重病时能否得到及时治疗，这一指标反映了老年人能否得到治疗性的医疗服务；第二，是否定期体检，这一指标反映了老年人能否得到预防性和保健性的医疗服务。因变量分别询问了被访老年人"生重病时能否及时到医院治疗"和"是否进行每年一次的常规体检"，选项为"能"或"不能"，均为二分类变量。样本中，2011 年生重病时能及时就医的老年人占 94.07%，其中城镇有 95.33% 可以及时就医，农村的这一比例为 92.94%，经卡方检验，城乡能否及时就医的差异是显著的。2011 年能按期体检的老年人占 32.68%，大部分人不能每年定期体检；其中城镇有 33.00% 的老年人可按期体检，农村的这一比例为 32.36%，城乡差异经卡方检验不显著。2002 年仅询问了"生重病能否及时到医院治疗"的情况，有 88.68% 的人可及时就医，这一比例在城镇为 91.79%，在农村为 86.02%，城乡差异显著，且 2002 年能够及时就医的比例低于 2011 年。

本文核心自变量为城乡变量，城镇居民与乡村居民在医疗可及性和健康体检方面是否存在差异。在进入本文研究的 2002 年老年人样本有 14721 人，其中 53.97% 居住在农村，46.03% 居住在城镇；2011 年样本有 7637 人，52.69% 居住在农村，47.31% 居住在城镇。为进一步研究城乡医疗卫生可及性差异产生的机制，自变量设置了老人社会经济地位变量、老年人居住照料模式、社会保障变量和就医距离等变量组。社会经济地位变量包括受教育程度、职业和相对收入。受教育程度分为二分类，"文盲"和"受过教育"，2011 年样本中，受过教育的老年人占 43.43%，2002 年样本中这一比例为 38.09%。职业分为二分类，"高层次职业"和"较低层次职业"，高层次职业对应问卷中的教授、技术人员、政府工作者、组织和经理人员等；较低层次职业对应问卷中的服务人员、农民、失业者等；前者2011年的比重为7.86%，城镇占12.51%，农村仅有3.12%，城乡有显著差异。相对收入对应问卷中"您的生活在当地比较起来属于哪种"这一问题，回答分为很富裕、比较富裕、一般、比较困难、很困难五类，在模型中将之分为"较好""一般""较差"三类，前者在2011年的比重为17.23%，城镇为20.49%，农村为15.38%，城乡差异显著。老年人居住照料方式包括老年人居住方式和生病时由谁照料这两个问题。居住方式分为"独居"和"非独居"两类，生病时由谁照料分为"有亲属照料"和"无亲属照料"两类。社会保障变量包括有无退休金或养老金、有无医疗保险、看病花销主要由谁支付。2011年，有养老金或退休金者占34.59%，其中城镇为46.89%，农村为22.07%，城乡差异显著。有医疗保险者的比重在2011年为85.92%，农村高于城市。医疗花费主要由医疗保险支付的老年人在2011年占36.53%，在2002年仅为13.07%，2011年有较大提升，在两个年份城市均显著高于农村。在就医距离方面，将最近的医疗机构距离老年人居住地2公里以内定义为"较近"，超过这一距离为"较远"，2011年距医疗机构距离较近者占79.30%，在这一比例上城市显著高于农村。同时，自评健康也可能影响到老年人的就医可及性，本文将自评健康分为"差"、"一般"和"好"三类。变量描述信息见表1。

表1 变量描述

单位:%

	2002年			2011年		
	总	城镇	农村	总	城镇	农村
及时就医[①]（否=0）	88.68	91.79	86.02	94.07	95.33	92.94
年龄（低龄组=0）	69.57	70.82	68.49	65.07	64.74	65.40
性别（男=0）	57.39	57.07	57.66	53.75	52.62	54.9
婚姻（无配偶=0）	29.43	30.88	28.2	38.34	38.89	37.77
教育（文盲=0）	38.09	46.19	31.21	43.43	49.48	37.27
职业（较低层次=0）	8.62	14.89	3.28	7.86	12.51	3.12
相对收入（较差=0）	16.09	13.58	18.24	15.73	14.97	16.49
一般	66.60	65.93	67.17	67.04	65.98	68.12
较好	17.31	20.49	14.59	17.23	19.05	15.38

续表

	2002 年			2011 年		
	总	城镇	农村	总	城镇	农村
社会保障（无=0）				34.59	46.89	22.07
医疗保险（无=0）				85.92	82.41	89.51
医疗费用主要支付方（自付=0）	13.07	14.07	3.52	36.53	41.88	31.09
距医疗机构距离（较远=0）			79.30	82.17	76.37	
居住方式（独居=0）	86.55	87.83	85.46	83.66	85.13	82.16
生病由谁照料（无亲属照料=0）	91.48	88.05	94.41	94.87	93.54	96.22
自评健康（差=0）	16.86	15.76	17.8	18.33	17.83	18.85
一般	35.33	34.82	35.77	36.39	35.73	37.06
好	47.81	49.42	46.44	45.28	46.45	44.09

注：2002N=14721 2011N=7637，表中括号内为参照组选项及编码
①此处能够及时就医的比例反映的是样本情况，未进行加权处理。

3. 统计方法

根据结果变量的属性，本文采用 Logistic 回归。虽然样本在城镇、男性和高龄老年人中过度抽样，但在多元回归模型中对此加以控制，可以减少估计的偏差。对于医疗可及性的城乡差异及产生机制的分析，按照研究设计，我们建立六个模型，模型一为因变量与城乡变量和社会人口特征的回归，以验证城乡医疗可及性差异是否存在；模型二在模型一的基础上加入社会经济地位变量；模型三在模型一的基础上加入老年人居住照料模式变量；模型四在模型一的基础上加入社会保障因素；模型五在模型一的基础上加入就医方便性因素；模型六为完整模型。模型二到模型五分别用以验证城乡可及性差异是否通过城乡老年人不同的社会经济地位、居住照料模式、医疗保险和社会保障、就医便利性因素产生作用，即验证差异产生的机制。对于2002年与2011年两个截面的城乡差异变化情况分析，同样建立了五个模型：模型一为因变量与年份、城乡因素、年份与城乡的交互项以及社会人口变量的回归，用以验证十年间城乡老年人医疗可及性差异是否有显著的变化；模型二在模型一的基础上加入社会经济地位变量；模型三在模型一的基础上加入老年人居住照料模式变量；模型四在模型一的基础上加入社会保障因素；模型五为加入所有自变量的完整模型。模型二到模型四分别用以验证城乡老年人不同的社会经济地位、居住照料模式和社会保障、医疗保险因素对十年间可及性差异变化是否产生影响。

四 研究结果

1. 医疗卫生可及性的城乡差异和影响因素分析

这一部分主要分析了医疗可及性的城乡差异以及差异的产生机制。表2中"生重病时能否得到及时治疗"的影响因素Logistic分析显示,在仅控制年龄、性别、婚姻等基本人口变量的情况下,城乡老年人在"是否能得到及时治疗"方面具有显著差异,城镇老年人可以得到及时治疗的发生比(odds)是农村老年人的1.59倍。模型二和模型四,分别加入社会经济变量组、社会保障变量组后,城乡差异仍然显著,但系数由0.462分别降到0.387和0.358,这说明社会经济变量组、社会保障变量组在一定程度上解释了城乡老年人医疗可及性差异,即城市老年人拥有更高的社会经济地位和更好的社会保障和医疗保障,因此具有更高的医疗可及性。模型三在模型一的基础上加入了老年人居住照料模式这一变量,城乡差异依然显著,且系数变大,虽然城镇老年人具有较少的独居比例,但生病时无亲属照料的比例比农村老年人高,这一因素对老年人医疗可及性产生不利影响,因此在加入了老年人居住照料模式后城乡差异的系数变大。模型五在模型一的基础上加入了"距离医院的远近程度"这一变量,用以验证医疗服务体系和资源配置对医疗可及性的影响。加入了这一变量后,整个模型的解释力增强,城乡差异依然显著,但系数变化不大,说明资源配置因素对城乡老年人医疗可及性差异的影响不大。完整模型中,城乡差异仍然显著,这意味着除了社会经济地位和社会保障之外,还有其他因素导致了城乡老年人医疗可及性差异。

在生重病能否得到及时治疗方面,除城乡差异,其他因素也对可及性产生显著影响。相比80岁以上高年龄组老年人,低龄组有更高的可能性"生病得到及时治疗";有配偶者比无配偶者有更高的可能性得到及时治疗;但性别差异不显著。在社会经济变量组中,拥有较高层次职业者有更高的可能性及时就医,相对收入较高者也比收入较低者有更高的可能性及时就医,但不同教育程度者的差异不显著。在老年人居住照料模式变量组中,"独居"和"生病时无亲属照料"的老年人在就医可及性上处于劣势。在社会保障变量组中,有养老保险或养老金者、有医疗保险者有更高的可能性获得及时治疗,但在控制其他因素的情况下医疗费用支付方的作用不显著。在医疗资源配置变量组中,离医疗机构较近者有更高的可能性及时就医。同时,自评健康状况与能否得到及时治疗具有正向相关关系。

表2 "生重病时能否得到及时治疗"影响因素的 Logistic 分析
（自评健康去掉，社区特征作为一层）

	模型一	模型二	模型三	模型四	模型五	模型六
城乡变量						
城乡（乡村=0）	0.462***	0.387***	0.498***	0.358***	0.428***	0.354**
基本人口变量						
年龄（低龄组=0）	-0.400**	-0.449***	-0.473***	-0.355**	-0.405**	-0.508***
性别（男=0）	-0.027	0.117	-0.088	0.069	-0.036	0.114
婚姻（无配偶=0）	0.308*	0.266*	0.047	0.206	0.296*	0.034
社会经济地位变量						
教育（文盲=0）		0.020				0.012
职业（较低层次=0）		1.523**				1.348*
相对收入（差=0）						
一般		2.085***				1.770**
较好		3.211***				2.709**
家庭变量						
居住方式（独居=0）		0.505***				0.261
生病由谁照料（无亲属照料=0）		1.164***				0.874***
社会保障变量						
养老金或保险（无=0）			0.859***			0.495**
医疗保险（无=0）			0.668***			0.504**
医疗费用主要支付方（自付=0）			0.044		-0.037	
医疗资源及配备						
距医疗机构距离（较远=0）				0.513***	0.334**	
自评健康（差=0）						
一般						0.401**
好						0.900***
LRchi2	55.3***	559.2***	134.9***	131.5***	76.2***	678.4***
Df	7	11	11	10	8	21
△LRchi2	—	503.9***	79.6***	76.2***	20.9***	623.1***

注：N(2011) =7637 * $p<0.05$， ** $p<0.01$， *** $p<0.001$。

综上，在医疗可及性的城乡差异方面，"生重病能否得到及时治疗"具有显著的城乡差异，城镇老年人有更高的可能性得到及时治疗。这一城乡差异，部分可以由城乡老年人的社会经济地位和社会保障差异来解释，城市老年人有更好的教育水平、职业和相对收入，同时也拥有更健全的养老保障和医疗保险，因此其就医可及性较之农村老年人更好。然而，社会经济地位和社会保障并不能完全解释掉就医可及性的城乡差异，说明还存在其他导致城乡老年人就医可及性差异的机制。在"能否定期体检"方面，低龄组城镇老年人有更高的可能性定期体检；但在高龄组，农村老年人有更高的可能性定期体检，两个年龄组均城乡差异显著。同样，城乡低龄组老年人医疗可及性差异的主要产生机制为城乡老年人的不同的社会经济地位和二元社会保障体系，且城乡二元社会保障体系基本可以解释低龄组老年人在定期体检方面的城乡差异。

2. 医疗卫生可及性 2002 年与 2011 年变化分析

在这一部分对 2002 年和 2011 年的医疗可及性总体变化趋势和城乡可及性差异的变化进行了分析。从表 3 中可以看出 2011 年整体的老年人医疗可及性比 2002 年显著提高。模型一中 2011 年老年人能得到及时治疗的发生比是 2002 年的 2 倍左右；模型三在控制了医疗保险和社会保障变量后，两个年份医疗可及性差异比模型一明显变小，说明医疗保险和社会保障因素在一定程度上解释了近十年来医疗可及性变好的趋势；其他变量的加入则对这十年的医疗可及性变化解释力度不大。从这十年的城乡医疗可及性差异的变化来看，模型一中，2011 年城镇老年人患病可及时治疗的发生比是农村的 1.56 倍，而 2002 年城镇医疗可及性的发生比是农村的 1.79 倍，从数值上看 2011 年的城乡医疗可及性差异有缩小的趋势。在模型二到五加入了其他变量后，年份与城乡的交互项均为负值，在数值上显示出差异缩小的趋势。然而，年份与城乡的交互项不显著，说明实际上 2011 年的城乡老年人的医疗可及性差异相比 2002 年有缩小的变化趋势，但这种缩小变化趋势统计上并不显著。

表 3 "生重病时能否得到及时治疗"的 2002 年与 2011 年变化分析

	模型一	模型二	模型三	模型四	模型五
年份（2002 年 = 0）					
2011 年	0.716 ***	0.770 ***	0.550 ***	0.856 ***	0.747 ***
城乡（乡村 = 0）					

续表

	模型一	模型二	模型三	模型四	模型五
城镇	0.585***	0.431***	0.470***	0.671***	0.410***
年份与城乡交互项					
2011年*城镇		-0.137	-0.05	-0.084	-0.213	-0.068

小注：N（2011 + 2002）= 22358 * p < 0.05，** p < 0.01，*** p < 0.001；模型一控制了性别、年龄组和婚姻；模型二为模型一加社会经济变量；模型三为模型一加医疗保险情况；模型四为模型一加居住照料方式；模型五为完整模型。限于文章篇幅，只截取了我们关注的主要变量：城乡和年份的 Logistic 回归系数。

从 2002 年到 2011 年四年的数据来看（见图 2），整体上老年人医疗可及性变好，可接受及时的医疗服务的老年人比例由 2002 年的 89.55% 上升到 2005 年、2008 年、2011 年的 90.68%、92.54% 和 95.09%[①]。同时，城乡老年人医疗可及性的差距也在缩小，2002 年，城镇老年人可以及时就医的比例比农村老年人高 5% 左右，这一比例差异在 2005 年和 2008 年扩大到 6%，在 2011 年下降到 1.5%。

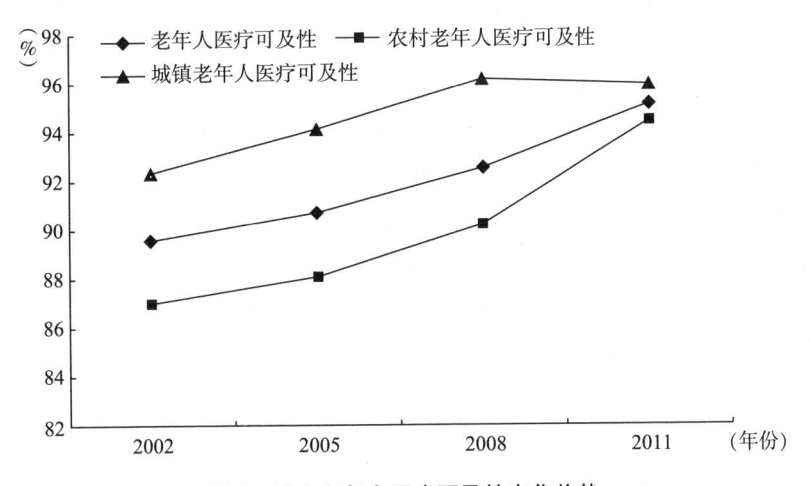

图 2 城乡老年人医疗可及性变化趋势

相比 2002 年，2011 年医疗可及性情况总体变好，其主要原因在于医疗保障水平的提高和医疗服务体系的完善。从表 1 可以看到，2011 年医疗费用主要由保险支付的老年人比例由 2002 年的 13.07% 增长到 36.53%，医疗费用中自付的比例降低。据相关资料显示，近年来的卫生筹资结构不断优

[①] 由于数据对高龄、男性、城镇老年人过度抽样，所以此处比例计算使用了权数进行加权，可以有效代表老年人群体。

化，总体上，个人现金卫生支出由 2002 年的 57.7% 下降到 2011 年的 34.8%[①]，卫生筹资结构的优化使人们自付就医费用下降，在一定程度上改善了就医可及性。在医疗卫生资源配置方面，医疗卫生机构数增多，每千人口医疗卫生人员数也在提升，医疗资源配置更加充足。此外，自 2003 年开始试行新农村合作医疗保险，全国范围内的医疗保障覆盖面提高，也对医疗可及性产生积极作用。

然而，尽管我国现行的医疗政策做出了一系列的改革调整，城乡老年人就医可及性差异相比 2002 年仍然没有统计意义上的显著缩小。表 3 中，年份与城乡的交互效应为负数，说明 2011 年的城乡差异小于 2002 年，但并不显著，也就是说并不能排除误差因素导致差异变小的可能性。这种医疗可及性整体改善，但差异并无显著变化的情况，可能由如下正负影响因素造成。首先，社会经济地位变量是城乡老年人就医可及性差异的产生机制之一，有研究报告指出中国城乡家庭的收入水平存在显著差异，城市高于农村，然而从 2010 年与 2012 年的收入变动情况来看，农村的家庭收入增长速度高于城市，即城乡在家庭收入方面有差异缩小的趋势[②]，这在一定程度上可以减少城乡老年人医疗可及性的差异。其次，在医疗保险方面，自 2003 年新农合试行以来，参合率不断提升，在 2011 年达到 97.5%，大部分农民拥有了医疗保险，同时新农合的人均筹资和受益补偿人次也不断增多；然而，新农合的保障力度较之城镇职工医疗保险和居民医疗保险仍然较差，有研究表明城镇职工医保、居民医保及新农合患者的住院自付比例分别为 35.0%、41.7%、50.6%，城乡居民的医疗保障水平存在显著差异[③]。再次，在医疗资源配置方面，城乡医疗资源虽都呈现上升趋势，但差异逐渐拉大。图 2 显示 2003 年到 2011 年间，城乡医护人员数量均呈增长趋势，但城市增长速度快于农村，城乡差异呈现扩大趋势，同时在卫生总费用、医疗机构床位数等硬件指标上也呈现出城乡差异扩大的趋势。综上，在社会经济发展、医疗保障水平和医疗服务体系建设中，均表现出整体改善的趋势；然而在城乡差异方面，部分影响城乡老年人医疗可及性差异的因素在城乡间差异缩小，部分有扩大趋势，这些共同导致了 2011 年比 2002 年整体

---

① 中华人民共和国国务院新闻办公室：《中国医疗卫生事业白皮书》，2012。
② 谢宇等：《收入分配》，载谢宇等主编《中国民生发展报告 2013》第二章，北京大学出版社，2013。
③ 李建新、夏翠翠：《家庭医疗支出与负担》，载谢宇等主编《中国民生发展报告 2014》，北京大学出版社，2014。

可及性情况改善，但城乡差异并没有显著变小。

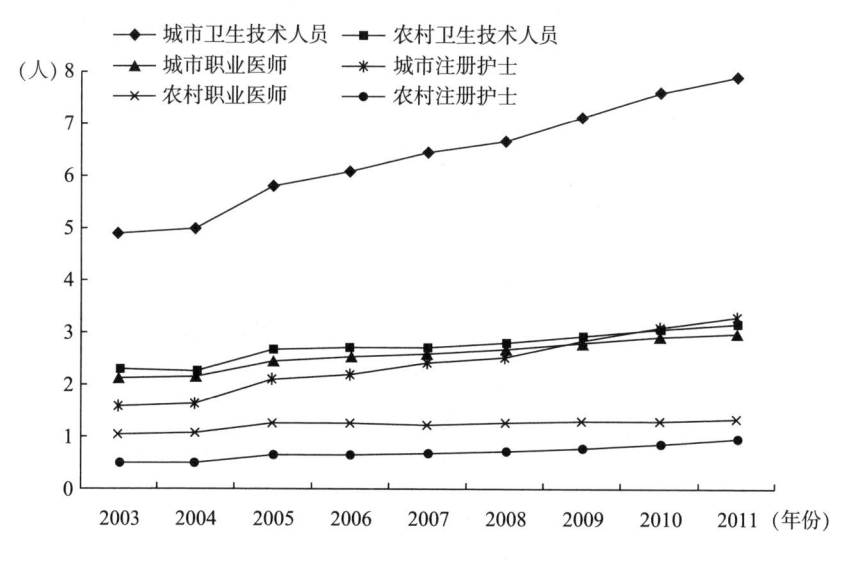

图3　2003～2011年城乡每千人口医护人员数量变化

资料来源：《中国统计年鉴2012》，中国统计出版社，2012。

五　讨论与结论

老年人口是医疗卫生服务需求最大的群体，一系列健康客观指标如老年人在两周患病率、慢性病患病率、身体日常活动能力等都普遍弱于其他成年人，对医疗卫生服务的需求也较多，研究表明能否获得及时的治疗和充足的医疗卫生服务对老年人的自评健康、自理能力和认知能力均具有较大的影响作用①。然而由于我国长期实行城乡二元体制，使得城乡老年人群体在享受医疗卫生服务方面存在较大的群体差异，城市老年人相比农村老年人拥有更好的医疗可及性，由此产生了以城乡为分层的老年人口医疗卫生不平等问题。伴随着近十几年来我国社会经济发展和医疗卫生体制改革，全国的公共卫生服务体系、医疗服务体系和医疗保障体系均有较大改善，同时"以农村为重点"的卫生工作方针也致力于缩小城乡间医疗卫生服务差距。本文的研究结论表明，在这一社会发展和医疗改革的宏观背景之下，老年人口整体的就医可及性有显著提升，这反映了十年间社会经济发展和

---

① 顾大男：《中国高龄老人就医及时性状况研究》，《人口学刊》2002年第3期。

医疗事业发展对老年人就医的积极影响作用。然而，城乡老年人医疗卫生差异仍然存在，虽然已经有了差异缩小的趋势。城乡老年人就医可及性差异表现为，城镇老年人比农村老年人有更高的可能性在其生重病时能及时就医；城镇低龄老年人比农村低龄老年人有更高的可能性定期体检，这些结果说明城镇老年人无论在治疗性医疗服务还是预防保健性医疗服务方面，均优于农村老年人，以城乡居民结构为分层的老年人就医不平等仍然存在。

不可否认，在城乡二元体制下，农村在整体的经济发展水平、基础设施建设、医疗资源配置、社会保障水平、医疗保险力度上存在较大的制度性差异。农村老年人社会经济地位较低，教育、职业地位和收入水平均比城镇老年人差，这在一定程度上影响了老年人是否有足够的健康知识去及时选择就医、是否具有经济能力去获取医疗服务资源，城乡间社会经济发展水平的断裂成为导致城乡老年人医疗可及性差异的主要影响机制之一。此外，长期以来我国实行城乡不同的医疗保障体系，在城市实行公费医疗、城镇居民医疗保险和城镇职工医疗保险，保障程度较高，而农村实行合作医疗，保障程度较低。在2011年CLHLS数据中，医疗费用主要支付方为保险的比例，农村老年人普遍低于城镇老年人。城乡不同的医疗保险体系以及医保的保障力度，也是城乡老年人医疗可及性差异的产生机制之一。同时，不仅医疗保障制度会影响到老年人的就医可及性，老年人的养老金和养老保险也起到了积极的影响作用，有养老金的老年人普遍就医可及性较好，因此城乡老年人医疗差异的产生机制不仅与医疗保险相关，也与老年人的社会保障水平有关。最后，城乡医疗资源配置也存在较大差异，城镇拥有更好的医疗设备、专业医疗人员配置。总之，从研究结果看，社会保障和医疗保险因素基本可以解释城乡低龄老年人按期体检方面的城乡差异；但城乡老年人在患病能否及时医治的差异方面，个体社会经济地位变量和社会保障、医疗保险变量仅能部分做出解释，这说明还有其他导致城乡老年人及时就医差异的机制未能纳入模型。比如城乡老年人不同的个体心理特征、就医信息可及性等以及CLHLS数据中未能涉及的制度变量也可能会成为导致城乡差异的机制。

由于长期城乡二元制度形成的医疗卫生不平等不可能一蹴而就，城乡老年人口医疗健康差异还将存在，也因此，今后的医疗改革和卫生政策应该更加关注农村医疗事业的发展，在提高社会整体医疗发展水平的同时，着重关注缩小城乡差异和群体差异，使得城乡老年人都能享受到高质量的平等的医疗卫生服务。另外，引发城乡老年人医疗不平等的机制除城乡二元医疗卫生资源分配状况之外，其他社会经济和社会保障因素也起到了重要作用。因此，缩小城乡老年人医疗可及性差距，不仅要从城乡医疗卫生投入上改善，加快农村社会经济发展，同时还要加强农村养老保险制度的建设，从社会经济、医疗保障和社会政策的方方面面破除二元壁垒，缩小城乡差距。

资本转换视角下村庄社会分层及农牧户致贫机理分析

——基于GZ藏族自治州农区X村的实证调查[*]

李雪萍　王　蒙[**]

摘　要：在资本转换视角下，生计可以被视为家庭或个人基于生计资本进行交换而达致生计资本转换的行动与过程。不同形式的生计资本通过交换获得转换，以保证各种生计资本的延续和发展。生计资本容量是村庄社会分层的外在体现，生计资本转换是村庄社会分层的再生产机制。贫困群体位于村庄社会空间中的底层，生计脆弱是其贫困的根源，即家庭易受频发的生计风险冲击且不易从不利影响中恢复，或生计资本转换限于低水平均衡状态而导致家庭生活质量长期低于社会公认水平。贫困农牧户生计脆弱是微观层面交换脆弱与宏观层面区域脆弱相互建构的过程与结果。

关键词：生计　资本转换　社会分层　生计脆弱

一　问题的提出

当前，我国贫困人口分布呈现向西部和边远地区、高山区、少数民族

---

[*] 本文受国家社科基金后期资助项目"新公共服务理论视角下的社区参与研究"（13FZZ003）、教育部哲学社会科学发展报告建设（培育）项目"中国反贫困发展报告"（项目编号：11JBGP038）资助。

[**] 李雪萍，华中师范大学社会发展与社会政策中心教授；王蒙，华中师范大学社会学院博士研究生。

聚居区等连片特困地区集中的状况,暴露了以"技术—现代化"①为核心话语的扶贫开发存在"内卷化"的实践困境,即连片特困地区扶贫开发绩效并未随着经济社会发展以及国家投入增加而大有改善。基于此,《中国农村扶贫开发纲要(2011~2020年)》提出将连片特困地区作为新十年"扶贫攻坚主战场",希冀通过区域发展与扶贫开发相结合提升该类区域减贫效果。作为抽象程度较高的集合名词,"连片特困地区"聚焦了该类区域的贫困共性:贫困范围广、贫困程度深、返贫率高。然而,不同片区之间、同一片区内部均存在较高的异质性,如自然地理条件不同、民族文化差异等。

学术界对连片特困地区贫困治理研究集中于以下视角。第一,区域发展视角。该视角以"新区域主义"为理论基础,连片特困地区通过生产技术和制度变革突破结构贫困陷阱并形成"内生性发展"动力,对其可以采用培育内生性增长机制、构建城市增长极等举措。第二,多维贫困视角。该视角以多维贫困相关理论为基础,通过定量测量或定性分析描绘连片特困地区的贫困特征,认为该类区域具有生计资本贫困、脆弱性等贫困特征。第三,反贫困干预视角。该视角强调国家在连片特困地区的贫困治理中扮演十分重要的角色,认为国家通过均衡性公共产品供给、低碳扶贫、扶贫开发与社会建设同构、建构跨区域治理格局等发展干预路径能够提升扶贫开发效果。总体而言,上述研究展现了连片特困地区贫困复杂性与治理困难性,但存在宏观层面研究与微观层面研究割裂的研究不足,对贫困形成动态机制关注不足,多维贫困结构性致贫与个体性致贫因素内在关联机理未得到清晰阐释。本文以位于连片特困地区的GZ藏族自治州X村为个案,以资本转换为视角分析X村社会分层以及农牧民致贫的核心机制,以此剖析农牧民致贫机理。

二 资本转换视角下的生计

生计是贫困治理研究的基本分析路径,起源于对不同地方人们生活差异性的关注,呼吁直面现实世界且从地方性角度理解穷人的生存状况。② 该

---

① 朱晓阳和谭颖认为国家—政府主导的发展大计的背景可以用"技术—现代化"这两个关联的词来表示,指发展虽然具有"社会主义"前缀,但实际上是一种非政治性、技术性的"发展",这种发展的基本表征是现代化。参见朱晓阳、谭颖《对中国"发展"和"发展干预"研究的反思》,《社会学研究》2010年第4期。

② Ian Scoones, "Livelihoods Perspectives and Rural Development", *Journal of Peasant Studies* 36 (2009). 171–196.

研究路径继承了阿马蒂亚·森"能力贫困"的基本观点,并融合了发展思潮中两类主流思潮:制度是影响经济发展的内生因素;倾听穷人声音并"赋权"于穷人。一般而言,生计指"谋生的方式,该谋生方式建立在能力(capabilities)、资产(assets)(包括储备物、资源、要求权和享有权)和活动(activities)的基础上"。① 基于生计的基本内涵,英国国际发展署(DFID)建构了可持续生计分析框架,强调生计过程中的能动性与结构化过程,并认为"只有当一种生计能够应对并在压力、打击下得到恢复,能够在未来保持乃至加强其能力和资产,同时又不损坏自然基础,这种生计才是可持续的"。② 该分析框架揭示了生计的内在结构及其之间的关联,即以生计资本为基础,选择生计战略,获得生计输出;同时,呈现脆弱性背景、结构和制度转变等外在影响因素制约生计内在结构。然而,关于生计的内核即生计资本转换的条件与机制,该分析框架并未清晰阐释。

阿马蒂亚·森关于交换权利失败导致饥荒的观点,揭示了交换是理解生计内核的关键。森认为,市场经济中的个人或家庭通过贸易、生产或两者的结合对资源禀赋(endowment)进行转换,这种转换与一个"社会中的法律、政治、经济和社会特征以及人们在社会中所处的地位"有很密切的关联。③ 基于此,生计可以被视为家庭或个人基于生计资本进行交换而达致生计资本转换的行动与过程。

生计资本是生计资本转换的基础,其延续了新资本理论(neo-capital theory)的资本观,即资本是在以追求利润为目标的行动中被投资和动员的资源,是生产过程的结果(对资源进行生产或追加价值)以及生产的因子(为了获取利润而进行资源交换)。④ 新资本理论认为资本具有不同的形式,人类在交换活动中花费时间与精力创造出来的所有资本形式都是为了发展出可以在未来增加收益的当前工具和资产。⑤ 除非重新思考并分析资本的所

---

① Chambers R, Conway G, *Sustainable Rural livelihoods: Practical Concepts for The 21st Century* (IDS Discussion Paper 296, Brighton, 1992), p. 6.
② DFID, Sustainable Livelihoods Guidance Sheets (Department for International Development, 2000), pp. 68 – 125.
③ 阿马蒂亚·森:《贫困与饥荒——论权利与剥夺》,王宇等译,商务印书馆,2009,第61~64页。
④ 林南:《社会资本——关于社会结构与行动的理论》,张磊译,世纪出版集团、上海人民出版社,2005,第3~4页。
⑤ 埃莉诺·奥斯特罗姆:《社会资本:流行的狂热抑或基本的概念?》,《经济社会体制比较》2003年第2期。

有形式，仅仅靠经济理论中所界定的资本形式，不能解释社会世界的结构与运行。[1] 微观社区、家庭或个人层面的各种用于维持生存或谋求发展的资本总称为生计资本，涵盖自然资本、物质资本、金融资本、人力资本以及社会资本五种基本形式。生计资本具有直接或间接的福利效应，例如促进家庭稳定、创造未来取向、促使专门化和专业化、提供承担风险的基础、增强个人效能、增进后代福利等。[2]

交换是达致生计资本转换的行动条件，其是在情境与结构约束下组合及运用生计资本的策略。不同资本形式相互之间的可转换性是交换的前提，转换需要付出一定的成本，并且遵循一定的兑换规则。生计资本分布以及不同生计资本之间的可转换性形成交换策略选择的基础，"这些策略的目的在于通过转换来保证资本的再生产，从而保证各种资本的延续和发展"。[3] 微观层面，不同资本的类型和数量构成了行动者在社会空间中的位置，该位置决定了资本可转换性以及资本转换率；宏观层面，资本所在领域之间的相互关联程度决定了各类资本间的相互转化。[4] 从另一个角度而言，生计资本转换体现出结构与行动之间存在一种二重性，即微观交换策略促使资本流动，然而宏观结构中系统边界再生"流动封闭"并形成相互隔离的"交换层面"，打破彼此分离的"交换层面"的能力是经济成功与社会发展的关键要素。[5] 因而，资本及其转换在现代国家和社会的形成中起着重要作用，一方面能够成为建立或者改变制度的强大力量；另一方面成为重要的分层机制从而塑造特定的社会关系模式。[6]

三 生计资本转换与村庄社会分层：农区 X 村的个案考察[7]

X 村位于 GZ 藏族自治州（以下简称 GZ 州），俗称康区，该州是我国第

---

[1] Pierre Bourdieu, "The Forms of Capital," in Richardson, ed., *Handbook of Theory and Research for the Sociology of Education* (Conn: Greenwood Press, 1986), p. 47.
[2] 关于资本的福利效应论述参见迈克尔·谢若登《资产与穷人——一项新的美国福利政策》，高鉴国译，商务印书馆，2007，第 181~202 页。
[3] 田向东：《布迪厄与社会实践理论》，《社会经纬》2000 年第 12 期。
[4] 艾云、周雪光：《资本缺失条件下中国农产品市场的兴起——以一个乡镇农业市场为例》，《中国社会科学》2013 年第 8 期。
[5] 马克·格兰诺维特：《经济社会学的理论日程》，载莫洛·F. 纪廉、南德尔·科林斯等主编《新经济社会学：一门新兴学科的发展》，社会科学文献出版社，2006，第 59~61 页。
[6] 艾云、周雪光：《资本缺失条件下中国农产品市场的兴起——以一个乡镇农业市场为例》，《中国社会科学》2013 年第 8 期。
[7] 文中所用资料来源于笔者于 2012 年 7 月在 GZ 藏族自治州 X 村进行的实证调查。

二大藏区的重要组成部分，区域人口80%为藏族。该州平均海拔3000米，属于大陆性高原山地季风气候，自然灾害频发、生态环境脆弱。X村为农区村庄，海拔3300米，距离镇政府所在地6公里，距离318国道、215省道均为2公里，已经实现五通①。X村共有41户187人，其中藏族186人，汉族1人。X村农户承包地面积465亩，种植青稞、小麦、豌豆、土豆等农作物，一年一季，受冰雹、水灾等自然灾害威胁。X村每家每户都养殖了牦牛，其中养牛大户2~3户，牦牛养殖数为70~80头/户；其余村民养殖牦牛数量为10~30头不等。X村共有草原面积935亩，林地面积152.5亩并全部实施了退耕还林。村庄辖域范围内无虫草、松茸、贝母等药材资源。

（一）社会分层外显化：生计资本容量差距

资本总量和结构是社会分层的主要依据。② 社会分层所依据的社会成员表现在不同方面并以不同标准来衡量的差异性，均可看作该个人或群体在不同形式的资本组合比例以及累计上的差异。③ 在村庄层面，农牧户拥有生计资本的类型与数量直接呈现了其在村庄社会结构中的等级位置。生计资本包括自然资本、物质资本、金融资本、人力资本和社会资本五种基本类型，其中自然资本指生计的自然资源以及相关服务；物质资本指用以维持生计的基本生产生活资料；金融资本指农牧户可自主支配的资金；人力资本是体现在人类活动中的技能、知识和健康状况；社会资本指通过社会网络或更大的社会结构中的成员资格来获得资源的能力。生计资本具有具体性与特殊性，即"当我们提到特殊资本的时候，这意思是说资本只是处在与某一特定场域的关系之中才是有效的"。④ 换言之，同种类别的资本在不同时间与空间中发挥的功能可能具有较大差异。例如，青稞或小麦秸秆在藏区发挥着与内陆农村十分不同的功能，其在农牧结合的整体生计模式中作为"以农养牧"资源，对生计十分重要。⑤

---

① "五通"指通路、通电、通水、通电话、通电视。
② 林克雷、李全生：《广义资本和社会分层——布迪厄的资本理论解读》，《烟台大学学报》（哲学社会科学版）2007年第4期。
③ 徐晓军：《阶层间的封闭性与社会变迁研究》，载中国社会学学会编《中国社会学学会学术会获奖论文集 NO.2（2001·济南）》，社会科学文献出版社，2002，第444~460页。
④ Bourdieu P, *Sociology in Question* (Thousand Oaks and New Delhi: SAGE Publication, 1993), p. 73.
⑤ 强舸：《发展嵌入传统：藏族农民的生计传统与西藏的农业技术变迁》，《开放时代》2013年第2期。

在 X 村,农牧户所拥有的生计资本容量有所差距,这种差距可以从农户房屋面积大小以及内部装饰精简得以呈现。这是由于 X 村的多数住房均为 20 世纪 90 年代之后修建的,房屋修建情况受到家庭金融资本约束。在农牧业生产具有高度自给自足性、社会资本大多局限于本村亲属关系的情况下,金融资本多寡呈现了家庭人力资本、参与市场经营的物质资本容量的大小。此外,受农村宅基地流转受限、旅游服务开发困难等因素制约,X 村房屋极少作为投资工具,房屋修建及装饰只具有生活服务功能。因而,X 村农牧民房屋状况大致体现了村内的社会分层。X 村房屋均为藏式楼房,依据住房面积可以被划分为 10 柱 24 间、8 柱 15 间以及 6 柱 12 间三种基本类型,其中近半数的住房为 8 栋 15 间,半数的住房为 6 柱 12 间,有 4~5 户住房结构为 10 柱 24 间。此外,房屋内部陈设及装饰水平呈现较大的差距。ZW-BJ 为 X 村副村长,他家是该村的富裕户,住房结构为 10 柱 24 间,有独立卫生间并配备太阳能热水器,电视、冰箱等现代家庭设施齐全,内部装修十分精美。CQ 为 X 村文书,2005 年花费家庭所有积蓄 15 万元修建了 8 柱 15 间的两层藏式民居,装修精美,有独立卫生间并配备太阳能热水器。RZNM 为 X 村村民,2011 年开始修建房屋,依照 KD 县扶贫政策获得 1 万元建房补助。至 2012 年 7 月,KINN 投入积蓄以及亲戚的借款共 3 万元,将毛坯房建起来。房屋内外均没有装修,地板铺的是彩色油布,墙壁仍是泥巴,房屋修建及装修还须最少投入 5 万元。在 X 村,住房条件差异外显化了村庄社会分层,而房屋差异背后隐藏着农牧民生计资本容量的差距。

(二) 社会分层再生产机制:生计资本转换

生计资本容量差异以社会分层形态呈现,生计资本转换是社会分层再生产的核心机制。从行动层面来看,交换是达致生计资本转换的基本路径,因而对交换进行剖析有助于阐释生计资本如何转换以及获得何种转换率。交换属于行动者之间的社会互动,互动中每一行动者都处于一定的社会地位,扮演一定的社会角色。[1] 在生计过程中,生计资本通过交换实现生计资本转换,此时,生计资本容量获得重构。一般而言,生计中的交换包括自然交换、市场交换、社会交换三种基本形式,相同或不同的交换方式衔接推动生计资本流动,形成动态的生计过程。其中,自然交换指农牧户通过

---

[1] 许苏明:《论社会交换行为的类型及其制约因素》,《南京大学学报》(哲学·人文科学·社会科学) 2000 年第 3 期。

组合与投入生计资本与自然界之间进行的物质交换，常具有历时性特征，包括农牧业生产以及对自然资源的采集；市场交换是经济主体之间通过市场机制进行的一种经济活动，以商品或服务为载体，遵循等价交换、公平竞争的规则，常具有即时性特征；社会交换指嵌入社会关系网中遵循互惠原则所进行的交换，具有历时性特征。借助于交换，生计资本达致转换，但是不同交换下生计资本转换率具有较大的差异。

社会化大生产打破了藏区农村自给自足的封闭性，"货币约束"逐步凸显，市场交换重构其在农牧户生计中的功能与地位，与此同时扩展了生计资本转换的路径。在 X 村，农牧结合为村庄传统生计，是一种整体性并具有高度自给自足性质的自然交换，即家庭畜牧业为农业生产提供畜力、肥料，农业生产为家畜提供饲料，通过农业和牧业之间的资源流动达到相辅相成。然而，"农牧结合"并不是一种田园牧歌式的美好生活方式，其本身存在严重的内在危机，直到 20 世纪 80 年代末，畜牧业仍长期处于"夏肥、秋壮、冬瘦、春死"的恶性循环中。此外，频发的自然灾害常常造成农作物减产或绝收。因而，"农牧结合"内嵌较强的脆弱性，并具有高度的自给自足性。

> 我们家养牛主要是自己吃，从牛羊身上提炼酥油，可以喝酥油茶，这个我们经常要喝的，你们也要多喝点。我们还可以做奶饼子，几乎家家都会有酥油茶和奶饼子。酥油自己吃不完是可以卖的，奶饼子也是。今年来说酥油 1 斤可以卖到 30 元，奶饼子还便宜点，每斤 6 元。不过，赚得少，自己吃不短，来钱很少很少，实际上做这个（养牛羊）也辛苦得很，每天都要有人来管着。（X - CQ - 20120706）

为了消解传统生计所带来的风险以及克服"货币约束"，X 村村民逐步参与市场交换。首先，衔接自然交换与市场交换。X 村村内虽无虫草等药材资源，但多数村民会前往距离 X 村数十公里的高海拔有虫草地区，向虫草区域所在地村庄缴纳费用获得采集虫草的权利，随后，将采集的虫草在市场中进行交换获取现金。由于每年采集虫草的数量以及虫草价格会发生波动，村民通过虫草交易所获得的货币收入不稳定。2012 年，X 村从事虫草采集的村民所获的平均收入约为 8000 元/人。此外，部分养牛大户通过出售酥油、奶渣等产品获得现金收入。以 ZWBJ 为例，2012 年养殖牦牛 80 余头，从畜牧养殖中获得的纯收入约为 1.5 万元。其次，劳动力商品化。X 村有成年劳动力约100人,其中男性劳动力约50人。X村男性劳动力多数前往外地找"活路",有少数男女成年劳动力在本地餐馆、建筑队打短工。2011年,X村务工村民的平均收入为4000元/人。与传统农牧结合生计相比,劳动力商品化涉及家庭分工的变化,农户家庭人力资本在市场交换与自然交换中进行重新配置,并涉及人力资本与其他资本组合的变化。例如,女性劳动力成为农牧业生产的主力军,可能需要添置小型农业机械协助其开展农牧业生产活动。再次,参与市场经营。X村2~3户农牧户购置了农用车或运输卡车参与市场经营,年收入有数万元。由此可见,不同市场交换方式对于促进生计资本容量扩张的能力不同,换言之,生计资本转换率具有差异。

生计资本转换率是生计资本转换前后生计资本容量之比。生计资本转换率越高,生计资本容量扩张越明显,反之亦然。不同交换方式历时性不同,因而,时间维度是考察生计资本转换率对生计资本容量扩张影响的重要因素。从现时性角度来看,在X村,市场交换对于促进村民在村庄社会结构中向上流动的作用较强,其中村民通过购置具有高度流动性的经营性生计资本大大提高了生计资本转换效率。以ZWBJ为例,其在2008年投入12万元购买了一辆农用三轮车,由其大儿子在本地从事运输,2010年收回投资成本。2011年起,ZWBJ雇了当地1名驾驶员从事运输经营,年均纯利润2万元。同年,ZBWJ通过贷款等方式投资37万元购买了一辆大卡车,由其儿子在外地经营运输,2011年盈利20万元,2012年年底收回成本。然而,从历时性的角度看,市场交换并不一定是生计资本转换率最高的方式。血缘亲属间通过社会交换达致的生计资本传递是生计资本容量扩张的重要基础。在X村,CQ在2005年新修住房时得到父辈的大力资助,其父辈共投入储蓄15万元。与之相比,RZNM在2011年新修住房时没有获得父辈资助,积蓄仅能完成毛坯房修建。总体而言,生计资本转换存在的差异性是X村社会分层的再生产机制。

四 生计脆弱:X村贫困农牧户贫困根源

生计资本转换差异造成农牧户生计资本容量差距,并呈现村庄社会分层。贫困群体在村庄社会结构中处于底层,其生计资本转换并未推动生计资本容量有效扩张反而经常呈现较强的负向收缩态势。因而,贫困人口的生存状态"就像一个人长久地站在齐脖深的河水中,只要涌来一阵细浪,就会陷入灭顶之灾害"。① 对于 X 村贫困农牧户，生计脆弱是其贫困根源，即生计资本转换不能应对生计风险并从生计风险打击中恢复，生计资本转换陷入低水平均衡状态，从而导致家庭生活质量长期低于社会公认水平。

（一）交换脆弱：微观层面贫困农牧户生计资本转换障碍

微观层面，脆弱性描述了一种生计基本状态，指"家庭面临某些风险的可能，并且是由于遭遇风险而导致财富损失或生活质量下降到某一社会公认的水平之下的可能"。② 脆弱性是风险大小与抵御风险能力的综合反映，风险越大，抵御风险能力越低，意味着脆弱性越高。③ 在风险情境中，家庭通过生计资本转化预防及应对风险，生计资本转换的可能性大小决定了抵御风险能力的大小。因而，穷人或接近贫困的人由于生计资本容量限制或交换障碍而具有更低的抵御风险能力，更趋于脆弱。

X 村，畜牧业生产是农牧民生计的基础，对于贫困农牧户而言其更是生计之源。然而，农牧业生产受频发的自然灾害（雪灾、冰雹等）影响，农牧户预防与应对灾害能力十分弱，农牧业生产较大程度地呈现"望天收"状态。例如，X 村在 2012 年春天遭受了雪灾，牦牛大量饿死或冻死。贫困农牧户 GYL 家中 30 头牦牛死了 11 头，损失惨重。牦牛既是生活资料又是生产资料，成长周期较长，因此灾害恢复周期也较长。由于村民普遍遭受了同类灾害，X 村村民多数有血缘或姻缘关系，通过社会交换获得的支持十分少。X 村多数村民通过参与市场交换分散传统生计中所内嵌的高风险性，贫困农牧户由于参与市场交换能力弱，其生计脆弱性并未有效得到缓解。X 村农牧户参与市场交换能力弱涵盖两种基本形式：其一，自然交换脆弱限制市场交换参与。X 村，虫草经济是农牧民参与市场的主要途径之一，不同农牧户虫草采集能力有较大差异。部分贫困农牧户能够采集虫草的人口少，所能采集的虫草十分有限。贫困农牧户 BE 家中共有 6 人，其中 50 岁以上的老年人 5 人，20 余岁的年轻人 1 人，均无外出采集虫草能力，因而家庭无法通过采集虫草参与市场交换。部分贫困农牧户家中虽有较为充足的劳动力，然而却无识别虫草的"慧眼"。贫困农牧户 GYL 家中的女儿和女婿年

---

① 詹姆斯·C. 斯科特：《农民的道义经济学：东南亚的反叛与生存》，程立显等译，译林出版社，2001，第 1 页。
② 韩峥：《脆弱性与农村贫困》，《农业经济问题》2004 年第 10 期。
③ 李雪萍：《反脆弱发展：突破发展陷阱的路径——基于西藏城镇社区发展的实证调查与理论分析》，《华中师范大学学报》（人文社会科学版）2013 年第 3 期。

轻力壮却很难识别虫草。2012年，其家中两人外出找寻4天仅挖出8棵虫草。其二，人力资本薄弱限制村民的市场交换参与，并承担较大的市场风险。外出务工是X村农牧民参与市场交换的基本途径，村民多从事修房子等体力劳动，工作不稳定，收入较低且得不到保障。

> 这个地方很难打到工，一般都是到青海省玉树（打工），因为前年子那里地震了嘛，那里修房子需要好多人。但是那路程比较远，还是恼火得很，车费比较贵。最主要的是，你去人家那里打工，干一个月或者两个月甚至更长时间不发工资，有时候老板就跑了，他们就拿不到工钱了，这样连去的车费都没得了。（X - DB - 20120704）

总体而言，X村部分农牧户由于交换障碍而无法形成有效的生计资本转换。生计资本匮乏是形成交换障碍的基础原因，与此同时，交换障碍维持或进一步加深生计资本的匮乏。X村，生计资本匮乏是贫困农牧户的共同特征，并突出体现为人力资本缺失。人力资本在五种生计资本中发挥能动性与枢纽性功能，具有较强的资产专用性，人力资本缺失可能导致生计资本转换不能达到最优，生计资本转换可能陷入长期低水平陷阱之中。此外，贫困农牧户在生计资本转换中形成了一定的交换路径依赖（如农牧结合），因而，短时间段的胁迫性脆弱中隐藏着长时期的结构性脆弱。

（二）区域脆弱：宏观层面"交换层面"衔接障碍

生计资本转换通过交换来实现，而交换嵌入交换系统中受到结构性因素制约。交换系统是"一个社会结构背景（包括经济、政治、文化及其他造成权利差异的背景）中的'互动系统'"，并且"'结构层次'的建构因素决定着交换活动的机会与制约性因素、动力和意义"。[①] 交换系统包括自然交换子系统、市场交换子系统、社会交换子系统，不同子系统有着不同的交换率。此外，交换系统中包括不同的"交换层面"，不同交换层面的重合程度决定了生计资本转换的可能性。X村位于GZ州，该区域的区域属性制约微观层面的生计资本转换。GZ州位于连片特困地区，具有较强的区域脆弱性，三种交换方式及其之间的衔接受到制约。具体而言，区域脆弱体

---

① 汤姆·R.伯恩斯：《结构主义的视角：经济与社会的变迁》，周长城等译，社会科学文献出版社，2000，第126~127页。

现在交换系统内部以及交换子系统之间衔接的结构性障碍上。

GZ 州交换系统三个子系统的交换属性影响生计资本交换率①。首先，自然交换子系统蕴含结构性脆弱，对农牧业生产造成诸多不利影响。据统计，GZ 州产量高并且稳定的耕地面积占总耕地面积的 34%，保灌面积占耕地面积的 20.74%，中低产田土比重大，耕地质量总体水平不高，耕地土壤流失严重。农业投入大而产出少，并易受干旱、洪涝等灾害的威胁，青稞每亩的产量不足 300 斤/年。草地生态退化的趋势尚未得到真正遏制，严重影响草地畜牧业的可持续发展。其次，市场交换子系统存在市场发育程度低、市场机制不健全等结构性障碍。藏区经济欠发达，所能提供的就业机会有限，农牧民存在较为普遍的"隐性失业"状况。藏族生态伦理中的"戒杀"等观念使得农牧民主动排斥一些畜牧产品参与市场交换。再次，农牧民面临社会资本困境。农牧民社会资本主要存在于亲属等"强关系"网络中，欠缺"链接社会资本"，呈现"高整合—低链接"的基本情形。

交换系统子系统间呈现的结构性衔接障碍使得不同交换方式之间不能有效衔接，限制生计资本的有效转换。在 GZ 州，这种结构性衔接障碍具体体现为自然交换、市场交换、社会交换三者之间的衔接困难，尤其是市场交换与自然交换、市场交换与社会交换不能有效地衔接。例如，农牧业产品的商品率很低是市场交换与自然交换断裂的典型体现，而"高整合—低链接"社会资本促使通过社会交换所获得的信息等资源同质性很高而不利于打工机会的寻觅。此外，交换系统的结构性衔接障碍与交换系统子系统内部的结构性障碍有十分密切的关联。以农牧产品商品化为例，农牧产品的低产出使得农牧业生产呈现高度的自给自足性，可供参与市场交换的农牧产品十分有限。再者，由于市场机制不健全，农牧民在通过产业化等举措促进农牧产品商品化的过程中，可能会遭遇较大的市场风险而威胁生计安全。

---

① "交换率"由科尔曼提出，指向交换发生时行动者应当遵循的规律与规范。他认为"存在着不同的交换率，它们均能使双方获得交换前无法得到的利益，但如果没有交换市场，便无法确定哪个交换率将用于实际"。参见詹姆斯·S. 科尔曼《社会理论的基础》（上），邓方译，社会科学文献出版社，1999，第 47 页。

教育程度与分配公平感：结构地位与相对剥夺视角下的双重考察[*]

李颖晖

摘 要：基于结构决定与相对剥夺两种视角，研究发现了教育程度对收入分配公平感的复杂影响路径：（1）教育程度作为优势性地位获得，对分配公平感存在正向影响，教育程度越高，收入分配公平感越强；（2）然而，这种正向影响存在条件性：教育作为个人地位投资，激发相应的回报期待，随着基于教育投入的期待收入与实际收入差距的扩大，这种正向影响会降低，且教育程度越高，降低的幅度越大。这一条件性的发现有利于解释既有研究的矛盾结论，有着重要的社会意涵：当教育投资作为"制度化手段"无法实现地位获得这一"文化目标"时，这种"断裂"可能会引发"分配不公"的心理失范。

关键词：教育程度　结构地位　相对剥夺　分配公平感

20世纪70年代末开始的市场转型，在短时间内引发了收入分配方式由再分配到市场经济机制的转变，崇尚"能力主义"的新的初次分配规则随之确立[①]，以教育为表征的人力资本等自致因素在收入分配地位获得过程中

---

[*] 该文已发表于《社会》2015年第1期。本文曾于2014年7月在中国社会学年会——社会分层与流动论坛上宣读，感谢李黎明、叶华等评论人的点评与建议；在论文修改过程中，程诚博士给予笔者很大的帮助，《社会》匿名评审专家提出的修改意见也使本文得到很大提升，在此一并致谢。文责自负。

[①] 李春玲：《文化水平如何影响人们的经济收入——对目前教育的经济收益率的考查》，《社会学研究》2003年第3期，第64~76页。

的作用显著提升①②③④。但与此同时,教育的投资收益展现出了与转型社会同步的复杂性:人力资本并非必然如倪志伟所言"随着转型加深,人力资本作用更大"⑤,城乡之间、行业之间、体制内外、部门内外呈现了教育回报的显著差异⑥⑦⑧⑨,即同样的教育投入,可能会呈现基于制度环境差异的不同回报,尤其是随着高等教育扩招,"大学生就业难""文聘贬值"等现象也从侧面反映了教育投资风险的存在。那么,基于教育回报反映的复杂现实情景,不同教育投资群体对于自己相应的收入回报有着怎样的公平与否的评判?更进一步说,教育程度与收入分配公平感之间存在怎样的关系,其影响分配公平感的机制是什么?既往研究较为忽略这一问题,且相关研究发现教育与分配公平感之间存在时正时负的矛盾关系。因此,本文将在结构地位决定论与相对剥夺论的理论框架内,以不同教育群体为切入点,对上述理论问题做出回答,并探讨其背后的社会意涵:由于通过教育实现社会经济地位向上流动长期以来有着广泛的社会认同,对不同受教育群体分配公平感的差异状况做出探讨,将有利于反映转型时期的社会心态,折射社会成员对改革利益分配格局的合法性认同。

一 研究回顾与理论假设

所谓分配公平感,其基本意涵是"社会成员对社会资源分配状况的一

---

① Victor Nee, "A Theory of Market Transition: From Redistribution to Markets in State Socialism," *American Sociological Review* 54 (1989): 663-681.
② 边燕杰、罗根:《市场转型与权力的维续:中国城市分层体系之分析》,载边燕杰主编《市场转型与社会分层——美国社会学者分析中国》,生活·读书·新知三联书店,2002,第427页。
③ 李实、丁赛:《中国城镇教育收益率的长期变动趋势》,《中国社会科学》2003年第6期,第58~72页。
④ 刘精明:《劳动力市场结构变迁与人力资本收益》,《社会学研究》2006年第6期,第89~119页。
⑤ Victor Nee, "A Theory of Market Transition: From Redistribution to Markets in State Socialism," *American Sociological Review* 54 (1989): 663-681.
⑥ 李春玲:《文化水平如何影响人们的经济收入——对目前教育的经济收益率的考查》,《社会学研究》2003年第3期,第64~76页。
⑦ 刘精明:《劳动力市场结构变迁与人力资本收益》,《社会学研究》2006年第6期,第89~119页。
⑧ 邓峰、丁小浩:《人力资本、劳动力市场分割与性别收入差距》,《社会学研究》2012年第5期,第24~46页。
⑨ 黄嘉文:《教育程度、收入水平与中国城市居民幸福感——一项基于CGSS2005的实证分析》,《社会》2013年第5期,第181~203页。

系列主观判断、评价和态度"，相关学者进一步将其划分为基于收入不平等的宏观分配公平感和基于个人收入分配的微观分配公平感[1][2]。本文的研究主要涉及微观领域的分配公平认知问题，即社会成员如何看待自己收入所得是否公平，并着重探讨其形成机制，尤其是教育程度在该认知形成中的作用路径。对此，结构地位决定论与相对剥夺理论的两条基本解释路径为探讨教育在其中的影响提供了有效思路。

（一）教育程度→分配公平感：结构地位决定论的解释

结构地位决定论的基本假设为：基于自身的社会经济地位，社会成员的自利动机会使社会成员产生一种既得地位是否满足了自我利益最大化的评判，从而影响其对分配公平的认知。具体而言，具有较高社会经济地位的社会成员，更倾向于认为当前分配状况具有正当性；相反，处于较低社会经济地位的社会成员，则更易从个人自身利益出发，不满于当前的分配状况，期待资源分配的转移与补偿。市场转型带来的阶层利益重组及相对定型化[3]激发了大量学者基于个人在新的分配格局中所处的不同地位，考察社会分层对分配公平感的影响。其基本观点为，社会结构是影响分配公平感的重要因素，强调个人的社会经济地位对分配公平感的重要作用，重在从教育、收入、社会地位等因素进行考察。

就教育因素而言，教育具有明显的社会分层功能。诸多西方理论，如功能主义的精英选择观、布迪厄的"文化资本"和"再生产"理论、柯林斯对"文凭社会"思想的理解等，从文化资本的角度强调教育对个人经济、社会地位的提升；人力资本、地位获得理论则更直接地强调了教育水平的提升对个人收入的正向影响[4]。而中国社会自古也存有重教育以"学而优则仕"的方式改变自身命运的传统——从民间私学到政府官学，接受教育并通过察举、科举等国家选拔制度跻身社会上层，是传统社会阶层间社会流

---

[1] Berger, Joseph, M. Zelditch, B. Anderson, and B. P. Cohen, "Structural Aspects of Distributive Justice: A Status Value Formulation," in Berger, J. M. Zelditch, and B. Anderson, *Sociological Theories in Progress* (New York: Houghton Mifflin, 1972).

[2] Brickman, Phillip, R. Folger, E. Goode, and Y. Schul, "Micro – justice and Macro – justice," in Lener, Melvin J. and S. C. Lener, *The Justice Motive in Social Behavior* (New York, London Plenum press, 1981).

[3] 刘精明、李路路：《阶层化：居住空间、生活方式、社会交往与阶层认同——我国城镇社会阶层化问题的实证研究》，《社会学研究》2005年第3期，第52~81页。

[4] Peter. M. Blau, O. D. Duncan, *The American Occupational Structure* (New York: Wiley, 1967).

动的重要形式。现当代有关教育收益率的诸多研究也都表明教育对收入增加的重要影响[1][2][3][4][5]。基于此,在结构地位决定论的框架里,相关学者普遍认为,教育程度越高的群体越有可能获得优势社会经济地位,继而倾向于认为自身获得的分配地位是公平的。刘欣在其早期研究中发现,转型期,在获得新的改革收益与维护既得利益方面,具有更高教育程度的群体更易处于优势地位,从而较少认为自己的利益受到剥夺[6];王甫勤认为,获得向上流动的高教育者会较少地认为自己的利益受到剥夺[7]。

因此,延续该研究路径对教育作为一种既得利益结果的基本定位,教育对公平感的影响便表现为教育(地位获得)→分配公平感的路径。

假设1:教育程度越高,人们越倾向于认为自己的收入分配是公平的。

假设2:在控制住个人收入、社会阶层地位后,教育程度对分配公平感的正向效应会减弱。

(二)教育投入→回报期待→收入分配公平感:基于相对剥夺理论的新考察

1. 相对剥夺论的视角

结构地位决定论给出了教育影响公平感形成的一种可供借鉴的解释,但该解释路径存在一些矛盾结果:翁定军将客观地位量化为收入、职业和学历,发现尽管收入、职业存在正向影响,但人们的教育水平与公平感基本没有关系[8];马磊、刘欣在探讨结构决定论和局部比较论对分配公平感的解释力的基础上,发现未受过教育的人和其他教育水平的人在分配公平感

---

[1] 李实、丁赛:《中国城镇教育收益率的长期变动趋势》,《中国社会科学》2003年第6期,第58~72页。
[2] 李春玲:《文化水平如何影响人们的经济收入——对目前教育的经济收益率的考查》,《社会学研究》2003年第3期,第64~76页。
[3] 刘精明:《劳动力市场结构变迁与人力资本收益》,《社会学研究》2006年第6期,第89~119页。
[4] 罗楚亮:《城镇居民教育收益率及其分布特征》,《经济研究》2007年第6期,第119~130页。
[5] 薛进军、高晓淳:《再论教育对收入增长与分配的影响》,《中国人口科学》2011年第2期,第2~13页。
[6] 刘欣:《相对剥夺地位与阶层认知》,《社会学研究》2002年第1期,第81~90页。
[7] 王甫勤:《社会流动与分配公平感研究》,复旦大学博士学位论文,2010。
[8] 翁定军:《阶级或阶层意识中的心理因素:公平感和态度倾向》,《社会学研究》2010年第1期,第85~110页。

上没有表现出显著的差别①。这些较前文不一致的结果表明，在结构地位决定论的解释路径内探讨教育对分配公平感的影响这一思路有待进一步检验，也使得更深入地探查潜在的其他机制成为一种必要。

相对剥夺理论的解释路径为我们提供了一种新的理论思路。相对剥夺理论认为，人们在判断自己的利益获得状况进而评价公平与否时，并不完全依照既得利益的绝对价值，而在很大程度上依照一种相对的、比较而来的结果。②③④ 比较的参照点可以是：（1）现实可比的参照群体。如 Berger 指出，个体通过将自身的"目标实体"，即将所获得的资源同可感知、可参照的概化个体所获得的资源相比，如果二者的所得相符，则认同该分配状况，若不一致，便会产生不公平感⑤。（2）个体生活的纵向经历。如格尔等人强调纵向比较对被剥夺感的形成的重要影响⑥，后续研究便多将其具体演绎为人们将当下与过去进行比较所形成的向上、向下流动的感受或是在生命历程中（尤其是职业流动）的社会流动状况⑦⑧⑨，后者被认为在公平感的形成中扮演重要的角色。（3）个人的价值尺度及期待水平。Homans，Adams 和 Walste 的早期研究均在一定程度上强调投入、贡献作为比较参照点时所产生的回报期待，认为这种期待会成为一种对比基点，影响公平与否的评判⑩⑪。延续这一思路，王宁直接指出人们对自己的定位、对投入的期待

---

① 马磊、刘欣：《中国城市居民的分配公平感研究》，《社会学研究》2010年第5期，第31~49页。
② 刘欣：《相对剥夺地位与阶层认知》，《社会学研究》2002年第1期，第81~90页。
③ 李俊：《相对剥夺理论的价值论视角》，《学海》2005年第4期，第175~178页。
④ 马磊、刘欣：《中国城市居民的分配公平感研究》，《社会学研究》2010年第5期，第31~49页。
⑤ Berger, Joseph, M. Zelditch, B. Anderson, and B. P. Cohen, "Structural Aspects of Distributive Justice: A Status Value Formulation," in Berger, J. M. Zelditch, and B. Anderson, *Sociological Theories in Progress* (New York: Houghton Mifflin, 1972).
⑥ Gurr, T. R., *Why Men Rebel* (Princeton NJ: Princeton University Press, 1970).
⑦ 怀默霆：《中国民众如何看待当前的社会不平等》，《社会学研究》2009年第1期，第96~120页。
⑧ 马磊、刘欣：《中国城市居民的分配公平感研究》，《社会学研究》2010年第5期，第31~49页。
⑨ 王甫勤：《当代中国大城市居民的分配公平感：一项基于上海的实证研究》（英文），《社会》2011年第3期，第155~183页。
⑩ Homans, George Caspar, *Social Behavior: Its Elementary Forms* (Rev. ed. New York: Harcourt, Brace, 1974).
⑪ 关力：《亚当斯及其公平理论》，《管理现代化》1988年第4期，第46~47页。

会直接激发人们相对剥夺感的强弱①。相对于结构地位决定论，相对剥夺的解释路径强调了人们建构主观世界时的能动性，而非完全取决于客观，其解释力在以参照群体、生命历程为核心参照点的诸多公平感形成机制考察中得到证明。刘欣、马磊专门探讨了结构决定论和局部比较论两条路线对分配公平感的解释力，认为相对剥夺较客观社会经济地位能更好地解释公平感的形成机制②。

那么，基于该理论，具体到教育因素，教育对公平感的影响又将呈现怎样的路径？既有研究在两个方面为这一思路的尝试留下了一定空间。

（1）由于预设性地将教育获得视为一种优势地位而非指向地位获得的投入，既有研究鲜有将教育这一因素带入相对剥夺理论的解释路径进行探查。

（2）关于"价值尺度及期待水平"这一参照点，有关中国公众收入分配公平感的研究并未给予其相应的重视。尽管在一些主观意识研究中存在一些结构地位决定论无法解释的矛盾现象，如李汉林、李路路的研究发现，教育水平越高的人对单位组织的不满意度越高，而教育水平相对较低的人却对单位组织的不满意度相对较低③；罗忠勇、尉建文直接观察到，对不公平感的认知因为工人拥有更为丰富的人力资本而增强④；孟天广也指出，教育水平对分配公平感的影响并非线性，具有高等教育水平的人更倾向于认为结果分配不公平⑤。就这些矛盾结果，研究者做出了一些推测，认为他们的负向认知可能来自对收入回报的高期望同现实获得的低水平之间的落差，但并未就这种矛盾结果做出具体回应。这便为新的考察路径提供了空间。

2. 教育投入→回报期待→分配公平感

教育具有社会分层功能，对教育的投入是社会成员对个人社会经济地

---

① 王宁：《相对剥夺感：从横向到纵向——以城市退休老人对医疗保障体制转型的体验为例》，《西北师大学报》（社会科学版）2007年第4期，第19~25页。
② 马磊、刘欣：《中国城市居民的分配公平感研究》，《社会学研究》2010年第5期，第31~49页。
③ 李汉林、李路路：《单位成员的满意度和相对剥夺感——单位组织中依赖结构的主观层面》，《社会学研究》2000年第2期，第1~17页。
④ 罗忠勇、尉建文：《挫折经历、人力资本、企业制度与城市工人的社会不公平感——以10家企业工人的社会不公平感为例》，《社会》2009年第2期，第179~198页。
⑤ 孟天广：《转型期中国公众的分配公平感：结果公平与机会公平》，《社会》2012年第6期，第108~134页。

位的投资。这意味着教育投入的背后有基于投入、直接指向个人社会经济地位获得的回报期待,教育程度越高,回报期待便越高。因此,以基于教育投入的"期待水平"为切入点,可以在相对剥夺的路径内重新思考上述矛盾结果。

由于存在基于教育投入的回报期待,并非实际回报的绝对值,而是实际回报同预期收入回报的吻合情况会对人的公平认知产生影响,从而产生结构地位视角外的复杂的条件性关系,即教育对公平感的正向影响可能会随着预期收入的实现状况发生变动。那么,教育程度更高的人,会不会因为高投入下期待更高,更关注投入回报,而在面对预期回报没有实现的情况时,较教育程度相对较低的人而言,相对剥夺感更强,更倾向于降低对公平与否的正面认知呢?长期以来,获取高教育程度以获得地位与财富回报几乎是社会成员的普遍共识①,同时,教育也具有发展认知、培养动机继而启蒙自我意识与现代性的潜在功能②,因此,高教育接受者更可能意识到自己的利益所在,从而基于自身的高投入,更为关注是否获得高回报。而戴维森等人的研究恰恰指出,在注重公平交易的群体中,的确存在"公平敏感型"人群③,其极其重视投入与回报的比例关系,高投入,便期待相应的高回报,而如果期待的结果未出现,其对公平现状的正面认知便会降低。为此,研究提出如下假设。

假设3:教育程度对分配公平感的正向影响会因预期收入与实际收入的差距扩大而降低,教育程度越高,降幅越大。即随着预期收入与实际收入差距的扩大,社会成员认为收入分配公平的概率会随着教育程度的升高而降低。

基于此,在教育(地位获得)→分配公平感这一结构地位决定论的解释路径之外,以预期收入这一"期待水平与价值尺度"为参照点,我们便建构了另一条基于相对剥夺理论的新思路:教育投入→回报期待→分配公平感。

---

① 李春玲:《文化水平如何影响人们的经济收入——对目前教育的经济收益率的考查》,《社会学研究》2003年第3期,第64~76页。
② 李骏、吴晓刚:《收入不平等与公平分配:对转型时期中国城镇居民公平观的一项实证分析》,《中国社会科学》2012年第3期,第114~128页。
③ Davison, H. Kristl. and Bing, M. N, "The Multidimensionality of the Equity Sensitivity Construct: Integrating Separate Benevolence and Entitlement Dimensions for Enhanced Construct Measurement," *Journal of Managerial Issues* 1 (2008): 131 – 150.

二 数据与研究设计

(一) 统计数据

本文的分析数据来自 CGSS 2005 全国综合调查数据。该调查采用分层设计、多阶段 PPS 方法，基于全国 2801 个区县单位，共获得样本数 10372 个。以 16～65 岁处于劳动年龄段内的个体为研究对象，从中剔除从未有过工作经历/在学的样本，实际进入模型的有效样本[①]为 7138。

(二) 变量设计

本文的因变量为分配公平感。基于分配公平感的微观意涵，对该变量的现有测量有指数法、主观评估法、量表法等[②]。本文采用的是主观评估法。具体而言，CGSS 2005 问卷中设计了一道题目，询问被访者基于个人的能力和工作状况，认为当下的收入"是否合理"，以此来获得其对个人收入分配状况的认知，备选项则包括从"非常合理"到"非常不合理"的四等测度。根据中文语境，"合理"与"公平"在此处有着相同的指代，即个体所认为的应然状态是可以互换的。因此，将"非常合理，合理"合并为"公平"=1，"不合理，非常不合理"合并为"不公平"=0，便可以代表社会成员的公平感认知状况。

教育程度、教育程度和预期收入回报差距的交互作用为本文核心自变量，以此着重对假设 3 进行验证。教育程度通过被访者已完成的教育程度来测量，具体划分为"初中及以下""高中（中专）""大专及以上"三种类别[③]。预期收入差距用"满意收入"同"实际收入"的比值来计算：基于社会成员不会脱离自身的实际状况和社会贡献进行自我期待这一理性判

[①] 在上述基础上，去除了相关变量填答"不适用、不清楚"或缺失的个案。笔者将这些被删除个案统一编码为"1"，剩余有效个案则编码为"0"，生成一个因变量，并以研究所涉及的主要变量为自变量进行逻辑回归。结果显示，被删除个案不受主要变量影响，表明这些个案并未存在系统性缺失。

[②] 王甫勤：《社会流动与分配公平感研究》，复旦大学博士学位论文，2010。

[③] 采用三分类而非"小学及以下""初中""高中（中专）""大学（大专）及以上"的四分类划分，是基于前二者为基础义务教育，且属较低学历，投资意义不强这一考量，并以此对前两类人群进行了合并。

断①，满意收入可以在一定意义上反映社会成员基于投入的回报期待，其与实际收入之比便可以反映预期收入与实际收入的差异。在比值大于"1"的情况下，比值越大，则预期收入的实现程度越低②。同时，结构地位决定论所涉及的相关变量，如个人年收入、社会阶层地位、工作单位类型，以及相对剥夺路径下的自我流动、同期群流动也将纳入自变量的范畴，以便于两条路径的最终比较。

年龄、性别、政治面貌、户籍类型、地区、时期因素等人口学与社会环境变量则作为控制变量引入。具体的变量描述见表1。

（三）统计模型与分析策略

根据因变量的二分类性质，研究使用二元 logistic 模型。为了有效检验"教育投入→回报期待→分配公平感"这一相对剥夺解释路径，并同时考虑两大路径各自的解释效力，本文以教育对分配公平感的直接影响为基准模型，分别引入个人年收入等结构地位变量，继而引入教育与收入预期差距的交互项和其他相对剥夺因素衡量指标，在对数据进行加权处理③的基础上，建立包含三个二元 logistic 回归的嵌套模型。

表1　变量描述（N = 7138）

变量名	均值	说明	变量名	均值	说明
分配公平感			个人年收入	8.60	ln（个人年总收入）标准差1.07
不公平	55.48%	公平 = 1，不公平 = 0	教育程度		
公平	44.52%		初中及以下	65.54%	分别编码为 0~2
年龄	41.7	标准差11.24	高中（中专）	24.15%	
性别			大专及以上	10.31%	
女性	50.48%	女性 = 0，男性 = 1	收入预期差距	1.11	ln（满意收入 \ 实际收入）标准差0.74
男性	49.52%				

---

① 吴菲：《不公平有几何？——中国城市居民收入分配公平感的测量》，《兰州学刊》2010年第5期，第94~98页。
② 比值 <1 的样本，其代表的含义为实际收入比预期收入高，不在"相对剥夺"的讨论范畴之内。事实上，该类样本在数据中并不存在，即预期收入普遍高于实际收入。
③ 数据加权所使用的权重为2005全国：人权重。

续表

变量名	均值	说明	变量名	均值	说明
户口类型			**同期群比较**		
农业户口	47.95%	农业户口=0，非农户口=1	无优势地位	36.63%	与同龄人相比，您认为您本人的社会经济地位是？"较高"为优势地位，"差不多、较低"为无优势地位
非农户口	52.05%		优势地位	63.37%	
政治面貌			**自我参照比较**		
党员	10.04%	党员=0，非党员=1	无优势地位	19.05%	与三年前相比，您认为您的社会经济地位是？"上升了"为优势地位，"差不多、下降了"为无优势地位
非党员	89.96%		优势地位	80.95%	
单位类型			**时期因素**		
国有部门	37.42%	党政机关、国有企事业、集体企事业单位为国有部门，私/民营、三资企业为非国有部门	1978年以前出生	40.00%	根据出生年份划分，分别编码为0~2
非国有部门	9.62%		1978~1992年出生	41.57%	
自雇与无单位	52.95%		1993年以后出生	18.44%	
社会经济地位			**地区因素**		
下层	50.88%	您家的社会经济地位在本地大体属于哪个层次？中上及以上为上层，中下及以下为下层	东部	45.24%	按国家发改委的划分标准对相应省份进行划分，分别编码为0~2
中层	41.57%		中部	28.75%	
上层	7.55%		西部	26.02%	

三 实证分析结果

（一）教育程度与预期收入

基于被访者的回答，将预期收入由低至高划分为五个组别①，表2显示了不同教育群体在预期收入组中的分布。基于数据可知，大专及以上的教

---

① 依据样本数据，设定为5组后，由统计软件自动根据频数分布划分为由高至低的五组，各组间距的依据对应数值自动生成。

育群体在高预期收入组中所占比例最高，为69.43%。尽管在中高预期收入组中，大专及以上教育群体所占比例略低于高中（中专）组，但在中高及以上预期收入组的合计比例中，大专及以上教育群体则较初中及以下、高中（中专）两组人群分别高出52.35%、22.31%。这意味着教育程度越高，对自身的收入回报预期越高。基于分组得到的预期收入均值也同样呈现这一趋势。因此，教育程度越高的群体的确高度关注自身的投入回报，回报期待更高。

表2 教育程度与预期收入的交互分析（百分比）

教育程度	预期收入均值	预期收入分组					合计
		低（9600及以下）	中低（9600~12000）	中等（12000~20000）	中高（20000~30000）	高（30000及以上）	
初中及以下	19317.71	28.02	22.83	11.14	18.55	19.45	100
高中（中专）	31272.68	5.92	12.82	13.23	24.83	43.21	100
大专及以上	45556.25	0.68	2.85	6.11	20.92	69.43	100
合计	24910.59	19.87	18.35	11.12	20.31	30.34	100

Pearson chi^2 （8） = 1.30E+03, $P<0.001$

（二）教育程度对分配公平感的影响分析

1. 教育程度与收入分配公平感

表3的列联表分析展示了不同受教育群体对自身收入分配公平与否的认知状况。数据显示，整体而言，公众普遍更倾向于认为，就自己的能力而言，当下所得收入是不公平的（55.48%）。但与此同时，相比较而言，教育程度在大专及以上的群体认为收入所得公平的比例最高，为54.62%，高于认为收入不公的比例——教育程度与收入分配公平认知大体上呈现了随教育程度的增高认为收入所得公平的比例增高的基本态势。

表3 教育程度与收入分配公平感的交互分析（百分比）

教育程度	收入分配是否公平		合计
	不公平	公平	
初中及以下	56.18	43.82	100
中专、高中	57.89	42.11	100

续表

教育程度	收入分配是否公平		合计
	不公平	公平	
大专及以上	45.38	54.62	100
合计	55.48	44.52	100

Pearson chi^2 (2) = 35.40, P < 0.001

2. 教育程度对分配公平感的影响机制分析

列联表的分析结果基本反映了既往结构决定论的研究发现,即教育程度与分配公平感存在正向相关。但基于研究假设,这种结果导向的解释路径或许并不是故事的全部,表4的嵌套回归模型进一步展示了控制了其他多重因素后的多元分析结果。

表4 教育程度影响分配公平感的二元 logistic 回归

自变量	模型1 教育程度		模型2 教育程度+结构地位因素		模型3 教育程度+相对剥夺因素	
教育程度(初中及以下为参照)						
高中(中专)	0.184*	(0.078)	0.029	(0.082)	0.282*	(0.142)
大学(大专)及以上	0.768***	(0.114)	0.388**	(0.124)	0.801***	(0.205)
个人年收入			0.377***	(0.041)	0.318***	(0.049)
社会阶层地位(下层为参照)						
中层			0.896***	(0.064)	0.477***	(0.072)
上层			1.308***	(0.121)	0.820***	(0.125)
单位类型(国有部门为参照)						
非国有部门			0.399***	(0.117)	0.381**	(0.123)
无单位			0.421***	(0.095)	0.369***	(0.098)
收入预期差距					0.063	(0.058)
教育程度*收入预期差距						
高中*收入预期差距					-0.261*	(0.122)
大专及以上*收入预期差距					-0.587**	(0.199)

续表

自变量	模型1 教育程度		模型2 教育程度+结构地位因素		模型3 教育程度+相对剥夺因素	
同期群比较（无优势地位为参照）					0.802***	(0.076)
自我纵向比较（无优势地位为参照）					0.810***	(0.094)
控制变量						
年龄	-0.063*	(0.029)	-0.059*	(0.029)	-0.046	(0.030)
年龄2	0.001*	(0.000)	0.001*	(0.000)	0.001	(0.000)
男性	0.047	(0.059)	-0.046	(0.063)	0.017	(0.064)
城市	0.637***	(0.066)	-0.600***	(0.091)	-0.521***	(0.093)
党员	0.092	(0.103)	-0.017	(0.109)	-0.079	(0.111)
时代因素						
1978~1992年出生	-0.076	(0.122)	-0.136	(0.127)	-0.146	(0.131)
1993年以后出生	-0.084	(0.227)	-0.243	(0.231)	-0.237	(0.237)
地区因素						
中部	-0.410***	(0.069)	-0.222**	(0.074)	-0.200**	(0.077)
西部	-0.154*	(0.070)	0.062	(0.075)	0.108	(0.077)
截距	1.442*	(0.716)	-2.686***	(0.816)	-3.568***	(0.867)
N	7138		7138		7138	
pseudo R^2	0.023		0.088		0.124	
BIC	9599.714		9020.459		8711.163	

注：(1) 双尾检验统计显著度：*$P<0.05$，**$P<0.01$，***$P<0.001$；
(2) 报告值为b系数，括号内为标准误

模型1显示，在控制了年龄、性别、政治面貌、户口类型、时代因素、地区因素的情况下，大学（大专）及以上、高中（中专）的教育群体同初中及以下教育群体相比，更倾向于认为当下的分配是公平的：同初中及以下教育群体相比，大学（大专）及以上的教育群体认为收入所得公平的几率是前者的2.156倍①，具有高中（中专）学历的教育群体认为收入所得公平的几率是前者的1.202倍。因此，在模型1中可以初步得到结论：教育程度越高，越认同自身收入的公平性，具有更高的公平感优势，假设1得到

---

① 几率比2.156 = exp（0.768），此后类同。

验证。

模型2进一步控制了结构地位因素（个人年收入、社会阶层地位、单位类型），此时，具有高中（中专）学历的教育群体相对于初中及以下教育群体不再有公平感优势，二者对分配公平的认知并没有表现出显著差异，而大学（大专）及以上教育群体同具有初中及以下教育群体相比，其认为分配公平的几率是前者的1.474倍，即仍然倾向于认为分配公平。比较模型1与模型2，可以发现在个人年收入等结构地位因素进入模型后，教育程度与分配公平感间的正向效应有所消减，由此表明，模型1中教育程度对分配公平感强烈的正向效应有一部分来自个人既得的经济、社会地位，假设2在此得到验证。

模型3则在模型2的基础上引入了教育程度与预期收入差距的交互项，以及同期群比较、自我参照比较的相对剥夺因素，核心在于考察教育程度与预期收入差距对分配公平感的交互项效应。结果显示，就教育程度的主效应而言，在预期收入与实际收入不存在差距的情况下，教育程度越高，认为分配公平的几率越高，即越认同当前分配的公平性，并且差异显著［此时，高中（中专）学历、大学（大专）及以上学历教育群体的公平感优势分别是初中及以下教育群体的1.326倍、2.228倍］。预期收入差距的主效应表明，预期收入差距的情况并不影响初中及以下教育群体对个人收入分配公平与否的认知。同时，教育程度与收入预期差距的交互效应表明，预期收入差距每增加一个单位，大学（大专）及以上教育群体认为收入分配公平的几率便随之下降44.4%，高中（中专）学历的教育群体认为分配不公平的几率便随之下降23.0%。由此可以看出，随着预期收入差距的增大，教育程度越高，认为个人收入分配公平的几率下降越快，从而验证了假设3。同时，基于伪R^2的逐步提升与BIC检验的嵌套模型检验也发现，模型3较基准模型1有了较大的改善。

综上，实证结果表明，教育程度对分配公平感的影响有着复杂的路径，而并不仅仅是结构决定论所呈现的简单状况。

第一，在不存在相对剥夺或相对剥夺程度较低的情况下，教育程度对社会成员的分配公平感存在显著的正向影响，即教育程度越高，公平感越强。这一研究结果同现有诸多研究发现保持了一致，这意味着在不考虑不同教育群体可能面对的现实收入分配的相对剥夺时，有着更高教育程度的群体更有可能因为其所拥有的较高社会声望地位、经济地位等，而具有显著的公平感优势。

第二,教育程度对收入分配公平感的正向影响存在条件性,即预期收入差距的扩大会使既有正向影响逐渐减弱,并且,教育程度越高,减弱的幅度越大。图1模拟了在某一情况下[①]这种趋势的具体演变状况:以大学(大专)及以上教育群体为例,在预期收入差距达到临界值前,大学(大专)及以上教育群体的分配公平感高于高中(中专)教育群体、初中及以下教育群体,为最高,而当预期收入差距达到临界值后,该群体的分配公平感虽然仍高于初中及以下群体,但已较高中(中专)教育群体相对较低,由此不难预见,随着预期收入差距继续扩大,大学(大专)及以上教育群体的分配公平感将渐渐降为最低。同样,高中(中专)教育群体的分配公平感优势变化也表现出类似的渐弱趋势。由此可见,以教育投入回报期待为参照点的相对剥夺状况,极大地影响着教育对个体收入分配公平的认知。面对预期收入差距的扩大,教育程度更高的社会群体对个人收入所得公平与否有着更高的敏感性,认为分配公平的几率下降得更快。

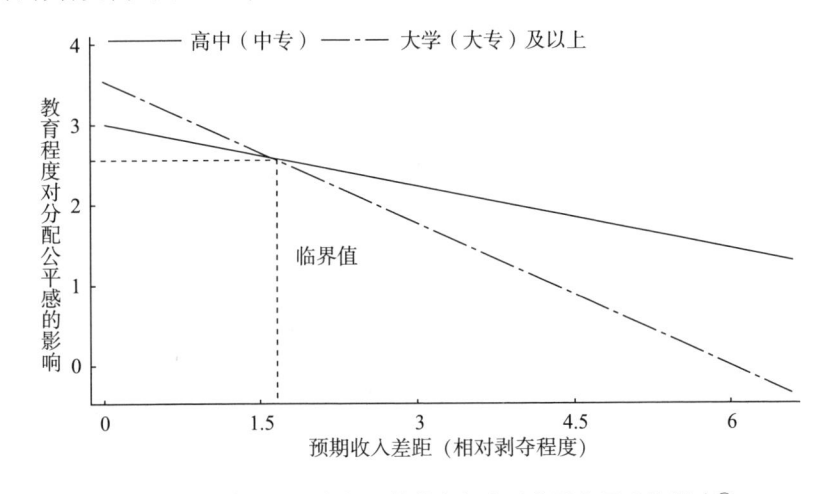

图1 预期收入差距变化下的教育程度对分配公平感的影响[②]

关于结果中地位因素与相对剥夺因素的解释效力的检验(模型3)显示:个人年收入、个人阶层地位对社会成员公平感的形成均有显著的正向影响——同体制内单位相比,体制外单位和无单位群体有着更高的分配公平感,这与不同市场化程度下能力主义分配原则在体制外较体制内更盛行、分配过程可能更公平有关。同时,引入的自我参照剥夺感、同期群剥夺感

---

① 模拟图形时各类别变量取值参照项,收入变量取值均值。
② 模拟数据为CGSS 2005调查数据。

同样具有很强的解释效力,在横向、纵向生活经历对比下,具有优势地位的群体,即实现了地位维持和上升流动者有着更高的分配公平感(较无地位优势者而言)。上述实证结果同既往研究有着较高的一致性,表明地位结构因素、相对剥夺因素都能较好地对分配公平感的形成过程做出解释。

四　结果讨论

(一) 教育程度影响分配公平认知的双重路径

通过对教育的社会意涵做出再定义——在将其视为地位获得的一个测度的同时,关注其针对社会经济地位的投资特性,研究发现教育程度对分配公平认知的双重路径。一方面,教育程度所代表的优势性地位获得为分配公平认知带来正向影响;另一方面,教育作为个人地位投资,其所激发的回报期待及相应的实现状况会高度影响相应教育群体的分配公平感。尤其是对高教育群体而言,面对预期收入差距这一相对剥夺状况,分配公平感降低的程度更大,到达临界点,甚至教育程度越高,收入分配公平感越低。这一发现的意义在于:(1) 对"期待水平"这一参照点的考察,进一步丰富了相对剥夺理论对公平感形成的解释向度,为文献回顾中所发现的矛盾结果提出了一种可能的解释——教育程度较低的群体,即教育投入(人力资本投资)相对较低的社会成员,由于期待的应得回报相对较低,在实际收入相对较低的情况下,也不会轻易做出分配不公的判断,而高教育程度者,由于进行了较高的人力资本投资,在同样的情形下,相对剥夺感会更加强烈,从而得出收入分配不公的认知或组织满意度较低的评价。(2) 同宏观分配公平感层面教育程度的复杂影响相呼应,李骏、吴晓刚的研究发现,在结果地位维度和启蒙维度上,教育程度对人们关于社会不平等的认知也有着截然相反的影响。教育的启蒙作用使得高教育群体基于自身知识积累和认知能力,更有可能了解社会不平等的真实情况,"感知的不平等"程度更高,但基于既得利益,"认可的不平等"程度也更高[①]。这同将教育视为"地位获得投资"而不仅仅是"优势地位获得"时,其对分配公平感的影响呈现的变化异曲同工。这意味着相关研究应谨慎地看待教育程度的社会意涵。这些不同的意涵在不同的环境或条件下,对分配公平感

[①] 李骏、吴晓刚:《收入不平等与公平分配:对转型时期中国城镇居民公平观的一项实证分析》,《中国社会科学》2012 年第 3 期,第 114~128 页。

等主观认知可能存在复杂影响路径。

(二)"应得公平"相对剥夺下的"心理失范"

本研究重点引入了教育程度与预期收入差距的交互项进行探讨,该操作化背后的理论意图在于关注在应得原则基础上的应得公平。基于应得原则,个体的公平所得应当建立在某一被社会成员所认同的行动中所做出的贡献、所进行的投入或所花费的成本(教育、训练、工作能力等),贡献越大、投入越多或成本越高,所获得的报酬也应该越高[1]。在这种原则下所应实现的公平便是应得公平。当下社会转型期,我国社会分配制度由计划分配向市场分配的转变带来了收入分配方式的变革,在初次分配领域,与市场经济相适应的应得原则分配观已日渐形成并被普遍接受[2][3][4][5]。因此,预期收入差距在一定意义上便是社会成员对自身"应得公平"实现程度的一种衡量,实际收入同基于投入的预期收入的负向差距越大,应得公平受到"剥夺"的程度便越大。

而同样面对相对剥夺,教育程度更高的群体在分配公平认知方面更容易受到其负面影响。这一现象的实质,便是默顿意义上的心理失范,是在当下社会转型期,利益格局重置的情况下,社会成员的期待目标无法通过合理行为获得时,潜在的一种负面心理后果。默顿在其失范理论中指出:社会失范现象源于社会文化目标与合法的制度性手段之间的断裂。一个社会往往存在一种预定的文化目标,并提出达到目标的制度性手段。前者作为一种集体意识为社会成员所接受、尊崇与默认,后者则是一种合法的目标实现途径。当社会成员无法用合法手段实现文化目标时,就会产生紧张情绪,甚至导致越轨行为的出现——失范发生。具体到本研究,面对应得公平的相对剥夺,具有较高教育程度的群体分配公平感优势更有可能会消失的实质,便是优势性分配地位获得这一文化目标与教育投资这一制度手段相分离而带来的情绪紧张。

---

[1] 孙明:《市场转型与民众的分配公平观》,《社会学研究》2009 年第 3 期,第 78~88 页。
[2] 李春玲:《文化水平如何影响人们的经济收入——对目前教育的经济收益率的考查》,《社会学研究》2003 年第 3 期,第 64~76 页。
[3] 李雪:《公正原则:通用性与专用性》,载张静主编《转型中国:社会公正观研究》,中国人民大学出版社,2008。
[4] 怀默霆:《中国民众如何看待当前的社会不平等》,《社会学研究》2009 年第 1 期,第 96~120 页。
[5] 孙明:《市场转型与民众的分配公平观》,《社会学研究》2009 年第 3 期,第 78~88 页。

市场转型以来，财富、社会地位作为一种稀缺资源，是为不同的社会群体所共同追求的，以此为基础的分配地位的获得便作为一种文化目标为社会成员所内化。同时，通过教育实现阶层地位流动在中国社会历来具有较高的社会认同，其相对较强的自致特性也使得其作为一种目标实现途径有着较强的合法性基础，甚至在一定意义上，教育是社会成员社会、经济地位向上流动的唯一途径[1][2]。然而，随着计划经济时期"统招统分"的包分配政策向转型期"双向选择"的自由择业转变，高校毕业生直接面对劳动力市场，再分配力量对高校毕业生的特殊庇护不再。而转型期有待完善的劳动力市场存在以城乡分割、行业差别、体制差异为特征的劳动力市场分割，这在一定意义上制约了市场化进程对人力资本作用的进一步释放。与此同时，高等教育扩招后，高等教育群体比例得以迅速上升，学历、文凭在一定意义上因稀缺性的降低出现一定意义上的贬值——这些既存现象意味着教育的投资风险的增加，相应的，相关受教育群体无法实现基于自身教育投入的预期收入回报的可能性也便有所增加。这时，进行教育投资的社会成员若未能实现预期的收入分配地位，"文化目标"与"制度化手段"间的断裂便会出现，"分配不公"这种心理失范便可能会发生。这种失范心理，反映了教育投资的相对风险对高等教育群体可能带来的心理震荡，也折射了基于教育途径的社会成员地位获得的复杂现状。这些问题，放置在当下诸如"大学生就业难""读书无用论"的社会负面心态浮现的社会现实中，便更具社会意义而值得进行进一步的思考和分析。

本文重点研究了相对剥夺理论路径下，教育作为一种人力资本投资，对微观分配公平感的影响机制，仍存在有待进一步完善和探索之处。首先，囿于数据，仅使用教育程度衡量教育投入，可能过于简化，因此，只能相对简单地通过引入价值期待这一参照点区分教育作为结果或投入出现时，对公平感的产生可能存在的各自不同的影响。同时，也期待更好的测量指标，能够对应得公平的实现程度进行更贴切的操作化。因此，进一步地深化研究有待继续。

---

[1] 李强：《论农民和农民工的主动市民化与被动市民化》，《河北学刊》2013年第4期，第86～93页。
[2] 胡现岭：《农村青年社会流动方式之变迁（1978－2010）》，《中国青年研究》2013年第10期，第5～9页。

集体产权与封闭乡村社会：开放、流动背景下的当代农村社区治理[*]

李增元[**]

摘　要：以集体产权为基础所形成的一系列基层社会制度，构筑出了一个封闭的乡村社会，广大农民被内在地束缚在乡村大地上。乡村居民难以自由流出，离土无法真正离乡。同时，基于制度的限制，外来人员也无法真正流入并融入乡村社会。在现代化发展中，乡村社会基础不断发生质性变革，但是嵌入乡村社会的各种制度却成为乡村社会转型发展的重要阻滞。由此，乡村社会的内在封闭、排外性与现代社会的外在开放、流动性形成了矛盾与冲突。这也正是开放、流动社会中当代农村社区治理困境的重要原因所在。在开放与流动中，改革集体产权制度及由此衍生出来的其他一系列基层社会制度，破除封闭、排外的乡村社会结构，是实现开放、流动社会中农村社区治理和谐发展的关键所在，也是破除城乡二元结构、实现城乡社会一体化发展的重要基础，更符合以人为本的发展思路。

关键词：集体产权　封闭乡村社会　农村社区治理　开放　流动

---

[*] 本文获得国家社科基金青年项目"社会流动背景下的农村社区协同治理体系建设研究"（13CSH031）、中国博士后科学基金资助项目"城镇化中的农村社区治理研究"（2014M550776）、山东省中共党史重点学科规划项目资助。该文修改后，曾以李增元、葛云霞为作者，以《集体产权与封闭乡村社会结构：社会流动背景下的农村社区治理——基于温州的调查分析》为题，刊发于《甘肃行政学院学报》2014年第3期，第78～87页。

[**] 李增元（1981～），男，山东日照人，曲阜师范大学政治与公共管理学院副教授，山东新农村建设研究中心研究员，中央编译局博士后，主要从事农村社会治理研究。

一 问题的提出

改革开放以来,乡村经济社会开始发生历史性变革,在内外力量的推动下,乡村社会的封闭性、同质性被打破。在工业化及市场化的推动下,城镇化进程加快,随着城乡二元体制逐步被打破,大量农民在城乡间自由流动,国家统计局发布的我国农民工调查监测报告数据显示,2011 年我国农民工总量达到 2.5278 亿。① 国家统计局公布的 2012 年统计公报显示,2012 年全国农民工总量为 2.6261 亿,比 2011 年增长了 3.9%。在大量农民流出的同时,在东部沿海发达地区,外来人口也大量流入农村地区工作、居住与生活,如我国经济发展较早的温州地区,2010 年全市外来人口 284.22 万人,占全市常住人口的 31.16%。2012 年,仅温州边防支队飞云江边防派出所辖区就有外来务工人员 3.5 万余人,3 倍于本地居民人数。在以工业化、市场化、城镇化为显著特征的现代化推动下,传统农业社会逐步向现代工业社会转型,广大农民的生产方式、生活方式、组织方式都在发生大变革。现代化发展所带来的一系列新变化,也对广大农民生产、生活赖以存在的基层社区产生重要冲击。一是以传统村民为基础的封闭村庄社区逐步解体,农村社区的边界日益开放;二是大量农民已经从传统农业、农村中解放出来,职业身份发生转型,但是值得注意的是,受到农村集体产权制度的束缚,他们很难自由流出乡村社会,由此形成了离土难以离乡的外在困境。与此同时,在开放与流动中,由集体产权制度、户籍制度、村庄组织制度所构筑的社区社会具有较大的封闭性与排外性,不同身份居民共同生活的乡村社会是一个内在分割的圈层社会结构。

早期,折晓叶、毛丹、项继权等在村治研究中就敏锐地指出,改革开放以来工业化、城镇化发展,不断推动着乡村社会大转型,乡村社会发生的新变化对传统乡村社会制度产生了重大冲击。② 正是看到了现代化发展对乡村社会产生的深刻影响,项继权教授就指出,当前我国农村基层组织与管理体制再次走到了历史的关头,"构建与市场经济体制及城乡一体化发展相适应的城乡一体的社区制度,将是我国农村基层组织与管理体制的第三

---

① 《国家统计局发布 2011 年我国农民工调查监测报告》,http://finance.people.com.cn/GB/17766442.html,最后访问日期:2014 年 10 月 3 日。
② 折晓叶:《社区的实践:"超级村庄"的发展历程》,浙江人民出版社,2000,第 38 页。

次重大变革"①。茅于轼指出，在城市化进程中，一定要给农民自由选择的权利，让农民真正流动起来。② 杜睿云从户籍改革角度指出，要做到"破冰"和"融冰"，去除套在中国农民身上几十年的无形枷锁，让中国农民真正获得迁徙的自由；着眼于剥离户籍制度背后的与公民社会生活密切相关的利益权利以使其能够合理流转。③ 周作翰、张英洪则指出，尊重和保障农民的人权，促进每个农民自由而全面地发展，应该成为新一轮乡镇体制改革的核心价值所在。④ 应彻底进行户籍制度改革，根本改变"城乡分治，一国两策"的局面，保障农民的迁徙自由。⑤ 李强则认为："在权利体系中，迁徙自由具有中介性，应给予并切实保障公民的自由迁徙权，维护自发的社会秩序得以形成的各种条件。"⑥ 总体上来看，学界已经意识到了开放、流动社会背景下基层社会制度的滞后性，并尝试从破解各种制度入手促进社会的自由流动与社会融合。

不过，值得注意的是，农民的外部自由流动仅仅是表象的东西，其背后隐含现代化发展进程中的农民生存与发展权利问题。从现实来看，社区作为社会微观细胞，是广大农民日常生产、生活的基础性场所，是个体社会关系拓展的载体。在当前，农村社区既是村民生活共同体，亦是生产共同体和经济共同体。社区村民既是社会组织成员，同时也是经济组织成员，二者身份合一。在开放与流动社会背景下，社区经济利益关系及权益分配变得更为复杂，利益纠纷与矛盾日益涌现。正是看到了流动社会给社区带来的一系列问题与矛盾，袁方成指出，农村社区建设，最重要的在于以村庄土地集体所有制为基础的社区产权的深刻变化，正是由于在这种制度变革中，各地政府对农民的宅基地、耕地以及村集体资产的产权关系，采取不同的治理政策措施，各地农民群体形成极具差异性的态度反应和行动选择。⑦ 虽然他看到了产权制度在当今农村社区治理中所起到的关键作用，但是并没有进一步回答应该如何处理这一问题。基于现代化发展对当代农村

---

① 项继权：《农村基层治理再次走到变革关口》，《人民论坛》2009年第5期。
② 茅于轼：《城市化要给农民自由选择的权利》，《农村工作通讯》2011年第10期。
③ 杜睿云：《对我国户籍制度改革的新思考》，《北方经济》2009年第15期。
④ 周作翰、张英洪：《农民自由发展与乡镇体制改革》，《湖南师范大学社会科学学报》2004年第4期。
⑤ 邹星：《试论赋予农民迁徙自由的必要性》，《中共南昌市委党校学报》2003年第2期。
⑥ 李强：《户籍制度、迁徙自由与社会秩序的型构》，《行政与法》2003年第2期。
⑦ 袁方成：《治理集体产权：农村社区建设中的政府与农民》，《华中师范大学学报》（人文社会科学版）2013年第2期。

社区产生的巨大冲击，诸多学者提出了构建现代农村社区的相应途径，总体上来看可以概括为重塑社区公共性、重建农村社区文化、强化农村公共服务、构造社群共同体"四种路径"。① 不过，这些并没有从根本上改变流动社会背景下的村庄社区封闭性，仍然以原有的村庄为基础，无法适应现代社会开放、流动发展的现实要求，无法解决外在流动下的内在排斥与封闭的困境。

在现代化进程中，如何在开放、流动的社会中从广大民众最基础的生产、生活场所——社区出发，通过改革与创新，切实维护流动社会中个体的合法权利及权益，消除社会矛盾与冲突，不仅是时代发展的必然要求，也是新时期基层社区治理面临的新任务，更是维护基层社会和谐稳定发展的核心内容。基于此，笔者以 2012 年 4 月份、6 月份对温州的实证调查为基础，对这一问题展开深入探讨。温州市，位于浙江省东南部，是浙江省人口第一大市，经济发展重镇，浙江省三大区域中心城市之一。温州曾先后成为全国首批沿海开放城市、全国首批农村改革试验区、中国综合改革和金融体制改革试点市，也是国家以信息带动工业化试点的城市之一，改革开放后以家庭工业为基础创造了享誉全国的"温州模式"。经济发展以第二、第三产业为主。在现代化发展中，农村社区治理面临的问题更为突出。

二 分化、流动中的内在束缚与外部排斥

"在现代化进程中，社会的政治、经济、文化、教育、法律、家庭系统在功能和结构上不断地分化出子系统，新的组织系统、社会群体不断涌现，现代社会是由诸多异质化的单元和模块构成。"② 现代社会的快速发展，不断改变着传统的经济社会结构，孙立平就指出："20 世纪 80 年代，中国开始出现社会分层现象，90 年代中后期之后，中国的阶层结构开始发生质性变化，并开始定型化，表现出四个方面的特征：阶层之间的边界开始形成，内部认同开始形成，阶层之间的流动开始减少，社会阶层再生产。"③ 在工业化、市场化的冲击下，广大农民的职业结构逐步发生分化。2011 年 4~5

---

① 李增元、袁方成：《农村社区认同：在管理体制变迁中实现重塑》，《中州学刊》2012 年第 1 期。
② 徐鸣、刘勇智：《现代性与民主政治》，《辽宁行政学院学报》2010 年第 10 期。
③ 孙立平：《中国社会结构的变迁及其分析模式的转换》，《南京社会科学》2009 年第 5 期。

月，我们对湖北农村青年的调查①就显示：湖北作为中部农业大省，大部分农村青年都已经开始脱离农业生产，从务农身份向务工身份转化，单纯从事普通农业种植的仅为调查总人数的21.68%；在乡青年多在县域范围内从事规模化种植养殖业及打工，普通农业种植不再成为他们的主要工作。广大农村务工青年已经开始从批发零售、交通运输等行业向机械加工、制造业、餐饮服务业等行业转化。不过，值得注意的是，虽然大部分农民在职业身份上实现了由传统农民向现代农民的转换，但是与现代公民身份相适应的各种生存与发展权利却无法得到有效保障。现实中，大量农民仍然游走于城乡之间，内嵌于乡村社会的各种社会制度成为个体流动的外部束缚。另外，城乡二元体制也使他们很难真正融入城市社会。

与其他地方相比，温州农村社会分化及流动更为明显。从全市产业结构来看，1978年全市第一、第二、第三产业产值的比例分别为42.2%、35.8%、22%，到2010年，温州全市生产总值（GDP）为2925.57亿元，第一、第二、第三产业比重分别为3.2%、52.4%、44.4%。就112个农村集镇（除市区2个镇及4个人口规模在10万以上的县城）来看，2010年工业产值超过3550亿元，54%以上的工业分散在农村集镇和村庄，农村的工业化程度较高，绝大部分农民从业非农化。据第六次人口普查显示，温州第一产业从业人员仅占温州总人口的10.5%。如果以户籍人口计算，温州市农村居民占总人数的78.4%，而城镇居民仅占20%多一点，但是以常住人口计算，有66.02%的居民居住在城镇，430多万的农民已经从农村转出，占全部农村总人口的70%。从农户的从业性质来看，在第六次普查统计的179.79万农户中，纯农户仅为32.2%，而农业兼业户为25%，非农性质的农户超过了40%。虽然从户籍上来看仍然有600多万的农村居民，但是从从业性质来看，第一产业从业人员仅占10%左右。近几年来，农村居民来自农业的收入比重持续下降，到2010年，农业收入仅占农村居民总收入的9%，大量农民已经从农村转出，从事第二、第三产业。从总体上来看，温州市农村已经逐步实现了从传统农业社会向现代工业社会的转型。不过，值得注意的是，虽然外在身份及职业发生了变化，但是农民仍然被各项社会制度束缚在乡村社会大地上，无法真正从乡村社会转出。

---

① 李增元：《社会转型背景下的湖北农村青年研究》，载《共青团省委2011年咨询报告》。本次调研将农村青年界定为出生、成长于湖北乡村地域的14~40岁的青年，整个调研过程共发放调查问卷13000份，回收有效问卷11027份，有效回收率为84.82%。抽取样本2037份，涉及全省17个市，涵盖99个县级单位。

虽然温州广大农民的职业身份及从业方式发生了根本性变化，在城乡之间能够自由流动，乡村社会也日益走向开放，然而，集体产权制度、户籍制度、村庄组织制度却严重制约他们从农村向城镇的转移。在现实中，农民离开农村和农业不仅不再享有集体经济、土地使用等方面的各种权益，而且缺乏有效的补偿机制，因此，离开农村和农业的农民"弃土"动力不足，"两栖"现象较为普遍。[1] 另外，广大农民虽然可以自由进入城镇地区打工，但是与城市居民具有较大的待遇差距，无法获得与城市居民同等的就业机会、社会发展权利、各种保障及福利，是名副其实的城市边缘人。如何将2/3以上的农业户籍人口向城镇、城市转移，向第二、第三产业转移，并彻底脱离与农业、农村的关系，有效减少农村人口，是温州市面临的紧迫任务。同时，在基层管理中，政府仍然延续使用传统的乡村管理模式，城市建设和管理滞后，经济社会的急剧变革使温州呈现"村村像城镇、镇镇像农村"的发展格局，广大农民的生存与发展需求难以得到满足，生活质量及生活水平提高缓慢。

另外，村社一体、政经不分、经济利益关系复杂，使村庄社区治理成为各种势力较量的练兵场。与其他地方相比，温州经济发展起步较早，农村家庭手工业的发展及农村土地开发及集体企业发展等，使大部分农村地区经济条件较好，2012年我们在温州泰顺县的调查发现，仅司前社区司前村的固定资产就达到了1000万元，每年经营性收入60万元，村委会主任由本村的企业老板兼任。政经不分使村委会成为村庄经济资源的掌控者，并成为村庄治理中明争暗斗的场所。近几年来在村级治理中，派系斗争异常激烈，通过获取村级公共权力掌控村集体经济资源的分配权是利益争夺的重要目的。另外，涉及村庄公共建设所开展的拆迁、土地征用等所引发的矛盾也更为严重。村民对村干部行为的不满在温州市具有普遍性，毛庭强的调查就印证了这一点，他的调查显示[2]，有47.6%的村民对村干部持不信任态度，持一般态度的为28.6%，仅有23.8%的村民持信任态度。对村干部的不信任，在村庄社区治理中进一步引发了各种矛盾与冲突。

与此同时，在开放与流动中，温州农村也成为大量外来人口的集聚地。据温州第六次人口普查显示，温州市省外来人口为272.5万人，省外人口流

---

[1] 江海滨、谢小荣：《温州农村改革与发展30年》，中国农业出版社，2009，第162页。
[2] 毛庭强：《关于温州城中村村民生活状况的调查报告——以鹿城区上田村为例》，http://jp-kc.wzu.edu.cn/shdcff/? kc - n - d -117. html，最后访问时间：2014年10月2日。

入最多的鹿城双屿街道、瓯海梧田街道、瑞安塘下镇，分别达到了 17.1 万人、14.5 万人、14.2 万人，占街道（镇）常住人口的 82%、46%、63%。省外人口达 5000 人以上规模的行政村有 86 个，其中 10000 人以上的行政村有 27 个。省外人口 1000～5000 人的有 606 个，500～1000 人的有 465 个。前 86 个聚居村容纳了 85 万省外人口，占 31%。外来人口与户籍人口数量倒挂现象十分普遍。前 86 个省外人口聚居村中，省外人口占常住人口的 72%。省外人口与本地人口（户籍在本村、居住在本村）倒挂 5～10 倍的有 23 个，倒挂 10 倍以上的有 19 个。双屿镇嵇师村、营楼桥村、牛岭村省外人口数量名列前三，分别有省外人口 3.5 万人、3.2 万人、2.9 万人，而本地人口仅 1680 人、2847 人、1788 人。①2012 年 6 月，我们对温州平阳县的调查发现，整个平阳"新居民"②超过了 11 万，主要分布在经济发达的昆阳、鳌头、万成等 5 个乡镇。大量外来人口是温州农村经济社会发展的重要推动力量。然而，他们虽然生活在乡村社会，却难以真正融入当地社会。在既定的制度框架下，村庄成员的边界就是集体经济组织成员的边界，集体土地产权的边界与村级组织的边界、村民的边界具有重合性。产权的封闭、排外性致使村庄社区呈现封闭性，外来人员的加入意味着分享集体经济利益及福利，必然遭到本地居民的反对与排斥。虽然大量外来人员居住在当地社区，但是却无法参与当地的社区公共治理。由于户籍等因素的限制，他们无法享受国家提供的合作医疗、社会保险等基本公共服务待遇，生存与发展机会不足。传统乡村社区各项制度构筑出的是一个封闭的治理体系，外来人员可以自由流入社区，却很难融入当地社区，他们无法参与当地的公共治理，无法享受国家提供的合作医疗、社会保险等基本公共服务待遇。总体上来看，在开放、流动的社会背景下，建基于各种社会制度基础之上的乡村社区社会仍然是一个内在封闭与对外排斥的社会，滞后于现代社会发展的根本要求。

三 以集体产权为基础的"三分三改"

在开放、流动的社会发展中，传统农村社区治理结构已经很难适应现

---

① 《温州市外来人口聚集区基本情况》，http://www.wzstats.gov.cn/2010rkpc/infoshow.asp?id=4458，最后访问日期：2014 年 10 月 5 日。
② 温州称外来人员为"新居民"，以减少本地对外来人的歧视，促进社会融合。

代社会发展的基本要求，如何破除障碍成为基层社会治理创新不得不面对的新问题。与其他地方不同，这一问题给温州社会发展带来了更大的挑战。基于温州社会发展的现实背景及基础条件，在实践中，温州市进行了一系列的制度改革探索，实施"政经分开、资地分开、户产分开、股改、地改、户改"，破除开放、流动社会中乡村社区的内在封闭性与排外性，促进社会的自由流动，保障居民权益，逐渐消除社会制度造成的个体之间的不平等及其对个体发展的束缚，同时为开放中的社会流动与融合奠定基础，推动传统农村社会向现代农村社会转型。

（一）政经分开

政经合一，长期以来都是农村基层社区的显著特征。据农业部介绍，在2010年村委会组织法修改前，全国约有60%的行政村村委会和村集体经济组织合二为一。集体经济是村治制度赖以存在的重要经济基础，"村民自治是在改革和破除计划经济体制及打破城乡分割的过程中建立的，土地产权集体所有基础上的村集体经济及以户籍为基础的村籍身份是村民自治产生与运行的重要经济与社会条件"。[①] 政经合一使村民具有双重身份，村民既是村庄社区成员，又是村集体经济组织成员，在村庄范围内，两个身份重合。然而，随着工业化、市场化及城镇化的发展，乡村社会日益变得开放与流动，在内外力量的推动下，大部分农民从农业中解放出来呈现离土倾向。然而，政经合一的体制使农民的社员身份与集体经济组织成员身份很难实现分离，任何一项身份的消失都意味着村庄集体经济利益、个人所拥有的承包地和宅基地及房屋等财产、社区福利的消失，这导致他们在流动中难以真正离乡，加上其他各项社会制度的束缚，虽然流入城市却很难扎根城市。

针对城乡社会流动加快、农民离土难离乡、流动中权利难以保障、外来人难以融入本地农村社区的困境，温州市启动了农村综合改革"三分三改"工程，政经分开是其中的重要内容。所谓"政经分开"，就是将村两委组织与村级集体经济组织分开，使村委会从经济活动中剥离出来，恢复其群众性自治组织的性质，专门从事村庄公益事业与社会管理活动，运行经费由公共财政承担。村集体经济组织从事农村集体经济、资产的经营与管

[①] 李增元：《从"村民自治"到"社区自治"：农村基层民主的演进逻辑——基于湖北省若干地区的实证考察》，华中师范大学硕士学位论文，2010。

理活动，依法享有独立的经济自主权。政经分开是一个系统性改革工程，涉及农村集体资产产权制度改革，这一改革也贯穿于"三分三改"过程的始终，量化明晰村集体资产是基础。在现实中，温州市先对资源性资产（包括尚未征用的土地、山林）、经营性资产（包括经营性固定资产、货币资金、应收款项等）、公益性资产（主要包括公共和公益事业设施）进行了分类与核算，这一工作已于2011年6月基本结束，在此基础上实施政经分开。从2012年6月底我们的实地调研来看，温州村委会与村集体经济合作社分离工作已经基本完成。通过改革，温州市实现了村委会和集体经济的分离，村经济合作社成为管理村庄集体经济的合作组织，社管会是社员大会的执行机构和日常工作机构，对社员大会负责。在集体经济合作社基础上进行股份改革，成立股份经济合作社和土地合作社（详细请看股改部分）。土地合作社是土地承包经营者以土地为基础的自由联合，在农民自由、自愿基础上，经过申请，以土地经营权入股组建而成，是集体土地所有者的管理及经营组织，负责管理原先行政村的农用地，农村集体林权、林地一并纳入土地合作社。与此同时，村委会的管理与服务功能上提，由后续成立的社区来承接。按照规定，到2012年年底，全市80%的行政村将完成农村股改、组建股份经济合作社和土地合作社，到2013年年底，将全部完成股改及合作社建设任务。就我们的实地访谈调查来看，由于改革消除了村干部代行管理集体经济产生的一系列贪污、腐败问题，通过政经分开及后续的改革，明晰了广大农民对村集体的产权份额，确保了个体流动中的集体经济权益，政经分离的改革得到基层社会民众的积极拥护。

（二）资地分开

长期以来，农村集体经济实行的是大一统的管理方式，即将农村土地财产与非土地财产集中统一管理，这也是政经合一带来的必然结果。实际上，作为经济联合的要素，集体资产也是市场性生产要素，具有资本增值的特征，土地、厂房、设备、资金等都可以以资本的形式投放市场，实现资产增值，这是新时期保障农民经济权利的根本体现，是新时期农民经济自由的重要途径。由于股份合作制和股份制具有产权清晰、经营自主、管理民主、分配合理以及聚集生产要素、扩大生产规模、增加资产积累的功能，因而乡村集体经济组织实行组织形式创新、转换经营机制都取得了明显成效。① 在市场机制下，集体资产的实现形式日趋多元化、灵活性。在市场化背景下，"集体资产采取价值形态作为产权载体，促进了市场经济条件下产权的合理流动和组合"②。另外，在市场经济发展中，农村土地可以通过承包经营权的流转，实现土地要素的合理流动与优化配置，这也是实现农业现代化发展的必要基础。通过资地分开，破除捆绑发展方式，实行专业化管理，以不同的方式实现不同资产的收益最大化，提升民众的经济权益。

基于新时期土地资产与非土地资产不分产生的一系列矛盾，温州市在农村综合改革中提出了"资地分开"的改革思路。所谓"资地分开"，就是指在农村经济发展中，将非土地资产与土地资产分开，明确土地集体所有的性质，并鼓励通过发展土地合作社形式，实现土地的集中管理与规模经营。对于非土地资产，通过建立经济合作社及股份制改革的方式，促进它的合理流动及市场化运转。非土地资产与土地资产分开，为分类处置创造了条件，使各类资产能够正常自由流动，各项资源优化配置。资地分开后成立的股份合作社仍然是一个集体经济组织，当前难以量化的经营性资产、公益性资产及自愿性资产（包括土地）不列入折股量化范围，因土地征用等由集体经济组织所得的土地补偿费（扣除征地户青苗补偿费、劳力安置费等）和集体资产置换增值等收益追加到总股本中。合作社拥有的各项经营性资产由本社的股东共同所有，这部分资产以现代企业方式运作，通过独资经营、股份合作、租赁、拍卖、兼并等方式进行资产经营活动，资产运营收益按其成员拥有的股份进行分配，其财务决算和收益分配方案由董事会提出，提交股东（代表）大会讨论决定。在经营性收入分配上，一般需要提取不少于30%的公积公益金和福利费，股东红利分配不超过70%。对于承包经营的土地，农户可以自己继续经营，也可以采取转包、出租、互换、转让等方式流转，或转让给中心镇新农村建设公司或土地合作总社经营，提高农业规模经营效益。在改革中，温州市以原来的行政村为单元，鼓励广大农民以承包经营地为基础，自由联合组建土地合作社，由土地合作社统一流转、经营农村土地，增加农民收入。农户集聚进入中心镇、新社区或农村集体资产产权改革后，土地合作社可视情况与村民委员会脱钩，

---

① 陈国良：《市场经济条件下农村集体经济的实现形式》，《福建论坛》（经济社会版）2000年第6期。
② 董允慧：《新时期农村集体经济的特征》，《江海纵横》1997年第3期。

作为村集体土地所有者的代表负责管理原辖村农用地；也可依托中心镇跨村组建土地合作总社，集中各村土地合作社土地资源，加大农业基础设施投入，进一步提升农业规模经营效益和流转收益。通过资地分开，拥有土地承包经营权的农民可以根据自己的意愿将土地入股加入土地合作社，以后无论他们居住在哪儿、从事什么行业、户籍怎么转化，他们依然可以依据自己土地股权的多少享有分红的权利，依法享有土地征收补偿的权利。

不过，实地调研也发现改革仍然存在一些问题。如在已经开始实施政经分开，并组建土地合作社或股份合作社的地区，一般都是村支部书记兼任经济合作社的社长，并提倡党支部成员、村委会成员与经济合作社成员的交叉任职，或者直接转任，这在一定程度上对经济合作社的治理机制及治理结构带来一定的影响，如果走向正轨后仍然沿用这一模式，将导致权力干预经济发展的可能性，这将不利于农村经济的市场化发展。

（三）户产分开

自古以来，社区不仅是一个地域性社会组织，也是国家治理基层社会的基础单元，户籍制度是国家管理、控制民众的重要制度之一。不过，在基层社区，土地边界、集体产权边界也是村庄的成员边界，在户籍制度基础上形成的村籍身份与集体产权具有内在联系，村籍身份是评判个体是否有权享有集体产权及经济利益的重要标准，两者的结合构筑出一个封闭的社区社会结构，户籍制度及产权的封闭性使广大村民形成了对村集体的依附关系，脱离集体单位则意味着集体经济利益的丧失，这就使社区居民很难跨越社区边界。有学者对集体成员权及集体经济进行深入分析后指出"农民集体所有权是以集体为主体单位所享有的排他性物权，这一权利体系通过身份制度将集体利益限定并分配于成员之间，使成员直接占有、使用并受益集体财产，村集体成员资格确立的宽严程度与能分享的成员利益多少关系紧密"[①]。外来人员也很难真正进入本地社区，利益的连带性使本地社区居民对外来人员具有较强的排斥性。不过，在新的历史时期，随着城乡社会的流动性加快，居住在一个农村社区的居民不再是传统的本地村民，社区居民身份呈现多元化特征。然而，户产一体的社区制度却形成了一个社区社会中的圈层社会结构，由此引发了社区治理中的诸多矛盾与困境。

---

① 戴威、陈小君：《论农村集体经济组织成员权利的实现——基于法律的角度》，《人民论坛》2012年第2期。

作为本地社区村民，他们流出意味着所享有的土地承包权、宅基地用益物权、集体经济权益也将随之消失，因此他们不敢轻易流出社区，制度的实践运行产生了对内束缚、对外排斥的双重负面效应。

与其他地方相比，温州改革开放起步较早，当前，农业在经济社会发展中的比重不断降低，目前有2/3的农民已经进入城镇及市区从事第二、第三产业。不过，受户籍等制度制约，他们离土难以自由离乡，离乡难以自由融入，各种权益及合法利益都很难得到有效保障。针对这一问题，温州市实施了"户产分开"改革，"推行农村集体资产产权制度改革，实行农民户籍与村经济合作社资产权益分开，确保农民社员正当合法权益，消除农民进城镇落户的后顾之忧，促进户籍制度改革，加快推进城乡一体化建设"[①]。所谓"户产分开"，就是将农民的户口与产权关系分离，保障农民在农村所享有的各项经济权益、财产权利不会因为户口的转换而改变，并受到法律的保护。户产分开的前提是明晰享有集体经济组织利益的成员边界。在户产分开的改革中，温州市对何种人员可以拥有村集体产权，享有村集体经济权益做了明确规定。[②] 在集体经济权益的分享上，村籍身份并不是享有村集体权益的唯一标准，还综合考虑了历史、文化、风土人情等多项因素。集体经济权益分配的人性化设计，使大量的非本村籍人员也享受了集体经济权益，在改革中，被确立为集体经济组织成员的人员，无论未来户口如何变动，无论居住地如何变动，产权关系及享有的集体经济利益都不

---

① 陈国胜、吴呈良、林新磊、张瑞静：《农村集体资产产权制度改革研究——以洞头县北岙街道为例》，《第十三届中国科协年会第17分会场——城乡一体化与"三农"创新发展研讨会论文集（下）》，2011年9月21日。
② 《温州市村级集体资产产权制度改革资料汇编》指出："（一）应全额享受人口股的对象。1. 户籍在本村、开始实行农村双层经营体制时原生产大队成员的农村居民（农业户口、下同）；2. 户籍在本村、父母双方或者一方为本村经济合作社社员的农村居民；3. 与本社社员有合法婚姻关系落户本村的农村居民；4. 因社员依法收养落户本村的农村居民；5. 政策性移民落户本村的农村居民；6. 户籍迁出本村的解放军、武警部队的现役义务兵和符合国家有关规定的初级士官；7. 户籍迁出本村的全日制大、中专学校在校学生；8. 户籍迁出本村或注销的被判处徒刑的服刑人员；9. 符合法律、法规、规章、章程和国家、省有关规定的其他人员，以及经社员大会或社员代表大会按程序表决通过、同意给予人口福利股的人员。（二）不应享受人口股的对象。1. 经人事劳动部门办理正式录用手续的行政事业单位工作的现职和退休人员、在部队已提干人员以及其他国家财政供养人员等；2. 已在其他村经济合作社享有股权的人员；3. 未入社的外来挂靠人员；4. 其他按照法律、法规和政策不应当享有人口福利股股权的人员。（三）其他对象。除上述应全额享受人口股和不应享受人口股之外的对象，经社员大会或社员代表大会通过，可酌情享受人口福利股。若改制村有专门规定、协议的，从其规定、协议。"

会改变与丧失。集体产权的明晰化及制度化，不仅明确了集体经济组织的成员资格及相应经济权益，也将广大农民从原来封闭的产权制度中解放出来，他们不再受到产权组织关系的束缚，以法律的形式确保了主体享有资格。从改革实践来看，集体经济权益的享受对象不仅是本村户籍村民，还扩展到了原来为本村村民的部分外出人员，另外，通过量化定股，当前产权拥有主体不再因未来流动定居他处或户口迁入其他地方而影响在本村集体经济的收益权，这就极大地赋予了广大农民的自由支配权力。从我们的具体调查来看，户产分开是与资地分开、股改密切联系在一起的，仍然在探索试验中。通过实际调查不难看出，在具体操作中，集体经济组织成员资格及产权主体边界界定不好也易于引发各种社会矛盾，股权分配采取"生不增人、增不减人"的静态管理模式，也将给新增人口及后续管理带来重要影响，毕竟农村基层社会是一个现实性社会，利益关系错综复杂，人口也不断处于变化中。因此，在过渡时期，后续改革的操作还需要根据具体情况对具体的改革内容进行调整，以实现改革的顺利过渡。

（四）股改

从我国农村集体资产归属的立法现状来看，农村集体资产属于农民集体所有，而不属于农民或者农户所有，既然农民不享有土地和集体资产的所有权，也就不存在农民利用土地所有权出资形成股份制法人的情形。[①] 不过，在现实中，农村集体资产一般由村委会代行管理，村集体经营性资产为村级公共基础设施建设、公益建设、自治实践提供了相应的经济基础，除此之外，广大农民很难感受到村集体经济的存在，广大农民对集体资产的占有呈现虚化状态。随着乡村社会日益走向开放与流动，流动中的个体更难以掌管应该属于自己的集体资产，也难以监督村委会等集体组织非法侵占集体资产，这致使农民应该享有的那部分集体资产很容易受到侵害。更为重要的是，个体的流动与迁出村庄，意味着集体资产分享权利及利益的丧失，由此引发了群体的焦虑感。正是看到了当今社会开放、流动的显著特征，有学者就指出"应在不改变土地集体所有和不分割集体财产的情况下，把集体资产进行债务剥离和资产评估，进行折股量化，并在此基础上明确每一名集体经济组织成员所拥有的份额，使股东（农民集体成员）

---

① 曹昌伟：《农村集体资产运营中的治理架构问题探讨》，《现代经济探讨》2012年第6期。

平等地参与农村集体资产的使用、收益和处分"①。有学者还专门提出了改革的思路，如赵淑华指出"在集体所有的财产中，属于每个成员的财产份额可以继承，可以有条件地在成员之间相互转让，可以投资入股，可以有条件地设定抵押权，但是不能要求分割和单独处分"②。从总体上看，在市场化发展背景下，对农村集体资产进行股份制改革，建立现代企业法人制度，有利于促进农村集体经济的壮大与发展，更有利于做实个体的财产权利，促进社会的流动与流动中的权益保护。

基于农村经济社会发展中所产生的一系列问题，温州市启动了农村集体资产产权制度改革，股改是其中的核心内容。前期实行的政经分开、资地分开、清产核资及人口统计等是股改的重要基础。所谓"股改"，是指对村级集体经济中的非土地资产进行股份制改革。具体来说，就是将村集体经济组织中的经营性资产部分进行量化，量化到所有具有村集体经济组织成员资格的村民，村民以股份占有形式持有经营性资产的股份，并以股份组建股份经济合作社。股份经济合作社是一个村民以股份入股所组成的法人企业，属于集体经济组织范畴，按照市场化运作模式实现经营性资产的增值，广大农民以所持有的股份分享集体经济利益。另外，广大农民可以自由处置所持有的股份，股份可以在本集体成员之间进行继承、转让、赠予，或者根据自己的意愿退股，这些股权受到法律的保护，不会因农民居住地及身份的变化而丧失。股改是破解农民对农村集体资产"人人有份又人人无份"、流动社会中农民经济利益难以保障、难以自由支配自身拥有的经济份额的重要途径。在具体改革中，以人口、土地、劳力等为基本要素，区分社员类别，确定合理的计算比例界定各户股权，设置股份数量。考虑到改革过程中存在不可预计因素，可量化资产不得同时全部量化或配置完，可提取一定比例的村集体净资产作为改制风险金，用于补偿解决各类非量化人员问题；也可以不提取改制风险金，直接以量化资产补偿解决各类问题。股份经济合作社及其社员（股东）应享有的农村集体经济待遇和权益，不受户籍制度改革先后的影响。从调查来看，温州各地股改工作基本是从2012年开始的。到2012年5月，平阳县已启动股、地改村570个，启动率达95.0%，已完成股改的村有66个，完成地改的村49个。其中万全镇下

---

① 赵万一、张长健：《农村集体经济组织法权关系的创新——以社区型股份合作制法人组织的构建为研究对象》，《西南民族大学学报》（人文社会科学版）2012年第6期。
② 赵淑华：《农村集体产权及实现方式研究》，哈尔滨理工大学硕士学位论文，2005，第30页。

鲍垟村 2012 年 5 月被确定为股改试点村，经过多方努力，下鲍垟村股改完成。经股改，股份经济合作社社员 435 人，441 份股权，以人口股形式进行量化的股份总计为 4500 股，提取 2% 作为风险股共计 90 股，每股 16.673 元。在改革中，股份享有对象涵盖了所有本村户口人员，并考虑到了户口不在本村，在外上学、服兵役及在非政府部门上班的本村原村民。但是，从调查来看，"生不增、死不减"的股改原则也易于造成新生人口的利益分配不均，引发相应的矛盾。

（五）地改

改革开放后，农村经济社会逐步卷入工业化、市场化、城镇化大潮中，农民的承包经营土地、宅基地及集体建设用地的财产要素特征日益体现出来，但是建基于传统农村社区之上的土地制度，使这些具有增值潜力的土地要素很难流动起来。为此，有学者就指出："增加农民财产性收入的关键在于切实保护农民土地财产权利并充分实现其经济价值，要为农民颁发具有法律效力的土地承包经营权证书和宅基地使用权证书，将土地的使用权、收益权和部分处分权明确赋予农民，允许他们在自愿、公平的基础上有偿转让其在农村的土地财产权。"[1] 集体建设土地使用权主体可以扩大到法人、其他组织和自然人。在宅基地所有权集体属性不改变的背景下，土地使用者在使用期内可以将其使用权转让给他人。[2] 在基层治理的实践中，各地也着手从事这方面的改革探索。如 2005 年，天津市尝试允许农民用自己的宅基地置换城市房屋，农民腾出来的宅基地再进行复垦，保障城乡土地总量不变。2007 年，成都通过确权登记，明确农民及集体经济组织对承包地、宅基地、集体建设用地、农村房屋、物权关系后，允许农民将承包经营土地通过市场机制进行流转，成为增值资本，并允许以宅基地、农村房屋等财产作为抵押贷款的抵押物。从总体上来看，在市场运行机制中，实行农村集体土地产权改革，促进土地使用权的市场化流转，实现土地资源的合理配置已经成为当代农村经济社会发展的必然趋势，也是市场化、工业化、城镇化发展背景下切实维护农民土地财产权利的重要途径。

温州市土地面积较少，被形象地描绘为"七山二水一分田"，不过较少

---

[1] 张立先、郑庆昌：《保障农民土地财产权益视角下的农民财产性收入问题探析》，《福建论坛》（人文社会科学版）2012 年第 3 期。
[2] 翟玉胜：《农村宅基地使用权流转的现实困难与制度重构》，《中国国土资源经济》2011 年第 4 期。

的土地面积仍然是农村经济发展及农民社会流动的重要制约因素。为此，温州市启动了地改工程。所谓"地改"，是指农用地、宅基地及农村建设用地的用益物权改革，在保障农村集体土地产权不变的情况下，通过使用权及经营权的转换促进农村土地资源的合理配置，保障市场运行机制中的农民基本权益。其中，农用地改革是指允许农村承包经营土地在权属性质不变、用途不变、量质不变的前提下进行流转，保障农民承包经营地的财产权利；宅基地改革是指农民拥有的宅基地用益物权可以变现，允许农民跨行政村（镇）异地置换城镇房产或异地建房；建设用地改革是指建设用地同国有地一样可以进入市场，进行使用权的流转，保障集体建设用地的升值及财产收益。截至2012年7月15日，温州全市已启动地改村庄4858个，完成地改村庄3334个，占启动总数的68.63%，力图通过地改解决当前农村经济社会发展中的产权不清、农民财产权利无法得到相应保护等诸多困境。

促进农用地流转是温州市地改的主要内容之一，它与"资地分开"也有着密切联系。对于农用地流转，温州市指出，农村土地承包经营权流转交易价格由流转双方共同协商确定，也可以在农村土地承包经营权流转市场通过招标、挂牌、拍卖确定或者委托有关评估机构评估确定。流转土地因国家建设需要依法征收的，土地补偿费、安置补助费、地上附着物补偿费和青苗补偿费按照有关法律、法规、规章和政策执行。农村土地承包经营权流转合同对地上附着物补偿费、青苗补偿费已有约定的，按约定处理；农村土地承包经营权流转合同未约定的，由流转双方协商处理。同时，"任何组织和个人利用职权强迫或者阻碍流出方流转农村土地承包经营权，给流出方造成损失的，应当承担赔偿责任；情节严重的，对直接负责的主管人员和其他直接责任人员依法给予行政处分；构成犯罪的，依法追究刑事责任"。[①] 在具体工作中，鼓励农民以土地承包经营权入股，组建农村土地合作社，推动土地的规模化流转与现代化经营。温州市在地改中积极创新农村宅基地置换做法，按照"管住管好农保地、保有保护耕地、放开放活建设用地"的思路，在确保建设用地总量平衡的前提下，允许农民跨行政村、跨镇置换土地盖房，鼓励引导农民用宅基地置换城镇住宅，推动农民向城镇集中居住，广大农民所拥有的住房可以抵押，盘活了农民拥有的房

---

① 《温州市农村土地承包经营权流转管理暂行办法》，http://www.law‐lib.com/law/law_view.asp?id=369348，最后访问日期：2014年11月2日。

产。温州市地改的另一个重要内容是允许集体建设用地的市场化运行,以盘活农村集体土地资源,维护集体经济利益。在集体建设用地使用方面,经依法批准,集体建设用地可以入市交易,具体可以交易的集体建设用地使用权条件如下:在土地利用总体规划确定的城镇建设用地范围外,经批准用于非公益性项目的农村集体建设用地使用权;已依法取得的农村集体经营性建设用地使用权;乡(镇)、村公共设施和公益事业集体建设用地使用权,不得交易。农村已依法取得经营性集体建设用地使用权交易可以采取租赁、作价出资(入股)、转让等有偿方式流转,这就充分保障了在市场经济背景下,农村集体经济组织与村民的土地权益与经济利益。

当然,温州市的"地改"涉及个人、集体、国家之间的利益重新调整与分配,在改革中,不同的利益主体有不同的看法。由于农村建设用地的入市改革处于起步阶段,当前利益矛盾主要集中在农村土地流转及宅基地用益物权置换方面。可见,在政府看来,以宅基地用益物权变现置换房屋及农房集聚改造的意义是现实而重大的,不仅能够解决农民的生存条件与生活环境问题,还能够节约农村土地,改变农村面貌。然而,对与自身利益最密切相关的农民群众而言,即使政府优惠政策很多,但是受经济条件的制约,以宅基地置换房屋的房价仍然超出了普通百姓的支付能力。

(六)户改

自封建国家时期起,为实现对基层社会的有效治理,统治阶级就制定了编户齐民制度,这是我国户籍管理制度的雏形,主要用于人口统计、田亩丈量及征税。就户籍制度的形成来看,"政权统治、生产力水平、重礼思想、社会结构是我国户籍制度自古产生的根本原因所在"[1]。实际上,任何一个时期的户籍制度都是统治阶级意志的外化,也是统治阶级统治社会的最基本手段。新中国成立后,户籍制度最开始被赋予人口信息登记、社会管理等功能。不过,在计划经济时代,户籍制度"被政府用来实现广泛的经济发展和社会调控的政策目标,而逐渐远离户籍制度本应具有的基本价值",[2]为巩固工业发展的原材料基础,国家对农村发展制定了一系列政策制度,严格农民自由进城,"农业户口"与"非农户口"营运而生,"户

---

[1] 张琳:《行政学视阈下户籍制度产生原因透析》,《郑州大学学报》(哲学社会科学版)2012年第3期。

[2] 于佳、丁金红:《中国户籍制度:基本价值、异化功能与改革取向》,《人口与发展》2008年第5期。

籍"并不是一个符号或称谓,除了人口登记功能外,它还是资源配置的重要依据。① 二元户籍制度已经成为新时期城乡社会协调发展的一大障碍,是城乡居民不平等的重要因素,亦是城乡社会由分治走向一体融合发展的重要阻力。剥离附着于户籍之上的福利制度及利益联系,恢复户籍本来的人口登记及社会管理功能日益成为人们广泛达成的共识。实际上,近几年来,地方政府在实践中也在不断探索破解二元户籍制度弊端的解决之道,如自2010年开始,重庆市规定,在主城区务工经商5年以上,或者投资兴办实业3年累计纳税10万元或一年纳税5万元以上的农民可申请城市居民身份。对于远郊区县城的农民,务工经商3年以上,投资3年累计纳税5万元或一年纳税2万元以上可申请城市居民身份。居住在乡镇的农村居民只要愿意,可以就近就地转为城镇居民。转制为城市居民后3年过渡期内可以继续保留原有的承包地、宅基地的使用权和收益权。可以继续保留农村林地的使用权、继续享受计划生育扶助政策,享受各种农村种粮直补、农机补贴等惠农政策,转城市户口后可享受城镇就业、社保、住房、教育和医疗政策,到2020年,非农籍人口比重提升到60%,逐步形成自由互通、权益公平、城乡一体的户籍制度体系。② 总体上来看,破除城乡二元户籍制度、剥离附着在户籍上的各项福利、恢复户籍的管理职能成为新的历史时期户籍制度改革的核心内容,也是促进城乡发展一体化,保障城乡居民同等公民身份的重要基础。

在城乡经济社会快速发展的进程中,二元户籍制度使广大温州农民虽然流入城镇地区,但很难融入当地的社会生活,无法享有与城市居民相同的公民待遇与生存发展机会。为了理顺体制,顺应城乡经济社会发展的要求,温州市进行了户籍制度改革,即"户改",它是指还原户口本来应该具有的社会管理功能,户口以实有人口、实有住所为依据,按照居住地登记原则剥离依附在户口上的身份、职业、公共服务、社会保障等附属功能。实行户改后,城乡居民具有同等的身份待遇,统称为"本市居住居民户口",并积极保护户口改革前农村居民所享有的农村承包经营地、宅基地、集体经济、良种补贴等正当权益,同等享有城镇居民的待遇,不断提高人民生活水平,加快推进城市化,不断解决农民进城务工、孩子就学教育、

---

① 陆益龙:《户籍制度:控制与社会差别》,商务印书馆,2003。
② 《重庆启动统筹城乡户籍制度改革 农民变市民三年内可留土地》,《人民日报》2010年7月30日第2版。

医疗社会保障等一系列问题。

新时期温州市启动的户籍制度改革是一个系统性工程,从制度改革层面来看,主要包括以下几个方面的内容。一是建立以实有人口管理为主的户名管理制度。一律取消全市所有农业、非农业户口,及由此衍生而来的自理口粮户口、定销粮户口、蓝印户口等各种户口类型,统一改称为"本市居住居民户口"。二是建立以实际居住地登记为主的登记管理制度。农业、非农业性质户口取消后,实行以实际居住地为管理依据的"居住地人口登记制度""居住地人口迁移制度""居住地人口统计制度"等新型户籍登记管理制度。三是建立以实有房屋为主的居住管理制度。建立人、房双向互联的实有人口地理信息库,推行实有人口、实有房屋、实有单位"三实管理"新模式,建立"三实管理信息系统",准确了解和掌握全市所有人口、所有房屋、所有企业单位的动态情况,形成"见房知人、见人知房、查房知人、查人知住"的实有人口管理工作新格局。温州市所推行的户籍制度改革是对传统二元户籍管理制度的彻底变革,还城乡社会居民的自由流动与迁徙权利,保障城乡居民拥有同等的生存与发展权利,促进公民身份及待遇的平等化。总体上来看,新时期温州市实施的户改主要是剥离附着在户籍上的各种福利,恢复户籍的社会管理功能,它充分维护了户改后农民在农村所享有的计划生育政策、土地承包权、农村土地征用指标返还政策和农村房屋拆迁赔偿等各项正当利益。户口统一后,通过加强公共服务建设,使农村居民拥有与城市居民同等的基本医疗保障、就学、就业、住房、政治民主参与等基本权利与待遇。不过,由于当前正处于改革阶段,在实现一体化的户籍制度过程中仍然存在一些问题,如虽然农民子女进城就读不再收取借读等相关费用,但是必须到指定的学校就读,而这些学校相对县城重点学校的教学质量较差。由此可见,户籍制度改革是一个长期艰巨的任务,它不仅仅是一个称谓的变化,更涉及就学、就业、医疗、社会保障等方方面面的事情,真正打通户籍壁垒,保障自由流动、迁徙中的农民利益并做好权益保障才是户改的根本所在。由此来看,温州的户改仍然面临各种艰巨的任务,需要不断探索与完善。

总体上来看,在新的历史时期,温州市围绕集体产权所开展的"三分三改",逐步打破了以村庄集体产权为基础构筑的封闭社区社会结构,随着经社分离,村庄的边界日益走向开放化,并逐步转变为个体的生活、居住场所,生活共同性特征更为明显,集体产权的股份化既明确了经济组织成员边界,为生活于社区中的个体经济及社会边界划清了界限,同时促进了农民的自由流动，在流动中仍然可以享有集体经济权益。围绕集体产权进行的改革，实际上逐步打破了传统村庄的封闭格局，消除了社会流动中的村庄居民的恐惧心理，产权改革破除了封闭的乡村经济社会结构，外来人员也将自由地生活居住在乡村社会，在居住场所平等地享受到各项公共服务。户籍制度改革打破了城乡二元制度结构，逐步保障了个体的自由迁徙权利及平等的社会权利，随着后续改革的完成，个体在流动中能够自由享受到与城市居民同等的公共服务待遇，享受平等的政治民主权利，获得公平的社会发展机会，在身份及权力上实现一体与平等。因此，"三分三改"逐步打破城乡社会之间、乡村社会之间的封闭社会结构与制度壁垒，推动城乡社会由二元向一体转变，广大农民逐步从封闭、依附中解放出来，成为独立、自由的社会个体。由此，乡村社会逐步发展为开放、流动与容纳性的基层社会新形态，并逐步与开放的城市社会相衔接，形成城乡一体的社会结构，逐步推动城乡社会朝有机分工、协调配合、城乡和谐发展的新阶段迈进。

四 集体产权构筑的封闭乡村社会：当代农村社区治理的困境

在诺思看来，"制度是一系列被制定出来的规则、守法秩序和行为道德、伦理规范，它旨在约束主体福利或效用最大化利益的个人行为"。[①] 制度是国家对社会进行有效控制的机制，无论是剥削社会，还是现代民主社会，国家都通过建构一系列的制度体制来规范社会的运行，国家的目标正是通过具体的制度及体制得以落实。正如康芒斯所指出的："如果我们要找出一种普遍的原则，适用于一切所谓'制度'的行为，我们可以把制度解释为集体行动控制个体行动。"[②] 制度对生活于社会中的个体具有较强的规范性与约束性，当然制度也有非正式的规范，它突出了以道德伦理、风俗习惯等形式存在的内在约束性。在历史上，无论是正式制度，还是非正式制度，一套制度都内含相应的价值体系，制度规则是价值理念的外化。制度本身体现着一定的社会关系，一个制度体系实际是围绕某种价值理想实

---

① 道格拉斯·C.诺思：《经济史中的结构与变迁》，上海三联书店、上海人民出版社，1994，第225~226页。
② 约翰·罗杰斯·康芒斯：《制度经济学》上册，商务印书馆，1962，第86页。

现的制度安排，同时，制度决定着价值观的性质与价值观的变革。① 制度价值理念的不同内在体现出制度运行目的不同。从人类历史的发展进程来看，"制度对于生活于其下的人来说，是一种既定的力量，它限定、规范和塑造着人的活动和社会关系以及人的个性，由此构成人的发展的现实空间，形成人的现实生活世界"。② 不过，总体上来看，制度是人的意志的外在表达，而外部物质世界决定人的意志，制度运作于特定的经济社会环境，当制度内嵌于特定的社会结构时，这种社会结构便被打上了制度的烙印。

自新中国成立以来，为巩固新生政权，国家对农村基层社会进行了重新改造，制度重建是改造基层社会的重要方式。在实践探索中，国家创造性地构造出了集党、政、经合一的人民公社体制，各种制度体系编制出了一个相对封闭的乡村社会。在封闭性乡村社会中，乡村社区人员无法自由流出，外来人员更无法进入社区，邹谠就形象地称这种社会为"总体性社会""全能型政治"③，舒绣文（Vivienne Shue）则称其为"蜂窝状"社会结构④，这种社会结构横向之间彼此没有联系，纵向上的联系主要体现为上下级之间的集权领导关系。在这种社会结构中，广大农民被长期束缚在乡村社会内部，其活动空间较为有限，广大农民日常生产、生活密切相关的社区之间具有较为明显的集体产权边界、人员边界、组织边界、地域边界，每个人都具有明确的组织身份及集体经济身份，呈现较强的单位特征，乡村社会具有较高的同质性。

改革开放后，我国经济体制发生了质性变革，经济体制改革推动上层建筑变迁，农村基层治理体制也开始发生大转型，国家权力控制乡村社会的方式开始转换，以村民自我治理为核心的自治制度逐步取代了过去的"党、政、经"高度合一的治理制度。不过，这种治理制度是嵌入变化的农村经济社会结构中的，改革开放后，随着家庭联产承包责任制的实行，以村庄为基础的集体产权重新构筑出了新的经济社会结构，每一个村庄社区都以集体产权为基础构筑出一个封闭社会单位，不同社区之间的居民有外在的日常社会交往，基于集体产权的对外排斥性，真正跨越边界的流入很难。改革后，政府意欲打破限制了国家对农村进行渗透和控制的地方政治圈，农村经济商品化扩大了过去建立在类似细胞组合的社会结构之上的农

---

① 吴向东：《历史唯物主义视域中的制度与价值观》，《河北学刊》2005 年第 3 期。
② 吴向东：《制度与人的全面发展》，《哲学研究》2004 年第 8 期。
③ 邹谠：《二十世纪的中国政治》（中文版），牛津大学出版社（香港），1994。
④ SHUE, Vivienne. *The Reach of the State: Sketches of the Chinese Body Politic*. Stanford University Press, 1998.

民和干部的交往范围，以市场为基础的"网状"（web）结构取代了人民公社时期的"蜂窝状"结构。① 市场经济发展使社会的自由、自主特征更为明显，市场经济体制的运行及发展不断推动着乡村经济社会结构的分化，乡村社会日益呈现多元性与差异性。与此同时，乡村社会的外在封闭性被打破，乡村社区的边界变得越来越模糊，乡村社会横向之间的流动及纵向城乡社会之间的流动日益加快。实际上，在现代化进程中，广大农民的从业方式、职业身份都在发生显著变迁，生产、生活、组织方式更加现代化，个体的独立性、自我支配意识明显提高。正如法国社会学家孟德拉斯对20世纪60年代法国乡村社会急剧变革进行分析时所提出的，在急剧变化的现代社会中，农民正走向历史的终结，当然这种终结更多地体现为农民职业身份的消失，与城市居民待遇差距的消失，实质上内含农民公民身份及待遇的真正获得。在现代化进程中，我国乡村社会正经历着从传统农业社会向现代工业社会的大转型。

不过，当我们深入乡村社会进行考察分析时不难发现，虽然乡村社会正经历着急剧变革，但是内嵌于乡村社会的既定社会制度却成为阻碍这种变革与发展的一道难以逾越的石墙，它牢牢地将外在流动中的广大农民禁锢在乡村经济社会中，虽然广大农民在形式上实现了外在流动，但是"离土难以真正离乡"、外来人员"流入难以真正融入"。总体上来看，在乡村社会的快速变迁与发展中，建基于村庄社区之上以集体经济制度、地权制度、财产制度为核心的集体产权制度，及以集体产权制度为基础围绕农民居住、生产、生活所形成的村庄组织制度、管理制度，无形中构建出了一个封闭的经济社会结构，广大农民被制度内嵌于特定的经济社会结构中。现实中，广大农民在外在形式上实现了跨越地域边界的流动，但是集体产权成员边界的固化及产权关系的模糊化使他们不敢越雷池半步，离开集体就意味着集体与个人产权关系的消失，利益及权益的丧失，集体产权对内禁锢及对外排斥，由此形成了乡村社会的排斥性。实际上，在经社合一的体制下，集体经济组织及集体产权的经济性质并没有有效地体现出来，更多地被赋予了固化个体及维护个体基本生存的功能。

然而，工业化及城镇化发展的内在逻辑决定了农村现代化不可逆转，这就意味着广大农民也需要经历现代化的洗礼，真正实现从传统农民向现代农民的转变。当然，现代农民更加表现出与公民相适应的特征，如主体资格的

---

① 饶静、叶敬忠：《我国乡镇政权角色和行为的社会学研究综述》，《社会》2007年第3期。

确立，公民权利与待遇的享有，生产与发展方式的变革。这也预示着广大农民从传统农村经济社会中的脱离，或者说现代社会应该形成的是一种促进个体自由发展的社会结构，社会结构不再成为束缚个体自由发展的桎梏。

不过，在现实中，广大农民却受到产权制度及由此所衍生的一系列制度的束缚与约束，产权的非实体化使他们在流动中不得不关注集体经济利益，他们离土无法真正离乡，又无法容忍外来人员进入他们生活的乡村社区，恐惧与焦虑同时存在。以集体产权为基础所形成的集体社区组织是以经济利益为纽带连接而成的，这就致使外来人员虽然可以进入本地社区居住、生活，但产权制度的对内性及利益纽带联系，使流动社会中的外来人员很难融入本地乡村社会。虽然本地人与外来人共同生活在同一乡村社区中，但是整个乡村社区社会呈现圈层社会结构，外来人员所构成的是乡村社区的外部社会圈层，基于社区集体经济利益的排斥性，外来人被排斥在外部。不过，共同的生活中，外来人也有公共需求，但是基于产权制度形成的封闭社会结构，外来人很难嵌入进去，由此引发了一系列社会矛盾与冲突，这是开放、流动社会中的社区治理面临的重要困境之一。另外，虽然大部分农民实现了乡村内部的跨界流动或者进入城市地区生活，但是受到产权制度及社区组织制度的束缚，他们很难真正从农村社会结构中脱离出来，城乡户籍制度的限制又使他们无法嵌入城市社会结构中，无法真正融入城市生活，而从乡村社会的流出从另一个方面则意味着乡村社区治理资源的流失，这正是当今乡村社区治理困境的重要表现。

实际上，新中国成立以来，在启动现代化以后，国家就尝试以制度为基础构造全新的社会结构，在城市地区，工业经济及单位制、身份制构造出了特定的封闭社会结构，在农村地区，党政经合一的人民公社制度构造出了封闭的乡村社会结构，城乡之间呈现二元社会结构，制度的封闭性与排外性，造成了城乡社会的二元分割，广大农民被束缚在农村社会。改革开放后，封闭的二元社会结构随着经济体制的改革有所松动，外在形式上，城乡社会出现了流动与交融，但是以产权为基础的制度体系仍然强制性地嵌入发展的乡村社会中，成为个体自由发展进步的重要障碍，成为城乡社会自由流动、融合的重要障碍，更是造成现代农村社区治理困境的重要原因所在。

五 开放、流动中如何走出社区治理之困境

任何一种制度都建立于特定的社会基础之上，并嵌入相应的经济社会

结构中。马克思曾经指出"制度只不过是个人之间迄今所存在的交往的产物"①,制度的发展与变迁依据实践中的个体社会关系的发展而变化。在社会的转型与发展中,个体的社会交往空间及交往形式都在发生较大的扩展,社会物质关系也在不断延伸,在社会的深入变革发展中,社会关系的发展更加朝向凸显个体自主性、自我性、独立性、平等性方向发展,这就需要制度做出新的调整与完善,朝向引导这一方向发展的趋势。"每一制度的具体安排都要受一定的伦理观念的支配,制度不过是一定伦理观念的实体化和具体化,是结构化、程序化了的伦理精神"②,制度也体现着一定的价值理念,社会发展与制度特征有着内在关联性。

在城乡社会的流动与开放中,以集体产权为基础形成的集体经济制度、土地制度、财产制度等及由此所衍生出来的一系列社会制度,内在地构造出了一个封闭性社会,这正是开放、流动中农村社区治理困境的重要原因。政经不分、产权不清是其根本原因。产权改革与制度重构,正是破解新时期农村社区治理困境的重要出路。随着工业化、市场化、城镇化及农业现代化的发展,个体的流动性更为明显,个体的生存与发展权利更应该受到法律的保护。在开放、流动社会的发展中,应逐步实现乡村社区经社分离。集体经济交由集体经济组织管理,将集体产权量化到人,持股人受到法律的保护,这就能够保障无论个体未来身份及居住场所如何变化,其集体权益都能够受到法律的保护,集体经济由选举产生的董事会按照市场经济原则经营,受到股东的监督,原持股居民按照持股比例分享年终分红。另外,个体所承包经营的土地也可以入股成立土地合作社,由土地合作社具体经营,这不仅实现了规模化经营,也可以吸引资本、技术下乡,实现农业现代化经营,承包经营户依据入社土地享有收益,这也逐步将广大农民从农村土地上解放出来。另外,通过产权改革,逐步赋予广大农民对个体房产、承包经营土地、有使用权的宅基地的处置权力,明确财产的产权主体及产权性质。实际上,在经社分离基础上,通过对传统模糊的集体产权进行改革,使广大民众真正成为产权主体。产权改革后的集体经济组织是市场经济下的经济组织形式,广大农民是法定的股份主体,具有了明晰的经济利益享有主体边界,个体在流动中所享有的权益受到法律的明确保护。

---

① 《马克思恩格斯全集》第三卷,人民出版社,1960,第79页。
② 杨清荣:《制度的伦理与伦理的制度——兼论我国当前道德建设的基本途径》,《马克思主义与现实》2002年第4期。

与此同时，经社分离与产权改革后的村庄社区不再是传统意义上政经一体的社区。在传统意义上的政经一体社区中，村民既是村庄集体经济组织成员，又是村庄社区成员，经济组织成员权与村庄社区成员权合二为一，经济组织的封闭性导致社区组织也具有封闭、排外的特征。改革后，经济组织独立出来，具有经济组织成员权的村民拥有了股份权，集体经济组织按照市场机制运转。经社分开后分离出来的村庄社区组织，它是由居住在社区内的居民组织的社会生活共同体，公共生活是其显著特征，不涉及经济利益之分。这样，原来乡村社会的封闭性就逐步被打破，乡村社会成为个体居住、生活的公共场所，成为个体社会交往、社会关系拓展的公共空间，这就适应了开放、流动社会发展的现实要求。同时，随着乡村社会的开放性，外来人员可以进入社区居住与生活，生活与社会交往是社区的重要功能，消除了原来的排外性，基于共同的生活需要，在社区居民长期的社会生活与社会交往中，社区的认同感与凝聚力也会逐步增强。当然，在此基础上，不同村庄社区的联合可以形成更大范围的社区生活共同体，通过构建社区自我治理制度，促进任何居住在社区内的居民平等参与社区治理的权力，社区成为开放性公共空间。同时，国家也可以通过重新构建新的治理制度，将社区作为提供基层社会公共服务的有效载体与平台，以社区为平台满足开放、流动社会中的不同居民的公共服务需求。另外，城乡二元社会结构也会在乡村社会的开放中逐步发展走向一体，逐步推动城乡社会实现有机整合与融合。

不难看出，围绕以集体产权为基础的改革，通过明晰集体产权受益主体、确定经济成员边界，并通过现代法律制度固化之，改变了原来集体产权模糊、个体权益不清的状况，在无形中将集体经济组织与社区组织分离开来。更为重要的是，通过集体产权改革，原来封闭的乡村经济社会结构逐步被打破，真正推动实现了"经济走向市场化，社区回归社会"的目标。由此，乡村社会封闭性的破除，为乡村内部人员的自由流出及流动中的权益维护提供了重要保障，消除了个体流动的后顾之忧，无论他们未来身份如何变化，居住地域如何变迁，他们作为经济成员所享有的权利及权益都受到法律的有效保护。另外，通过产权改革及社区制度重构，外来人员也会自由地进入当地乡村社区居住与生活，共同参与当地社区的治理。马克思、恩格斯指出，"消灭城乡之间的对立，是社会统一的首要条件之一"[①]，乡村社会封闭结构的破除正为城乡社会融合的形成奠定坚实的基础。通过

---

① 《马克思恩格斯全集》第三卷，人民出版社，1960，第57页。

后续的制度改革，城乡二元社会结构将逐步被打破，城乡一体、有机融合的城乡社会将逐步形成。在这个时候，城乡社区的一体化也将逐步实现，城乡社区成为城乡基层社会的基础性居住、生活单元，也将成为工业化、城镇化、市场化及农业现代化背景下的现代社会的新型组织单元及治理单元，这也正是传统农业社会向现代工业社会转型的重要内容，更意味着对个体的社会解放与发展。

六　总结

在工业化、市场化、城镇化及农业现代化进程中，乡村社会正经历着从传统农业社会向现代社会的深刻转型。在现实中，乡村社会外在表现为开放、流动与容纳，但是内嵌于乡村社会结构中的既定集体产权制度构造出了一个封闭的乡村社会结构，形成了开放、流动社会中的一堵墙，它牢牢地将外在流动中的民众禁锢在内在封闭的乡村经济社会结构中。同时，产权制度的封闭性及排外性也使外来人无法自由流入、融入本地农村社会。在现代化发展中，乡村社会基础不断发生质性变革，但是嵌入乡村社会的各种制度却成为乡村社会转型发展的重要阻滞。由此，乡村社会的内在封闭、排外性与现代社会的外在开放、流动性形成了矛盾与冲突，这正是乡村社会及社区治理的困境所在，其根源在于以集体产权为基础所衍生出来的一系列社会制度的封闭、排外性。在新的历史起点上，深化改革，破除乡村社会封闭结构是时代发展的必然趋势，也需要从社会制度入手，打破乡村社会发展及社区治理的困境。在现实中，结合市场机制的运作特征及农村集体产权特征进行产权制度改革，理清集体经济组织成员的边界，根据不同集体财产的特征，以法律及契约的形式赋予个体本该享有的集体经济权益，保障个体应该享有的其他财产权利，并赋予民众根据自我意愿处置自己享有的那部分财产的权利，促进个体的自由发展是现代民主内涵的根本体现。以财产权利的法律化、明确化改变过去政经不分、内在排斥的乡村社会特征，促进开放、流动社会中的乡村社会居民的自由流出，为外来人员的进入扫清制度障碍。围绕农村产权制度进行户籍制度、乡村组织制度、治理制度改革，打破开放、流动社会中的城乡社会制度性障碍，破除乡村社会的封闭性与排外性，使整个城乡社会真正自由流动、流通起来，构造新型城乡关系及以生活为基础的乡村社区单元，恢复社区的本来面貌，在新的乡村社会基础上促进城乡社会融合。

抵制运动、规则意识与极化机制

——1905~1906年的抵制美货运动

刘拥华[*]

摘　要：发生于1905~1906年的抵制美货运动，是近代中国第一次大规模的城市民众运动，抵制运动不仅遵循着"规则意识"，也具有独特的"隐藏文本"。抵制运动与民族主义之间的有机关联，使得在和平的抵制美货运动背后隐藏着不同群体的不同诉求，尤其是激进政治群体的政治诉求在抵制运动中得以发酵，最后出现了对政治权威的挑战，抵制运动走向极化。这无疑是抵制运动的发起者，也包括运动群体在运动发起之初所没有预料到的。

关键词：抵制运动　规则意识　隐藏文本　极化机制

一　抵制运动：问题与理论

19世纪中期，随着国内生存处境的持续恶化，包括太平天国运动、大饥荒、税赋、土地短缺以及旱灾、水灾、虫灾等自然灾害带来的社会动荡，使许多中国人不得不泣别故土，远走他乡。1849年美国加利福尼亚发现了金矿，随即引发淘金热。到1860年代，美国急需大量劳工修筑横贯北美大陆的铁路，这为华工进入美国创造了条件。[①] 成千上万的中国人跨越太平洋来到新大陆，他们希望在这里觅得一个全新的人生。但从1870年代开始，

---

[*] 作者简介：刘拥华，华东师范大学社会学系副教授。
[①] 王冠华：《寻求正义：1905-1906年的抵制美货运动》，江苏人民出版社，2008，第12页。据统计，截至1860年代后期，在美华人总数达到7万之众，截至1880年代，人数达10万之众，排华法案通过后，寓美华人逐渐减少。

随着就业市场竞争的加剧，美国白人劳工阶层开始感受到华工的威胁，排华情绪开始在加利福尼亚的美国人中滋长蔓延，针对华工移民的虐待甚至暴行随之在美国各地发生。

在1876年的美国总统选举中，加利福尼亚的共和党政府通过了支持修订1868年中美两国签订的《蒲安臣条约》的决议案，该条约还只禁止契约劳工（主要指修建铁路的劳工）进入美国，但中国移民可以自由进出美国，美国向中国提供最惠国待遇。在民主党人的宣传鼓噪之下，共和党为与选民和舆论保持一致，在1880年的全国代表大会中宣称将把"无节制的华人移民"视为大灾难，并称将采取措施限制华人。同时，他们意识到约束华人移民的有效途径是立法。1879年，国会通过限制华人移民的法案，但后来被总统否决，修订后的1880年新约起到了规范、限制华人移民的作用，但不禁止华人劳工进入美国的要求。受该条约的刺激，国会中的反华游说家进一步要求通过一项旨在暂停华人移民的法案。终于，1882年国会通过了《排华法案》（Chinese Exclusion Law），该法案规定华人劳工，包括熟练工人和非熟练工人在内，十年之内不得移民来美。更有争议的是，该法案拒绝给中国人成为美国公民的机会。并且，这一法案并不针对移民规模最大的欧洲移民，而是专门针对中国人。这是美国国会通过的第一个移民法案。[①] 在此后的二十年间，更严苛的限制华人移民以及针对在美华人的条约得到通过，在美华人的处境举步维艰。1894年，美国国务卿葛礼山与中国驻美公使杨儒在华盛顿签订新约《限禁来美华工保护寓美华人条约》。该条约对华人进入美国再次做了严苛限制，条约有效期为十年，并且规定1904年到期之际，如双方都无异议，条约将会自动续延十年。

1904年1月，中方照会美方表示将不再延长该条约。中美劳工条约谈判开始。1905年4月，新任驻华大使柔克义到达北京履新，随后撇开强硬的清政府驻美大使梁诚，与外务部进行直接交涉。谈判的这一转折引发了抵制运动。海外华人尤为担心清政府屈从于美方的要求，极力主张举行抵制运动，他们与上海商人联络，商讨抵制事宜。因被美国对我同胞的种族歧视和残忍行径所激怒，为永久性地废除1882年的《排华法案》，1905年5月10日，上海商务总会召开董事会会议，做出抵制美货的决定。会议通过了两项决议：一是吁请北京的中央政府不要与美方签订任何劳工条约；二

---

① 黄贤强：《1905年抵制美货运动：中国城市抗争的研究》，上海辞书出版社，2010，第6~9页。

是要求美国政府在两个月之内更正它针对华工的排斥性政策以及歧视性态度，否则将会在两个月之后正式开始抵制运动。① 董事会决定将决议送达华盛顿的中国公使馆以及国内 21 个城市的商会组织。7 月 20 日，以上海和广州为中心的抵制美货运动在全国蓬勃展开，商人、学生、妇女、儿童、医生、船夫，甚至乞丐都积极参与了抵制美货运动。②

在近现代中国历史上，抵制美货运动无疑是最早也是规模最大的一次城市民众运动。③ 抵制运动的范围几乎波及全国各个地区，与美国、菲律宾等地海外华人遥相呼应，这亦是一场跨国城市民众抗争运动。运动历时一年有余，影响到后来的四川保路运动、辛亥革命和五卅运动等社会运动。抵制运动的主导者和参与者不是某个特定的群体或阶层，社会各阶层得到广泛动员，社会民众积极参与进来。抵制运动"标志着中国历史的一种新型民众运动"开始④，是"中国民族主义的最初表现"⑤。

蹊跷的是，抵制运动的目标是直接针对美国的，无论是发起者还是参与者，在最开始时都力主和平抵制，在运动发展过程中，也并没有发生暴力行径。但在运动的最后，运动的领导者和参与者都逐渐将目光转向国内政治，要求政治改革，主张革命的人亦纷纷涌现。在 1905 年夏末，"清朝政府这时开始进行干预，以镇压抵制运动。在这一关键时刻，这场反对外国的运动发生了重大变化，其方向转向国内，运动积极分子们开始谋求中国内部的社会、经济和政治变革"。⑥ 革命事业在国内外开始越来越受欢迎。苏州商会的商人黄驾雄指出："夫中国为二千余年老大之专制，无论内政外交，向任持事独断独行，国民纤芥不得预闻。内政之腐败在是，外交之失策亦在是，现今略施教育，顿使雄狮睡醒，振摄精神。此次抵制禁约，是我四百兆同胞干预外交之第一起点。"⑦ 这个时候，很多人意识到"抵制运动已经超越发起者的预计"，而且越来越与商人无关。美国人也认识到抵制

---

① 黄贤强：《1905 年抵制美货运动：中国城市抗争的研究》，上海辞书出版社，2010，第 26 页。
② 王冠华：《寻求正义：1905 – 1906 年的抵制美货运动》，江苏人民出版社，2008，第 1 页。
③ 王冠华：《寻求正义：1905 – 1906 年的抵制美货运动》，江苏人民出版社，2008，第 1 页。
④ Jonathan D. Spence, *The Search for Modern China* (New York: W. W. Norton & Company, 1990).
⑤ Edward J. M. Rhoads, "Nationalism and Xenophonia in Kwangtung (1905 – 1906)," *Papers on China* 16 (1962): 154 – 97.
⑥ 王冠华：《寻求正义：1905 – 1906 年的抵制美货运动》，江苏人民出版社，2008，第 17 页。
⑦ 章开沅、刘望龄、叶万忠：《苏州商会档案丛编（1905 – 1911）》第 1 辑，华中师范大学出版社，1991。

运动在发生变化，"他们（学生和劳动者）的最终目的是完全废止禁约"，而且抵制运动"越来越改变到反王朝运动，越来越表现出反王朝的特征。抵货运动绝对不会只限于反美运动，也不可能只定义为反美运动"。①

这就使得抵制运动前后呈现两种完全不同的景象，我们将这种转变称为"运动的极化"。"极化"概念是指："在斗争事件中，提出要求者之间在政治和社会空间上的扩大，同时还指先前态度暧昧的或者态度温和的行动者向着这个极端或者那个极端或者两个极端的移动或转移。"② 就抵制运动而言，我们所谓的"极化"即指运动从在"规则意识"指导下的和平运动转变到在"革命原则"指导下的激进变革要求，更多漠不关心政治或者原先持有改良立场的人参与到政治诉求中来，要求实行更为激烈的革命，这使得抵制运动从"有节制的斗争"转变为"逾越界限的斗争"。③ 我们关心的问题也恰恰在此，这一转变是如何发生的？换言之，"极化机制"是如何形成和运作的？

1960年代和1970年代，在北美和欧洲出现了对社会运动最出色的研究，我们大致可以从两个方向来对之进行梳理。④ 第一个方向，我们称为社会运动的经典研究，这个时期的研究者不满意于传统研究的思路，他们试图重建普通人的政治经历，"关注来自于下层的历史"；他们反对那种将大众运动视为因一时狂热、幻想、煽动和群体影响的常识混乱的观念，而是从理性选择的角度对之进行分析；他们反对将大众运动看作冲动和不负责任的自我放纵的观念；他们反对简单化地断言抗议者的行动具有合理性。在上述批判的基础上，社会运动的研究者提出了"资源动员"⑤ "政治过

---

① 金希教：《抵制美货运动时期中国民众的"近代性"》，《历史研究》1997年第4期。
② 道格·麦克亚当等：《斗争的动力》，李义中等译，译林出版社，2006，第413页。
③ 朱英：《深入探讨抵制美货运动的新思路》，《历史研究》1998年第1期。朱英先生指出，清政府并没有同意和美国续签1894年的劳工条约，并且运动直接所针对的也不是清政府，因此断言抵制美货运动有强烈的反清的革命性质，这是值得商榷的。本文认为，朱英先生只注意到了运动的表面情形，而没有看到这一运动的内在机理。或者正如黄贤强所强调的那样，诸多研究都没有看到抵制运动与1911年的辛亥革命之间的关联。而本文在某种意义上，就在于提出并论证"运动的极化"现象，这不但包括指出抵制运动的"隐藏文本"，更是直接去分析"极化机制"的形成等问题。
④ 王冠华：《寻求正义：1905-1906年的抵制美货运动》，江苏人民出版社，2008，第8页。抵制运动显示社会运动的一些特点。社会运动是18世纪在欧洲和北美出现的现象，它与之前的反抗运动不同，社会运动涉及的地理范围广阔，采用标准可又灵活的集体行动方式，并且有着广泛的诉求。"抵制、罢工、大众抗议和示威"是最重要的行动方式，这些行动方式能够被不同地区不同社会背景的人为了不同的目的而轻易地复制。
⑤ Mayer Zald, "Social Movements in Organizations: Coup d'etat, Insurgency, and Mass Movements", *American Journal of Sociology* 83 (1978): 826-861.

抵制运动、规则意识与极化机制

程"①"斗争常用手法"②以及"文化建构"③等经典研究的议题和理论。④另一方向,我们称为其他的思想资源,它从经典议程中转移出来,可归纳出四种,分别是结构性分析⑤、理性主义分析⑥、现象学诸方法⑦以及文化的方法⑧。结构性分析把兴趣放在所有的集体上,包括共同体、阶级等,主要通过个人和群体与相关的集体之间的关系来解释这些个人和群体的行为。而理性主义分析关注个人依据其既定的利益、资源和条件约束而做出的审慎选择,常常集中证明有关的个人与集体仿佛就是做出决策的个人,他们能够做出与他们所宣称的利益、资源和条件约束一致的重大抉择。现象学诸方法则集中于个人,通过探讨个人的意识状态以达到解释其卷入斗争政治的目的。文化的方法与现象学方法有类似的地方,其典型做法是将斗争事件的动因归之于个人所亲身经历的以及从外部吸收而来的一些标准、价值、信仰和象征符号。⑨

---

① Jack A. Goldstone, *Revolution and Rebellion in the Early Modern World* (Berkeley: University of California Press, 1991); Doug McAdam, *Political Process and the Development of Black Insurgency, 1930 – 1970* (Chicago: University of Chicago Press, 1982); Sidney G. Tarrow, *Power in Movement* (2nd ed.) (New York: Cambridge University Press, 1998).
② Carol Mueller, "International Press Coverage of East Germany Protest Events, 1989," *American Sociological Review* 62 (1997): 820 – 832; Daniel J. Myers, "The Diffusion of Collective Violence: Infectiousness, Susceptibility, and Mass Media Networks," *American Journal of Sociology* 106 (2000): 173 – 208.
③ F. Furt, *Interpreting the French Revolution*, trans. by Elborg Forster (Cambridge: Cambridge University Press, 1981); L. W. Pye, "The Escalation of Confrontation," in G. Hicks, ed., *The Broken Mirror: China after Tiananmen* (United Kingdom: Longman, 1990), pp. 162 – 179; William H. Sewell Jr., "Ideologies and Social Revolutions: Reflections on the French Case," *Journal of Modern History* 57 (1985): 57 – 85.
④ 道格·麦克亚当等:《斗争的动力》,李义中等译,译林出版社,2006,第20页。资源动员模式强调组织基础、资源积累和集体协调对于政治行动者的重要性,突出社会运动与利益集团政治之间的相似性汇合倾向。政治过程分析家以重视动力、策略性的互动以及对政治环境的反应而与他们的同仁分道扬镳。斗争常用手法指的是斗争政治中人们相互影响时所采用的经过文化编码的方式。文化建构理论则分析社会行动者是如何形成他们的要求、如何构造他们的对手以及他们的认同的,他们强调的是一种积极的、创造性的和建构的过程。
⑤ William Kornhauser, *The Politics of Mass Society* (New York: Free Press, 1959).
⑥ Roger Brown, *Social Psychology* (New York: Free Press, 1965); Anthony Oberschall, *Social Conflict and Social Moverments* (Englewood Cliffs, NJ: Prentice – Hall, 1973).
⑦ Ann Swidler, "Culture in Action: Symbols and Strategies," *American Sociological Review* 51 (1986): 273 – 286.
⑧ Lynn Hunt, *Politics, Culture and Class in the French Revolution* (Berkeley: University of California Press, 1984).
⑨ 道格·麦克亚当等:《斗争的动力》,李义中等译,译林出版社,2006,第26~27页。

上述思想资源对于我们理解社会运动的缘起与进程非常关键，尤其是结构主义者强调阶级和国际关系对于催生国家政权竞争者的重要性，而文化论者聚焦于对动因（agency）的关注。但本文试图另辟蹊径，通过分析运动的进行过程，揭示群体立场和意识形态戏剧性转变的机制。本文试图通过对1905年抵制美货运动的分析，指出在社会运动当中，规则意识如何向革命意识转变，强调指出斗争的过程对于形成革命意识和革命实践的关键性意义。与结构主义和文化论者相区别，本文认为由于结构主义和文化论者均未对内在于城市抗争中的一些关键性互动——它们导致了新的结盟关系、新的认同的出现并且导致压迫性政权的覆灭——有所涉及，因此，他们无法真正揭示革命的起源。[①] 若要揭示革命发生的缘由，必须深入斗争的内部，去发现体制内的规则是如何被背叛的，体制内的成员又是如何产生新的认同并进而背叛体制内的同盟关系。借用查尔斯·蒂利等人的研究，我们将这一过程称为"体制内的背叛"，并将之定义为"一个持续不变的过程，经由这一过程，此前稳定的统治阶层联盟当中的一些重要成员与革命群体或其他反对派群体密切合作，以支持后者的行动计划"。[②]

正是经由关注抗争运动的进行过程，我们能够清楚地看到"有节制的抗争"与"逾越界限的抗争"之间持续不断的相互作用和相互转化。在运动的进行过程中，各种因素得以形成或者各种因素得以运作起来，为"逾越界限的斗争"的生成提供了条件。在实践过程中，"背叛"与"新的联盟"得以产生，社会形势不断向"革命"的方向转变。我们正是试图通过对抗争实践的过程分析来理解极化机制的形成。

二 抵制运动的"公开文本"与"隐藏文本"

1905年抵制运动在初始阶段得到了帝国当局的默许，因而，无疑是一场"遵循规则的大众抗争"（裴宜理语）。抵制运动的领导者与参与者，其出发点都在于争取海外华人的权利，而非指向国内政治。我们将这种规避政治取向和尊重最高权威的大众抗争称为抗争者的"规则意识"（rule consciousness）。裴宜理在分析大众抗争时，对抗争者的"规则意识"有过精彩的论述："今天的示威者——就和帝制中国时期的一样——他们仅仅是责备基层官员破坏了

[①] 道格·麦克亚当等：《斗争的动力》，李义中等译，译林出版社，2006，第259页。
[②] 道格·麦克亚当等：《斗争的动力》，李义中等译，译林出版社，2006，第259页。

高层的指令。尽管当代中国的示威活动响亮而激烈，它们却很少直接挑战中央政府的领导及其政策。示威者显示出了我在其他书中描述的'规则意识'（rules consciousness），这样他们实际上是通过接受中央政府的说法并表现出对领导者的尊敬来确定政府的正统性。现代的示威者忠诚地呼吁政府的政策法规，甚至不惜对中央政府俯首称臣，当代抗议者的行为进一步强化而不是削弱中央政府的统治权。"[1] 但我们恰恰需要意识到的是，"规则意识"既可能是行为的原则，又可能是行为的策略。说"规则意识"是行为的原则，是指行为本身就是遵循规则的，并无超出规则之外的、涉及政治领域的权力要求；说"规则意识"是行为的策略，是指行为在发展过程中，依赖"规则意识"所许可的行为范围超出了既定的框架，而导向了对国家政权的挑战。

我们从抵制运动的目标指向、中央政府和地方督抚的态度、领导群体的保守形象、和平和文明的斗争方式四个方面，都可以得出结论：抵制运动是"遵循规则的大众抗争"，它们是抵制运动的"公开文本"。

抵制美货运动的主要斗争矛头指向的是美国，并不涉及国内政治。抗争的目标在于争取海外华人的正当权益，废除苛刻的排华法案，或者说迫使清政府和美国在中美劳工谈判中达成有利于海外华人的新条约，甚至是完全废除所有劳工条约。从中央政府和地方督抚对抵制运动的态度中，我们可以看到中央和地方政府对抵制运动的支持。中央政府的立场在运动初始阶段比较明确，如论者所言，清政府"采取谨慎而同情默许的态度"。[2] 在开始时，慈禧太后对于美国人严苛的排华法案表示过不满，她曾拒绝了袁世凯提出的镇压抵制运动的请求。抵制美货运动是由上海商务总会领导发动的。领导抵制运动的绅商阶层具有明显的保守倾向，绅商精英与清政府之间的关系远比以往研究所认为的要密切，当然也更充满变化，但他们确实有意将抵制运动控制在一定的范围内，不越雷池。同时，我们也看到，抵制运动是和平和文明的抗争运动。在拟定抵制动议时，商务总会开始使用了"禁用美货"一词，而时为清政府商部右参议的杨士琦建议使用"相戒不用美货"，语气更为缓和。商务总会一致认为，为避免清政府和美国政府的干涉，抵制行动需要以和平、自愿的方式进行。运动开始之后，绅商和上层知识分子都希望抵制运动能够处在严格的控制之下，从上海的精英杂志《外交报》到安徽通俗的《安徽通俗话报》，各种杂志和报纸都发表文

---

[1] 裴宜理：《不确定的遗产》，《读书》2012年第6期。
[2] 张存武：《光绪卅一年中美工约风潮》，"中央研究院"近代史研究所，1982。

章提倡理智的、负责任的行动,他们屡屡反对"鲁莽行为"。①

如果我们的认识仅仅停留于抵制运动的"公开文本"的层面,认定抵制运动完全遵循"规则意识",是"遵循规则的大众抗争",那么就会严重低估抵制运动的实际意义。更关键之处在于,我们可能完全忽视了抵制运动发生的社会背景和超越抵制运动的社会含义,以及参与者在既定制度框架中无可言说的意义世界。我们将这些存在于抵制运动当中,但无法用"话语意识"明确表征出来的内容称为抵制运动的"隐藏文本"(hidden transcript),它类似于吉登斯所谓的"实践意识"。斯科特在提出农民抗争的"弱者的武器"概念之后,提出了"隐藏文本"的概念。"隐藏文本"是相对于"公开文本"(public transcript)而言的,"公开文本"是指从属者与支配者之间公开的互动,这是一种策略性方式。然而这一"公开文本"不可能讲述权力关系的完整故事。原因在于:首先,"公开文本"并不表现从属者真正的观念,它可能只是一种策略;其次,在一定程度上支配者会意识到"公开文本"只是一种表演,其可靠性会大打折扣,但双方乐意于"共谋"以达成默契秩序,否则,维持秩序的成本可能更大;最后,"公开文本"的真正意义是成问题的,它表明在权力关系中,关键的角色是由伪装和监视扮演的。由此可以看出,"公开文本"会因为支配者和从属者双方的利益而在错误表述上达成沉默的共谋。因此,"公开文本"无法展现实践的内在依据和根本逻辑,"隐藏文本"目的在于呈现实践逻辑本身,述说"公开文本"无法直接言说的、成本代价过高的权力关系和政治面向。②

因此,我们意识到"规则意识"是抵制运动的"公开文本",是抵制运动得以发动的行为策略。"规则意识"背后还有一个至为关键的"隐藏文本",它指的是作为和平抗争的抵制运动的政治意义和政治取向,政治性无法在抵制运动中直接显明,否则一开始抵制运动就会面临夭折的危险。换言之,抵制美货运动不是单纯的爱国运动和民族主义运动,而是与反抗体制的政治运动紧密关联在一起,甚至抵制运动得以发生的一个要素便是对现有权威的潜在不满。

具体而言,抵制运动是基于对国家危机的担忧而生发出来的中国民众的应对方式,在其中隐藏深刻的对国家能力的忧虑和对清朝统治的不满。这也是抵制运动的"隐藏文本"。抵制运动涉及的不仅仅是移民的权利,更

---

① 王冠华:《寻求正义:1905-1906年的抵制美货运动》,江苏人民出版社,2008,第125页。
② 郭于华:《弱者的武器与隐藏的文本:研究农民反抗的底层视角》,《读书》2002年第7期。

深刻地涉及对国家危机的反应。"中国的城市民众插手这件事,是因为他们在更为深刻的意义上感知到危险的所在。对于他们来说,对中国移民的歧视标志着中国的根本性危机。"① 社会的各个阶层,从清政府的军事失败和政治经济权利丧失中意识到了民族和国家的危机,而现有国家政权本身无法成功解决和应对此类危机。"同时,1905－1906年的抵制运动是在社会中层不断在城市和其他地方集聚的特殊社会文化环境下开展起来的。"这个时候,出现了城市精英阶层：绅商以及新型知识分子。"这两个新的社会阶级通过日报、出版社、文学杂志和新型学校,开始建构起改革中国的新的政治话语,而妇女、学生和其他城市社会群体组织的民间团体又进一步增强了他们的政治潜能。通过在报纸和群众集会上讨论各种地方性和国家性的政治问题,城市中国人开始把这些问题转化成为引起民众关心的公共事务。"② 20世纪初期出现的大众传媒,使得自发的言论、自律的公共场所和主体的组织与行动更为便利,中国社会的公共空间和市民社会初步形成。新型的社会群体正是通过公共领域的政治参与,将抵制运动引导到更为实质的、关于国内问题的讨论上来。经由公共辩论和社会动员,运动目标和原初针对的对象会发生戏剧性的变化,甚至完全背离原初的目标和对象,重新回到国内政治格局中来,针对本国的政治体制生成全新的理解,甚至是实践上革命性的激进行动。广州总领事雷优礼和柔克义不仅认为当时新出现的大众传媒"不能控制",而且还认为"这是最早对清王朝构成威胁的新的力量"。③

就此,我们意识到,"实际上,1905－1906年的抵制运动应该被解释成为城市对于国家危机的反应"④。因此,就抵制运动而言,其意义并非仅仅在于抵制美货或试图废除排华法案,其背后深刻的潜台词之一是：对清政府的不满以及对国家危机的担忧促使城市民众自发组织起来反抗帝国主义和争取政治权利。在这里,实际上需要注意⑤,这一"隐藏文本"充分说明

---

① 王冠华：《寻求正义：1905－1906年的抵制美货运动》,江苏人民出版社,2008,第206页。
② 金希教：《抵制美货运动时期中国民众的"近代性"》,《历史研究》1997年第4期。
③ 金希教：《抵制美货运动时期中国民众的"近代性"》,《历史研究》1997年第4期。
④ 王冠华：《寻求正义：1905－1906年的抵制美货运动》,江苏人民出版社,2008,第207页。
⑤ 西达·斯考切波：《国家与社会革命：对法国、俄国和中国的比较分析》,上海人民出版社,2007。这样一来,我们实际上在回答裴宜理先生的问题,即规则意识的概念并没有看到实践过程的丰富性和过程性。同时,我们试图指出,国际情势是促使革命发生的重要背景,因为晚清政府对美国的妥协,实际上至少催生了大部分海外华人的革命意识。另外重要的因素是,国内的阶级状况和社会动员,在某种程度上,我们同意斯考切波对阶级关系和国际情势之于革命重要性的强调。

了晚清政府在20世纪初的改革以及当时的社会结构性条件，为"革命意识"的形成或者"运动的极化"提供了基础。抵制运动为这些因素的运作和扩展提供了及时的平台，使得各种力量在博弈中终于决出胜负。如果没有1905年前的条件准备，"革命意识"不可能轻易地形成，并迅速地转化为革命实践。

三 抵制运动的极化

抵制运动的后期，公共论辩和行为取向完全超越了抵制运动本身。表现最为显著有三个方面：其一是抵制运动的目标转移到国内问题上，而不仅仅局限于移民问题和抵制美货。中国人意识到国内政治体制才是解决问题的关键所在，他们逐渐地从和平式的思考转换到比较革命性的思考。其二是国内民众在抵制运动中逐渐意识到与国家权力相对的个人权利或者说民权，主权观念在公共论辩中得以彰显。同时，他们深刻地意识到自身力量以及个人与国家的关系，这促使中国城市民众成为政治积极分子。"排华法案和抵制运动的兴起推动城市的中国人去思考政治组织和哲学方面的问题。也是在这个方面，抵制运动的语言既是折中的，有时也是自相矛盾的。虽然美国的民主受到了批评，但抵制运动依然热烈地鼓吹与政府权力相对立的平民权利。"[1] 其三，最重要的变化是，海外华人逐渐转向支持革命派，抛弃了改良派。他们对清政府不再赋予合法性，而是认可通过激进的革命方式改变政治体制，进而认为，只有此种体制能够在移民问题上给予移民更多的支持。因此，抵制运动的真正意义远远超出了移民争端本身，而成为民众对于国家所面临的根本性问题的表达。经由参与抵制运动，成为抗议政治链条上的环节，城市民众得到动员，力量得以展示，更重要的是，他们意识到自身的权利和力量所在，在抵制运动中逐渐转变成政治积极分子。我们将此现象称为"运动的极化"，这是抵制运动的"内部发酵"效应。

抵制运动的极化，与民族主义的兴起以及民族主义内在的革命性相伴而生。抵制运动转向反清的革命意识和革命实践，不是孤立的事件，而是得益于民族主义兴起的影响。中国人跨越千年以来的乡土和文化羁绊，逐渐形成全新的国家观念和个人意识，认识到个人与国家息息相关。而此方

---

[1] 王冠华：《寻求正义：1905-1906年的抵制美货运动》，江苏人民出版社，2008，第165页。

面的种种意识,都不断地转向对国内政治的兴趣。正如台湾学者张存武所言:"抵制运动在形式上与实质上和'五四'运动有些相似。'五四'事件是人民恐惧政府签署合约丧失国权,奋起组织,其口号是'外抗强权,内除国贼',其动力源于新文化运动,而新文化运动又因'五四'事件而猛进。抵制运动也是由阻止政府订立禁工条约而起,演变到后来,不但抵制美货,而且又反抗清朝;其动力源于日俄乃至于庚子拳乱以来的民族觉醒,而此种觉醒复因抵制运动易趋发煌。"[1]

我们大致可以确定的是,正是经由1905~1906年的抵制美货运动,晚清在1905年左右进入革命形势。按照蒂利对革命形势的界定,它大致包含如下三个要素:其一,竞争者或其联盟的出现,他们提出了控制国家或者国家之某些部分的排他性的竞争要求;其二,公民中的重要部分承诺要为这些要求尽义务;其三,统治者无力或不愿镇压这一替代性的联盟或(公民)对这些要求所做的承诺。[2] 进而言之,我们可以发现,有三个主要的过程(或者说斗争的三种机制)出现在抵制运动的后期,这构成了我们判断从"规则意识"到"革命意识"转化的基本标准。这三个过程是指:其一,在斗争事件中新政治行动者及各种认同的建构;其二,在这样的事件中政治群体的极化;其三,在范围越来越广的政治斗争中的规模转移,以及由此而来的参与斗争的行动者及其互动性质的各种变化。[3] 我们将主要依据这三个过程来分析极化机制的形成和斗争的极化。

四 极化机制的形成

(一) 行动者构成

晚清社会出现了诸多积极的变化,尤其是新式学堂、出国留学潮、新型媒体、电报等沟通技术等因素的成长,使得一个新型社会和新型公共空间得以形成。根据《大公报》1905年9月做的调查,中国当时已有多达269家报刊发行。美国学者季家珍(Joan Judge)在她的研究中指出:1904年《时报》的诞生见证了中国从王朝政治向公众政治的转型。在这里,各种辩论得以展开,新的信息得到传播,革命思潮生发出来。与此同时,抵

---

[1] 张存武:《光绪卅一年中美工约风潮》,"中央研究院"近代史研究所,1982,第243页。
[2] Charles Tilly, *European Revolutions, 1492-1992* (Oxford: Blackwell, 1993).
[3] 道格·麦克亚当等:《斗争的动力》,李义中等译,译林出版社,2006,第403页。

制美货运动是一场社会各个阶层都参与进来的社会运动,知识分子以各种不同的方式将社会各个阶层动员起来。商人阶层、教育精英、学术群体、学生群体、文学社团、妇女组织、底层民众等,都是抵制运动的积极参与者。这是之前历次社会运动所没有的现象。

我们涉及的行动者构成主要有城市民众、新型知识分子、革命派以及海外华人群体,经过参与抵制运动,他们转变成新政治行动者并建构出了新的政治认同。7月20日之前,抵制运动处于理性探讨的阶段,城市民众并没有参与进来,但抵制运动一旦发起,情势就不是清政府和抵制运动的发起者所能完全控制的。"下层群体一旦参与进来并且采取行动,这一运动就发生了急剧的变化,从一场理性的讨论和有组织的请愿活动,变成了一场大众性骚动。"[1] 抵制运动使得城市民众积极地思考自身的力量和权利,严肃地重新看待国家权力,运动将平日与政治无涉的城市民众锻炼成积极的政治分子。之所以将城市民众置于行动者构成的行列,主要原因就在于他们突破乡土观念和地方文化约束,形成了强烈的民族主义意识,产生了全新的国家观念和个人观念。这无疑是一种全新的城市民众形象,他们是政治性的。

新型知识分子在晚清社会产生,他们具有比较浓厚的政治性,并逐渐趋向于革命意识。在20世纪初,一类新型知识分子开始在中国出现并投身于政治活动,这类人可能是新闻工作者、演员、出版家、翻译家、作家或者教师,与绅商不同,他们的主张更为激进。尤其是在抵制运动的后期,当商人阶层担忧运动有朝向"义和团式骚动"发展时,他们的立场就发生了急剧的变化,而此时抵制运动的领导权就转移到城市新型知识分子手中。"普遍分析认为,商人在抵制运动的前两个阶段所起的作用至关重要,他们的参与度开始弱化始于朝廷谕令颁布之后以及随之要面对经济压力。学生和知识分子们则从运动开始一直到商人影响式微后,他们的热情都丝毫未减。"[2] 底层群体的参与,更使得社会动员的效果深入基层和社会的微末部分。所以,抵制运动之所以还能在清政府上谕颁布后持续那么长的时间,并且关于抵制运动的论辩之所以转向对国内政治的思考,都与知识分子的积极组织和参与密不可分。完全可以说,这群知识分子虽然也同意抵制运动采取和平和文明的方式,但他们在运动后期则转向了对政治制度的思考,

---

[1] 王冠华:《寻求正义:1905-1906年的抵制美货运动》,江苏人民出版社,2008,第171页。
[2] 黄贤强:《1905年抵制美货运动:中国城市抗争的研究》,上海辞书出版社,2010,第47页。

同情并趋向于支持革命运动。

革命派在20世纪的前几年还处于举步维艰的境地，多次武装起义都归于失败，在与改良派的较量中，处处落于下风。换言之，革命派虽然具有明确的革命意识，但并未被国内和海外民众广泛接受。但是经过抵制运动之后，革命派及时地利用这次机会，宣传和鼓动民众参与革命。因此，革命派的观念不再被强烈排斥，革命派成为一股活跃的政治力量，与国家情势结合在一起。我们这里强调的重点是，在抵制运动的前后，民众对革命派接受的区别。

因此，虽然上述群体并未形成稳固的联盟，但这些群体在抵制运动中产生了全新的认同，并急剧地转化为新的政治行动者。新型知识分子主导了有关抵制的论辩，并将西方社会自由民主的观念介绍给国内民众，他们结合晚清社会的实际情况以及人民主权的理想，自然而然地得出要去鼓动人民觉醒、改变政治格局、结束专制制度的设想。完全可以说，晚清的新型知识分子是激进观念的首倡者，身体力行地试图通过比较激进的方式去改造社会。晚清的学生群体也是较为积极的社会力量，在抵制运动中，他们较早地行动起来，参与抵制运动，并且，他们往往将城市中发生的事情及时地传播到各自的家乡，扮演信息传递者的角色。更重要的是，"1905年抵制运动中的不少领导者及支持者也成为后来历次抗争运动的参与者"。[①]

在晚清，海外华人群体团结起来形成一个压力集团，对国内局势产生着极其重要的影响。他们是最直接受到所在国种族歧视政策影响的人群，对于激发国内民众的民族主义起着最为关键的作用，而他们对于国家的强大和劳工条约外交上的成功抱有最为殷切的期待。他们往往将大部分收入寄回国内，促进了国内各方面事业的发展，但一旦他们发现国家已经无法为保护他们的合法权利做出贡献时，他们的失望情绪就油然而生了。所以，晚清国际背景下的国内危机以及外交上的失败，都使得他们思考这样一个问题：我该支持谁？黄贤强先生分析认为，寓居不同地区的海外华人纷纷转向对革命的支持，不独有美国华人的鼎力相助。在美国华人对革命事业的大力支持之外，南洋华人，尤其是英属新加坡和马来西亚的华人对革命有杰出贡献。"在此有必要简单回溯抵制运动是如何点燃南洋华人的民族主义感情，以至于他们后来成为孙中山革命运动的最主要的捐助人和革命队

[①] 黄贤强：《1905年抵制美货运动：中国城市抗争的研究》，上海辞书出版社，2010，第9页。

伍的新力军,以及他们是如何为1911年辛亥革命的成功奠定基础的。"[①]

抵制运动无疑受到寓美华人和南洋华人等海外华人的大力支持,这主要表现在物质方面。而寓美华人支持上海和广州的抵制运动,实际上意味着他们对于清朝政府能够在劳工条约的谈判中取得成效表示怀疑,所以才会有求助于商人群体发起抵制运动的想法和做法。而清政府于8月31日颁布的上谕意味着这种怀疑得到了现实的印证。由此,海外华人群体从开始支持康梁改良派转向支持以孙中山为代表的革命派就不足为奇了。南洋华商,也就是当地抵制运动的组织者林文庆、陈楚楠等人,都由抵制运动的领袖转变为孙中山的忠实追随者。

抵制运动的重要意义更表现在,它标志着海外华人首次卷入和自己祖国相关的大规模政治运动中来。海外华人的各个阶层,不仅是领袖人群,而是几乎所有阶层都意识到国家强大之于自身的重要性,而强大的国家唯有通过革命行动才能建成。他们的立场已经完全站在革命派一边,并通过各种方式支持国内政治运动。抵制运动还使得包括海外华人在内的中国人培养出团结的情感,他们逐渐意识到只有团结起来,才能凝聚力量,才能真正实现自救。这些都为革命铺平了道路,而在其中形成的团结感尤为重要。

(二) 极化机制

抵制运动促进了革命意识的迅速传播,致使海外华人和部分国内民众立场急剧转向,这意味着斗争极化的出现。极化现象的出现,源于一些处于连锁反应中的机制。我们借鉴麦克亚当等人对社会运动的研究成果,将之归纳为四种,即竞争、机遇/威胁、范畴形成以及居间联络。

第一,竞争。竞争是极化形成的关键机制,它使得"革命意识"在运动中得到普遍认同,人们纷纷转向对革命的支持。竞争是指运动当中立场或利益不同的派别之间进行的激烈交锋,各种立场和力量得到充分呈现,而政治权威又无法及时进行管制,从而使得运动发生了不可预料的转化,直接引发了冲突。就我们所分析的对象而言,参与抵制运动的群体,内部并非铁板一块,而是存在不同的立场和利益冲突,其中尤为关键的是改良派与革命派的竞争。两者之间的竞争直接导致"革命意识"的扩张,革命理念在抵制运动中得到了广泛的传播,革命势力在抵制运动中得到了壮大。

[①] 黄贤强:《1905年抵制美货运动:中国城市抗争的研究》,上海辞书出版社,2010,第77页。

"由于国内改良派和革命派均在海外寻求据点,海外华人的政治意识随之日隆。康、梁一派和孙文一派都试图使抵制运动为己所用,因此对广州和海外的抵制团体尽力施加影响。海外华人社团成为革命派与改良派交锋的前沿阵地。革命派最终取得这场斗争的胜利部分原因是他们成功地控制了多数海外有影响的媒体。"[1] 利用他们所控制的媒体,在运动的关键时刻,革命派指责改良派背叛了抵制事业,出卖了抵制运动的骨干,并在媒体上大肆宣扬,这使得许多抵制运动的积极分子对改良派极其失望,转而投向革命阵营。

革命派还利用冯夏威的牺牲大做文章,宣扬激进的革命思想。[2] 香港悼念冯夏威活动的组织者郑贯公,就是孙中山的密友。郑贯公是多家媒体的发行人,他在香港杏花楼组织了一场悼念冯夏威烈士的追悼集会。不仅如此,革命派还组织了冯夏威和陈天华的联合追悼会,以进一步激发人们对清政府的不满。而这些是改良派所不愿意看到的。

不少海外抵制运动的领导者本身就是或者后来发展成为革命运动的领导人,这表明抵制运动与辛亥革命间的某种关联。[3] 孙中山做了许多实际的工作,以便将反美抵制运动演变为宣传革命的工具,例如他积极从中调解香港的《有所谓报》和《中国日报》,两者因为对抵制运动持有不同意见而发生摩擦,孙中山告诫两家报纸的主编郑贯公和陈少白,要并肩作战,共同利用抵制运动发起革命的宣传。经过一系列的戏剧性运作,革命阵营日益壮大,孙中山在结束他1905年海外之旅后也说,他自己觉得海内外同胞对于革命的态度已经发生改变,他觉得自己比以前更受欢迎了。[4]

所以,抵制运动逐渐远离它的"规则意识"而转向"革命意识",完全可以说,抵制运动为1911年的革命铺平了道路。黄贤强先生通过一些具体数字进行了说明:1905年以后海外华人的捐款有高达80%的款项用于其间的八次革命,而在此之前只有10%是作为两次革命起义的经费的。就改良派和革命派募捐的成绩而言,在1905年之前,改良派所取得的募捐数量大

---

[1] 黄贤强:《1905年抵制美货运动:中国城市抗争的研究》,上海辞书出版社,2010,第89页。
[2] 黄贤强:《1905年抵制美货运动:中国城市抗争的研究》,上海辞书出版社,2010,第62~71页。
[3] 黄贤强:《1905年抵制美货运动:中国城市抗争的研究》,上海辞书出版社,2010,第90页。
[4] 黄贤强:《1905年抵制美货运动:中国城市抗争的研究》,上海辞书出版社,2010,第92页。

大多于革命派，但在此之后，情况发生了急剧的变化。海外华人意识到他们的命运取决于祖国的强大，而清政府无法为他们争取到公正的待遇，因此他们认为寄希望于改良派的主张是不切实际的，革命激进的立场得以顺利生成。海外华人不但积极募捐经费支持国内革命，而且还有很多人回国参加革命。在我们所熟知的黄花岗七十二烈士中，就有29人是海外华人，他们当中又有23人是南洋华人。

第二，机遇/威胁。极化产生需要特定机遇或者威胁，在抵制运动中，这样的机遇就是1905年8月31日清政府颁布平息抵制运动的上谕。随着抵制运动的进行，以及美国政府的施压，这个没落的王朝已经无法承受任何可能导致外交、军事羞辱的国际冲突，同时清政府还担心革命党控制抵制运动并利用它来反对政府，由此，8月31日清政府颁布了平息抵制运动的上谕。上谕颁布后，革命党人抓住这个机遇，宣称清政府未能抵制住美国人的压力，完全放弃了为海外华人争取正当待遇的责任，这个政府应该被推翻，以便新的国家政权能够为海外华人争取合法权益。同时，抵制分子对清政府产生了强烈的不满，认为清政府为了自身的局部利益而牺牲掉了海外华人的利益，不管不顾海外华人的生死而向美国政府轻易屈服。革命派在这次舆论战中赢得了许多海外华人的理解和支持。由此，革命派积极地将反美意识转变为反清情绪。许多人也看到了在此情势之下，革命意识得到了灌输，革命群体得到了动员，革命实践一触即发。

第三，范畴形成。经由上述两个机制或者过程，群体会产生新的认同，甚至对晚清政府撤销了合法性赋予。梁启超曾认为海外华人只有乡民意识而无国民意识，这或许在19世纪晚期有一定的道理，但1905年之后，此说法就值得商榷了。在抵制运动中，海外华人和国内民众的国民意识开始萌生，他们把爱国主义界定为热爱"中国"这个国家而非"政府"或它的"统治"。[①] 而对于国内民众而言，新的认同主要包括对民族主义、民主和自由、革命意识、权利意识等认同形式的滋长。

关键在于，在抵制运动中近代民族主义得以兴起。这是一种全新的范畴形式和认同形式。抵制运动之前反抗西方入侵的方式，主要是传统的排外主义，"与西方近代基于主权思想的民族主义不同，排外主义缺乏近代民族国家观念、主权意识和各民族国家平等竞争的思想，实际上是以中国儒

---

① 黄贤强：《1905年抵制美货运动：中国城市抗争的研究》，上海辞书出版社，2010，第93页。

家强调文化对垒的天下主义,对抗西方的民族利益之上的民族主义"①。而近代民族主义要求牺牲个人和地方利益,超越阶级分割,把国家利益与个人荣辱关联起来。抵制美货运动是中国近代民族主义的最初表现,这种民族主义具有两个特性:反帝的独立性格;潜在的反清王朝性格。② 就第二点而言,我们还可以从下面几个方面分析。其一是人民主权思想的发展。"国民"一词在20世纪初逐渐流行,相对于愚忠某一王朝的臣民而言,国民乃是具有独立人格和个人权利的公民。人民主权思想在中国的兴起无疑具有重大意义。因为人民主权,政府不仅无权干涉国民自有之权,而且涉及国民利益的重大决策也必须经过全体国民的同意。③ 其二是全民国家观念的兴起。长期以来,中国民众一直缺乏近代全民国家观念,民众深受乡土意识和家族主义观念的严重束缚,逃避国事。20世纪初,国人意识到国家不是一家一姓之国家,而是全民之国家,每一个国民都具有救亡图存的职责和义务。"国家思想在抵制美货运动中的体现就是,国人开始打破地域界限,超越乡土观念,把海外华侨的遭遇看做是整个民族的耻辱,认识到'彼虐待我华侨即辱我全国',美国排华是对中华民族尊严和国家荣誉的严重侵犯。"④

第四,居间联络。现代通信媒体和新型知识分子群体的出现,使得社会运动的参与者联络起来十分方便,同时经由孙中山在海外的行走并对海外华人不同派系之间的调停,以及革命派人对海外媒体的控制,革命意识迅速传播开来,不同的群体纷纷转向革命派阵营。所以,现代媒体是强大的动员力量和革命力量,对国家政权构成了严重的挑战。

上述四种机制在抵制运动中都得到了体现,这使得抵制运动戏剧性地转向对国内政治的关注,而非单纯地诉求废除排华法案。因此,抵制运动所产生的"革命意识"这一极化现象是竞争、范畴形成、机遇/威胁和居间联络这些机制共同作用的结果。在这个过程中,人们逐渐意识到清政权的腐败无能,以及无法为海外华人争取到正当的权益,不可能再依赖清政府去实现国家的强大,革命是唯一的可能性。

(三) 规模转移和斗争性质转变

极化现象的产生还需要另外一个机制,即规模转移或者说规模转变。

---

① 王立新:《中国近代民族主义的兴起与抵制美货运动》,《历史研究》2000年第1期。
② 金希教:《抵制美货运动时期中国民众的"近代性"》,《历史研究》1997年第4期。
③ 王立新:《中国近代民族主义的兴起与抵制美货运动》,《历史研究》2000年第1期。
④ 王立新:《中国近代民族主义的兴起与抵制美货运动》,《历史研究》2000年第1期。

蒂利等人在解释社会运动的时候,将规模转变界定为:由于参与斗争的人数和斗争级别的变化所带来的斗争规模的扩大,这不仅会扩大冲突,而且会创造新的行动纲领,围绕着新的行动纲领冲突不仅会得以组织化,而且游戏的筹码也会提高。[①] 抵制运动是近代中国第一次规模较大的城市民众抗争运动,其规模对于极化现象的产生十分关键。之所以特意强调1905年抵制美货运动的重要性,原因就在于它是第一次跨越地理区域和乡土联系的社会民众运动,社会各个阶层的民众都参与到抵制运动中来,广大民众在运动中得到了启蒙,培养了政治意识。我们以图示抵制运动得以成为全国性民众运动的发展过程,或者说规模转移的过程。[②]

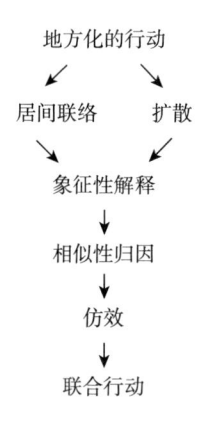

```
        地方化的行动
         ↙    ↘
     居间联络   扩散
         ↘    ↙
         象征性解释
            ↓
         相似性归因
            ↓
           仿效
            ↓
          联合行动
```

图 1　抵制运动的发展过程

注:图来自道格·麦克亚当等:《斗争的动力》,李义中等译,译林出版社,2006,本文有所改动。

我们简要地对上述概念进行解释和说明,"地方化的行动"指的是斗争往往是从某个特定地方开始的,随后经由两个路径传播开去,分别是"居间联络"和"扩散"。前者指的是"把两个或两个以上的、目前还处于互不相连状态的社会地点联络起来",后者指的是"沿斗争互动的传统界线所进行的信息传递",这两个路径往往是互相联系在一起的。[③] "居间联络"机制对斗争所产生的影响更为深远,这是因为"扩散机制不太容易跨越对构成社会生活特征的互动进行区分的标准界线;而居间联络机制,从定义上来讲,就是用能跨越标准分界线的某些框架和行动把不同的行动者团结起来

---

① 道格·麦克亚当等:《斗争的动力》,李义中等译,译林出版社,2006,第426页。
② 道格·麦克亚当等:《斗争的动力》,李义中等译,译林出版社,2006,第428页。
③ 道格·麦克亚当等:《斗争的动力》,李义中等译,译林出版社,2006,第428页。

的"。① 作为互不相同的两种机制,"居间联络"和"扩散"需要通过另外两个机制来发挥作用,即"相似性归因"和"仿效",前者指的是"在不同社会地点的行动者之间所实现的相互认同,确认彼此足够相似以证明共同行动的合理性",后者指的是"模仿其他人行动的集体行动"。②

我们在麦克亚当等人的研究基础上,加上了"象征性解释"环节,试图强调抵制运动的发起地对于抵制运动扩散的影响。这一因素是社会学家布鲁默所提出的,他认为,人们往往对其他人的行动进行象征符号的解释,这有助于理解中国全国各地城市民众之间的链式反应。"上海商人把清政府的无动于衷解释为对他们发动抵制的默许,而小城镇居民则把大城市的民众反抗活动看作是一个可以为所欲为的新时代到来的信号。"③ 所以,上海商人所组织和号召的抵制运动,就因为其城市经济实力和其所代表的政治象征,而为人们不断仿效。

作为跨国性的抵制美货运动,海外华人、国内跨越区域的民众都得到动员,从抵制运动所采取的相似的象征符号和相似的斗争形式看,扩散机制和仿效机制都是显而易见的,但居间联络机制同样重要。居间联络者主要有组织团体、外交官员、商人、知识精英以及海外华人等。在海外华人当中,美国中文报纸《中西日报》的主编伍盘照牧师是一个关键人物,他是改良派的成员,也曾帮助孙中山在美国筹集经费,他与海外华人的各个群体都有着广泛的联系。他能说一口流利的英语和汉语,既代表寓美华人发表意见,也和他们进行对话。作为在美中国基督教社群的领袖,他是"一个不平常的人,能够跨越(在美)华人社群内部几乎无法跨越的相互冲突着的不同势力"。④ 现代社会组织团体,对于一场有效的抵制很关键,就在 1905 年抵制活动爆发之前,中国出现了组织各种团体的浪潮,这些团体包括商会、读书社、妇女组织、演讲社、学生团体以及文人学会等。那些民间组织最多的地区,抵制运动也最为活跃,这并不是偶然的巧合。⑤

抵制运动为此后的民众运动树立了一个模式,它进行社会动员的许多策略,尤其是媒体、演讲、话剧、小说等形式都被后来者所继承发扬,有

---

① 道格·麦克亚当等:《斗争的动力》,李义中等译,译林出版社,2006,第 431 页。
② 道格·麦克亚当等:《斗争的动力》,李义中等译,译林出版社,2006,第 429~430 页。
③ 王冠华:《寻求正义:1905-1906 年的抵制美货运动》,江苏人民出版社,2008,第 11 页。
④ Delber L. McKee, "The Chinese Boycott of 1905-1906 Reconsidered: The Role of Chinese Americans," *Pacific Historical Review* 55 (1986): 165-191.
⑤ 王冠华:《寻求正义:1905-1906 年的抵制美货运动》,江苏人民出版社,2008,第 10 页。

意或无意地在此后数十年间被抗争者所使用。这便是抵制运动建构起塔罗[①]所说的"抗议圈"的重要组成部分,为其后的运动和革命准备了"参与精神、大众文化和思想观念的持续性扩展"。抵制运动提升了民众的民族主义和自由民主观念,使得人们逐渐从关注海外华人的遭遇转向关注国内政治的现实,认识到积弱积贫的清政府才是包括海外华人在内的中国人备受屈辱的根由,由此,只有转向国内改革,甚至是革命,才有真正的出路。这无疑是一种戏剧性的转化,革命派在这场抵制运动中大获全胜。

五 国家与合法化危机

一场原本冷静平和、得到官方普遍认可的抵制运动,最后演变成针对现有政治权威的挑战,甚至导致其后更为激烈的革命运动,这一戏剧性的场景,值得我们深刻反思。清政府不是没有意识到这种转变的可能性,但1905年8月31日颁布的上谕不但没有能够制止革命意识传播,反而推进了革命意识在民众中的接受。抵制运动促使近代民族主义思潮兴起,但此种民族主义思潮不仅反抗帝国主义,而且还潜在地具有反清王朝的革命意涵。民族主义所动员起来的跨越地区边界与文化边界的抵制运动使民众得到了洗礼,他们逐渐从地区与文化的束缚中摆脱出来,认识到国家存在与自身的责任,进而转变成积极的政治参与者;民族主义所倡导的个人主权和自由平等意识,无疑是对与个人权利相对立的国家权威的某种严重挑战;抵制运动当中各种宣传策略和现代媒体的出现和运用,构成了自由言论和公共空间产生的前提条件,这是"国家无法轻易控制的对抗性力量"。

晚清政权在国内民族运动中,经受了严峻的考验,它自身的合法性不断遭受质问,而它本身又无法经由理性化的程序对之做出回应,因此,辩驳越来越激烈,危机越来越难以掌控,直至革命的爆发。晚清的时代,资讯相对比较发达,公共辩论和公共空间使得种种针对政权的疑问得以"发酵",最终形成狂风大浪,冲击国家的基础。在此过程中,各种主张纷纷出现,新颖的国家和人民主权观念得以形成,政治积极分子以西方为参考,寻求中国现代化的道路。正是在这个进程中,现代民族国家的建构得以

---

① Sidney G. Tarrow, *Power in Movement: Social Movements and Contentious Politics* (New York: Cambridge University Press, 1994).

启动。

所有这些因素,都对国家的合法性构成了严峻的考验,尤其是民族主义内部所包含的二重性,即对帝国主义的反抗与对专制主义的反抗更是直接冲击晚清王朝的合法性。不唯晚清帝国如此,在现代社会,国家的合法性始终是一个需要时时接受审判的主题,甚至,在现代的种种危机中,合法性危机是最为严重的危机。这是因为,现代国家在权力的强度上虽然远胜于传统国家,但现代国家所承担的责任亦远重于传统国家,这些责任直接构成了引发合法性危机的根源。在此意义上,国家是"脆弱的"。对此的避免,唯有通过自由民主制度的建设,将知识精英,尤其是底层知识分子纳入机制化的公共空间,给他们自由民主的表达权力和上下沟通的通畅机制。这样,才能实现社会与国家的有效沟通与和平沟通,国家也才能从"脆弱性"走向相对"强韧",换言之,才能在面临"合法化危机"时进行理性而平和的化解。"与民主国家的领导人相比,威权国家的领导人就没有那么轻松了。由于没有选举合法性作为挡箭牌,他们必须处处表现得既是道德上的表率,又是捍卫民族利益的旗手和经济发展的保证……因此,像官员腐败、经济发展缓慢等这些在任何社会中都难以避免的问题,独独在威权国家中经常会导致国家的合法性危机。原因在于,威权国家的本质把合法性问题政治化了。"[①]

国家应该做的不是加重自己的负担,而是适当地减轻自己的负担。在一个全球化的时代,国家所要面对和应付的任务无比繁杂,这都在考验国家的合法性。沃尔夫冈·多伊普勒在研究集体工资谈判制度时,分析到劳方和资方通过自主集体协商缔结协议的方式,能够给政治体系减压。国家并不直接参与劳资双方的谈判,它保持中立的立场,谈判活动完全由工会会员与其发言人参与决定,因此,即使劳资双方出现重大分歧和矛盾,甚至是冲突,双方也不会将矛头指向国家。这样一来,国家就完全规避了政治风险,不太会被当作批评对象,因为政府其实并不对谈判结果负责。[②] 这一做法,具有现实的重大参考价值。对于现代民族国家而言,如何规避政治风险,是一个新颖而独特的政治和社会问题。

需要外加一笔的是,美国众议院 2012 年 6 月 18 日全票通过排华法

[①] 赵鼎新:《社会与政治运动讲义》,社会科学文献出版社,2012,第113页。
[②] 沃尔夫冈·多伊普勒:《德国集体工资谈判制度》,王建斌等译,社会科学文献出版社,2014,第85~86页。

案道歉案，10月参议院全票通过，就此，美国正式以立法形式向曾经受到排斥和歧视的华人致歉。经过几代华人不懈的努力，我们终于在臭名昭著的《排华法案》步入130周年的时候，得到了美国国会这份迟来的道歉。

"看不见的底层":"打工诗歌"呈现的底层体验[*]

施瑞婷

摘 要：本研究试图以文本分析法对"打工诗歌"进行符号学和叙事学分析，解析其呈现怎样的情感和体验，探讨其是否为底层自己的发声以及真正的底层是否可见。符号编码和词频分析得出负面体验主要表现在苦难叙事、城乡差异和日常反抗中；词频最少的正面体验体现出深刻的复杂性；"乡愁"作为"打工诗歌"的突出主题之一，表现形式由外化转为内在；结合中性体验形成的反义词组体现了"打工诗歌"的基调及正负体验的辩证关系。叙事性分析主要讨论了面对主流文化的收编，打工诗人在"自觉的他者"与"不自觉的他者"之间的摇摆。结论部分试图揭示底层失语的现状及原因。

关键词：打工诗歌 底层体验 社会分层

"底层"是一个相对概念，是改革开放后相对于精英阶层而言处于社会边缘的弱势群体。本文重点分析的农民工群体作为其重要组成部分，可谓涉及行业最广、人口状况最为复杂的底层群体。其弱势地位主要体现在经济上的"佣人"地位、政治上的"沉默"地位、社会上的"无根"地位、文化上的"边缘"地位。[①] 他们极易处于社会关注的"盲点"，也似乎属于

---

[*] 本文获江苏省高校优势学科建设工程基金项目"全球化背景下的中国体验"（苏政办发〔2010〕118号）项目资助。最初发表于《南通大学学报（社会科学版）》2014年第4期。

[①] 朱力：《农民工阶层的特征与社会地位》，《南京大学学报》2003年第6期。

保罗·福塞尔笔下"看不见的底层"（Bottom out – of – sight）。①

伴随着"发现底层"的过程，"打工诗歌"作为底层文学非常受关注的组成部分之一可谓"前人之述备矣"，也有对"真正底层的失语"的担忧与对"底层话语权"的呼吁。② 那么，"打工诗歌"是如何通过词语选用和意象构造描绘底层情感，呈现底层体验的？在底层文学的热潮下，真正的底层是否被了解，抑或被种种"代言"所掩饰？底层在本质上是否可见？这都是本文将要探讨的问题。

一　研究对象与研究方法

底层文学曾被分为"指向底层的文学、为了底层的文学和底层自身的文学三个层次"，③ "打工诗人"创作的"打工诗歌"也许最接近"底层自身的文学"。这或许与底层人们生活经验的片段化有关，生存境况使其少有精力更系统地发声，而诗歌创作门槛相对较低，刻画情感更直接有力，呈现体验的频率也很集中。

因此，本文以"打工诗歌"为研究对象，以"中国打工诗歌精选"系列为分析文本。该系列截至本文写作时已出版《1985～2005中国打工诗歌精选》《2008中国打工诗歌精选》《2009～2010中国打工诗歌精选》《2011年中国打工诗歌精选》。虽收稿写作时间并不拘泥于此，但以年度为单位的诗集更能使作者和读者在相近的体验中沟通，尤其是在重大新闻事件的背景下。如展现汶川地震的《灾后，与家乡失去联系的打工兄弟》、描述雪灾的《是大雪抱住了我的双腿》和对"周老虎""艳照门"事件的评述都有很强的时效性。故本文选取2008年和2011年文本作为主要分析对象。

在研究方法上，以往文献大多通过对特定作者或文本的详细分析归纳出观点，并引用原文进行佐证。值得注意的是，刘国欣曾通过符号学解读

---

① Paul Fussel, *Class: A Guide Through the American Status System* (New York: Summit Books, 1983), p.29.
② 参见帕莎·查特吉：《关注底层》，《读书》2001年第1期；蔡志诚：《底层叙事的现代性悖论》，《东南学术》2006年第5期；刘旭：《底层叙述：现代性话语的裂隙》，上海古籍出版社，2006；国家玮：《底层文学："代言"的困境及其出路》，《新疆大学学报（哲学·人文社会科学版）》2008年第4期。
③ 王晓华：《当代中国文学应该如何表述底层？——从底层写作的立场之争说起》，《文艺争鸣》2006年第4期。

理解"打工诗歌"的组合意象与聚合意义发现,打工诗人通过对语言的弱编码实现符号自我。[①] 本文则是对文本分析法的综合运用,既用符号学方法对"打工诗歌"进行词频分析,也用叙述学方法分析其叙述视角、主题、技巧等,以求真实展现诗中的底层体验。为使阐释更为具体可感,笔者还结合了纪实文学和新闻报道进行深入分析。

二 "打工诗歌"的符号学分析

研究首先对所有诗歌进行了词语的筛选与编码。编码过程采取的第一种判断方法为整句分析,当整句为否定句,或句中带有否定词,则基于文意归类,例如对"看不到希望"的编码归类为"没有希望";第二种是对多义形容词的判断,如"青草疯长"中的"疯"是形容草长得快和多,不编入词类"疯狂";第三种是将明喻或暗喻还原成为本体,如"生怕踩响哭泣/而一场小雨,早已从额角、眼角、鼻尖、下巴/落下来",这里"小雨"暗喻"眼泪",因此编码入"泪"。最后将意义相近的词语归类编码为一个词类,最终提炼出152个表达情感体验的词类。

其次是词频分析,总词频为5147次,其中2008年诗集有2301次,2011年诗集有2846次。这些词类中,25类为中性体验,占比16.45%,词频共为1334次(2008年645次,2011年689次),占比25.92%;44类为正面体验,占比28.95%,共出现957次(2008年413次,2011年544次),占比18.59%;余下的83类为负面体验,占比54.61%,词频多达2856次(2008年1243次,2011年1613次),占比55.49%。可见无论是词类数量还是词频总量,"打工诗歌"传达的以负面体验居多。

这样的结果也体现在词频量排序上。表1为两本诗集词频量排名前十位的词类列表。

表1 2008年与2011年诗集中词频量排名前十位的词类列表

序号	词类	词频(2008)
1	回家,家,故乡,老屋	**189**
2	哭,泪,眼泪	84

[①] 刘国欣:《失语者的出场:打工诗人的符号自我——"打工诗歌"的符号学解读》,《当代文坛》2012年第6期。

续表

序号	词类	词频（2008）
3	疼痛，痛苦，病痛	76
4	爱，爱情，恋爱，热爱	66
5	怕，害怕，怯懦，畏惧，不敢，惊悸，战栗，颤抖，暗暗，偷偷，轻轻，小心翼翼	64
6	**异乡（人），外乡（人）**	**59**
7	**做梦，梦，梦境**	**54**
8	**汗，汗水，忙碌，劳作**	**52**
9	**往事，昨日，回忆，记忆，童年，孩子**	**51**
10	苦，苦闷，艰难困苦，困难，艰辛，坎坷，动荡，不幸，凄凉，落魄，折磨	47

序号	词类	词频（2011）
1	**回家，家，故乡，家乡，老屋**	**143**
2	卑微，低下，低矮，屈辱，弯腰，低头，勾头，妥协，驯服，放弃，恳求	93
3	怕，害怕，怯懦，畏惧，不敢，惊悸，战栗，颤抖，暗暗，偷偷，轻轻，小心翼翼	92
4	疼痛，痛苦，病痛	83
5	苦，苦闷，艰难困苦，困难，艰辛，坎坷，动荡，不幸，凄凉，落魄，折磨	79
6	血，伤，伤口，受伤，伤痕，创伤，伤害	75
7	**询问，怀疑，反思，为什么，疑问**	**66**
8	哭，泪，眼泪	63
9	**说，交谈，诉说，对话，谈论，唠叨**	**62**
10	无语，失语，没有声音，难以启齿，沉默	59

注：表中加黑字体为中性体验，楷体字为正面体验，其余均为负面体验。

可见，两本诗集中排序靠前的大多为负面体验，或与负面体验相关的中性词类。唯一"上榜"的正面体验词类为2008年文本中排序第4的"爱，爱情，恋爱，热爱"。2008年的"做梦，梦，梦境""汗，汗水，忙碌，劳作"等中性词类被负面体验所替代。同时，虽然"失语"的状态始终存在，但描述农民工发声的两个中性词类"询问，怀疑，反思，为什么，疑问""说，交谈，诉说，对话，谈论，唠叨"在2011年排序上升，分列第7、第9位。虽然两本诗集叙述重心有所转移，但整体词频分析结果相近。综合考量，后文主要以两本诗集的词频总和为分析对象，将诗集年份作为参考因素。文章接下来会结合诗歌本身，逐一分析正面、负面、中性体验。

(一) 负面体验

出现频次最多的负面体验在两本诗集中词频总和排序前二十位的词类详见表2。

表2 负面体验词频总和排序前二十位的词类列表

序号	词类	词频（2008）	词频（2011）	词频总和
1	疼痛，痛苦，病痛	76	83	159
2	怕，害怕，怯懦，畏惧，不敢，惊悸，战栗，颤抖，暗暗，偷偷，轻轻，小心翼翼	64	92	156
3	哭，泪，眼泪	84	63	147
4	卑微，低下，低矮，屈辱，弯腰，低头，勾头，妥协，驯服，放弃，恳求	37	93	130
5	苦，苦闷，艰难困苦，困难，艰辛，坎坷，动荡，不幸，凄凉，落魄，折磨	47	79	126
6	血，伤，伤口，受伤，伤痕，创伤，伤害	44	75	119
7	无语，失语，没有声音，难以启齿，沉默	46	59	105
8	异乡（人），外乡（人）	59	29	88
9	消失，消逝，失去，丢失，逝去，遗忘，磨损，消耗	29	56	85
10	毁灭，破碎，破败，残存，残剩，残缺	26	55	81
11	尖锐，尖刻，无情，酸薄，狠狠，斥骂，冷漠，嘲讽，鄙视，歧视，挑剔	42	38	80
12	孤独，孤寂，独自	29	41	70
13	喊，叫，吼，尖叫，嚎叫	30	33	63
13	累，疲惫	24	39	63
13	无法触及，无法改变，无奈，无助，无力，不得不，不由自主	17	46	63
16	冰冷，冷，寒冷	27	33	60
17	命，命运	14	45	59
18	阴影，阴暗，黑暗	20	37	57
19	空，荒凉，冷清，空洞，空荡荡，空落落，空虚	28	23	51
20	藏，躲藏，埋藏，暗藏，逃走	30	20	50
20	压力，重压，沉重	30	20	50

这些负面体验体现了苦难叙事的主题和底层群体的身份认同，也反映

了农民工的反抗形式。

苦难叙事 进城农民工经历过"苦难""疼痛""孤独",遭受了"斥骂,冷漠,嘲讽,歧视",了解到城市的"冰冷""阴暗""空虚",体验了生活的"压力"和青春的"消耗"。这种"无力"感使他们将"不幸"归咎于"命运":"在异乡/我们注定是一群睁眼瞎子/反复推敲人生占卜命运/所有的去向都是试探/移动的脚不得不小心翼翼"。[1]

"全景敞式监狱"[2]式的体验也得到呈现:"总感觉有双眼睛/在背后偷偷地看……她怀疑厕所里/也装上了暗处的眼睛";[3] 工作中的被监视感甚至延伸到了夫妻生活:"在她忍住叫喊的快感中/她感觉湿树叶背后有十双眼睛"。[4] "看"与"被看"实质是一种权力关系,这种监视已转化为主客体同时发生的异化。监控方变得专制、暴力,被监控方则异化为机器和商品。

城市体验与身份认同 虽然"底层"仅出现了12次,但"异乡人"的身份认同非常强烈,词类排序第8。"底层把身体都无偿租给了时代/而巨大的城市……把底层抽空,让这些人变成地下室"。[5] 城乡差异也得到大量体现:"20个人共用一间10余平方米的棚屋/墙壁上贴满了花花绿绿的广告当做装饰",[6] 上面的生活可望而不可即。

对城乡关系的呈现还有更多独特的视角。如与"城市工"的同病相怜:"孤苦伶仃的'中国城市工'/时代忽略了他们/一切正统的提法里忽略了他们/被忽略的/有一天有权讲话";[7] 麻木的"围观者"也进入视野:"全民观看A片的神经,由兴奋转向崩溃/娱乐界的动向远比天灾更受人注目"。[8] 诗中的城市意象大多高高在上,却也可能成为"拖着鼻涕的孩子",农民"走在生活的路上/心里牵挂着乡村/手里却紧紧地攥着城市"。[9]

日常抵抗 对苦难最多的反应是"害怕"、"战栗"或"小心翼翼"地"躲藏",农民工自觉"卑微",习惯"低头",也许会"吼""哭""恳

---

[1] 许强、罗德远、陈忠村主编《2008中国打工诗歌精选》,上海文艺出版社,2009,第75页。
[2] 米歇尔·福柯:《规训与惩罚》,刘北成、杨远婴译,生活·读书·新知三联书店,2003。
[3] 许强、陈忠村主编《2011年中国打工诗歌精选》,长江文艺出版社,2012,第44页。
[4] 许强、陈忠村主编《2011年中国打工诗歌精选》,长江文艺出版社,2012,第180页。
[5] 许强、罗德远、陈忠村主编《2008中国打工诗歌精选》,上海文艺出版社,2009,第9页。
[6] 许强、罗德远、陈忠村主编《2009~2010中国打工诗歌精选》,上海文艺出版社,2011,第152页。
[7] 许强、罗德远、陈忠村主编《2008中国打工诗歌精选》,上海文艺出版社,2009,第99页。
[8] 许强、罗德远、陈忠村主编《2008中国打工诗歌精选》,上海文艺出版社,2009,第57页。
[9] 许强、罗德远、陈忠村主编《2008中国打工诗歌精选》,上海文艺出版社,2009,第181页。

求",或因"无奈"选择"失语"。潘毅关注的"尖叫"词类排序第13位,"梦魇"排第68位。① 真正表达明反抗的词类"拒绝,抗议,阻止,对峙"仅排第33位。

少数底层精英主动规避思考的痛苦:"如果不读书,不思考,没有抱负,像机器一样劳动,她就不会如此地绝望。抱负越大,挫折感就会不断地加深。"② 更多人则是不加反抗,被动承受苦难:"没有人哭泣,因为从来没有听到过声音……失去真实的声音,从来都是身不由己。"③

与此对比鲜明的是为数不多的对明显反抗的描写,除一般意义上的罢工、顶嘴外,还有"阳奉阴违":"我实在看不惯老板把吃剩下来的这些菜肴/收集在一个硕大的盒子里/滤出那些红色的油……趁人不注意。我把它们偷偷倒掉。"④ 对社会现象的讽刺也属于明反抗:"这非法字符究竟有多少?/以什么标准又有谁来认定?/又有哪个发言人出面澄清?"⑤

诗中没有体现对苦难的自愿选择。2010年富士康连环跳楼事件后,社会各界大多将矛头对准过度加班制度,但也有报道称线长惩罚员工的方式竟是不让加班:"这些人该怎么活,从来不是他们自己定的",⑥ 因为"打工就是要挣钱,不加班的厂,谁去?!"⑦ 可见,所谓"自愿加班"背后的逻辑依然指向底层贫困与其无力改变的工业制度。

综上,在苦难叙事和城乡差异的主线下,斯科特的"日常抵抗"⑧ 框架可用于解释反抗行为。打工者可能"以身抗争",却很少选择"以理抗争"或"以法抗争"。⑨ 正如郭于华所言,面对强大而细密的统治,对立的双方因力量悬殊,无从真正对垒,反抗逻辑发生扭曲和畸变。反抗的伪装性,

---

① 潘毅:《开创一种抗争的次文体:工厂里一位女工的尖叫、梦魇和叛离》,《社会学研究》1999年第5期。
② 许强、陈忠村主编《2011年中国打工诗歌精选》,长江文艺出版社,2012,第164页。
③ 许强、陈忠村主编《2011年中国打工诗歌精选》,长江文艺出版社,2012,第19页。
④ 许强、陈忠村主编《2011年中国打工诗歌精选》,长江文艺出版社,2012,第126页。
⑤ 许强、陈忠村主编《2011年中国打工诗歌精选》,长江文艺出版社,2012,第133页。
⑥ 《富士康的加班制度:线长用不让加班惩罚员工》,《财经天下》2013年9月13日。
⑦ 丁燕:《工厂女孩》,外文出版社,2013,第28页。
⑧ James C. Scott, *Weapons of the Weak: Everyday Forms of Peasant Resistance* (London: Yale University Press, 1985).
⑨ 参见于建嵘《农民维权与底层政治》,《东南学术》2008年第3期;于建嵘:《转型中国的社会冲突:对当代工农维权抗争活动的观察和分析》,《领导者》2008年第2期;董海军:《"作为武器的弱者身份":农民维权抗争的底层政治》,《社会》2008年第4期。

即以表面的顺从代替实际的反抗，可能使"弱者的武器"变成强者的工具。[①]

（二）正面体验

相较于负面体验，正面体验的频次大为减少。词频总和排序前二十位的词类列表详见表3。

表3　正面体验词频总和排序前二十位的词类列表

序号	词类	词频（2008）	词频（2011）	词频总和
1	爱，爱情，恋爱，热爱	66	52	118
2	奔跑，追赶，前进	41	39	80
3	亲热，亲切，暖，温暖	26	52	78
4	希望，渴望，愿望，憧憬，心愿，巴盼，盼望	30	39	69
5	兴奋，激动，快乐，喜悦	26	33	59
6	梦想，理想，寻梦	23	35	58
7	幸福，浪漫	24	28	52
8	年轻，青春	21	28	49
9	笑，笑容	15	24	39
10	美好，美丽，芬芳，甜蜜	10	21	31
11	歌唱	9	21	30
12	满，满足	12	15	27
13	成长，生长	7	14	21
14	明天，未来	6	13	19
15	努力，奋斗	10	6	16
15	安慰，抚慰	9	7	16
15	自豪，光荣，自信	7	9	16
15	纯洁，单纯，天真，纯真，简单	5	11	16
19	干净，清白	6	9	15
19	人格，尊严	6	9	15

与"爱"相关的词类在正面体验中最为突出，既表现为婚恋与亲情，

[①] 郭于华：《"弱者的武器"与"隐藏的文本"：研究农民反抗的底层视角》，《读书》2002年第7期。

也体现在失足问题上。

婚恋之爱 婚恋作为底层文学的重要主题在诗中得到了隐秘而深入的呈现,部分正面体验也不复存在。在"挤满了上下床"的"棚屋"中,"白天叫不出苦,连夜晚的一点点幸福/也不敢叫出来"。① 甚至"他们常常被从夜的深处/那点点快乐,和幸福里,揪出来/袒胸露背,一排一排地蜷缩在/屋檐下接受盘查"。压抑的环境更易滋生问题:"游医的广告。阳痿/性冷淡,冰凉的字……我常常听到张三家在吵架/李四家,也在吵。一半为钱/另一半难以启齿。"②

失足问题 "贫贱夫妻百事哀",不仅隐私不受保护,甚至已婚女性也可能因贫困而失足:"爸爸和妈妈又吵架了/妈妈做什么'站街女',爸爸死活不同意/最后爸爸还是同意了/妈妈却没有获得'批准'的高兴。"③ 这类"自愿失足"案例由于违背主流价值观而很少得到体现。《打工女孩》中也指出:"相当多的小姐是家里的独女或是最小的孩子,经济负担较小。很多小姐上过高中,在农村这就算精英了。"④"也许是太自由了,缺乏清晰的目标,她们一进城就迷失了方向。选择干这一行,正是因为对生活要求的更多。"⑤

亲子之爱 当然,词类"爱"不仅仅局限于爱情:"我多想找一个城市爸爸/如果你愿意做我的城市爸爸/首先你必须口袋里有钱/然后你必须爱我现有的爸爸/我的强忍泪水的妈妈/你必须支撑起我们风雨飘摇的家。"⑥ 丰富的情感和深刻的生活体验导致这种亲子之爱表现得过于极端,这是有违伦理价值观,却有其内在逻辑的表达。

总体而言,正面体验词频远低于负面体验。马斯洛需求层次由低到高为生理需求、安全需求、归属与爱的需求、尊重需求和自我实现需求五类⑦。正面体验往往位于较高层次,是对归属与爱、尊重和自我实现的期待,负面体验则处于较低阶段,体现为生存重压下的身心俱疲和缺乏安全

---

① 许强、陈忠村主编《2011年中国打工诗歌精选》,长江文艺出版社,2012,第152页。
② 许强、陈忠村主编《2011年中国打工诗歌精选》,长江文艺出版社,2012,第5页。
③ 许强、罗德远、陈忠村主编《2008中国打工诗歌精选》,上海文艺出版社,2009,第95~97页。
④ 张彤禾:《打工女孩》,张坤、吴怡瑶译,上海译文出版社,2013,第196页。
⑤ 张彤禾:《打工女孩》,张坤、吴怡瑶译,上海译文出版社,2013,第196页。
⑥ 许强、罗德远、陈忠村主编《2008中国打工诗歌精选》,上海文艺出版社,2009,第95~97页。
⑦ 亚伯拉罕·马斯洛:《人类激励理论》,中国人民大学出版社,1943。

感。底层的生理和安全需求尚未得到满足，负面体验居多，离较高层次需求的实现还很遥远。

（三）中性体验

最后是对频次第二的中性体验词的分析，其词频总和排序前二十位的词类列表详见表4。

表4 中性体验词频总和排序前二十位的词类列表

序号	词类	词频（2008）	词频（2011）	词频总和
1	回家，家，故乡，老屋	189	143	332
2	询问，怀疑，反思，为什么，疑问	44	66	110
3	汗，汗水，忙碌，劳作	52	50	102
4	远，遥远，远离，远方，千里之外	43	52	95
4	往事，昨日，回忆，记忆，童年，孩子	51	44	95
6	说，交谈，诉说，对话，谈论，唠叨	22	62	84
7	做梦，梦，梦境	54	25	79
8	漂，漂泊，流动，奔波	41	31	72
9	守望，眺望，凝望，等待，等	15	38	53
10	安静，静静，冷静	18	24	42
11	乡音，家乡口音	19	18	37
12	慢，减缓了速度	10	26	36
13	急，匆匆，快	17	15	32
14	轰鸣，喧哗，吵闹	9	15	24
15	灵魂	6	16	22
16	欲望	6	14	20
16	真实，现实	6	14	20
18	醒，醒来，苏醒	13	3	16
18	想象，想，猜测	10	6	16
18	无休，无止，无穷，无尽，永远	4	12	16

"乡愁"是"打工诗歌"的突出主题，许多中性体验的词类也与之息息相关。诗人通过对"回家"的期待、对"家，故乡，老屋"的"梦""想念"，对"童年"的"回忆"，对"遥远"距离的空间体验等赋予乡愁新的意涵。

乡音、"母语"与"父语" 诗歌能够体现更加隐秘的反抗和内心的力量,"乡音"就超越了乡愁的范畴成为暗反抗的一种:"请你别动我的家乡口音……我的牙床可以吐出秘密/但绝不会轻易用它喊出你的名字",① "我亮开嗓子吼/这也是我的北京……我吼的不是普通话/但愿那些没听清的人/不会把它当成是/一个疯子喊出的歌声"。② 乡音是文化密码,是农村生活记忆的符号,张口就能带来群体归属感。中国人的社会化几乎都经历了乡音改造的过程,这对农民工而言更加艰苦,会遭遇更多内心深处的抵抗。

保留乡音属于反抗,学习新的语言则是妥协:"远离家乡的日子/我埋藏了乡音,挖出了乡愁/操一口生硬的普通话/学做一个普通的人。"③ 如果乡音属于"母语",普通话就属于"父语"范畴,是建立在田中克彦④研究基础上的、与意识形态直接相关的权力象征。"每种语言都包含独特的世界观",⑤ 一旦"父语"取代"母语",不仅意味着主体学会了新环境中通用的语言,更意味着意识形态的渗透:主体用"父语"思考和表达,并逐步内化为自身的行为规范和思维准则,完成"母语"对"父语"的妥协和后者对前者的收编。

语言与向上流动 "父语"除普通话外还有很多形式,如打工地的方言⑥及外语⑦。正如福塞尔所言"一张口,我就能了解你",⑧ 语言有能力超

---

① 许强、罗德远、陈忠村主编《2008 中国打工诗歌精选》,上海文艺出版社,2009,第 107 页。
② 许强、罗德远、陈忠村主编《2008 中国打工诗歌精选》,上海文艺出版社,2009,第 242 页。
③ 许强、罗德远、陈忠村主编《2008 中国打工诗歌精选》,上海文艺出版社,2009,第 189 页。
④ 参见田中克彦《ことばと国家》(语言与国家),岩波书店,1981,第 29、37 页。日本语言学家田中克彦将"母语"一词阐释为:"这一出生首先遭遇到、无此就不能成人、且一旦获得便伴随终生的根源性语言,因为一般是从母亲那里习得,我们将之称为'母亲的语言',简言之为'母语'。"他还相应地指出"在罗曼语系中……形成了把俗语称为'母语'(materna lingua)的习惯",因此"与称呼古罗马以来、强调父系先祖之传统的拉丁语的 patrius sermo,也即'父亲的语言'形成了比较"。"父亲的语言"一词,直译自《ことばと国家》(语言与国家)中的"父のことば"。本文对"父语"一词的使用受到了贺晓星教授的启发与指导。
⑤ 洪堡特:《论人类语言结构的差异及其对人类精神发展的影响》,商务印书馆,1997。
⑥ 这一点也体现在打工妹的日记中:"她写下跳出打工世界的计划……既要消除湖南口音,又要学会说广东话——工厂老板的语言";"在厚街打暑期工时,她学会了白话;在樟木头女生宿舍,她跟着梅州来的客家女,学会了客家话;同时,电子厂的工作经历,让她深刻地认识到,掌握一门语言……是身份和地位的象征"。
⑦ 学习外语被打工者赋予了许多意义:"如果我学了英语,我就能多看看世界。我就能更享受人生。我想要找到一种新的幸福。如果我不学英语,我会总是感到我的人生受到限制",因此"在东莞认识的几乎每个人,都曾经下决心要学习英语"。
⑧ Paul Fussel, *Class: A Guide Through the American Status System* (New York: Summit Books, 1983), p. 29.

越工具性意义，成为突破阶层限制的重要手段。因此东莞众多"白领文秘技能特训班"的核心原则就是"如果言行举止都像比你阶层更高的人，你就会成为那种人"。①

另一些"父语"则渗入生活体验的方方面面，如工厂标语往往通过特殊的语言组织形式传递固化思维方式，指导员工异化为"机器"。"成功学"也可视作"父语"："农民工的内心需要安慰，他们需要知道成功是可能的。这些书就是安慰剂。"②打工者轻信书中教条，却对周边的人缺乏信任："在一个人们条件反射性地为了工作而撒谎的地方，欺骗也就自然而然地渗透进了人际关系。"③ 至此，某些"父语"所代表的极端价值观已潜移默化地造成了异化，增强了负面体验。

（四）反义词组

正面、负面体验结合中性体验还能形成数量众多的反义词组。如梦与醒、闹与静、幻与真、冷与暖、说话与沉默、希望与绝望、阴暗与光明、漂泊与回家……本文选取这些反义词类中较有代表性的一些做了比较（详见表5）。为方便比较，将词频总和大于其反义词类的词类置于表格左边。

表5 部分反义词词频比较分析

词类	词频总和	反义词类	词频总和
回家，家，故乡，老屋	332	漂，漂泊，流动，奔波	72
卑微，低下，低矮，屈辱，弯腰，低头，勾头，妥协，驯服，放弃，恳求	130	高贵	8
爱，爱情，恋爱，热爱	118	仇视，怨恨，抱怨	18
无语，失语，没有声音，难以启齿，沉默	105	说，交谈，诉说，对话，谈论，唠叨	84
做梦，梦，梦境	79	醒，醒来，苏醒	16
亲热，亲切，暖，温暖	78	冰冷，冷，寒冷	60
希望，渴望，愿望，憧憬，心愿，巴盼，盼望	69	失望，没有希望，绝望	14
阴影，阴暗，黑暗	57	光芒，光亮	11
空，荒凉，冷清，空洞，空荡荡，空落落，空虚	51	满，满足	27

---

① 张彤禾：《打工女孩》，张坤、吴怡瑶译，上海译文出版社，2013，第135页。
② 张彤禾：《打工女孩》，张坤、吴怡瑶译，上海译文出版社，2013，第157页。
③ 张彤禾：《打工女孩》，张坤、吴怡瑶译，上海译文出版社，2013，第278页。

续表

词类	词频总和	反义词类	词频总和
年轻，青春	49	沧桑，苍老，憔悴，粗糙	33
安静，静静，冷静	42	轰鸣，喧哗，吵闹	24
慢，减缓了速度	36	急，匆匆，快	32
习惯，司空见惯	31	不习惯	7
幻想，虚无，虚幻，幻觉，恍惚	22	真实，现实	20
脏	15	干净，清白	11
陌生	14	熟悉	12
欺骗，忽悠，背叛，谎言	13	信念，信仰，相信	6
公平，公正	2	不公平	1

这些词类可通过词频传达一种总体印象，如梦境多于现实，阴暗多于光明，失语多于诉说，卑微多于高贵，背叛多于信任等。这种比较的意义还在于对正负体验辩证关系的提醒。"一旦堆积如山的工作完成，人的身体会感觉到分外自由。这既荒谬又完美，是纪律和自由的另一种辩证关系"。[①] "自由感"一旦被体验，失去就变得难以忍受："中国的乡村并不轻松。这里到处是人情往来，谁都有资格评头论足……他们开始珍惜在城市获得的自由，到最后，没了自由他们就无法生活。"[②] 自由在严丝合缝的军事化管理体制中蓦然失去，也许是富士康"连环跳"事件的原因之一。

因此，苦难中的幸福显得尤为珍贵。有诗人将"从家乡来的蝈蝈"精心饲养，只为了这"家乡的来客"能够唱出"一年未识的乡音",[③] 正如二战后的废墟里，日耳曼民族在阴暗的地下室仍然摆放鲜花。苦中作乐的底层体验比单纯的苦难叙事更直指人心。

至此，本文对"打工诗歌"的符号学分析告一段落。若想探究"底层的发声"在多大程度上来自底层自身，则需引入叙事学的分析方法。

三 "打工诗歌"的叙事学分析

如前所述，"打工诗歌"的叙述主题具有创新性，叙述对象包括一些被

[①] 丁燕：《工厂女孩》，外文出版社，2013，第 12~14 页。
[②] 张彤禾：《打工女孩》，张坤、吴怡瑶译，上海译文出版社，2013，第 252 页。
[③] 许强、罗德远、陈忠村主编《2008 中国打工诗歌精选》，上海文艺出版社，2009，第 147 页。

主流话语忽略的群体，叙述风格多变，叙述技巧独特。但性别差异、家庭权力更替、被迫选择中的自愿成分等基本没有得到体现。这也从一个侧面反映了底层的多样性和复杂性，而将其同质化的努力是危险的。

本文的叙事学分析从叙述视角切入，判断所收录诗歌是否以第一人称展示体验。依据是诗歌所描写的体验是加诸主体还是客体上。如果是以第一人称叙述，但所描述的是"你（们）"或"他（们）"的经历，则判断为非第一人称体验；但若描述的第二、三人称对象是为了对比或衬托出自我的感受，则理解为第一人称体验。如《燕子》一诗虽有对燕子的第三人称描述，但主要表达的是"我"的"羡慕"，因此属于第一人称的体验。[1] 结论是，在两本诗集共371首诗中，以第一人称体验进行的叙述共212首（2008年97首，2011年115首），占比57.14%。而以第二、三人称体验进行的叙述共159首（2008年74首，2011年85首），占比42.86%。总体来看，"打工诗歌"中有近一半的内容并非写作者的亲身体验。

"打工诗歌"在主流文坛中处于边缘地位。《2012中国打工诗歌精选》按征稿启事预计"印刷3000册"，同时期的一些畅销书首印量动辄几十万甚至上百万册。以往的销售数据是判断首印量的重要参考，可见受众群体不够庞大。另外，2008年文本的封底印有《人民文学》主编、《诗刊》主编与副主编的三段评论，均采取了第三人称"他们"和第二人称"你们"，可见主流文坛仍自居"他者"。但目前"自费出版""无稿费"的"打工诗歌"已在主动接近主流文坛："'打工诗歌'作为'打工文学'最为活跃的部分，业已在民间产生深远影响，并开始引起主流文坛的关注。"[2] 主流文化也通过党报报道、高峰论坛、打工文学奖、"典型"的树立[3]等对其逐步进行收编。于是，底层走出的打工诗人也面临是否脱离底层、成为"他者"的选择，抑或本质上没有选择，只能在"自觉的他者"与"不自觉的他者"之间摇摆。

---

[1] 许强、罗德远、陈忠村主编《2008中国打工诗歌精选》，上海文艺出版社，2009，第137页。
[2] 《2012中国打工诗歌精选》编委会：《〈2012中国打工诗歌精选〉征稿》，http://www.poemlife.com/newshow-7301.htm，最后访问日期：2014年6月4日。
[3] 据报道，打工诗歌的领军人物之一、《打工诗人》杂志的创办者、"中国打工诗歌精选"系列的主编许强就对主流文坛的认可"感到比较意外，但一切好像又在情理之中"。他曾经被评为苏州骄傲年度新闻人物候选人、苏州十佳新人等，并在2010年4月30日正式成为"江苏省作家协会第五届签约作家"，他认为"这是江苏省作家协会对自己这么多年从事打工诗歌创作及推动的认可，同时也是对打工诗歌群体的认可"。参见《苏州"打工诗人"许强成省签约作家》，http://www.jssz777.com/text_content.php?id=2454，最后访问日期：2014年6月4日。

郑小琼身上就明显地体现出上述两者并存的矛盾特性。在创作手记中她坦承："很多时候，个体的成功被无限地放大，成为媒体与政府宣传的一种典型，装饰着无奈的现实。直到今天，我只是努力地告诉自己，不要成为这样的人。"① 虽心存警觉，她却仍在访谈中不自觉地成为俯视底层的"他者"："诗歌从来就是一种边缘化或者少数人的事情，就像哲学、美学一样，如果身边的工友都去啃哲学与美学，我那时倒觉得非常可怕。"② 将阅读习惯对应至社会等级，许是因为她已自视为"边缘化"的"少数人"。这也是打工诗人在思维逻辑上极易出现的悖谬。

底层精英对所属群体并非没有文化自觉："在珠海在那个旺角百货边的文化广场/我目睹了'打工青年艺术团'全国的巡回义演/我踏入了许强《为几千万打工者立碑》的诗现场……"③ 体现群体认同感的不仅有直接叙事，还可从选题看出，如黄根茂《胃穿孔的工友》与曲有源《胃穿孔的工友——用闽南老茂诗题》的应和。在高度认同"打工诗人"群体，将"我"与"非我"做出区分时，底层身份已岌岌可危。

"打工诗歌"的创作主体是否具备"底层身份"仅仅是一个暂时性的疑问。正如"沦落底层"是每个个体都有可能的体验，底层精英的底层身份也随时可能失去。如果"底层"的定义是在"政治层面处于权利阶梯的下层底端，难以依靠尚不完善的体制性力量保护自身利益，缺乏行使权利的自觉性和有效途径；经济层面生产、生活资料匮乏，没有在市场体系中博弈的资本，只能维持最低限度的生存；文化层面既无充分的话语权，又不具备完整充分表达自己的能力，因而其欲求至少暂时需要他人代言"，④ 那么一旦主体开始向上流动，通过文化地位的提升获得了经济乃至政治地位的改善，就失去了底层身份。而"底层的发声"一旦被主流文化收编，新的底层也就回归失语。这时，即使创作主体再如何强调自己的底层身份，也难逃成为"他者"的命运。

四　结论与讨论

本研究通过对"打工诗歌"的符号编码和词频进行分析，得出诗中呈

---

① 许强、陈忠村主编《2011年中国打工诗歌精选》，长江文艺出版社，2012，第164页。
② 余旸：《"疼痛"的象征与越界——论郑小琼诗歌》，《文艺理论与批评》2010年第1期。
③ 许强、罗德远、陈忠村主编《2008中国打工诗歌精选》，上海文艺出版社，2009，第236页。
④ 王晓华：《当代中国文学应该如何表述底层？——从底层写作的立场之争说起》，《文艺争鸣》2006年第4期。

现最多的是打工者的负面体验，苦难叙事和相应的反应与反抗是负面体验的突出主题。打工者的城市体验充满"异乡人"的身份认同，也不乏对其他群体的关注；词频最少的正面体验体现出深刻的复杂性及背后强大的工业逻辑。"乡愁"是"打工诗歌"中最突出的主题之一，其表现形式由外化转为内在，且在一定程度上增强了负面体验；结合中性体验还能形成数量众多的反义词组，整体上体现了"打工诗歌"的基调及正负体验的辩证关系。

从叙事性分析可见，"打工诗歌"中近一半并非第一人称叙述。面对主流文化的收编，打工诗人面临是否脱离底层，成为"他者"的选择，抑或只能摇摆在"自觉的他者"与"不自觉的他者"之间。结论表明，以主流价值为判断依据，期待获得文坛承认的"打工诗歌"只是部分底层精英（可能已脱离最基础的经验之地）的发声，和众多纪录片、纪实文学或学术访谈中引述的底层体验一样，打工诗歌由精英群体的聚焦、收集、筛选和再创作，渗入了创作者的价值判断，因此无论如何追求"价值中立"也无法具备真正的客观性。

探究底层"不可见"的原因主要在于了解底层精英为何愿意表述底层以及底层群体为何不愿表述自身。首先，底层精英的文化水平更便于与主流话语对接；其次，"为底层代言"的写作契合主流文化导向，具备底层关怀意识，容易在道德制高点上获得关注；最后，底层写作可能成为向上流动的捷径。脱离底层的精英以新的"他者"身份进行的叙事可能失去"原真性"，或夸大苦难，或美化底层，或转化为励志叙事。

不愿表述自身则源于群体成员的主观意愿。底层群体并非缺乏表达能力，只是在是否及如何表述上具有选择性，在一定情境中他们宁愿选择失语。这类情境可能出于缺乏法制意识、畏惧强权；可能出于自尊不愿将苦难公之于众；也可能是生计所迫，没有多余心力表述而选择沉默……但最值得关注的情境是这种表述无法真正改善底层的生活和命运。

中国农民的话语权和"诉苦"意愿在"土改"时期一度达到顶峰，在对苦难体验的诉说中，表达不仅成为获取经济、政治权利的有力武器，而且"转化为底层群体的集体性情感表达——向昔日村庄优势权力与文化秩序挑战，并以此实现群体性的心理'翻身'"。[①] 如今社会信任、政治参与意

---

① 吴毅、陈颀：《"说话"的可能性——对土改"诉苦"的再反思》，《社会学研究》2012年第6期。

识和渠道的缺乏使得底层表述难以受到重视，也促使大多数成员选择失语。而在某些特殊情况下，如在"中国梦想秀"等电视节目中——当诉苦能博取同情，甚至一举成名、摆脱底层身份时，他们也不再沉默。但这时被表述的底层体验已然变质，成为"无源之水"和"拟像"的一部分。因此，虽然"让底层阶级说话"是中国20世纪初现实主义文学进行的一场革命，[①]但在如今"百花齐放"的热烈"发声"中，真正的底层依然是失语的，是主流文化中"看不见的底层"。

[①] Ann Anagnost, *National Past - Times: Narrative, Representation and Power in Modern China* (Durham and London: Duke University Press, 1997), pp. 17 - 44. 转引自潘毅《阶级的失语与发声——中国打工妹研究的一种理论视角》，《开放时代》2005年第2期。

为什么男性结扎能成为一些国家的主要避孕方式？
——男性气质、国家和计划生育运动的互相构建

王向贤[*]

摘　要：自20世纪60年代以来，在男扎方面，为什么加拿大等欧美五国和中印分别走出了平稳发展和大起大落之路，本文力图论证这主要出于以下三点：①男性气质与男扎的关系是相互支持还是相互抵触，是决定男扎走向的关键。②在最近两个世纪的性别平等运动和避孕转型中，欧美五国的男性气质与男性结扎朝着性别平等的方向重新建构。③当国家通过计划生育运动强力推动男扎，但却未有效推动男性气质与男扎之间的关系从相互抵触转向相互支持时，男扎的使用会大起大落。最后，本文认为，要想促使男扎平稳地发展为人们自愿选择的主要长效避孕方式，关键在于：消除男权型男性气质，构建性别平等的男性气质；保证人们在可获得足够服务的前提下自愿和知情地选择。

关键词：男性结扎　男性气质　国家力量　计划生育运动

一　问题的提出

中国目前关于生育政策的讨论主要集中于是否应该允许普遍生育二胎或放开国家对生育数量的管制。笔者认为在目前的讨论中，安全、有效、

---

[*] 作者简介：王向贤，博士，副教授，天津师范大学政治与行政学院政治文化与政治文明建设研究院，社会学系。欢迎有兴趣者与作者讨论相关问题，电子邮箱地址为 susansusanwxx@163.com。

公平的避孕措施被忽视了。郑真真和①风笑天等②的研究都发现，我国城镇和农村居民的普遍意愿是生育1~2个孩子。这表明，即使放开对生育数量的管控，当人们生育了理想数量的孩子后，也普遍需要安全长效的避孕措施。

自20世纪80年代以来，我国已婚夫妇的避孕严重依赖女性避孕环和女扎的方式，二者相加占了已婚夫妇避孕方式构成的85%③，但实际上，自从避孕环于20世纪60年代在我国开始应用至今，其副作用一直比较明显④。如，国家人口计生委科技司⑤于2000~2005年在全国11省市开展的调查表明，因疼痛、出血、发炎、移位、脱落、带环怀孕等原因，三年内不得不取出的比例为16.4%，五年内不得不取出的比例为23.3%，人工流产中的20.2%的病例是因带环怀孕和脱环怀孕造成的避孕失败构成的。

欧美国家自20世纪60年代以来进行的男扎实践表明男扎在各种避孕方式中是最为安全有效的，非常适合达到了理想子女数量、需要长效避孕方式的已婚夫妇使用。与女扎相比，男扎在手术难易程度、避孕效果、术后并发症、避孕失败率等方面更占优势。与避孕环相比，男扎也以其一次性完成、不需要更新和取出、无须担心脱落和带环怀孕等优点明显胜出。

那么，男扎在世界范围内的使用情况如何呢？除韩国⑥外，它的使用情况大致可分为两种路径：①平稳发展。在新西兰、加拿大、英国、澳大利亚、美国这五个欧美国家，自愿男扎作为避孕方式于20世纪60~70年代兴起后，迅速成为这些国家已婚夫妇的主要避孕方式，并延续至今（见表1）。②大起大落。在20世纪50~70年代的印度和中国，男扎是已婚夫妇主要的避孕方式之一，在此期间，印度的男扎数量一度超过当时的女扎数量。在

---

① 郑真真：《中国育龄妇女的生育意愿研究》，《中国人口科学》2004年第5期。
② 风笑天、张青松：《二十年城乡居民生育意愿变迁研究》，《市场与人口分析》2002年第5期。
③ 国家统计局社会与科技统计司主编《中国社会中的女人与男人——事实与数据》，2007。
④ 梁中堂、阎海琴：《中国农村妇女早婚冒充和多胎生育问题研究》，山西高校联合出版社，1992；于旺：《计划生育工作三十年的实践与理论探索》，中国人口出版社，2007；J. Kaufman, "The Cost of IUD Failure in China", *Studies in Family Planning*, Vol. 24, No. 3 (1993)。
⑤ 国家人口计生委科技司：《12万例宫内节育器避孕效果调查报告》，《中国计划生育学杂志》2007年第3期。
⑥ 韩国于20世纪50~80年代的男扎使用情况与中印类似：大起大落。但韩国从1988年后，男性结扎率再次上升，2003年后超过女性结扎率，现已成为韩国已婚夫妇的主要避孕方式（见表1），所以韩国的男扎路径呈V形。但由于英文文献中关于韩国20世纪80年代晚期后结扎的文章极少，所以本文无法分析韩国男扎率呈V形的原因。表1显示不丹的男扎使用率也位居世界前列，但也是由于资料极度匮乏，本文也无法分析。

1971~1977 年的中国，每年男扎的数量虽不及女扎数量，但前者能达到后者的 55%~94%[①]。但从 20 世纪 80 年代开始，男扎在印度和中国的现代避孕方式构成中的比例都迅速下降，到 2005~2006 年，两国的男扎比例分别只有约 2% 和 5%（见表 1）。

表 1　15~49 岁女性与其伴侣使用的现代避孕方式构成比例[②]

国家	年份（年）	男扎（%）	女扎（%）	男性承担的避孕责任（%）	女性承担的避孕责任（%）
世界平均水平	2009	4.3	33.7	17.8	82.0
不丹	2000	44.3	10.1	48.2	51.5
加拿大	2002	30.6	15.3	51.4	48.6
新西兰	1995	27.0	20.2	42.9	57.1
英国	2008~2009	25.0	9.5	57.1	61.9
韩国	2009	24.0	8.4	58.6	41.4
澳大利亚	2001~2002	19.4	22.5	40.8	61.2
美国	2006~2008	17.4	32.3	33.4	66.6
中国	2006	5.4	34.2	16.7	84.5
印度	2005~2006	2.1	76.9	12.8	87.0

注："男性承担的避孕责任"中包含的避孕方式有男用避孕套和男扎。"女性承担的避孕责任"中包含的避孕方式有避孕药、女扎、避孕环、皮下埋植、避孕针、子宫隔膜、女用避孕套。全文除此处的避孕套包括男、女两种外，其余均只指男用避孕套。

为什么欧美五国和中印呈现出两种不同的男扎发展路径呢？与其他避孕方式一样，男扎会受到个人特征、伴侣、社区、社会政策和文化价值观念等生态模式的综合影响。通过对大量文献的阅读和分析，笔者认为，男性气质是影响男扎发展路径的关键因素，它与国家力量是否直接介入男扎及其介入方式共同构建出以上两条男扎路径。

男性气质（masculinities），在汉语中又可翻译为男性气概、男性身份等

[①] 卫生部：《2011 中国卫生统计年鉴》网络版 "表 7-6-1 计划生育手术情况"，http://www.moh.gov.cn/htmlfiles/zwgkzt/ptjnj/year2011/index2011.html，最后访问日期：2013 年 8 月 1 日。

[②] 整理自 The Population Division of the Department of Economic and Scial Affairs of the United Nations，*World Contraceptive use 2011*，http://www.un.org/esa/population/publications/contraceptive2011/wallchart_front.pdf。由于会有同时使用两种现代避孕方式（如避孕药和避孕套等）的情况，所以表 1 中的后两列之和大于 100% 的情况；后两列之和小于 100% 则是由于各项避孕措施所占比例四舍五入累积而成。

词，是指由社会构建出来的关于男人应该怎样、什么算男人的标准。英文学术圈对男性气质的研究自20世纪70年代以来发展十分迅速，现已成为性别研究中的一门显学。具体而言，本文认为，男性气质对男扎路径的构建作用主要体现在以下两方面：①避孕转型；②男性气质与男扎的互动方向。

1870~1930年一般被称为欧美国家的生育转型期：由多育逐渐变为少育，而从男性避孕和男性气质角度看，本文将其称为欧美国家的第一次避孕转型期。在此阶段，避孕在道德与不道德、合法与不合法之间摇摆，民众从不避孕到避孕，男性通过定期禁欲、体外排精等传统方式[①]分担避孕责任；男性气质与男性避孕之间的关系逐渐由原先的以相互矛盾为主，转为以相互促进为主。加拿大、新西兰、英国、澳大利亚和美国等欧美五国的第二次避孕转型期开始于20世纪60年代并延续至今。避孕陆续在欧美所有国家取得完全合法的地位，现代避孕技术逐渐成熟并普及，男性通过避孕套、男扎等现代方式继续分担避孕责任，欧美五国逐渐发展出男性气质与男扎相互促进的性别平等型男性气质。这类男性气质要求男性做负责任的男人，为自己不以生育为目的性行为承担避孕责任，认为只有通过结扎等方式承担避孕责任的男性才是真正的男人，由此，男扎成为这五个欧美国家已婚夫妇（包括同居伴侣）的主要避孕方式（见表1）。

中国和印度均没有经历过欧美国家的第一次避孕转型，而是在20世纪50~60年代依靠现代避孕方法直接开始了从不避孕到避孕的转型。由于两国文化中没有男性承担避孕责任的传统，当中印政府努力推进男扎这一长效避孕方式时，遭遇到男性气质与男扎相互抵触的男权型男性气质的阻挠。这种相互抵触主要表现在以下三个方面：①避孕被认为是女人而不是男人分内的事，一旦男人承担了避孕责任，那将被看作对男性身份的贬低。这一避孕责任中的性别分配直到现在仍在中印文化中普遍流行[②]。②男性的性能力被构建为男性身份的核心。虽然男扎手术根本不损害男性的勃起和射

[①] 实际在这一时期，避孕套也被较广泛地使用。虽然避孕套的历史可以追溯到两千年前的古希腊时代，但质地结实且轻薄、价格便宜的乳胶避孕套于1929年才开始产生。在美国，直到1965年节育完全合法后，避孕套才真正成为各个阶层的主要避孕方式之一。见安妮·科利尔：《卑微的套套：安全套进化史》，姜玢译，上海文艺出版社，2013。

[②] N. Cui, X. Z. Liu, X. F. Pan, Q. Yang & M. X. Li, "Factors Influencing the Declining Trend of Vasectomy in Sichuan, China", *Southeast Asian Journal of Tropical Medicine and Public Health*, Vol. 41, No. 4 (2010); A. Char, M. Saavala & T. Kulmala, "Male Perceptions on Female Sterilization: A Community-Based Study in Rura Central India", *International Perspectives on Sexual and Reproductive Health*, Vol. 35, No. 3 (2009).

精等性能力，但普遍流传的错误观念却认为男人做结扎就是被阉割，不再是完整充分的男人。③男性的体力劳动在当时被认为是家庭收入的主要来源，而男扎被认为会使男性变得虚弱无力①，从而损害男性养家人的这一核心身份。

那么，在上述两种男扎发展路径与男性气质的构建方面，国家起了什么作用呢？简要来说，欧美五国的两次避孕转型是由个人和民众团体相对自发地促成的，政府没有强力介入。而且由于相关社会因素不断促使男性气质与男扎的耦合，所以欧美五国的男扎发展平稳。与之相反，中印的避孕转型均是由国家意志启动，通过雄心勃勃的计划生育运动来推进的。由于二者均没有经历过传统避孕阶段，再加上反对男性避孕，特别是反对男扎的男性气质盛行，所以中印政府在推动男扎方面均受到严重挑战。

二 欧美五国的男扎发展史

1. 第一次避孕转型，使这些国家的男性逐渐通过传统方式来承担避孕责任

要使男性避孕成为主流，前提是使这些国家的生育模式由多育变为少育。笼统说来，欧美国家从19世纪晚期到20世纪前半期共用了约六七十年的时间进行这个转变，可能的主要动力包括子女抚养成本上升、父母与孩子情感显著增强等②。这些家庭经济理性和代际关系方面的动力促使生育观念由重量变为重质。

少育必然要求父母避孕，所以还必须使避孕在文化价值观念上变得正当。一方面，开始于20世纪70年代的欧美节育运动有力地构建了避孕的正当性，包括Aletta Jacobs于1882年在荷兰开设的全球第一个生育控制诊所，Margaret Sanger于1916年在美国、Marie Stopes于1921年在英国所设立的各自国家的第一个计划生育机构③。另一方面，宗教世俗化进一步解除了对避

---

① K. Bhuyan, I. Ali & S. J. Barua, "Role of No Scalpel Vasectomy in Male Sterilization", *Indian Journal of Surgery*, Vol. 74, No. 4 (2012); Kwon E. H., Yun B. J. & Kim H. K, "Exploratory Study for Increasing Acceptability of Male Sterilization—Inductive Analysis Using Female Sterilization Cases", *Seoul Journal of Medicine*, Vol. 20, No. 3 (1979).

② 菲力浦·阿利埃斯：《儿童的世纪：旧制度下的儿童和家庭生活》，沈坚、朱晓罕译，北京大学出版社，2013。

③ C. A. Quarini, "History of Contraception", *Women's Health Medicine*, Vol. 2, Issue 5 (2005).

孕的禁止。在 19 世纪的最后 20 年里，欧洲大陆的新教对性议题公开讨论的态度由禁止变为支持，原先教义中对于避孕的不允许逐渐被重新阐释为负责任的生育[①]。其结果是，欧美社会普遍从 19 世纪末期开始，总和生育率有所下降。如在加拿大，19 世纪和 20 世纪之交时每个家庭平均有五六个孩子，到 20 世纪 30 年代时，已降至三个左右[②]。不过，避孕从不正当向正当的转变并非一帆风顺，所以在 19 世纪 90 年代到 20 世纪 30 年代的加拿大，关于是否应当避孕，一直存在矛盾的声音。直到 20 世纪 60 年代现代避孕转型时期开始之后，"避孕是人的基本权利"才成为主流观念，并被法律完全许可[③]。尽管有不同声音，但避孕还是在 19 世纪晚期到 20 世纪前半期的半个多世纪中逐渐普及了，当时所流行的传统避孕方法包括定期禁欲、体外排精等。

这些传统避孕方式都需要男性操作或配合，而且这些避孕方式的流行，表明男性不但愿意而且的确和女性一同分担了避孕责任。避孕套早在古希腊时期就开始被使用，这表明欧美五国的男性可能拥有承担避孕责任的悠久传统。但基督教毕竟有强调男性是一家之主、孩子数量是上帝旨意的教义，换言之，男性避孕与男性气质相违背可能曾是西方国家长期的主流声音。所以，要想使男性愿意避孕且采取避孕行动，就必须将男性气质构建得与男性避孕相契合。在这方面，19 世纪 60 年代开始兴起的第一波性别平等运动起了至关重要的作用，而且性别，作为和阶级、族裔等同等重要的构建社会的维度，与这些维度共享一个特征，即很少抽象、单独地出现，而往往与其他维度交织在一起。所以下面简要分析性别平等运动是如何与教义改革、医疗技术、工人运动等交织互动，共同构建了男性气质。

在 19 世纪末的新教相关教义变革之前，男性气质强调男性能使女性怀孕的能力；性别平等运动与宗教教义变革结合在一起之后，男性气质开始强调男性要对性和生育负责，要将孩子数量控制在抚养能力之内。特别是既然男性经常被认为比女性更理性和更自制，那就应该在避孕中承担更多的责任，控制自己的性欲，所以定期禁欲、体外射精等行成为检验男性男

[①] A. Praz, "Religion, Masculinity and Fertility Decline: A Comparative Analysis of Protestant and Catholic Culture (Switzerland 1890 – 1930)", *The History of the Family*, Vol. 14 (2009).

[②] C. F. Grindstaff & G. E. Ebanks, "Male Sterilization as a Contraceptive Method in Canada: An Empirical Study", *Population Studies*, Vol. 27, No. 3 (1973).

[③] S. McMahon et al., Women's Health Surveillance Report: Contraception Overview: 1993 – 2001, (2003), http://www.phac – aspc.gc.ca/publicat/whsr – rssf/index – eng.php.

子汉气概的试金石①。

在19世纪晚期的瑞典，在医院分娩已成为民众生育的惯行，医生对于分娩和不断怀孕的危险性的强调，更加强化了避孕的重要性。而且第一波性别平等运动倡导男性尊重并体贴妻子，这一观念促使婚姻由原先的男方控制女方的男权模式向平等的伴侣式婚姻模式发展，所以瑞典的"性教育联合会"于1929～1940年接到大量迫切要求提供避孕信息的信件。在需要避孕信息的男性写信者中，1/4是担心不断地怀孕和分娩会危害妻子的健康。研究者通过分析来信者发现，除中产阶级男性外，许多男性工人也来信询问如何承担避孕责任，并显示出他们经常参与的工人运动不但帮助他们提高了读写和理解能力，而且增强了他们能够控制自己生活的信心②。

这些性别平等与当时其他社会风潮的结合，都有效地建构着男性避孕和男性气质的融合，不仅促进了这些欧美国家的男性承担避孕责任，而且为男用避孕方法由传统向现代的转型奠定了基础。

2. 现代避孕转型开始后，男扎逐渐变成主要避孕方式

避孕套于20世纪30年代后逐渐成为大众化的避孕方式，药效可靠且便宜的避孕药则从1958年开始被大规模生产③。在20世纪60年代，男扎、女扎和避孕环等长效避孕方式相对成熟后，开始大规模投入实际应用。欧美国家的许多男女通过这些现代避孕方式分担着避孕责任。

第一代避孕环于1961年问世，改进后的第二代避孕环在接下来的几年内也被推出，成为美国女性的主要避孕方式之一④。但在1975年，由于设计不合理，美国Dalkon Shield公司生产的避孕环被发现其非常易于将细菌带入女性子宫内。到1984年该公司要求美国女性不再使用该避孕环并宣布破产之前，这一款避孕环已在美国累计造成了20万例感染、流产、子宫切除和其他妇科病、众多出生缺陷和18例死亡。这一丑闻，导致当年避孕环在美国几乎完全处于停止生产和使用的状态⑤。到1988年时，美国已婚女性

---

① Praz, 2009.
② S. Kling, "Reproductive Health, Birth Control, and Fertility Change in Sweden, Circa 1900 – 1940", *The History of Family*, 15 (2010).
③ E. D. B. Johansson, "The Future of Contraceptive Technology", *Technology in Society*, Vol. 9 (1987).
④ M. Thiery, "Pioneers of the Intrauterine Device", *The European Journal of Contraception and Reproductive Health Care*, Vol. 2, No. 1 (1997).
⑤ R. Monchek, "The Whole Truth About IUDs", *American Journal of Nursing*, Vol. 110, No. 6 (2010).

中只有2%的人是通过避孕环进行节育的[1]。其他品牌和款式的避孕环虽然没有对女性造成如此严重的伤害，但它们引起疼痛、出血、脱落或带环怀孕等的副作用和缺陷一直没有得到解决。避孕药也被发现会对女性健康造成威胁，尤其是20世纪六七十年代被广泛使用的第一代避孕药所含的雌激素过高，这大大增加了女性罹患高血压、心血管病的风险，而且较为肥胖且带有某些先天疾病的女性逐渐被发现不适合长期服用避孕药，这使得人们开始谨慎服用避孕药[2]。

并非只有美国的女用避孕药具被发现存在问题。以避孕环为例，中国和印度开始大规模推行避孕环之后不久，均有调查数据表明这些避孕环存在上述问题。但是，这些问题和女性安全避孕的权益能否进入公众视野和社会政策制定环节，则与各方力量的较量有关。在美国，上述现代避孕方式对女性健康的威胁之所以受到广泛关注，其原因是第二波性别平等运动起到了至关重要的作用。从20世纪70年代开始，以波士顿女性小组撰写《我们的身体，我们自己》为标志，女权主义者开始质疑和反对市场和医生对女性身体的滥用和对生育知识的垄断，更反对视女性为生育机器以及任市场和医生实验避孕方式的被动身体。

女性安全避孕的权益能否成为公共议题并进入社会政策与另一个具体问题有着共同的影响因素，即：对于已有了理想孩子数量的夫妇，结扎手术提供了一劳永逸的长效避孕可能，那在男扎和女扎之间，前者为什么能从20世纪60年代起逐渐成为欧美五国的主要避孕方式呢？自20世纪60年代开始的第二波性别平等运动在以下两个方面作用巨大：①从知识生产的角度推进女权主义学术，对性和避孕等日常生活的方方面面进行了振聋发聩的深刻剖析。②从20世纪60年代晚期，面对女权主义者对男权制度的剖析、揭露和控诉，许多男性开始反思自己作为男性所享有的特权，和如何做对女性友好的、性别平等的男性。男性运动首先从民间开始，男性们通过讨论小组等形式聚集在一起，分析自己所享有的男性特权和对女性的不公正待遇[3]。从20世纪80年代开始，男性研究兴起，这可以进一步从理论

---

[1] W. D. Mosher, "Contraceptive Practice in the United States, 1982–1988", *Family Planning Perspectives* 29 (1990).

[2] L. Atkinson, S. B. Schearer, O. Harkavy & R. Lincoln, "Prospects for Improved Contraception", *Family Planning Perspectives*, Vol. 12, No. 4 (1980).

[3] M. S. Kimmel & A. Aronson, *Men and Masculinities: A Social, Cultural, and Historical Encyclopedia* (ABC-CLIO, 2003).

上分析男性的社会构建，推动男性气质的变化。

这些亲性别平等的男性运动的影响之一，就是一些男性认识到必须和女性一起分担避孕责任。例如，一份于1998~1999年进行的可代表美国在此期间做了结扎手术的所有男性的调查表明，在回答做男扎手术的原因时，62%的人是因为这一手术方便、安全、可靠；另有14%的人觉得妻子已经承担了怀孕、生育和避孕等方面的巨大责任，现在应该是自己去承担避孕责任了[1]。第一个原因虽然从表面上看来不是因为支持性别平等，但实际上是完全接受了男性也有责任避孕的性别平等观念，所以男性认可性别平等是男性能够接受男扎的最重要原因。

尽管男扎在所有现代避孕方式中，特别是对不打算再要孩子的人来说是最佳的选择，但这一信息的传播和认可不会自动发生，尤其是欧美国家在1920~1960年经历了基于所谓"优生"原因的强制结扎，这导致男扎被蒙上一定程度的污名[2]。美国的"自愿结扎组织"（Association for Voluntary Sterilization）于1980年前后在杂志和地铁广而告之"1200万美国人已经选择了永久性的生育控制，而不是其他的避孕方式"，传播了男扎是一项可行的避孕方式的理念[3]。在新西兰，民间的计划生育协会通过严格的保密制度、完善的术前咨询、高超的手术质量和低廉的收费，使男扎于20世纪60年代起就成为新西兰已婚男性避孕的首选，从80年代开始，平均每4名新西兰成年男性中就有1人以结扎来避孕。一位有着丰富男扎手术经验的新西兰医生还指出，自20世纪60年代晚期起丈夫陪伴妻子分娩成为常规，广大男性由此看到了女性在生育中付出的巨大劳动，这也有效地促进了男性承担避孕责任[4]。在美国，接受男扎手术的先行者是男性医疗者。1967年对全

---

[1] M. A. Barone, C. H. Johnson, M. A. Luick, D. L. Teutonico & R. J. Magnani, "Characteristics of Men Receiving Vasectomies in the United States, 1998-1999", *Perspectives on Sexual and Reproductive Health*, Vol. 36, No. 1 (2004).

[2] 男性和女性结扎手术虽然早在19世纪后期就已出现，但直到20世纪四五十年代，仍不被视为避孕方式，而是根据优生理论，对被贴上"劣等"标签的罪犯、有智力障碍、有色种族等群体进行强制绝育。见 R. Beerthuizen, "State-of-the-art of Non-hormonal Methods of Contraception: V. Female Sterilization", *The European Journal of Contraception and Reproductive Health Care*, 15 (2010); G. F. Brown & E. H. Moskowitz, "Moral and Policy Issues in Long-acting Contraception", *Annual Review of Public Health*, Vol. 18 (1997).

[3] The Association Press, "Voluntary Sterilization Campaign", *New York Times*, July 8, 1981. Retrieved from http://www.nytimes.com/1981/07/08/garden/voluntary-sterilization-campaign.html.

[4] Population Information Program, Center for Communication Programs, Johns Hopkins University. Vasectomy: New Opportunity, *Male Sterilization*, Series D, Number 5 (1992).

美提供男扎手术医生进行的调查表明,在结扎男性中,男性医疗者的人数是蓝领工人的10倍。男性医疗者的现身说法,说服了更多美国男性做了结扎手术[1],1984~1995年,美国已婚男性的结扎率由16%上升至24%[2]。自20世纪80年代后,男扎也成为英国的主要避孕方式,于1989年所开展的对已婚夫妇的调查显示,男扎率已超过女扎率,二者分别为12%和10%[3]。加拿大自20世纪90年代以后,男扎成为已婚夫妇的主要避孕方式,男扎率也于90年代中期超过女扎率。如表1所示,在亲密伴侣所采用的现代避孕方式中,加拿大、新西兰、英国、澳大利亚和美国的男扎比例在2000年后均达到17%~31%的水平,不仅远远超出已有统计的发展中国家的平均水平,而且远超发达国家的平均水平。

另外,在欧美五国中,似乎没有流传在中印普遍流行的关于男扎的错误信息,即男扎会损害男性的性能力,会削弱男性的体力。美国于20世纪60年代对男性大学生和教职员工所做的两项调查表明,反对男扎的主要原因如下:①结扎是对"下等"群体的强制结扎,是有历史污点的避孕方式;②美国法律禁止结扎。但在调查期间,美国只有2个州禁止非医学性必要的结扎[4]。由此可见,当时部分美国男性反对男扎的原因与男性气质没有关系。回溯历史,Amor等人发现,在美国担心男扎手术损害男性气质的,并不是接受手术的男性们,而更可能是一些研究者[5]。20世纪60~70年代对做了结扎手术男性的调查表明,男性们普遍认为结扎手术不但没有损害自己的男性气质,而且带来很多正面的影响,包括因不用再担心怀孕,所以性生活的满意度更高,与妻子的情感更好等[6]。这些看法与以后几十年间的

---

[1] J. E. Davis & J. F. Hulka, "Elective Vasectomy By American Urologists in 1967", *Fertility and Sterility.* Vol. 21, No. 8 (1970).

[2] W. D. Mosher, "Contraceptive Practice in the United States, 1982 – 1988", *Family Planning Perspectives* 29 (1990).

[3] Population Information Program, Center for Communication Programs, Johns Hopkins University. Vasecetomy: New Opportunity, *Male Sterilization*, Series D, Number 5 (1992).

[4] A. Goldsmith & R. J. Goldberg, "Psychosocial Aspects of Vasectomy in Latin America", *The Journal of Sex Research*, Vol. 10, No. 4 (1974).

[5] C. Amor, K. E. Rogstad, C. Tindall, T. H. M. Kenneth, D. Giles & P. Harvey, "Men's Experiences of Vasectomy: A Grounded Theory Study", *Sexual and Relationship Therapy*, Vol. 23, No. 3 (2008).

[6] D. Rodgers, & F. Ziegler, "Psychological Reactions to Surgical Contraception", in J. Fawcett ed., *Psychological Perspectives on Population* (New York: Basic Books, 1973); A. Ferber, C. Tietze & S. Lewitt, "Men with Vasectomies: A Study of Medical, Sexual and Psychosocial Changes", *Psychosomatic Medicine* Vol. 29 (1967).

类似调查的发现很一致，但因为当时部分研究者潜在地预设男扎会损害男性气质，所以他们认为结扎男性们所说的性生活满意度更高等回答是自我保护和经受创伤的表现，是在弥补受损的男性气质[①]。实际上，由于结扎手术并不影响男性勃起和射精，只是精液中不再含有精子，而且在无须为怀孕而担心的情况下，性生活可以更加安心，这些都会促进性生活质量的提高。

更重要的是，之所以当时的一些研究者会误读调查结果，原因之一在于他们没有意识到男性气质的定义已经发生变化。研究者对欧美五国做了结扎手术的男性的访谈调查表明，结扎已成为检验男性气质的一个试金石：①男性是否愿意做结扎手术，是检验其是否为"爱家好男人"（family man）的一个标准。在欧美五国中，流行的男性标准之一是：一个好的男人应该是对家庭负责、疼爱妻子的，男扎就是实际行动之一。所以一些受访男性做结扎的原因之一就是觉得妻子已经在避孕、怀孕和分娩上做了很多努力，现在该轮到自己避孕了；如果男性拒绝做结扎，而把避孕责任完全丢给妻子，会被朋友和同事们看不起，觉得自己不是个男人。②做结扎手术的男性被认为是"浴血奋战"的英雄。尤其是在工人阶级男性中，在某男性做结扎手术前，已经做了结扎手术的男同事常常会竭力夸大结扎过程的出血量、痛苦程度，以此来考验每一个希望加入"爱家好男人"这一声望俱乐部的男性是否拥有足够的男性气概[②]。当然手术的实际情形绝非如此，但通过这样的考验方式，结扎被成功地结合到男性气质的定义之中。

三 中印两国政府推行男扎都是出于经济理性主义和现代化追赶

在两国政府于20世纪50～60年代推进计划生育运动或生育节制之前，

[①] F. Ziegler, D. Rodgers & S. Kriegsman, "Effect of Vasectomy on Psychological Functioning", *Psychosomatic Medicine*, 28 (1966); E. Rodgers, F. Ziegler, J. Altrocchi & N. Levy, "A Longitudinal of the Psycho-social Effects of Vasectomy", *Journal of Marriage and the Family*, Vol. 27, No. 1 (1965).

[②] G. Terry, & V. Braun, "'I'm Committed to Her and The Family': Positive Accounts of Vasectomy Among New Zealand Men", *Journal of Reproductive and Infant Psychology*, Vol. 29, No. 3 (2010a); G. Terry, & V. Braun, "'It's Kind of Me Taking Responsibility for These Things': Men, Vasectomy and 'Contraceptive Economies'", *Feminism & Psychology*, Vol. 21, No. 4 (2010b).

两国均未经历过欧美五国在19世纪晚期到20世纪中期所进行的避孕普及阶段，所以两国民众很少有避孕的观念与行为，平均每个家庭生育五六个孩子，并普遍认为多子多福①。但在国际上，从20世纪40年代开始流行的人口理念认为过多的人口会消耗国家经济建设所取得的成就，从而阻碍国家发展。在将这种新型的马尔萨斯理论与第三世界国家现代化追赶的愿望相结合后，印度于1951年成为世界上第一个在全国范围内由政府出面推行计划生育的国家。从1959年起，印度的计划生育运动开始变得严厉，主要表现在：结扎成为印度计划生育的主要推进方向，计生成了举国上下的头等大事。1977年宣布计划生育为自愿后，印度计生运动的力度有所减弱，1996年起不再设置避孕措施的数量目标②。

中国的计划生育最初萌芽于1951年，从允许人们节育开始。1973年，计划生育正式成为国家政策，其标志是国务院和省、区、市都相继成立了计划生育领导小组，人口指标被纳入国家计划，并被层层下达。以计划生育于1978年进入宪法和于1980年成为国策为标志，政府开始强力推进计生运动。所以本文所指的中国政府强力推进计划生育主要是指1978年之后的阶段，在此之前的计划生育主要是政府倡导、民众自愿选择。

在两国政府发动的计生运动中，经济理性主义集中表现在主要避孕方式的选择和推动方面。在中印政府分别于20世纪50年代末和70年代末开始强力推进计划生育时，避孕药和避孕套等短效避孕方式、男女结扎和避孕环等长效避孕方式都已可以应用，但两国政府都力推长效避孕措施。其主要原因在于，政府认为民众会因为缺乏避孕意愿和知识而难以通过避孕药和避孕套等依赖于个人的避孕方式来有效避孕，而且结扎的好处在于一次性手术后几乎没有再生育的可能。因此两国在计生狂飙运动期间都非常依赖男女结扎手术，当男扎在运动后期遇到巨大阻力后，女扎和女性使用的避孕环填补了男扎留下的巨大空白。

那么，在男扎和女扎之间，两国政府为什么主推前者呢？这主要是基于经济理性主义。在当时，男扎与女扎相比，前者的手术时间短，一般在

---

① K. S. Chang, G. C. Worth & P. H. Michael, "East Asia Review 1973", *Studies in Family Planning*, Vol. 5, No. 5 (1974); L. C. Landman, "Fourth International Conference on Voluntary Sterilization", *Family Perspectives*, Vol. 11, No. 4 (1979); M. Connelly, "Population Control in India: Prologue to The Period", *Population and Development Review*, Vol. 32, No. 4 (2006).

② P. E. W. Stolc, "Seeking Zero Growth: Population Policy in China and India", *Graduate Journal of Asia - Pacific Studies*, Vol. 6, No. 2 (2008).

15~20分钟，后者则需要一个小时。前者是只需局部麻醉的门诊手术，后者则需要全身麻醉和住院，因此前者在手术价格、人工费用、术后副作用和并发症的风险规避方面的优势远胜于后者[1]。而且，当政府用现金鼓励人们做计生手术时，首推男扎也是符合经济理性主义的。例如，在印度，做了男女结扎手术的人都会得到现金补贴，但女性得到的多于男性；在医生因做男女结扎手术而得到的政府补贴中，做女扎手术得到的多于做男扎手术。

面对民众的甚少避孕与政府热切盼望少生快富之间的剧烈矛盾，两国政府都凭借现代政府全面规划社会的雄心壮志和强大的自上而下的贯彻能力，相当自信地采取严厉措施，以实现政府所界定的良好生育模式。本文将这些措施总结为"计生国家运动的五点战略"：①设立计生目标。中央政府设立生育控制目标，将各种避孕方式的使用率下达到各个地区，各个地区再依据本地人口数量将目标细化。②严密的奖惩措施。中央和地方政府执行严密的奖惩措施，涉及人们的工作、工资、住房、教育、职业晋升、医疗、产假等各个方面，对政府工作人员的奖惩尤其严格。③绵密的宣传。在电台、电视、电影、报纸、杂志、宣传牌、公告栏、大中小学生的教材等每一个可以利用的媒介宣传计划生育。④免费的避孕药具与计生手术，对做了计生手术的人给予现金补贴。在计生运动发动不久之后，两国政府均开始提供免费的避孕药具和手术，包括人工流产、男女结扎、女性上环等。中国政府还逐渐将因做计生手术而产生的休假、工资补助等纳入社会保障政策。⑤遍及全国的计生网络。两国都在全国各地兴建计划生育诊所和服务站，培训大量医务人员，建立遍及全国的庞大计划生育工作网络，招募大批的计划生育工作人员，这些工作人员则挨家挨户地上门宣传、动员和监督[2]。

虽然从经济理性主义来看，男扎是控制人口的最优选择，但男扎遇到了男权型男性气质这一致命障碍。这类男性气质认为男扎会在性别分工、

---

[1] P. M. Alderman & E. M. Gee, "Sterilization: Canadian Choices", *Canadian Medical Association Journal*, Vol. 14 No. 6 (1989); Stolc, 2008; Hatcher, A., *Contraceptive Technology*, 16th Revised Edition, Irvington Publishers, New York, 1994.

[2] S. Moon, *Militarized Modernity and Gendered Citizenship in South Korea*, Durham and London: Duke University Press, 2005; H. Yuan Tien, "Sterilization Acceptance in China", *Studies in Family Planning*, Vol. 13, No. 10 (1982); J. A. Ross & O. D. Finnigan, "Within Family Planning - Korea", *Demography*, Vol. 5, Issue 2 (1968).

性/生殖、男性体力/养家人这三个方面根本性地威胁"纯爷们"标准。由国家强力意志催生的计生五点战略，希望通过强硬、绵密的政策执行机制推动男扎，但通过分析相关文献，笔者发现，中印政府的计生五点战略只是有限地试图触动男权型男性气质的第一点：性别分工中避孕责任女性化。而且，由于两国政府没有明确意识到男权型男性气质是推行男扎受阻的根本症结，也没有厘清男权型男性气质还在后两个观念方面与男扎不符，所以轰轰烈烈的印度男扎推动运动在与反对结扎的男权型男性气质缠斗多年后，不得不退却与让步。虽然男扎在中国计划生育史上总体呈边缘状态，但中国的男扎人数一度在全世界的男扎人数中占据巨大比例，而在四川等省份，男扎还曾成为多年中主要的避孕方式。但到目前，男扎在中国的计划生育中几乎被遗忘。下文将分别分析男扎在两国所经历的大起大落。

四 印度政府推进男扎的三大方式：现金赎买、结扎站和"紧急时期"

印度政府为了在短时间内达到结扎人数最大化，推行了下述3项大跃进性质的特色措施。

（1）现金赎买。在20世纪60年代，印度政府除了为每位结扎男性提供20~30卢布的补贴外，计生工作人员每动员一名男性来做结扎手术即可获得10~15卢布的奖励。在当时印度的贫困地区，二三十卢布相当于一般体力劳动者半个月的收入，所以这些奖励比较具有吸引力[1]。Saksena 于1974年对印度结扎男性所进行的调查表明，这些男性做结扎手术的一个重要原因就是可以获得现金补贴。在1966~1967年，印度遭遇大旱和饥荒，现金奖励的吸引力更为提升。以 Bihar 邦为例，1967年的结扎和避孕环数量分别是1965年的5.4倍和1.9倍。从印度全国来看，饥荒两年间的男扎手术数量明显超过饥荒前的年份，结扎手术招募者也更加努力地劝说人们来做结扎手术[2]。

（2）设立结扎站，即临时建立专门提供结扎手术的计生医疗服务站。首个男扎站于1961年出现在 Maharashtra 邦，建立结扎站的目的在

---

[1] Stolc, 2008; R. Repetto, "India: A Case Study of the Madras Vasectomy Program", *Studies in Family Planning*, Vol. 1, No. 31 (1968).

[2] Stolc, 2008.

于营造结扎的狂欢气氛和巨大的群体压力,在为期五周的存在时段内,结扎站完成了上万例男扎手术①,这一数量上的巨大成功,鼓舞印度许多地方相继建立了众多的结扎站。在结扎站做结扎的男性,可以得到比平时更多的现金补贴。

(3)"紧急时期"。英吉拉·甘地宣布1975年6月至1977年2月为"紧急时期",要求为了以"坚定的、大胆的计划生育措施来加快计生项目的步伐",暂停宪法赋予人们的权利和自由,推行极具强制性的计生运动。鉴于男扎成本低于女扎成本的事实,男扎成为实施计划生育措施的重点,而男人们则被集中起来强制结扎。仅在1977年9月印度就实施了170万例男扎,这一数字相当于过去10年的年均绝育例数②。

这三项措施都在短时间内大大增加了男扎数量,但并没有真正触动男权型男性气质反对男扎的三个关键点,只是在避孕女性化这一点上,男扎数量上的大跃进显示男性承担了部分避孕责任。然而,现金赎买只是利用下层男性的经济劣势,诱使他们为换取金钱而暂时让渡自己的部分男性身份。前文提及,有调查发现许多男性做结扎的主要动机是获取现金补贴,这表明现金赎买政策会诱使贫困男性为获取金钱而结扎,但这些男性并不是为了承担避孕责任。对于男权型男性气质反对男性做结扎的另外两点——男扎会威胁男人的性能力、体力/养家人角色,现金赎买没有能够撼动。例如,1965年对印度Uttar邦结扎男性的调查表明,49%的人认为,男扎会导致性无能和体力上的败坏③。结扎站利用集体事件的模仿、传染效应,可以在短时间诱使许多男性结扎,但计生大跃进的特点是重量不重质,所以在男扎的狂欢期间,受过足够训练的医务工作人员严重不足,结扎男性的术前咨询、术后护理等服务远远不够,手术质量低下,并发症多④。

现金赎买、结扎站和"紧急时期"这三项饮鸩止渴的做法,不但没有有效促进男性通过结扎来承担避孕责任,更没有有效改变男扎与男性气质相互抵触的状况,而且不论是当时还是以后,都严重损害了人们对男扎这一避孕方式的信任,进而使男扎后来在印度被遗弃。例证之一就是在1976~

---

① Stolc, 2008; Connelly, 2006.
② Leah Ren-Ai. Koenig, Who Deserves to Reproduce? Coercion, Choice and Democracy in India' Family Planning Program, 1951-Present, (Thesis of Wesleyan University, Connecticut, US, 2013).
③ Robert E. J. R. Elder, "Targets Versus Extension Education: The Family Planning Programme in Uttar Pradesh", Population Studies, Issue 28 (1974).
④ Stolc, 2008.

1977 年的"紧急时期"实施了 620 万例男扎,但在"紧急时期"结束后的 1977~1978 年,男扎锐减到 1.88 万例①。"紧急时期"标志着印度计生高压达到顶点,终于超出了印度各界的承受能力,这也成为英吉拉·甘地政府于 1977 年下台的重要原因之一。新一届印度政府接受这一教训,宣布计生为自愿。现金赎买、结扎站和"紧急时期"消失后,随着计生的自愿,印度男性的结扎也自愿地回到男性气质与男扎相互抵触的原有轨道上:避孕不是男人的事,男性不能结扎,结扎会使男人"不男"。女扎开始成为印度已婚夫妇严重依赖的避孕方式,在 2005~2006 年实施避孕的夫妇中,女扎占了 77%,男扎则只占 2%(见表 1)。1992 年,印度政府希望再次用现金奖励的方式吸引男性做结扎手术②,但目前印度极低的男扎率表明,用金钱来诱使男性放弃男权型男性气质也不再可能。所以,印度男扎的大起大落表明,高压、现金赎买和男扎大跃进都不可能长期有效地推进男扎。

五 中国整体对男扎的浅触即退和四川的辉煌 30 年

从新中国成立至今,比较成熟且使用较广的男用避孕方式主要有避孕套和男扎两种。在 20 世纪 50 年代中国刚开始倡导节制生育时,男性被鼓励通过男扎来承担避孕责任,例如,1957 年《健康报》的社论、1963 年周恩来总理和时任卫生部副部长徐运北都发出过类似倡议,周总理还公开赞扬做了男扎的男性。也许与这些倡导有关,自有全国记录可查的 1971 年起,到 1978 年,男扎数量虽少于女扎数量,但前者每年都能达到后者的一半或与后者相接近(见图 1③)。

1978 年后,计划生育进入宪法、成为基本国策,20 世纪内要将人口控制在 12 亿以内成为计生目标,这些政策都显示计划生育力度空前加大。从国家经济理性的角度来看,结扎和上环等长效避孕方式远比避孕套和避孕药等短效方式更具吸引力。1983 年和 1991 年成为节育手术(包括男女结扎、上环、人工流产)数量史上的两个高峰年,1983 年的男女结扎手术数

---

① Suzanne L. Cohen, *Vasectomy and National Family Planning Programs in Asia and Latin America*, http://www.docin.com/p-433022968.html.
② S. Valsangkar, S. K. Sai, S. D. Bele & T. N. Bodhare, "Predictors of No-scalpel Vasectomy Acceptance in Karimnagar District, Andhra Pradesh", *Indian Journal of Urology*, Vol. 28, Issue 3 (2012).
③ 笔者根据《2011 中国卫生统计年鉴》的"表 7-6-1 计划生育手术情况"制图。

量更是远远超过之前和后来的所有年份（见图1）。

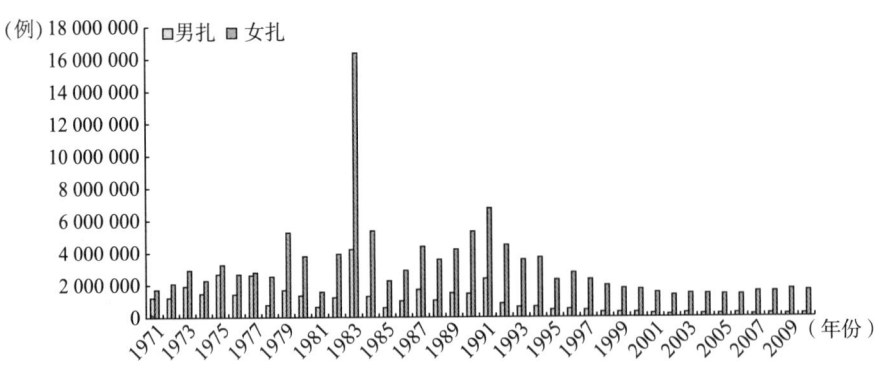

图1　1971~2010年全国男扎与女扎数量

那么在男扎和女扎间是以哪种方式为主呢？国家计生委和地方计生委提出不同的看法。从中央层面来看，1984年颁布的7号文件和20世纪80~90年代逐渐明确的农村夫妇"一环二扎"政策（即生了第一胎后女方上环，生了第二胎后夫妇一方绝育）都规定夫妇可选择任意一方结扎。1989年时任副总理田纪云，1990年时任全国计生委副主任吴景春，1991年时任全国计生委主任彭珮云，1993年时任中国计划生育协会会长宋平都曾发表相关讲话①，要求男性承担避孕责任，倡导男性做男扎手术。在国家计生委1986~2000年的"七五"、"八五"和"九五"国家科技攻关项目中，也都有关于男扎的课题②。但少数领导的讲话和国家计生委科研项目中倡导男扎的态度未能落实在计生日常工作模式中。在国家计生委于1995年转发江苏省计生委《关于开展避孕节育全程服务和生育保健服务的实施意见》并要求各地参考使用的通知中，明确提出在避孕节育全过程服务中，要以避孕环为主，以女性使用的结扎、避孕药、避孕针、皮下埋植为辅，但全文没有一处提到男性应该或如何承担避孕责任。

江苏省计生委的这份将避孕责任女性化、忽视或豁免男性避孕责任的建议，反映了地方计生委在强力计生运动中的现实理性选择。作为地方具体政策的执行者，他们必须确保农村夫妇在生育二胎后结扎，特别是1991年后党政一把手计生负责制和"一票否决"制的实施，促使地方计生部门在男扎和

---

① 杨魁孚、梁济民、张凡主编《中国人口与计划生育大事要览》，中国人口出版社，2001。国家计划生育委员会科技司编《计划生育科技工作文件汇编（1990~1996）》，中国人口出版社，1997。

② 国家计划生育委员会科技司编，1997。

女扎之间选择易于推行的方式。由于众多农村家庭广泛认为男扎破坏男性气质，计生政策和工作方式中也广泛隐含这些观念，国家和地方计生工作人员的工作考核标准是结扎率而非男扎率或女扎率，农村个体家庭、地方计生工作者和国家计生委在结扎以女性为主的认识方面达成了共识。

在中国计生委于1984年发布7号文件并要求各地允许民众在避孕措施上有选择余地后，除几个省市和个别年份外，全国每年新增的男扎数量与女扎数量相差更加悬殊，到2010年时，前者只及后者的13%。7号文件发布的本意是缓解过去一年多严厉的计生措施和大跃进方式所造成的地方政府与民众之间的高度紧张状态。这份文件中的一项关键政策是允许一些省份将农村居民生二胎的口子开大一点，并于第二年明确形成了"一孩半"政策①，即第一胎为女孩时，允许生第二个孩子。从性别角度看，这一"堵大口、开小口"的政策实际上形成了控制人口数量、允许男孩偏好的效果。从男扎的角度来看，7号文件通过允许当地有限地选择计生措施，还开了"男性可以不结扎，结扎是女人的事"的口子。所以这一文件实际上从两个方面向男权制度让步了：男孩偏好和豁免男扎责任。

与男扎在全国计生运动中的边缘化情况相比，男扎在四川省可谓独树一帜。在1960~1990年，四川省是全国各省、自治区和直辖市中推进男扎最有成效的省份，男扎的数量占了全中国男扎总数量的1/2、世界的1/4。四川省在总结男扎成功经验时，认为其主要包括：宣传男性有责任通过结扎承担避孕责任，男性领导带头结扎，努力保障男扎手术质量②。这些总结虽然没有明确体现出男性气质与男扎的关系，但实质上是以下列方式推进了二者的融合：①倡导男性应该通过结扎手术承担避孕责任，这实质上是将结扎整合进男性气质中。②动员和宣传男领导带头结扎，这实际上是以角色示范的方式证明结扎不损害男性气质。③努力保障手术质量实际是保证男扎不破坏男性的性能力和体力/养家人角色。④由于四川在这30年间男扎普遍，并远超过女扎的数量，所以现实生活中很多已结扎男性对男扎手术的正面评价和推荐③，都为四川营造了一个男扎不损害男性气质的氛围。

---

① 1985年11月时任全国计生委主任王伟在中央党校做"关于计划生育工作问题"报告中首次提到，在农村，"照顾只生育一个女孩的允许再生一个"。转引自杨菊华：《"一孩半"生育政策的社会性别与社会政策视角分析》，《妇女研究论丛》2009年第3期。
② 徐冰：《中国男扎术应用现状》，《中国计划生育学杂志》1993年第2期。
③ Luo Lin, Wu Shizhong, Guo Jian and Tang Lisha, "Improving Condom Use in Sichuan, China: Findings from a Qualitative Study", *Reproductive Health Matters*, Vol. 4, No. 7 (1996).

在生育指标已用完的已婚夫妇中，以男扎为主要避孕手段的辉煌成绩之所以能在四川维持30年，还与四川是直视钳穿式男扎手术的发源地有关。这一被赞为"不开刀、不疼痛"（no scalpel, no pain）的男扎技术是1974年由四川医生李顺强开创的，加拿大、美国等医生都先后专程来学习，此后这一技术传播到许多国家，成为当今世界上最普遍的男扎方法。四川作为这一手术方式的发源地，由此而来的自豪感和技术培训的方便，都促使四川计生系统热忱地推广男扎，并努力提供高质量的男扎术前咨询、手术和术后服务①。

当全国计生委于20世纪90年代中期在实际工作方式中放弃将男扎整合进男性气质的努力后，四川省凭借多年来形成的男扎不损害男性气质的氛围，将每年新增男性结扎数量多于女性的纪录保持到了2004年。但当中央和其他地区实际上普遍豁免了男扎的责任、男扎从计划生育日常管理方式中消失后，四川难以和全国范围内的"男扎损害男性气质"的强大氛围持久抗衡，更何况在四川省内，这一声音也远未消失。另外，四川计生委的男干部带头结扎等政策显示，这只是在省内营造了男扎与男性气质不矛盾这一脆弱的氛围，但没有积极建构结扎男人是更负责的男人的新观点。其结果是，四川每年新增的男女结扎数量由1970～1990年的4比1降至2004年后的1比8。

六 结语

在男扎方面，关于欧美五国和中印两国分别走出平稳发展和大起大落之路的原因，本文力图论证以下三点：①男性气质与男扎的关系（相互支持还是相互抵触），是决定男扎走向的关键变量。②在最近两个世纪的性别平等运动和避孕转型中，欧美五国的男性气质与男性结扎朝着性别平等的方向被重新建构。③当国家通过计划生育运动强力推动男扎，但却未有效地推动男性气质与男扎之间的关系从相互抵触转向相互支持时，男扎的使用会出现大起大落的情况。

曾被周总理热情倡导的男扎这一避孕方式，在我国经历过大起大落，现已被基本遗忘，但欧美五国于半个世纪中的广泛使用已充分表明了它的

---

① 徐冰、朱金波：《四川省男扎规划成功的原因初探》，《中国计划生育学杂志》1993年第5期。

安全和有效。目前，我国生育政策正在发生重大调整，人们十分需要安全、有效、性别平等的避孕方式，如何让男扎成为人们自愿的、知情的普遍选择，这一问题非常重要。欧美五国的成功经验表明，男性气质并非虚无缥缈或不可改变，避免政府在节育和避孕中的高压政策、在社区或同辈群体中树立男扎的角色示范、提供充分的男扎术前咨询、确保手术质量和术后护理服务，是促进男扎与男性气质相互促进的有效路径。另外，表1还显示，男性通过使用避孕套和通过结扎来承担避孕责任是相辅相成的：在男扎使用率高的这7个国家中，男性通过避孕套和男扎来承担避孕的比率都远高于中印和世界平均水平。所以，要想提高男扎率，就必须推动男性以多种方式承担避孕责任。

特别要指出的是，尽管中印两国目前都普遍存在关于男扎的误解，但其实两国的许多男性都显示出承担避孕责任的意愿。例如，2011年对中国一个拥有140万人口的县级市的调查表明，79%的成年男性认为避孕不仅仅是女人的事[①]。印度的相关调查也表明，有些男性愿意做结扎手术，但需要有详细的术前咨询。所以并非中印两国男性都拒绝男扎，而是缺乏足够的优质服务来促进男性避孕由意愿落实为行动。因此，为不打算再要孩子的已婚夫妇和个人提供充分可靠的长久避孕方式，促进和满足男性通过自己结扎承担避孕责任的意愿，有效减少非意愿妊娠和人工流产，中印两国迫切需要以上这些促进男性气质与男性结扎耦合且朝着性别平等方向发展的社会政策。

最后，从研究的角度看，作为一篇跨越百年和数国的比较研究，本文所梳理出的两条男扎路径，与男性气质、国家力量和计划生育运动的相互建构过程的相关分析中，很有可能因为笔者为追求逻辑的顺畅而未充分剖析现实的复杂性，期待以后的研究能弥补这一缺陷。

---

① 王向贤、方刚、李洪涛：《中国性别暴力和男性气质研究定量调查报告》，联合国人口基金驻华代表处，2013。

医疗机构层级、医患关系与防御性医疗：以北京为例*

姚泽麟

摘　要： "防御性医疗"是考察医患信任与医疗环境的一个可行角度。既有的关于防御性医疗的研究多以问卷方法为主，且缺乏对不同等级医疗机构中的防御性医疗的差异的考察。基于在北京的深度访谈与观察所得的田野资料，本文详细描述了在医生的临床工作中常见的七种防御性医疗策略，展现了医生在其中的行为逻辑，并且分析了不同等级的医疗机构中防御性医疗实践的差异及其原因。本文认为，防御性医疗源于医患之间的不信任，而建立行之有效的基层机构"看门人"制度是重建医患信任，进而减少防御性医疗的可行方案。

关键词： 防御性医疗　医患关系　信任

自2009年国务院发布《关于深化医药卫生体制改革的意见》，新医改已经走过了五个年头。五年当中，我国医保覆盖率已超过95%，[1] 民众的医疗费用负担得到一定程度的减轻。与此同时，基本药物制度、公立医院等改革都在不断推进。然而，医患关系似乎并没有得到相应的改善，相反甚至有恶化的趋势。医生这一典型的职业群体正处于极为尴尬的境地：不受患者信任、遭遇人身攻击、公共形象受损、职业声望下降。于是，如何自我保护以使自身避免医疗矛盾与纠纷，避免成为医疗暴力的目标，成了医生最为关注的焦点之一。

---

* 本研究受2014年度教育部人文社会科学研究青年基金项目"新医改背景下城市居民就医行为逻辑研究"（14YJC840040）资助。

[1] 李玲、陈秋霖：《理性评估中国医改三年成效》，《卫生经济研究》2012年第5期。

作为医生自我保护逻辑的集中表现,"防御性医疗"(defensive medicine)指的是医生在执业过程中采取的各种策略。这是考察医患关系的一个可行窗口,也是评估新医改成效的重要侧面。本文试图通过描述近年来医生的各种防御性医疗行为,分析这些行为在不同级别的医疗机构当中的不同呈现及产生这种差异的原因,挖掘影响医患关系的深层次因素,以图为新医改提供一些政策参考。

一 防御性医疗:基本概念与研究现状

Tancredi 与 Barondess 将防御性医疗定义为医务人员"为了避免可能发生的医疗官司或为了提供适当的文件以证明已对某病人实施了大范围的诊疗项目而使用的一些特定的诊断与治疗行为"。防御性医疗一般分为两种类型:一种是"积极防御性医疗",指的是医生谨慎小心地为患者完善其疾病所涉及或潜在涉及的各类检查,以保留证据为目的,使得医疗工作更加周密。另一种是"消极防御性医疗",指的是医生首先考虑避免医疗争议的出现,如果治疗存在巨大的风险,医生宁可采取保守处置方案,避免高风险性治疗。[①]

防御性医疗并非中国特有,也非最近才出现的医疗现象。早在1971年,《杜克法学杂志》(*Duke Law Journal*)上的一篇文章就指出,在美国,随着越来越多的医疗纠纷的发生,医生们开始实践防御性医疗,以避免发生医疗失误,从而使自身远离医疗诉讼。[②] 其后,许多研究都证实了欧美社会中防御性医疗的存在和上升趋势。[③] 我国情况亦不容乐

[①] Laurence R. Tancredi and Jeremiah A. Barondess, "The Problem of Defensive Medicine," *Science* 200 (1978): 879–882;陈王华、沈春明、韦嫚:《防御性医疗行为的分类探讨》,《医学与哲学》2010年第5期。

[②] Project, "The Medical Malpractice Threat: A Study of Defensive Medicine," *Duke Law Journal* 5 (1971): 939–993.

[③] Richard E. Anderson, "Billions for Defense: The Pervasive Nature of Defensive Medicine," *Archives of Internal Medicine* 159 (1999): 2399–2402; Ken L. Bassett et al., "Defensive Medicine During Hospital Obstetrical Care: A By-product of the Technological Age," *Social Science and Medicine* 51 (2000): 523–537; Maurizio Catino, "Why Do Doctors Practice Defensive Medicine? The Side-effects of Medical Litigation," *Safety Science Monitor* 15 (2011): 1–12; D. M. Studdert et al., "Defensive Medicine Among High-risk Specialist Physicians in a Volatile Malpractice Environment," *Journal of American Medical Association* 293 (2005): 2609–2617; Nicholas Summerton, "Trends in Negative Defensive Medicine Within General Practice," *The British Journal of General Practice* 50 (2000): 565; A. Dale Tussing, and Martha A. Wojtowycz, "Malpractice, Defensive Medicine, and Obstetric Behavior," *Medical Care*, 35 (1997): 172–191; Stephen Zuckerman, "Medical Malpractice: Claims, Legal Costs, and the Practice of Defensive Medicine," *Health Affairs*, 3 (1997): 128–133.

观。① 表1罗列了近40年来有关防御性医疗的几次调查。② 数据显示，世界各国的防御性医疗的发生比例都维持在一个较高水平，而2003年程红群等人在北京9家大型医院的调查甚至得出结论：受访医生无一例外偶尔或经常做出防御性医疗行为。

既有研究指出，防御性医疗是随着医疗纠纷与诉讼的增加而增加的，其根源在于医患信任的不足。其直接后果，一是增加了不必要的医疗费用，加重了患者与整个社会的经济负担；二则是造成了患者的权益得不到保障，医生借助信息不对称，对患者进行了过度的或保守的临床处置，影响了正常的诊疗。防御性医疗行为在一些"高风险"科室尤为明显，如产科、外科等。③

表1 近40年来防御性医疗的几次调查数据比较

研究者	年份	国家	防御性医疗的比例（%）
Tancredi and Barondess	1978	美国	70
Studdert et al.	2005	美国	93
Summerton	2000	英国	90
Hymaia	2006	日本	98
Massachusetts Medical Society	2008	美国	83
Catino	2008	意大利	77.9

---

① 程红群、陈国良、蔡忠军、刘希花、王健康：《对医生防御性医疗行为的探讨》，《医学与哲学》2002年第12期；程红群、陈国良、蔡忠军、刘希花、王健康：《512名医生自卫性医疗行为现状调查及分析》，《中国医院管理》2003年第6期；陈王华、沈春明、韦嫚：《防御性医疗行为的分类探讨》，《医学与哲学》2010年第5期；孙大明、王瑞山：《防御性医疗的法律思考》，《中国司法鉴定》2004年第S1期；王银发、徐凌忠：《我国防御性医疗研究现状分析》，《中国卫生事业管理》2008年第11期。

② Maurizio Catino, "Why Do Doctors Practice Defensive Medicine? The Side-effects of Medical Litigation," *Safety Science Monitor* 15 (2011): 1-12；程红群、陈国良、蔡忠军、刘希花、王健康：《512名医生自卫性医疗行为现状调查及分析》，《中国医院管理》2003年第6期。

③ Ken L. Bassett, et al., "Defensive Medicine During Hospital Obstetrical Care: A By-product of the Technological Age," *Social Science and Medicine*, 51 (2000): 523-537; D. M. Studdert, "Defensive Medicine Among High-risk Specialist Physicians in a Volatile Malpractice Environment," *Journal of American Medical Association* 293 (2005): 2609-2617; A. Dale Tussing, and Martha A. Wojtowycz, "Malpractice, Defensive Medicine, and Obstetric Behavior," *Medical Care*, 35 (1997): 172-191.

续表

研究者	年份	国家	防御性医疗的比例（%）
程红群等	2003	中国（北京）	100 *

* 按作者的说法，有效问卷共 512 份。"512 名医生均有不同程度的自卫性医疗行为，其中 407（79.49%）名被调查者的程度偏高。"也就是说，近 80% 的受访医生经常会有防御性医疗行为。参见程红群、陈国良、蔡忠军、刘希花、王健康《512 名医生自卫性医疗行为现状调查及分析》，《中国医院管理》2003 年第 6 期。

不过，已有的研究至少有两个方面可以改进：其一，他们基本未考虑"医疗机构层级"这一重要变量。根据现行的《医院分级管理办法》，我国医院分为三级十等。每一等级医院承担不同的功能，高级别的医院应该处置疑难杂症。在此意义上可以推想，相对于低层级医疗机构，三甲医院将面临更大、更多的医疗风险，从而导致其中的医生更多、更频繁地使用防御性医疗策略。本文即要检验这一假设。其二，他们大多通过问卷调查和定量数据分析方法探究防御性医疗发生的普遍程度与频繁程度，但对防御性医疗的具体行为与实践逻辑缺乏阐述，这是问卷调查固有的缺陷。而笔者通过 2009 年至 2012 年在北京的田野调查，对悬壶与济世医院（三甲）、杏林医院（二甲）与岐黄社区卫生服务站中的医生查房、门诊、医患互动等进行观察，超过 100 人次地对病人、病人家属、医生和其他医务工作人员进行的访谈，[1]恰好能够弥补问卷调查的不足，展现医生实施防御性医疗的具体行为和实践逻辑。

二 医生防御性医疗的策略与实践

笔者在田野调查中发现，当前在医生的临床工作中至少存在七种常见的防御性医疗行为。

1. 建立"黑名单"

供职于某三甲医院心内科的鄢大夫说，因为医患关系复杂，所以"现在的大夫，除了会看病，还得会'算数'[2]，还得会'看人'"。她坦言，自己和同事的心中都有一份"黑名单"，主要包含一些"来者不善"的病人。鄢大夫不一定将病人拒之门外，但为这些人提供服务时会格外小心谨慎

---

[1] 为保护被访者的隐私，按照学术伦理与规范，文中所出现的医院名称与人物姓名均经过了匿名化处理。文中所用的田野资料均以"IN"或"PO"开头的编码标注。

[2] 意为要给病人算经济账，因为病人经常就收费方面的问题来找医生。

（IN090728）。

　　这种黑名单建立在对病人的类型划分之上。用济世医院骨科刘大夫的话来说，"医生看病的第一步就得看患者这个人，医生应该在三句话之内看出这是个什么样的病人，然后一套相应的防御体系就跟上了"。也就是说，他会"因人治病"，依据病人的非临床特征做出不同的处置，即使两个病人的临床特征相同。

　　刘大夫由此将病患分成三种类型。第一种是表现出"攻击性"倾向的病人，通常"来者不善"，可能是来"找事的"（比如通过看病"讹"医生与医院）。他以保守的诊疗方案来应对这样的病人。第二种是比较"啰唆"的病人，对大夫的依从性差。医生说一句，病人就要跟着问两句甚至更多，这让大夫感觉病人总是在质疑自己的诊断和治疗，或者至少在与自己就诊疗方案"讨价还价"。对这样的病人，"别人怎么治自己就怎么治"，要"随大溜"。第三种病人则是医生最喜欢的，他们是"真正来看病的"，依从性最好，对大夫言听计从。对这种病人，大夫会积极地寻求最佳的治疗方案，甚至还会替病人考虑费用的问题，以期以最小的成本治疗疾病（PO1001）。

　　这种患者类型学的"朴素"版本亦为一名刚入行几年，在杏林医院心内科工作的晓翔所道出，他以此甄别"高风险"的病人与家属。他会注意观察病人的语气与行为，会打听患者的家庭情况，也会从自我保护的角度对手术风险做一个评估。并且他强调，这是整个科室的集体行为（IN100715）。

　　问：如何来判断病人的好坏呢？

　　晓翔：我通过病人的语气、接触和行为方式，能够判断出来。而且比较喜欢惹事的病人，我们各个科室都有记录，这种病人以后住院就很困难……虽然我们这么做很不应该，但是有时候实在是受不了，怕影响到我们日常的工作，各个科室就采取了一些极端的方法。

　　问：一般什么样的病人比较麻烦，就有可能被拒呢？

　　晓翔：这得看情况。一般家属对事非常纠结的，对小事都非常纠结的，对什么事都比较在意的，或者说有那种打官司倾向的……我们做手术，心里有评估。当然我们的评估和患者是不一样的，但我们肯定是采取一种自我保护的方式。（诊疗方案）说出来以后，可能病人更好一点，我们更差一点。但是一旦我们觉得这个病例有医疗风险，我们就开始警惕。所以当医生自己心里有数……大夫长期的行医经验告诉他，这个病人可能会出现什么风险，这个风险大概有多大，大了以后，针对目前的医疗环境，这个病人会不会出一些医疗纠纷。同时对病人家属要有了解……然后心里有一个初步的判断，这个病人属不属于高风险的病人。如果属于高风险的病人，我们当时就马上采取规避的措施。

正是在这样的患者类型学基础上，医生和科室建立了黑名单，上面记录着"高风险"的病人和家属。对医生来讲，所谓的"风险"，是指患者引发医疗纠纷、诉讼甚至暴力事件发生的可能性。医生需要同时判断病人和家属的风险大小。被记录在案的这些病人，很难在这个科室获得医疗服务，尤其是住院服务。

2. 病历证据化

病历本来是医生对病人的诊断和治疗情况的记录，是进行后续的诊断和治疗的重要依据。然而在当下，医生记录病历的用途和目的却逐渐偏离临床需要，而变得越来越"证据化"，即写病历是为了记录这个病人的疾病与治疗情况，更是为了一旦发生医疗官司，病历便可作为"呈堂证供"帮助医生规避责任。

在笔者观察的二甲与三甲医院的病房区，每次开完早会、查完房，各个大夫就坐在电脑前面开始写病历。笔者就曾问杏林医院的住院医师童大夫，为什么要写这么多病历和医嘱。她说没办法，要记录的内容就是很多，尤其是内科。而且她写病历的时候想的就是"随时准备上法庭"（PO1003-05b）。同一科室的晓翔亦证实了这一点（IN100715），他说：

> 我们修改病历的过程，是在不断地规避风险。因为一份更好的病历出来以后，万一出事，对我们都是非常有利的。所以我们做的都是理所当然保护自己的事，我们当然都没什么心理压力。虽然现在法律是不认可，但是学术界是默认的，而且这些事别人也查不到。

在三甲医院，情况也是如此。悬壶医院血液科的习大夫就告诉我，他们在写病历时想的就是"怎么不犯错，怎么不落把柄"，目的就是保护自己，避免卷入医疗纠纷（IN100428）。

3. 留余地

第三种常见的策略是在做诊断结论时"留余地"。比如一项检查结果出来，如果没有发现什么问题，以前医生会写"正常"，但现在写的是"没有发现异常"或者"暂未发现异常"。这看似没有差别，但实际上"未发现异常"并不等同于"正常"，它只意味着医生在本次检查中没有发现问题而已。这样书写一个检查结果更加"圆滑"，更不易出现差池，也更模棱两可。万一出现问题，医生就容易为自己辩护（IN090726）。

类似的变化还有"疑似良性肿瘤，但未排除恶性"，或者"有百分之多少的概率判断为癌症"等（IN100109）。鄢大夫的同事荆大夫对此就有深切感受。身为医生的她某次陪母亲看病，诊断书上写的就是"大致正常"。她觉得好笑："正常就正常，还大致，那到底是正常还是不正常？"这令转换为病人家属角色的荆大夫也有点无所适从（IN100728）。

4."踢皮球"

第四种策略则是医生为了推诿责任和规避风险，在科室之间和医院之间"转送"病人，俗称"踢皮球"。这是一种风险转嫁方法，通常被西方研究者认为是积极型防御性医疗行为。[①] 这是因为西方社会具有行之有效的医疗转诊体系，病人是否有必要到医院看病，取决于其家庭医生或全科医生的判断。门诊与住院服务、全科与专科服务在西方社会是有明晰界限的，而患者自身通常不易逾越。[②] 如此，出于防御目的的转诊会造成不必要的医疗活动的发生。

但中国目前尚缺乏有效的转诊体系，踢皮球的策略在中国应当同时被视为积极型和消极型的防御性医疗行为，其区分的关键，则是病人是在同级别医疗机构间还是不同级别医疗机构间被"转送"。一方面，有部分患者可以在某医院就诊，但被"推拉"至其他医院就诊，尤其是当患者从低层级医疗机构转到高层级医疗机构寻求服务时，这种情况可被视为积极防御性医疗。[③] 另一方面，病人在同一机构的不同科室间被踢来踢去，因为科室不想接收"高风险"的病人。在这个意义上，这是一种消极防御性医疗。

以下一个案例就发生在不同科室之间（PO1003 - 05b），反映了医生试图将对病人诊疗的主要责任推向其他科室。

[①] Stephen Zuckerman, "Medical Malpractice: Claims, Legal Costs, and the Practice of Defensive Medicine," *Health Affairs*, 3 (1984): 128 – 133; Maurizio Catino, "Why Do Doctors Practice Defensive Medicine? The Side-effects of Medical Litigation," *Safety Science Monitor*, 15 (2011): 1 – 12.

[②] 参见朱恒鹏《医患冲突恶化的根源及对策》，http://www.cssn.cn/jjx/jjx_gd/201403/t20140313_1028217.shtml，2014.

[③] 但要注意的是，病人奔走于不同医生、不同科室、不同医院之间，也有可能是出于自己的意愿与选择，即"逛医师"（doctor shopping）现象。

2010年4月某日，我在悬壶医院心内科跟随宋大夫查完房。有一个病人进到病房区来找宋大夫。我在门诊室见过这个从外地来的小伙子。他要做眼部手术，眼科医生叫他到心内科确认血压没有问题。他说自己已经到病房找宋大夫多次了。宋大夫说："你不要老来病房找我。就跟（眼科）李主任说，没问题，血压控制在90～140之间就可以，就说是宋大夫说的。"然而眼科要求宋大夫一定在病历本上白纸黑字写上这一句话。这个年轻人来回奔波多次，为的就是这个目的。他这一次是有点死缠烂打了。旁边宋大夫的一个同事急了："他们眼科怎么老搞这种事啊?!"那小伙子说，眼科的大夫一定要看到宋大夫的签字才给做手术。宋大夫实在无法，就拿笔在病历本上写了"血压已达标，酌情考虑"。这等于又把临床决策的义务与责任推给了眼科大夫。年轻人看了有点将信将疑，问："这能行吗？我就能做手术了？"宋大夫回答："你不要问我。这也是双向选择，别问我能不能做。"如此，宋大夫巧妙地保护了自己。

5. 保守治疗与过度检查化验

在防御性医疗实践中，被现有研究提到最多的是保守治疗与过度检查。[1] 两者分别属于消极型与积极型的防御性医疗实践。在笔者的田野中，多数被访者都确认医生在诊疗过程中有保守治疗行为，以回避使用一些高风险的诊疗手段；而本来，使用这些手段可能更利于病人的诊治。以下的田野记录就表明了这一点。

晓赫是一名实习医生。他表示，近20年来，外科医生在临床工作中的保守化倾向日益明显。其导师已近70岁。1992年，导师曾经给一个血管肿瘤患者做手术。这是风险较大的手术。她当时毅然决定做手术，而患者家属也非常认同，家属说"病人就交给你了"。手术虽然成功，但有并发症，而且一度严重。在这种情况下，家属非但没有怪罪大夫，反而劝大夫要有信心："您都没有信心，那我们怎么办啊？"这

---

[1] Maurizio Catino, "Why Do Doctors Practice Defensive Medicine? The Side-effects of Medical Litigation," *Safety Science Monitor*, 15 (2011): 1-12; Stephen Zuckerman, "Medical Malpractice: Claims, Legal Costs, and the Practice of Defensive Medicine," *Health Affairs*, 3 (1984): 128-133.

个病人直到最近才去世。晓赫说，到2004年，导师做完最后一个此类手术便退了，因为她有感于当下医患关系的恶劣。现在同科室的医生再碰到这种病例，更多的是采取保守治疗，比如放个支架，这等于让血液绕过肿瘤，这样不会有生命危险（IN090806）。

防御性医疗中的过度检查策略的情形较为复杂。必须指出的是，过度检查除了有自我保护的因素，也有可能出于经济利益的考虑，不过这不属于本文的主题。检查化验中"扫射"与"点射"的区分充分说明了这一策略的存在："扫射"是指对某个病人进行大批量的检查化验，包括在临床上必要的和不必要的；而"点射"则指较有针对性地做检查。某次早会，杏林医院的心内科主任方大夫说自己有一个老乡要住进病房，这个病人经济条件一般，所以方大夫特别交代：不要机关枪扫射，要点射，要一项一项地做检查，做一项排除一项，再进行下一项检查，"有的放矢"，"能省则省"（PO1003-05b）。当然，是点射还是扫射，不仅取决于病人与医生是否认识，是不是熟人或有更近的关系，而且也取决于医生对病人的归类。

6. 知情同意书

小傅是一名即将毕业的医学生，在一家三甲医院实习。他表示，目前任何有创的检查都需要患者签署知情同意书，否则医生就可能"惹麻烦"。对病人来讲，不仅常规项目要签署知情同意书，比如住院、手术、用药、检查、化验等，紧急情况的处理也要签字。他强调，作为医生，最重要的不是替病人做决定，而是向病人提供所有可供其选择的项目，最后的抉择应该让病人来做。而当病人或家属一旦做出决定，就应该"立字为据"。但这样一种做法显然引起了医患之间更多的猜忌、误解、矛盾与冲突（IN100622）。

在杏林医院工作的晓乐大夫也表达了同样的困惑（IN100706）。

> 晓乐：特别住院的，用这个签字，用那个签字。我就老想不明白这一点。比如你来看病吧，其实你对这个不了解。比如你需要放支架，你不放支架就签字。大夫是提个建议，建议你做。其实我觉得这应该是由大夫来做决定。但是现在都是由病人来做决定……我觉得现在好多医院都这样，让病人、家属自己选择，我给你提供几种方案。我不知道这种方法合不合适。比如你这个可以手术，可以放化疗，可以保守，那你自己选吧。当时各种利弊都给你说了，你自己选吧……

问：为何这么做呢？在病人看来，大夫似乎想把责任都推给自己。

晓乐：大夫觉得我要给你做手术万一没做好呢！家属会说，要是保守的话，会更好。本来我可以活两年，结果现在我只能活一年……我个人觉得，现在做决定的时候还是大夫做比较好。但是又没有相关的东西来保护大夫的决定。比如说，大夫做的这个决定是正确的。但是做下来之后，他的情况可能没有想象中那么好。他可能就会打官司。也可能最后大夫能赢，但是我觉得这也很麻烦……所以没有一个保护的机制，比如大夫做决定，如果病人相信你还好。就是说之前病人说好了的，但是做完以后病人就不相信你，就说当时是你让做的，但是做完以后成这样了。那怎么办？大夫也挺害怕这些东西。反正就是有个责任的问题，谁的责任。好的话都好说，现在基本上都是这样，不管干什么，如果结果好，过程无所谓。但是一旦结果不好，那就看签没签字。家属同意做的，那就可能……也不是说签了字就没大夫的责任，但是已经告知你了，有可能有风险。

知情同意书的签署必须非常细致，做到"分毫不差"。

2010年4月某天早晨，心内科送来一名心梗病人。医生检查后，跟家属说先进行保守治疗，同时马上打印出一张知情同意书让家属写上"同意"。一小时后，准备给这位病人进行溶栓治疗。科副主任谭大夫对家属解释说，这个溶栓药打进去，有65%~70%的溶栓成功率，但是也有30%的可能性是失败。成功的话有可能会出血，而失败的话就得安装支架。交代完又叫家属签字，家属便写了"同意"二字。谭大夫说"您写上'同意溶栓'，写全一点，现在医患关系这么紧张"。病人后来就又添了"溶栓"两个字（PO1003-05b）。

要指出的是，不但做临床处置之前患者要签字，而且患者拒绝做处置时也要签字。

2010年4月某日，在悬壶医院心内科，有几个家属就一位老太太是否要做冠脉造影的问题跟该科的宋大夫咨询。家属认为目前老太太并未感到不适，没有必要让她做冠脉造影。宋大夫说，等到难受再做就晚了。家属说，出事再做。宋大夫说"那出事你负责"。她儿子说：

"能出什么事？"宋大夫答，比如拎重物、运动，突发心梗，都有可能（出事）。"我是告诉你这些情况，但是不强迫你（签字同意做冠脉造影）"，宋大夫叫他们再考虑考虑，明天给个最后答复。

等家属走后，宋大夫对我说："一定要跟患者讲清楚，有千分之一，千万分之一的概率，但是落到头上就是百分之百。作为大夫，应该提前跟患者说明、强调这一点。这样我们也不怕。"我问道："是不是家属最后决定不做冠造，也要让他签字？"宋大夫斩钉截铁地说："对！要不然出了事，家属会回来说，是你们不让我做的！"因而大夫要做好这样的准备（PO1003-05a）。

与其他策略不同，知情同意书的签署已经高度制度化，成了医生临床操作中的必经程序。不过，这一策略并不如期望的那么有效。正如 Shorter 在研究美国医患关系的变迁时所指出的，颇具讽刺意味的是，在 20 世纪 60 年代，签署越来越多的知情同意书的结果是签署本身成了一种"无意义的科层制程序"（meaningless bureaucratic routine）。[1] 事实上，把这一评论用在当代中国也非常恰当。一家三甲医院的护士晓池就印证了这一观点。她说，医院现在为了规避风险就让患者签署越来越多的知情同意书，但这种形式未必"管用"。比如做个手术就要签这签那，"大夫当时说什么，病人和家属都会答应。可真要出什么事，那些知情同意书就是'废纸一张'，起不了任何作用"（IN100123）。晓乐也是同样的感觉，他说现在要病人签署的知情同意书实在太多了，但"好说话的（患者），不签也行；不好说话的（患者），签了也等于没签"（PO1003-05b）。因此，这似乎又回到了防御性医疗的第一个策略的内涵，即"因人治病"。

三 防御性医疗与医疗机构的层级

为了比较目前在医生的临床工作中常见的这七种防御性医疗策略，笔者绘制了表2。七种策略中，有三种积极型行为与三种消极型行为。三种积极型行为包括知情同意书、病历证据化与过度检查化验；三种消极型行为包括黑名单、留余地与保守治疗。而踢皮球则可以同时归入积极型与消极

---

[1] Edward Shorter, *Doctors and Their Patients: A Social History* (London: Transaction Publishers, 1993), pp. 238-239.

型行为。

笔者发现,七种防御性医疗策略中只有三种行为经常出现在基层医疗机构中,而二级医院和三级医院普遍使用这七种策略。前文已经指出,防御性医疗是医生出于对患者的不信任、对医疗环境的不安全感而做出的自我保护行为。然而,身在不同层级的医疗机构的医生为何在运用防御性医疗策略上有着明显的差异?笔者认为,主要的原因要从他们所身处的医疗机构层级中去寻找。按照《医院分级管理办法》,"对医院分级管理的依据是医院的功能、任务、设施条件、技术建设、医疗服务质量和科学管理的综合水平"。据此,医疗机构被分为三级。一级医院负责"直接向一定人口的社区提供预防、医疗、保健、康复服务",城市中的社区卫生服务站可以被视为一级医院的延伸;二级医院则需要"向多个社区提供综合医疗卫生服务和承担一定教学、科研任务";三级医院则负责"向几个地区提供高水平专科性医疗卫生服务和执行高等教育、科研任务"。每级医院再细分为甲、乙、合格三等。由此,不同层级的医疗机构配备有不同的医务人员和医疗设备,提供不同的医疗服务。这本来应该成为分级诊疗的制度基础,但因为改革后发生的公立医院自负盈亏政策与医疗保障制度的巨大变革,分级诊疗根本无从落实。而吊诡的是,基层医疗机构与二、三级医院的巨大差异倒是因为《医院分级管理办法》而得以固化与合法化。

表2 七种常见的防御性医疗行为的比较

策略	防御性医疗的类型		医疗机构的层级		
	积极型	消极型	基层机构	二级医院	三级医院
黑名单		√		√	√
知情同意书	√		√	√	√
病历证据化	√			√	√
留余地		√		√	√
踢皮球	√	√	√	√	√
保守治疗		√		√	√
过度检查化验	√			√	√

所以,尽管政府通过各种制度设置鼓励和引导居民去社区医疗机构解决病痛问题,但因为社区医疗机构的医护人员总体水平不高,社区医生更像是药店的售货员而非能够诊治疾病的大夫,同时社区机构的设施配备也较为简陋,因而政府对病人采取的分流措施效果并不显著,只有较少的居

民前往社区机构就诊。相对来讲，二级和三级医院，尤其是三甲医院则因为优质的医疗资源和人力资源而吸引大量病患，结果都是人满为患。这些境况导致了不同层级医疗机构中的医患关系有所不同。综上，笔者认为，至少有以下三个具体原因造成了防御性医疗在不同层级的医疗机构存在明显差异。

其一，由于目前分级诊疗无法实现，大量病人直接涌向二、三级医院，尤其是三甲医院，这些医院的医生要应对大量的病患。笔者参与观察的两家三甲医院每天门庭若市。在济世医院骨科的普通门诊，刘大夫平均每个半天的门诊人次接近50，平均每人次看诊时间为5~6分钟，而在看诊时，病人常常会聚集在诊室，这严重影响了医患交流和看诊效果。当刘大夫出专家门诊时，限号15人，看诊时间稍长，看诊环境也好很多，时常会有病人要求加号（PO1001）。该院心内科某位医生的专家门诊平均时间为10分钟（PO1006-07）。悬壶医院宋大夫的心内科专家门诊平均时间为9~10分钟（PO1003-05a）。在杏林医院，病人较少，心内科专家门诊的平均时间会更长一些（PO1003-05b）。而据岐黄社区卫生服务站的统计，站里每天两到三位值班大夫只接待20~30位居民，多数病人是去开药、量血压，而非"看病"。社区站的平均看诊时间最长（PO1005-06）。尽管看诊时间长并不意味着就诊质量高，但是已有研究指出，流水线式的诊疗会导致医患缺乏交流时间，而这阻碍了医患之间信任的生成。[1] 因而，越是基层的医疗机构，医生与患者之间的交流机会就越多、交流时间就越长，他们之间的信任可能也就越多，医生使用防御性医疗的动机也就越小。

其二，社区医生与病人的关系更为亲密。这是因为，一个社区卫生服务站只有三四名固定的医生，他们常年驻守在社区，与固定区域内的居民熟识，这实际上增加了医患之间接触、交流的机会，为两者关系的发展提供了客观条件。其结果是在医患关系之外增加了个人关系（personal relationship），前者基于对专家系统（expert systems）的信任，[2] 而后者则是基于因直接交往、熟识、享有共同经历而产生的人际信任。[3] 这种机制类似于当年

---

[1] Robert A. Scott et al., "Organizational Aspects of Caring," *The Milbank Quarterly* 73 (1995): 77-95; David Mechanic, "Changing Medical Organization and the Erosion of Trust," *The Milbank Quarterly* 74 (1995): 171-189.
[2] 吉登斯：《现代性的后果》，田禾译，译林出版社，2000。
[3] 房莉杰、梁小云、金承刚：《乡村社会转型时期的医患信任——以我国中部地区两村为例》，《社会学研究》2013年第2期。

扎根于农村社区的赤脚医生与农民的关系。① 这种人际信任在一定程度上"润滑"了紧张的医患关系。因此，相对二、三级医院的医生来讲，基层医疗机构的医生缺乏防御性医疗的动机。

其三，基层医疗机构的医生缺乏进行防御性医疗的硬件基础，因为相比一级医院，社区卫生服务中心的医疗设施配备是比较简陋的，社区卫生站连血常规检查都无法做。这从客观上大大限制了基层机构的医生运用防御性医疗策略，尤其是积极型防御性医疗的可能性。从表2可以看出，无一例外，社区医生即便使用防御性医疗策略，也都是低成本的、不太消耗医疗资源的策略。相比之下，二、三级医院就可以通过过度检查来"储备证据"，以避免可能发生的医疗纠纷。因此，事实上，临床硬件设施的配备在提高医疗水平的同时，也增强了医生防御系统的"实力"。

四 结论：医院层级、医患关系与防御性医疗

有些学者指出，患者在防御性医疗的产生中扮演了重要角色。如Hershey就发现一些病患似乎让医生意识到他们更可能带来医疗纠纷。这些病人不是对诊疗抱有不切实际的期望，就是经常"逛医师"，或者存在某些精神问题，比如他们较为偏执、有妄想症、歇斯底里，或者"固执己见、一意孤行、苛求、好斗、敌对、容易对抗"。② 尽管笔者所访谈的许多医生也提到了"因人治病"，但是，如文章所展现的，防御系统是面对所有病人开启的，而且较为普遍地发生在所有级别的医疗机构。这意味着防御性医疗的背后有制度性因素。

长期以来，面对日益恶化的医疗环境，我们往往只注意到患者对医务人员和医院乃至医疗系统的不信任，而对相反方面的不信任缺乏足够的重视。医生对病人缺乏足够的信任，其实也是目前整个社会缺乏信任的缩影。正是因为这种不信任，医生产生防备心理，在面对病人时有意识地开启了防御系统，以规避可能发生的医疗纠纷，避免自己陷入日益增多的医患矛盾、医疗官司和医疗暴力事件当中。

这种不信任源于民众对于医生"角色分裂"的不满。医生本该是救死

---

① 杨念群：《再造"病人"——中西医冲突下的空间政治，1832~1985》，中国人民大学出版社，2006。

② Nathan Hershey, "The Defensive Practice of Medicine: Myth or Reality," *The Milbank Memorial Fund Quarterly* 50 (1972): 69-97.

扶伤的白衣天使，但在医院自负盈亏、医生工资与医疗服务价格受到政府管控的条件下，医生同时需要扮演生意人的角色，他们需要通过临床工作来养活自己和医院。在民众看来，白衣天使与生意人是相互对立的角色，却同时为今天的医生所扮演。这使普通民众难以完全信任医生，最终导致了医疗纠纷增加。此外，法律上的"举证责任倒置"也促使医生在平常的执业活动中有意识地创造、保留证据。这些都导致了防御性医疗行为的普遍化。

但本文的分析也表明，防御性医疗的发生在不同级别的医疗机构当中有着明显不同。造成这种差异的，正是不同层级的机构中的医患关系和医患信任存在差异。基层医疗机构中较好的医患关系和较多的医患信任或许能给我们这样的启示：医患关系可以通过长期、固定的接触而得到改善。这在大型医疗机构中是难以实现的。而国外行之有效的分级诊疗和全科医生"看门人"制度，背后遵循的正是这样一个逻辑。我们应该通过建立有效的"看门人"制度，使每一位居民与固定的全科医生形成契约关系，使他们之间的信任能够日益增强；而当居民有进一步的医疗需要时，这个"看门人"就能够将其转诊至医院。这种人际信任与系统信任相结合的逻辑或许能够有效减少医生的防御性医疗行为。

解释的断桥：从编码到理论[*]

郑庆杰[**]

摘　要： 是从田野资料中发现和生成理论，还是研究者用筛选的资料来论证预设的理论，这两者之间是否存在解释的断桥，这些都是决定扎根理论研究是否具有生命力的关键。围绕关于扎根理论的众多批评，本研究认为，扎根理论作为一种从本体论上就不同于实证主义研究的方法路径，从文献和理论导向、编码的三级生成、理论饱和与理论抽样、多方印证的可能性四个方面建构了从田野资料到理论生成的解释之桥。

关键词： 扎根理论　编码　解释　理论生成

开放性就意味着，在通过分析并将研究对象的结构呈现出来之前，研究者不要对研究对象进行理论上的结构化处理。——Hoffmann-Riem

一　引言

在研究方法领域，质性研究和以定量为主的实证主义研究之间的争论由来已久，有不少学者认为，两种方法之间存在本体论的差异。质性研究认为作为研究对象的世界本身是动态的、互动的、多元建构的结果，而实证主义认为这个世界是客观的、规律性的。双方之间的争论，复杂交叉，并形成了介于二者之间的由诸如后实证主义等方法论主张所构成的研究方

---

[*] 本论文已经发表在《社会发展研究》2015年第1期。
[**] 作者单位：赣南师范学院。

法谱系。本研究无意全面呈现两种方法论之争,而主要关注在质性研究方法的实施过程中,从理论导向、编码理论化到结论形成的每一个环节,因解释的逻辑断裂问题而招致的批评。

本研究所讨论的质性研究方法聚焦于扎根理论。一篇质性研究论文的形成容易招致很多批评,比如理论的信度和效度问题、由理论预设所导致的对来自研究对象的访谈资料和数据过度阐释和解读的问题、由一个个案既而得出普遍化结论的解释力的问题等等,但是本研究认为下述讨论可以揭示出上述批评的核心问题,即采用扎根理论的研究的分析框架和理论指向,究竟是基于对田野调查的访谈数据逐层编码、抽离、理论化而获取结论,还是在研究之前就已形成理论预设,而研究结果中每一层次分析框架的论证资料是根据理论预设从田野访谈资料数据中进行"选择性抽取",或者说是根据理论预设来选择与理论框架和观点相印证的资料数据加以论证。上述观点背后有着不同的逻辑,前者是基于归纳逻辑,通过扎根田野来收集资料进行论证,后者则是理论分析框架先行,搜集和分析资料的目的在于"适应"或者"契合"已有理论预设。如果后者成立,那么就会对扎根理论构成釜底抽薪的否定性批评。

无论是质性研究方法还是实证主义研究方法,建立资料和理论之间的链接,形成经验和理论的论证与对话,它们是共同的研究旨趣。但是对于扎根理论而言,怎样才能做到研究的有效性,进而回答上述批评,是本文所要讨论的关键议题。围绕该议题所探讨的,究竟在资料到理论的过程中是否真的存在解释的断桥的问题,本文将从文献阅读和理论导向、编码到理论的跳跃、资料饱和与理论饱和、多元三角印证的可能性四个部分来加以论述,尝试对其中所包含的谜团、困境加以阐释、拓展或澄清。

二 文献阅读与理论导向

对于质性研究中的扎根理论而言,在进入田野之前,究竟是先读文献还是不带任何理论预设地投身到田野中去收集资料,解决这一争论关键在于理解扎根理论遵循的是归纳型逻辑,其目的是要从田野中生成结论。其实通过对方法论的要求指向和真实田野中的研究实践相比照,我们可能需要重新反思方法论对于归纳逻辑的纯粹性或者说"纯度"的要求。

（一）学术规范和学术积累

除非是全新的领域或研究议题的创新，在本专业分工领域，现代学术中的任何一项研究，均要求围绕某一议题，首先开展一种梯度式推进，也就是必须尊重并回顾本议题的既有学术积累，而不能重新开展"发明车轮"的研究。每一项新的研究，需要在充分分析既有文献的结论、资料、方法、论证逻辑的基础上，展开对话（包括拓展、完善、更新、采用新的视角方法和材料、彻底推翻）和争鸣，然后论证新的发现。其次，尤其是针对社会科学的研究目的来说，要努力在理论层面上做出独特的、崭新的不同于既往研究的理论贡献。最后，即便是扎根理论的田野化取向，也需要回应既往的学术积累和与理论的对话而不是重复性论证，只有这样才能不断地丰富、推进现有的学术积累。

（二）理论导向

1. 解释学的"前见"

在解释学领域，研究者作为研究行为的实践主体投身到田野中，在其头脑中不可避免地存在进入田野之前就存有的"前见"[①] 认知和知识背景，而这些"前见"认知作为先导性认知背景，会在田野调查的过程中对田野点和访谈对象的选择、问题的设定、视角观察的选定等方面产生影响，所以不存在完全空白的大脑是毋庸置疑的。在扎根理论领域，学者们主张"开放（放空）的大脑"和"空白的大脑"是有区别的观点，但是要做到大脑"放空"却并没有那么容易做到。"放空"的方法不外乎是在研究者介入田野之前，避免"前见"对调查实践的干扰，或是在得出田野调查的结论之后，剔除或减少"前见"对于结论的预设性影响，本文后面的多元印证会再度讨论这个问题。

鉴于上述的人类认知基本背景图式必然存在的规律和解释学的论证，在扎根理论中想全面地消除或者抹去"前见"的存在及其对研究实践的影响是不可能的。由此看来，必然存在的前见一定会影响对于田野、个案、访谈对象、资料收集、问题导向等方面的选择，如果批评的观点认为这是一种有偏颇的选择导向，那么没有人能做到无"前见"的选择。

---

① 汉斯—格奥尔格·伽达默尔：《真理与方法》上册，洪汉鼎译，上海译文出版社，1999，第341页。

2. 理论导向的必要性

在研究实践中我们发现，不带任何理论导向的扎根田野研究会出现以下几个方面的误区。首先，如果没有理论导向，那么扎根田野的研究，无论给予多少时间还是进行多少访谈和观察，田野资料和数据的碎片化都难以避免，也就是说，面对浩如烟海的田野资料和数据，研究者只是看到却难以下手和做出取舍，更难以形成有效的思维映射，而只能浮在资料的表层。[1] 其次，理论导向的存在，会进一步促成问题意识的形成，而问题意识的指向恰恰是扎根理论研究的核心所在，否则研究什么、为什么研究都会处于一团模糊之中。最后，在现代学术考评体制下，无论是学位型研究论文还是项目基金型课题，都要在有限的时间、资金和精力等要素的约束下展开研究，所以，没有理论导向的研究，可能会遭遇现代学术体制的生存困境。

有批评观点认为，理论导向的预设违背了扎根理论通过归纳法从充分而大量的田野资料数据中得出理论发现的研究逻辑，进而会导致为了研究议题或预设的理论导向而有意图地选择符合或者能够论证预设理论的田野数据资料，并有意地忽视甚至隐藏不同的、具有差异性甚至相反的论证资料。这种批评存在以下几个方面的误区。

首先，扎根田野之前的理论导向，在理论抽象的层次上不能被直接看作是研究议题的具体表达或者具体的研究结论，而应作为一个主题性、导向性议题，起到划定区域、指引方向的作用而非预设结论。理论导向定位了一个指导性的模糊方向，在分析资料的过程中，有一个被不断剔除、清晰化、聚焦、调校、修正甚至是重设的过程，这个过程取决于资料分析过程中"持续的比较"和"对研究对象的暂时性理解进行不断的修正"。[2] 在此处所论述的持续比较和修正聚焦的背后，是扎根理论的方法论要旨所主张的立场：质性研究是基于一个动态、流变、行动主体参与其中的世界而展开研究的。进一步说，扎根理论的问题意识之形成本身就是一个在理论导向和扎根田野收集资料之间来回互动并逐步聚焦的过程，在这个过程中，理论会逐渐基于所收集资料的影响，慢慢缩小、聚焦、明确化，成为要论证的命题或解释性结论，抑或发生反转，重新全部或部分调整研究议题并

---

[1] Suddaby, R, "From the Editors: What Grounded Theory Is Not." *Academy of Management Journal* (2006): 4.

[2] Glaser, B. G. "The Constant Comparative Method of Qualitative Analysis." *Social Problems*, 12, (1965): 436-445.

导向一个在前期理论导向预料之外的方向，但无论是聚焦还是转向，这都发生在研究过程中，而非研究之前。

其次，在扎根理论的研究中，编码作为资料分析的重要环节，决定了从编码到理论的过程，是一个生产性的过程，而非一个对契合理论预设的相关资料数据进行"筛选"并"选择性论证"的过程。当然，这个过程取决于编码过程的质量及其程序的严密性，但这是一个误差控制的技术性问题而非一个逻辑论证问题。

最后，有批评观点指出，质性研究者会对在田野过程中涌现的不利于论证研究议题的相关田野资料加以有意忽视，后文的多元印证会对这个问题做进一步阐释，而总体来说多元印证所主张的开放性鼓励不同的主体用不同的方法在不同的时间和地点对研究对象开展再研究。

三 编码：从资料到理论

有批评观点指出，研究结论的论证框架是先于扎根田野的调查实践，并且是通过对于田野资料和数据进行有选择的"取舍"后而加以论证的，那些不利于论证研究主题的资料则被故意舍弃了。扎根理论研究如果想要有效地应对这种批评，那么编码工作就是核心基石。通过编码，研究者把纷繁复杂的经验型资料转化为理论的表达，这是基本的研究生产程序。

不少人认为，对于质性研究资料进行编码，是以定量研究为主导的实证主义研究方法霸权的体现，这种编码要求由扎根田野所获得的数据和资料也要通过编码的方式加以抽离和提纯才能得出结论。在扎根理论的发展史上，格拉泽师从罗伯特·默顿和拉扎斯菲尔德，施特劳斯则师从符号互动论学派的布鲁默，二人在1967年合著的《扎根理论的发现》一书体现了实证主义和符号互动论或建构主义的合流[①]，加上符号互动论背后的实用主义思想基础，这些都决定了扎根理论虽然是通过对田野数据的内容进行分析、编码来形成类属概括和说明，但是扎根理论本身已经超越了实证主义的束缚。

其实，恰恰是为了应对实证主义的挑战，早期扎根理论家格拉泽和施特劳斯明确提出，田野资料收集完成之后，数据资料的编码是分析性研究的第一部分，尽管施特劳斯后来与格拉泽的观点有所偏离，但是他仍然认

---

① 卡麦兹，凯西：《建构扎根理论》，边国英译，重庆大学出版社，2009，第8~11页。

为诠释资料是实证工作的核心，其目的是为了发展理论。

质性资料的编码工作是对数据和资料进行定义的过程。在这个过程中，通过编码，研究者基于自我认知给数据的段落和片段贴上标签，并赋予其意义和不同的视角，这也是一个把通过扎根田野所获得的数据和资料进行打散、分类和重组的过程。因此，编码是收集数据和形成解释这些数据的理论之间的关键环节。① 总体上看，从资料到理论，整个编码工作可以分为三个阶段。②

（一）初始编码（开放式编码）

这是扎根理论研究中围绕田野数据或资料所展开的第一阶段编码工作，即对于字、词、句、段落或整篇文字赋予代码，这些代码是对仍处于经验层面的初始资料或数据的一种归类，也是寻找这些字词或语段背后的属性、主题的过程。这些对原始资料进行描述的维度包括时间、地点、人物、行为、态度、立场取向等多个方面。初始编码阶段要求不能非常快地抽象并脱离经验层面的资料，而是要紧紧贴近数据或资料本身。伴随着初始编码的归类，还需要不断地在不同的经验材料之间进行持续不断的比较，以寻求它们之间的共同性和差异性，这就可能产生某一段落资料从这个维度看可被归为甲类，但从另一个角度看又可以被归为乙类的情况。初始编码阶段允许这样的多元归类状态的存在，也保持编码的开放性，这就意味着随着编码工作的不断进展，现在针对某一资料所做的编码是可能临时性的，它会随着会随着新资料的出现、比较、重组而发生改变。③

在初始编码阶段，有批评观点认为研究者有可能会把先入为主的理论预设投入到原初资料的编码中去，然后让归类类属或者主题向理论预设靠拢。在扎根理论的早期，格拉泽曾主张过严格的没有任何理论前见的初始编码。④ 但是正如前面所论述的，这反倒不是一种客观的直面研究者既存思维图式的立场。为了保证初始编码的独立性，卡麦兹提出，除了前面所提

---

① 卡麦兹，凯西：《建构扎根理论》，边国英译，重庆大学出版社，2009，第 8~11 页。
② Strauss, A. & J. M. Corbin, Basics of Qualitative Research. Techniques and Procedures for Developing Grounded Theory (Sage Publications, 1998).
③ Glaser, B. G., & A. Strauss, The Discovery of Grounded Theory: Strategies for Qualitative Research. (Chicago: Aldine., 1967) p. 105.
④ Glaser, B. G., & A. Strauss, The Discovery of Grounded Theory: Strategies for Qualitative Research. (Chicago: Aldine, 1967) p. 105.

到的保持编码的开放性和可修正性之外，还需要坚持三点，第一是要在初始编码的时候，尽可能地采用动词或者动名词的代码，这样就可以直接贴近经验材料的鲜活性，避免被静态的预设理论所俘获。[1] 第二就是要允许研究团队中不同的研究者对数据进行编码，然后对编码结果进行比较、加以整合，其实这已经是本文后面所要论述的多元印证的方法了。第三就是初始编码时所赋予的代码要尽可能采用原生代码，即研究对象在访谈中所直接采用的关键性话语和重要的焦点性词语，研究对象认为这些关键词语是生活世界中人人共享并加以使用的。这样做的好处有两个，首先，原生代码的采用可以保证这些具有强大解释力的关键词语与研究对象的处世经验形成密切关联并能够促使研究者建立更直接地从经验到理论的解释桥梁，进而避免跳跃的解释断桥之风险。其次，原生代码的采用可以促进研究本土化的发展，并能够激励研究者寻求特殊的解释路径。不同于涂尔干围绕西方自杀现象得出的社会整合理论，中国学者吴飞在关于自杀问题的中国研究中提出了极富中国文化特色的解释模式。"做人"和"过日子"，这两个词是吴飞对中国自杀问题进行解释的核心概念之一，其直接取自研究对象在描述自杀现象和其意义理解时的原生表述，被作者用作原生代码加以提取。[2]

在初始编码阶段，尤其需要重视的是不要太早、太快地在一般的、抽象层面上对丰富的田野资料或数据进行编码总结；第二就是在编码过程中要更多地关注资料中研究对象的主体行为过程，而非直奔分析性或概念化主题。第三是对于资料的编码不能忽视资料的背景框架。[3] 笔者认为这种强调的背后关涉研究者和研究对象之间的解释性关系，也就是尽可能地避免用研究者的研究话语或学术领域内既成的理论或概念工具来为田野资料贴标签。同时，只有把田野资料植入其所生成的情境框架之中，才能更好地理解研究对象对于其认知、行为、关系的意义赋予。所以有观点认为[4]，这是一个在编码的过程中究竟采用文化客位（研究者使用的一般普遍层面上的代码）的编码系统还是文化主位的编码系统（被研究对象或参与者使用的特殊情境中的代码）的问题。笔者认为，在扎根理论的编码过程中，这

---

[1] 卡麦兹，凯西：《建构扎根理论》，边国英译，重庆大学出版社，2009，第61~69页。
[2] 吴飞：《浮生取义》，中国人民大学出版社，2009，第32~54页。
[3] 卡麦兹，凯西：《建构扎根理论》，边国英译，重庆大学出版社，2009，第88页。
[4] 米尔斯、霍布尔曼：《质性资料的分析：方法与实践》，张芬芬译，重庆大学出版社，2008，第87页。

不是一个非此即彼的二元选择，而是从文化主位到文化客位的过渡过程，而且文化客位编码系统的先在性，也在资料分析的过程中得到修正甚至重构，而文化主位的编码系统对于研究目的而言，是第一位的基础资料。不能让文化客位编码切割文化主位编码或者让文化主位编码适应文化客位编码，而是要随着资料分析的展开，从文化主位编码逐渐凝练、转化、生成为文化客位编码，并以理论化的结果呈现。

总之，原始的田野资料是理论最终发展的基础文本。[①] 在初始编码阶段所要做到的是让编码工作所建构的代码契合数据资料，而不是让资料契合研究者在分析过程中所建构的代码。

（二）聚类编码（主轴式编码）

聚类编码是扎根理论研究中编码工作的第二个阶段，它主要针对第一阶段初始编码所获得的代码以及代码之间的类属或主题加以进一步的凝聚、聚焦、精练和区分。这个凝练和区分的过程，首先是建立在持续不断的比较和整合的基础上；其次是建立在进一步的范畴化、概括化、抽象化的基础上。编码的目的始终是持续不断地对田野中的数据或资料进行拆解、重组，不断地尝试打散再组，进而提出并发展范畴，并将这些范畴纳入一定的秩序。[②]

聚类编码的工作处于从描述性经验到分析性概念的过渡阶段。通过聚类编码，研究者在经验现象描述、概念统括、范畴分析界定之间建立关联，并努力探索和发现它们之间的关系结构和秩序。这一阶段的编码工作，不同于初始编码阶段之处在于要在数据资料之间开展持续不断的比较，而且还要不断地比较代码和类属、类属和类属、主题和主题、范畴和范畴之间的关联和差异。最终，研究者所发现的事件、行动和关系机制，不是来自于研究之前的理论预设，而是来自于对大量的原初数据和资料进行持续不断的比较、概念化、类别化、重新聚合归类、提升抽象化的结果。

所以有学者把聚类编码阶段的任务归结为发现概念、类属之间的联系，并表现资料中各个部分的有机关联，这些联系可以是因果关系、时间先后关系、语义关系、情境关系、相似关系、差异关系、对等关系、类型关系、结构关系、功能关系、过程关系、策略关系等。[③] 无独有偶，面对纷繁的资

---

① 弗里克，武威：《质性研究导引》，孙进译，重庆大学出版社，2011，第79页。
② 同①。
③ 陈向明：《质的研究方法与社会科学研究》，教育科学出版社，2000，第333页。

料，洛夫兰德等学者[1]针对如何聚焦的问题也提供了单元和层面构成的主题清单，其中单元包括实践、片断、相遇、角色或社会类型关系、团体、组织群落或居留地、亚文化与生活方式，而层面包括认知、情绪和等级结构。他们认为，对于任何社会情境中的田野资料，均可转化为上述单元和层次进行两两交叉形成矩阵并加以分析。但他们依然很谨慎地指出，这些单元/层面/主题要在编码的过程中保持弹性，也就是说，它们仅是方向性的指导，而非一套指令性的不可逾越的规则框架。面对最具鲜活生命力的田野资料，研究者需要保持开放，并可修正上述单元和层次构成的主题，也可以添加新的分析范畴和维度。所以笔者认为我们可以把上述提出的分类或主体的范畴集合看作一种基本架构导引式[2]，即对于编码工作起基本导向性作用，但并不限于从原始资料生成编码的方式。

在格拉泽对于聚类编码的论述之外，其合作者和后继者施特劳斯和科尔宾提出了轴心编码，他们认为轴心编码与聚类编码的重要区别在于[3]，在聚类编码完成之后，还要回答哪里、为什么、谁、怎么样、结果如何的问题，因此他们提出一套科学化的策略术语来形成一个结构性分析框架，其中包括一个现象的原因条件与后果、情景和影响条件以及行动策略。[4] 但是这样一个结构性的分析框架作为轴心编码的普遍适用性工具，在一定程度上无异于用一种理论预设束缚了对于活泼泼的原始资料和数据的分析路径的多元化，所以笔者认为此分析框架可能会窒息扎根理论研究中编码过程能够发现更具有原创性活力的思想观点的能力。因此，笔者再次将其与聚类编码放在一个阶段，并且对其提出的结构性分析框架保持谨慎的态度，以避免分析思维的固化并保持分析思维的开放性。

（三）选择性编码（理论编码）

选择性编码或者理论编码是针对在前两个阶段的编码中所发现的类属、范畴、相互之间的关系结构以及秩序等方面的内容加以选择和整合，以形

---

[1] 洛夫兰德，约翰等：《分析社会情境：质性观察和分析方法》，林小英译，重庆大学出版社，2000，第140～164页。
[2] 米尔斯、霍布曼：《质性资料的分析：方法与实践》，张芬芬译，重庆大学出版社，2008，第87页。
[3] Strauss, A. & J. M. Corbin. *Basics of Qualitative Research. Techniques and Procedures for Developing Grounded Theory* (Sage Publications, 1998).
[4] 弗里克，武威：《质性研究导引》，孙进译，重庆大学出版社，2011，第252页。

成理论化取向的分析模式。作为分析性和解释性路径,这一阶段的编码工作明确指向理论维度,而非继续停留在描述性阶段。

严格来说,选择性理论编码是研究者基于前期两个阶段的编码所进行的理论建构工作。理论建构的有效与否,直接决定了基于庞大的扎根田野的实践调查和访谈所产生的原始资料是怎样慢慢、逐渐生成了分析性理论框架,而非被批判者认为是为先入为主的理论预设服务,然后通过选择性的切割和有意图的忽视否定材料并加以论证的逻辑。

在理论编码阶段,基于"持续不断的比较"① 和由上两个编码阶段所获得的类属、分析性概念和范畴,它们相互之间的关系逐步呈现,包括概念和概念之间的关系与范畴的层级(核心范畴和次级范畴、上级范畴和下级范畴),以及概念和范畴之间构成的理论分析框架。

根据研究议题、问题导向、多元丰富的资料基础,此编码阶段所呈现的分析性理论模式应该是多元而开放的。格拉泽提出了18个理论代码的家族系列,以供后来的研究者方便地选择代码、启迪灵感和使用编码类属,这些代码家族包括6C(原因、语境、偶然性、协变量、结果和条件)、过程、程度、策略、类型、互动、认同、文化和共识,后来他又增加了结构、功能、单元身份等代码家族。② 卡麦兹自己也提出了针对资料的理论关注点,包括表现和意识、个体和集体行动、合作和冲突、选择和限制、意义和行动、立场和差异、礼节和仪式、位置和网络、权力和声望、结构和过程、机会和不平等、权力和资源、道德生活和责任③。正如前面关于结构性分析框架的讨论和格拉泽的自我总结,我们不否认任何一项扎根理论研究的最终所得结论的理论化取向和分析框架的建立,但是每项研究的分析框架和理论化取向应该基于原初田野数据和资料在编码的三个阶段中进行自我涌现,而不是单纯依靠研究者提供的既有参照(即代码家族和理论关注点)作为指路的导向,否则这些编码家族可能会僵化分析者的思维,进而成为阻碍新研究的强制性框架。

上述格拉泽等人提出的"编码家族"会有导致研究者思维固化的危险,但这并不意味着扎根理论的开放性不能够指向明确的理论目的。一般而言,对于扎根理论的批评认为,扎根理论过度集中于微观个案的经验性材料而

---

① Strauss, A. L. & J. M. Corbin, *Grounded Theory in Practice* (Sage Publications, 1997) p. 110.
② 卡麦兹,凯西:《建构扎根理论》,边国英译,重庆大学出版社,2009,第 80 页。
③ 卡麦兹,凯西:《建构扎根理论》,边国英译,重庆大学出版社,2009,第 175 页。

解释的断桥：从编码到理论

无力探索个案背后的社会与历史的结构性脉络，因此无法把握更深层的结构因素分析。这种批评被认为是站不住脚的。卡麦兹[①]认为，首先对于扎根理论而言，其建构主义的取向决定了社会事实的存在有"真实"的逻辑，而非必然是"真相（真理）"的逻辑，前者是关于多元主体如何互动建构社会世界的问题，而后者是关于社会世界的真理是否正确的问题，在追寻真实的过程中个体和外部环境的互动形成了复杂的链环。其次，扎根理论从收集资料开始就进行持续不断的比较，这种比较的层次发生在语词、句段、篇章、个案之间，它不仅仅是横向的比较分类关系，还有从微观到宏观的纵向累积论证关系，所以通过三级编码，微观的日常生活与宏观的社会结构力量会形成建构理论关联的路径。而情境化的扎根理论，可以从基础材料出发，从概念敏感化到提出权力、全球化等归纳性概念，并让地方世界和更大的社会世界之间的联系理论化。[②]

在我们完成了对编码过程进行从资料到理论的讨论之后，会发现其中存在一个有些难解的困境。不知在哪个阶段，研究工作逐渐完成了从描述性资料到分析性理论的转化，这种转化的过程存在解释的断桥吗？我们怎样解释从数据到理论的跳跃呢？笔者在早期的一篇论文中曾经讨论过这种跳跃[③]，这种从经验材料到理论分析的跳跃，其中也包含着从研究对象的世界向研究者世界的跳跃，这两个领域或者两个话语的世界是不一样的，那么该如何论证这种跳跃的链接点的合法性呢？现象学认为，科学研究和哲学研究作为两套话语体系是不一样的存在，但是它们拥有深植于生活世界之中的共同根系，而这个生活世界是共享的。在扎根理论的操作策略上，有两个方面可以保证共享的交集的尽可能成立，一是研究者要对研究对象的文化和生活有相当程度的了解和洞悉，包括语言和文化。二是研究者所得的最后结论应该能够从研究对象那里获得反馈，并加以印证。这一要求背后的论证基础在于，研究对象的经验材料是研究对象作为主体对行为、事件、态度的意义所做出的赋予和理解，那么研究者作为携带科学研究旨趣的外来者，需要基于研究者和研究对象共同置身于其中的、作为总体背景性基础框架的生活世界，达至与研究对象相同层次的理解之可能性。

如果以上条件无法得到保证，那么在扎根理论研究中，从经验材料到

[①] 卡麦兹，凯西：《建构扎根理论》，边国英译，重庆大学出版社，2009，第77页。
[②] 卡麦兹，凯西：《建构扎根理论》，边国英译，重庆大学出版社，2009，第169页。
[③] 郑庆杰：《"主体间性—干预行动"：质性研究的反思谱系》，《社会》2011年第3期。

分析性理论的跳跃就仍然是惊险且招致质疑的一跳,如果理论不能基于经验材料生成并契合于经验材料且充满解释力,那么本文最初所提出的那些对于扎根理论具有釜底抽薪般影响的批评,就仍然是一个致命的挑战。所以,我们需要继续讨论理论抽样、资料和理论饱和。

四 资料饱和、理论饱和与理论抽样

在扎根理论的分析过程中,我们需要经常面对以定量研究为主导的实证主义研究方法所提出的质疑,经常难以回答的一个问题就是一个单一的个案对于这个复杂而广阔的社会世界到底有多大的解释力。这其实是一个研究结论的效度问题。当然,质性研究者可以直接回答,对于扎根理论研究而言,提出研究结论的普适效度问题,本身就是对象误置的问题。扎根理论的研究,不是为了论证自己的研究结论的普适性,而是为了发展理论,提出理论模式本身,并运用理论本身来呈现研究对象内部复杂的互动机制和逻辑,以把握其内部的复杂性和特殊的实践关系。理论的目的不在于对命题的假设或验证,而是提出可信的叙述与解释框架,并对社会关系提出解释、组织和呈现。[①] 这意味着扎根还是要提出理论层面上的分析性解释理论框架。所以,我们还是要面对理论本身。

(一) 资料饱和与理论饱和

扎根理论的研究者在进入田野的时候,通常需要确定基本的访谈对象或研究对象,他们起初可能会采用滚雪球的方式,但是面对无穷无尽的访谈对象,究竟在什么样的程度、层次或范围上,资料搜集才可以结束呢?虽然这只是一个经验性问题,但在研究实践中却是一个具有共性的问题。通常对于这个问题的回答是,研究者搜集资料并持续性地进行分析,直到新添加的资料再也不能提供新的分析类属为止。

通过上面的论述和研究实践的总结,我们发现对于所搜集到的资料进行持续性分析,这种持续性的分析对于在资料搜集的起始阶段就要开始编码工作的研究策略的要求,是非常有效的。因为研究的目的是为了获得理论的浮现,所以原始资料的服务功能应该指向理论本身,也就是持续的编码要指向分析性理论。因此,资料饱和的标准不应该是后来的访谈资料不

---

① 卡麦兹,凯西:《建构扎根理论》,边国英译,重庆大学出版社,2009,第166页。

断地重复原来的访谈资料，而是访谈资料不断地重复或者说不再能够产生新的类属范畴、概念化主题或者理论模式和理论见解，我们才能够说资料饱和。这就说明资料饱和和理论饱和是一脉相承的，当我们讨论资料饱和时其实是在谈理论饱和，资料饱和是以理论饱和作为依据的。

对于资料饱和而言，在扎根理论的研究中，虽然不再涌现新的理论主题或类属意味着不断被纳入研究范围的研究对象之间的同质性已经很强了，但是过度追求研究对象的高同质性却有可能是一个研究陷阱。因为扎根理论研究发展理论的目的不是为了印证理论如何具有普遍的解释力，而是要呈现研究对象内部的丰富性和复杂性。基于此，扎根理论研究者更需要重视研究对象的特殊性、异质性和对比强烈的反例。研究对象内部的对比差异性、多元性而非他们的同质性比例，才是扎根理论出于发展理论的目的所需要重点关注的。

（二）理论抽样

在扎根理论研究中，理论抽样不同于研究对象的抽样之处在于，理论抽样不是与经验研究对象直接相关的抽样方法，而是在研究过程中为了满足研究的需要而建构出来的程序。与研究对象相关的直接抽样，是为了原初材料的丰富性而进行的，但理论抽样并非如此。通过对原初材料的初始编码和聚类编码，研究者获得从描述性经验材料向分析性理论过渡的类属、主题或者概念化的范畴，而这些类属的生成，是研究者建构的产物，是贴近经验层面又超越经验层面的理论类属的取向，这些理论类属或主题的形成，恰恰是理论抽样的出发点。这其中的逻辑是：发展理论是研究者的目的，理论类属是研究过程中从经验到理论的中转站，但是这个中转站的形成，并不具备充足的解释力来澄清某些田野资料中的模糊、难以解释和含混不清之处，这些含混不清的原因或者是因为资料不全面、不充分，或者是因为研究对象的缺失或差异性，或者是因为某些关系关联还没有被发现并加以建构，所以为了使理论类属建立在更坚实、更具有解释力的根基上，需要做理论抽样，也就是要进一步收集相关资料对基于前期资料已经建构生成的理论类属、主题、概念化范畴加以强化论证或否定，并进一步明确已形成的理论类属的属性、解释界限和变量范围。

理论抽样虽然再度进行了个案的采集，但是其最终目的不是为了扩展个案的数量，而是为了通过获取更多的资料来论证、厘清、丰富已浮现的分析性概念或范畴与范畴之间所形成的解释关系的论证缝隙或者是提高它们之间理论解释的弥合度。①

有限的资料形成初步的理论类属和概念化范畴的理论解释，但这个初步的理论推论还不够扎实，需要进一步地在经验材料中加以检验。伴随着理论抽样所获取的新材料，研究者在比较中会逐渐丰富现有的议题或者开拓新的理论维度。最后通过不断的理论抽样而加以检验的理论类属，会在理论性分析框架的形成方面更加抽象化、普遍化，进而提升到一个正式的理论水平上，并具有更强的解释力。

五 多方印证的可能性

为了应对本文一开始就提出的对于扎根理论釜底抽薪的质疑，研究者除了要在上述资料饱和、理论饱和与理论抽样之间做到逻辑自洽和有效论证之外，还要对自己的研究结论保持一定的怀疑性警觉和检验的开放性。针对批评者提出的个案结论的不具普遍解释力的问题，扎根理论研究者认为其研究结论的独特性解释力，不在于普遍性，而在于深入性和独特性，以及解释研究对象的丰富性和复杂性。但是这种扎根理论研究结论的自信在现代学术规范的约束下，需要在自我审慎和开放性检验之间保持一种均衡。开放性检验不同于前者的是，多元印证涉及研究者对于研究对象的理论阐释和分析模式的建构是否成立。

这里所论述的检验，是指围绕质性研究所展开的效度检验，其核心旨意在于：研究者在田野中展开调查的过程中，如何证实自己所得出的结论能够正确体现研究对象所提供资料的内涵。这包括两个方面，一是研究者能否正确真实地理解研究对象所提供的数据和描述的资料；二是研究者所得出的结论能否契合研究对象的意图。以上两个方面，前者是聚焦于研究过程，后者聚焦于研究结论。但是，基于扎根理论方法所面对的变动不安的田野之动态性，以上两个方面均引发了讨论。

首先，从实在论的角度看，无论是对于描述型基础田野资料的理解和把握，还是研究结论的契合性，那种要求研究者和研究对象一一对应的评价标准，其本质还是采用了客观主义立场上的实证主义研究方法所主张的效度检验方法。邓金（Denzin）主张实现四种不同的结合，一是研究资料的

---

① 蓝佩嘉：《质性个案研究：扎根理论与延伸个案法》，载瞿海源等编《质性研究法》，社会科学文献出版社，2013。

多元结合，是指在不同的时间、不同的地点对不同的人群收集整理资料；二是不同研究者或观察者的多元结合；三是不同研究理论和研究视角的多元结合；四是不同研究方法的多元结合①。尽管邓金不断地采用多元策略丰富和细化了对于质性研究方法的研究过程和研究结论的有效性检验，但是这种主张的背后仍然是客观主义的反映论立场。而质性研究方法中的扎根理论所面对的田野，从研究者和研究对象的主体间性、访谈和个案的文化语境等多个方面，都需要提出对于上述客观主义的质疑。这类质疑的指向集中在建构的视角，建构主义认为，质性研究的田野中，无论是研究过程的描述和叙事，还是研究结论，都是研究者和研究对象基于生活世界中的主体间性关系建构而成的。因此问题转换为研究者的建构是如何与研究对象的建构形成共鸣、达成共识的。但是基于这种建构主义的立场，并不意味着分歧的弥合，而是要求研究者不仅要反思研究对象的解释，也要反思自己的解释。②

其次，从建构主义角度看，从研究过程到研究结论，采用研究对象参与研究过程、研究对象反馈确认研究结论的做法，并不是检验研究结论效度的有效策略。一是研究者和研究对象虽然都是从生活世界的基础性背景出发，展开文化的阐释和解读，但并不意味着二者需要达成共识才能保证研究的效度，因为二者是在生活世界的基础之上，分别从研究对象的"生平境遇"和研究者的"哲学反思"两个角度，形成对话的关系，在研究中这场对话与其理解成契合一致不如把它们看作通过主体间性的沟通理解逐步深入、拓展视域的一个过程。二是从伦理和政治的角度看，无论是行动研究所主张的让研究对象参与研究的目的是为了改变世界的行动取向，还是社会结构中社会无意识层面的深度挖掘，都是超越了研究对象立场的方法，具有政治解放的意味。③ 上述分析决定了让研究对象对研究结论加以确认反馈的方法不是有效的检验方法。也就是说，研究对象没有优先对研究者的论断形成确认和驳斥的权利，研究者的结论或许恰恰在于揭示和批判研究对象在意识形态等外部力量的蒙蔽下所形成的认知偏见和误区，④ 我们进而可以反思研究者作为外来知识精英的立场以及研究过程中研究者自身价值介入所导致的"全面本地化"的两种过度化的研究立场之弊端。

---

① 弗里克，武威：《质性研究导引》，孙进译，重庆大学出版社，2011，第328页。
② 卡麦兹，凯西：《建构扎根理论》，边国英译，重庆大学出版社，2009，第165页。
③ 郑庆杰：《生活世界与行动意义研究的可能性》，《前沿》2011年第1期。
④ 希尔弗曼，大卫：《如何做质性研究》，李雪等译，重庆大学出版社，2009，第181页

围绕上述关于多方印证的讨论和反思，学界认为针对扎根理论研究，需要制定不同于定量研究方法所主张的其他具有客观性的有效性检验策略，比如可信任度、可靠性、可转移度等等[1]，这其中包含着一个微妙的转向，也就是把对扎根理论研究结论的效度检验，从研究结论向研究过程倾斜，即是把结论的效度检验更密切地结合到研究过程中，包括理论抽样的实施、三级编码的策略、访谈提纲和参与观察的审慎制定、文化情境的分析和解释等等。至于过程效度的检验如何实施，则需要另一篇单独地讨论，本文无法详述。

六 结论与讨论

本研究的基本议题来自于以定量研究为主导的实证主义研究方法和质性研究方法之间的批评和争论。客观地讲，实证主义的持续批评强化了质性研究的自我反思和审慎论证。本文聚焦于质性研究扎根理论研究实践，在田野资料的获取和分析的过程中，探讨研究结论的生成逻辑和自我证成如何得以可能。而实证主义批评认为，扎根理论号称扎根，其实难以做到研究前空白的头脑，所以理论预设或先导分析框架的形成，影响了随后扎根田野的资料搜集和论证，也就是说根据自己欲图论证的理论，有意识地选择性裁剪田野调查资料或数据来填充到分析框架中去进行论证，进而导致研究结论的无效性。针对这种釜底抽薪式的批评，质性研究中的扎根理论必须做出有效的解释和回应。

第一，现代学术规范下的文献先行和理论先导，是客观而必要的。但这并不必然导致理论预设，其关键在于文献的导向性和理论先导的范围和层次是模糊而非明确、开放而非固化的，扎根理论的田野工作本身就是一个逐步缩小范围和聚焦的过程，因此，理论先导明确方向、领域和范围，问题和理论解释框架是从田野材料或数据的编码过程中逐渐浮现、聚焦形成的。

第二，编码工作从下而上、从经验到理论的基础性比较、分类、概念范畴化，能够保证从描述性经验到分析性理论的过渡与转换。这其中的关键在于：田野数据和资料是原初的、第一位的，而研究结论是第二位的衍生物，后者契合于前者，而非相反。经过严格的初始编码、聚类编码和理

---

[1] 弗里克，武威：《质性研究导引》，孙进译，重庆大学出版社，2011，第317页。

论编码，最后研究结论所呈现出的理论性分析框架，才是研究报告或论文的主要骨架，而非实证主义者的批评所指的理论预设和选择性论证。

第三，在扎根理论研究中，理论饱和的程度是资料饱和与否的标准。资料的丰裕与否，取决于其服务指向的理论类属或主题概念化范畴是否稳定、内涵的结构性关系是否得以充分的挖掘和解释。此外，理论抽样，是扎根理论在研究过程中为了论证和检验基于前期部分资料所得出的理论类属、主题或概念化范畴的解释力所采取的方法，其目的仍是为了夯实研究结论的可靠性。

第四，扎根理论的自我审慎的警觉和开放性检验，需要通过采取多方印证的方法，来控制研究结论的信度和效度，但是基于客观主义和建构主义的两种立场，多元印证的可能性也需要审慎对待。

本研究集中关注扎根理论，所讨论的观点并不一定适于比如现象学、叙事研究、行动理论等其他质性研究方法。另外，本研究的基本问题脉络虽然单一，但对质性研究方法的基础争议性问题多有涉及，所以文章并无全面回应和解释所有争议的能力和空间。最后，后续研究需要关注编码浮现理论与理论表述之间的转换关系，而质性研究的信度和效度标准问题值得再度深入讨论。

主导文化与从属文化：大学生消费文化差异的结构性因素影响[*]

朱 迪[**]

摘 要：本文从"消费文化"的维度分析消费不平等，即不同社会经济群体在消费文化中所处地位的不平等，并强调这种不平等更多地来自社会的建构，可能强化社会不平等和社会隔离。本文的理论框架建立在布尔迪厄的消费文化区隔理论上，使用12所高校大学生的影视剧欣赏和手机消费的调查数据，考察结构性因素，尤其是家庭的经济资本和文化资本如何塑造大学生在消费文化上的差异。实证分析从文化品位、物质文化和消费倾向三个维度，推翻了一些不平等的消费文化设定。政策制定者应当反思不平等的消费文化地位被建构的机制和因素，推进社会公平、促进社会融合。

关键词：消费文化 物质文化 大学生 结构因素 文化资本

消费不平等，一般指人们在拥有和使用物质资源上的不平等，是测量生活机会和生活质量的一个重要指标。现有对消费不平等的研究集中在市场交换的维度，或通常所说的"消费水平"——不同社会经济群体在支出及其结构、耐用品拥有等方面的不平等。然而，更隐晦的消费不平等在于

---

[*] 感谢同事田丰对模型建构方面的建议和上海大学的陈蒙、同济大学的章超对文章思路提供的建议。

[**] 朱迪，英国曼彻斯特大学博士、中国社会科学院社会学研究所助理研究员，从事消费社会学、青年消费研究。文章的部分内容发表于《兰州大学学报》（社会科学版）2014年第42卷第6期。

"消费文化"的维度,即不同社会经济群体在消费文化中所处地位的不平等——社会经济地位较高的群体常常在消费文化中也处于优势或主导地位,而社会经济地位较低的群体常常在消费文化中处于劣势或从属地位。由于受到个人所拥有的文化资本和经济资本的限制,不同群体之间存在消费文化上的差异,但是本文强调的"消费文化地位的不平等"更多地来自社会的建构。

比如,围绕"凤凰男"和"孔雀女"的话语①反映了农村和城市出身的青年如何在消费文化中被定位——前者的物质欲望是"畸形的",消费观念是"精明的":他们始终保持着节俭的习惯,但也希望通过奢侈品表现自己地位的改变;他们的成长积聚了全家人的希望和投资,当他们在城市立足之后开始全面回报父母和亲戚,让自己的小家庭承担了巨大的经济压力。类似的话语还有"贫困家庭出身的孩子物质欲望更强"等。

这种"消费文化"的不平等不仅存在于物质欲望和消费倾向的领域,也存在于文化品位的领域。根据南华早报的报道②,在中国观众中,"英剧迷"瞧不起"美剧迷","美剧迷"瞧不起"日韩剧迷",而"港台剧迷"瞧不起"国产剧迷"。喜欢韩剧的人通常被贴上"没文化""没思想"的标签,喜欢欧美剧,尤其是英剧的人通常被贴上"高学历""名牌大学"的标签。一项由首尔大学媒体信息系教授姜明求(Kang Myung - koo)主持的研究③访问了近400名年龄在20~50岁的北京居民,发现学历与收入水平越高的中国观众越爱看美国和日本电视剧,而收入和学历越低的观众,则越青睐韩国与中国台湾地区的电视剧。其研究认为,高学历、高收入观众喜欢"理性而轻松"的电视剧,因此多选择观看美剧,而低学历、低收入观众之所以爱看韩剧,是因为部分韩剧逻辑性较差,观看时无须动脑子。无论研究发现是否准确地揭示了事实,该研究以及前文所述的围绕"韩剧""美

---

① "凤凰男"从"山沟里飞出个金凤凰"演绎而来,指出身贫寒(特指出身农村,也包括出身于经济不发达的小城镇),历经辛苦考上大学,毕业后留在城市工作生活的男性。"孔雀女"指的是出身于经济较发达的城市的女性,生活和成长环境都比较优越。(资料来源:http://www.asiafinance.cn/zs/凤凰男.shtml)

② 资料来源:http://www.scmp.com/news/china/article/1289188/korean - tv - dramas - attract - less - educated - chinese - fans。本文的引用并不代表赞成资料的观点,只是作为文化品位等级区分的一个例子。

③ 资料来源:http://ent.ifeng.com/tv/news/jpkr/detail_2013_07/20/27718135_0.shtml 和 http://www.scmp.com/news/china/article/1289188/korean - tv - dramas - attract - less - educated - chinese - fans,但是本文作者未能搜到资料所提及论文的中文版或英文版。

剧"的话语反映了消费文化背后的权力关系——社会经济地位较高的人群所欣赏的文化品位往往占据了合法性的地位。

这种对不同群体在文化品位、消费倾向和物质文化上的优劣对比和道德判断,对于理解社会不平等有着深刻的意义。一方面,消费文化上的差异和不平等受到个人所拥有的社会、经济和文化资本的限制;另一方面,这种消费文化地位的不平等强化了社会不平等和社会隔离,可能成为一种建构甚至加剧社会不平等的意识形态。"凤凰男"和"孔雀女"的对比实质反映了我国城乡和地区经济发展的不均衡,"寒门"或"豪门"的话语实质反映了社会不平等的再生产,"韩剧控"和"美剧控"的鸿沟主要反映了社会阶层的不平等。这些话语的影响力和权力在于,通过同辈压力、社会偏见和自我认同的建构,进一步影响个人的社会经济地位的获得,这是研究"消费文化"不平等的重要意义。从外界来讲,学校和老师以及招聘单位和同事可能会被这些话语影响,对一个人的道德或性格、职业前景、晋升或前途做出有偏差的判断,比如认为"贫困家庭出身的学生可能更关心如何赚钱而不安心于学术";从自我来讲,个人在这些话语的影响下,可能建构起极端的自我认同——比如"自己不适合做学术""工作上不能保证清廉""无法欣赏高雅文化",对社会流动和社会融合产生负面的影响。

全面地分析在消费文化中所处的地位如何反映和影响社会不平等,是个宏大的课题。基于现有的数据,本文的研究对象是在校大学生,他们处于刚开始积累自己的资源但仍在很大程度上依赖家庭背景等先赋资源的转型期。实证分析主要关注家庭和高等教育两大结构性因素如何影响大学生在消费文化地位上的差异——更认同主导文化还是更认同从属文化。简单来说,就是验证或者批判这样一个刻板印象:来自较弱势的成长出身和教育背景的大学生更认同从属地位的消费文化。

本研究数据来自中国社会科学院社会学研究所组织实施的"当代大学生就业、生活和价值观追踪调查"。该调查采用了典型抽样和随机抽样相结合的办法。根据现行的国家教育体系的特点,选择具有典型代表性的12所高校作为调查样本点。为了确保高校具有典型代表性,样本点的选择考虑了高校等级(重点大学、普通大学和高职院校)、高校类型(综合类、理工类、文科类等)、高校地域分布(北上广、东北、华北、西北、西南、华中、华东和华南),最终选择了具有典型代表性的四所重点大学、四所普通大学和四所高职院校。在选定了学校之后,采用分层随机抽样的办法,先在全校范围内随机抽取八个院/系/专业,然后在选定的院/系/专业中每个年级随机选择一个，最后在班级中随机抽取相应数量的学生。2013年"当代大学生就业、生活和价值观追踪调查"共获得了7875个有效样本，样本应答率73.9%。12所高校中应答率最高的为97.0%，应答率最低的为60.5%，大体上确保了样本的随机性、代表性和可信度。

一 影响消费文化地位的结构性因素

提到文化的自主性和文化统治的概念，绕不开布尔迪厄的经典理论。与以往强调经济资本在社会分层中作用的理论流派不同，布尔迪厄强调文化资本的作用，认为由经济资本和文化资本共同决定的"惯习"是社会区分的主要机制。据布尔迪厄①的解释，惯习是一个"持续的、可转换的处置的体系，它是预先被结构化了的结构，起着组织社会结构的作用"②。作为"被结构化了的结构"，惯习被两种主要的资本形式——经济资本和文化资本所定义，并帮助这两种资本形式再生产。文化资本在交换的体系中扮演着社会关系的角色，包括一个人所积累的、赋予其权力和地位的文化知识。③ 文化资本"在某种条件下可以转化为经济资本，可能以教育文凭的形式存在"。④ 作为"组织社会结构的结构"，惯习组织消费和生活方式，品位是惯习这个机制的主观实现。⑤ 品位是一种"符号权力"；通过品位，"客观划分"得以和"主观划分"一致，从而使社会的和文化的秩序变得"自然化"（naturalization）。⑥ 整个社会被区分为"合法性的、占统治地位的文化/惯习/品位"和"大众的、占被统治地位的文化/惯习/品位"。近些年的研究更进一步强调"消费文化"的力量——"消费文化"不能仅以市场权力

---

① Bourdieu, Pierre, *The Logic of Practice*. Tr. Richard Nice (Cambridge: Polity, 1990).
② 英文原文为"system of durable, transposable dispositions, structured structures predisposed to function as structuring structures"。
③ Bourdieu, Pierre, "The Forms of Capital." in John G. Richardson (eds.), *Handbook of Theory and Research for the Sociology of Education*. vol. 241 - 258. (New York: Greenwood, 1986) p. 19.
④ Bourdieu, Pierre, "The Forms of Capital." in John G. Richardson (eds.), *Handbook of Theory and Research for the Sociology of Education*. vol. 241 - 258. (New York: Greenwood, 1986) p. 19.
⑤ Sassatelli, Roberta, *Consumer Culture: History, Theory, Politics* (London: Sage Publications, 2007).
⑥ Sassatelli, Roberta, *Consumer Culture: History, Theory, Politics* (London: Sage Publications, 2007).

为核心进行分析，也应当被看作话语的来源和地位的标志，它将社会群体置于品位和生活方式的社会等级中，从而掩盖了社会经济区分的权力关系。①

在布尔迪厄看来，由经济资本和文化资本所定义的"惯习"是决定消费文化地位差异的最主要因素。对于本文的研究对象来说，在校大学生还未能确立自己的社会经济地位，在很大程度上依赖父母家庭的社会经济地位；但是，高等教育奠定了他们未来阶级地位的重要基础，从而对消费文化的地位产生重要影响。国内外学术界对于消费文化地位不平等的实证研究比较少，针对青少年或者大学生的相关研究就更少。阿切尔等②对工人阶级出身的青少年的消费文化进行了研究，提供了有益的分析思路。其研究追踪访谈了53位14~16岁就读于伦敦的学生，他们全部来自工人阶级的家庭，也访谈了19位教职员工和5位家长。受到自身经济文化资本的限制，工人阶级出身的学生买不起更贵、更"高雅"的品牌，通过给"Nike"等品牌赋予"质量好""酷"等含义来塑造自身时尚的独特价值，从而与中产阶级的品位区分开来。但事实上，这种消费文化的区分反而使得工人阶级出身的学生在文化和教育体系中继续处于边缘和弱势的地位。③ 首先，这种符号意义在合法性文化看来是不成立的，并且它的实践又在复制现行的社会经济区分体系；其次，这种消费文化强化了社会不平等的再生产，阻碍了社会流动：反叛的消费文化使得学生与学校形成对立的关系，建立起了一种"坏学生""调皮学生""自己不适合读书"的自我认同，也强化了老师们的刻板印象——认同这种消费文化的学生是"危险的""差生"。文章强调，老师和政策制定者需要反思对工人阶级出身的学生的刻板印象和道德判断，高等教育也应当对于工人阶级出身的学生来说更加"可接受"，让他们感到在这个体系中也能忠于自我、实现价值。

国内对于大学生消费文化的实证研究停留在描述分析的阶段。吕金城、许斗斗根据调查数据对大学生的炫耀消费给出了概念总结："这种消费的典

---

① Eglitis, Daina, "Class, Culture, and Consumption: Representations of Stratification in Post-Communist Latvia." *Cultural Sociology* 5 (2011): 423-446.
② Archer, Louise, Sumi Hollingworth and Anna Halsall, "University's Not for Me – I'm a Nike Person': Urban, Working-Class Young People's Negotiations of 'Style', Identity and Educational Engagement." *Sociology* 41 (2007): 219-237.
③ Archer, Louise, Sumi Hollingworth and Anna Halsall, "University's Not for Me – I'm a Nike Person': Urban, Working-Class Young People's Negotiations of 'Style', Identity and Educational Engagement." *Sociology* 41 (2007): 219-237.

型特征是消费的名牌化、品牌化、符号化,以及追求流行时尚性、独特性,表现在消费品上则是价格的相对昂贵性、风格的独特性与时尚性等特征,表现在消费手段方式上则具备后现代性特征,如信用卡消费与超前消费等。"研究发现,大学生群体在炫耀消费的程度和倾向上存在差异;在大学生看来,影响消费观念的主要是家境和同辈群体。[1] 梁前德对武汉地区14所高校的2662名大学生进行了调查,主要研究家庭经济状况和父母受教育程度如何影响大学生的消费。研究发现,家庭月收入越高,大学生的月支出越高,旅游消费支出越高,但是对社会交往费用(校外就餐)的作用不显著;此外,大学生的消费观念大都倾向经济实用型,而家庭收入较高的大学生倾向新潮个性化,注重品牌的比例较高。[2] 研究也发现,父母受教育程度越高,大学生的消费支出越高。[3] 杨盛菁选取了甘肃省16所本科和高职院校的4000名学生进行调查,发现来自农村的学生的生活支出显著低于来自城市的学生,平均分别为475元和790元;大学生总体的消费观念比较"谨慎",更看重价格、质量和服务态度,而不太看重品牌。[4] 就韩国电视剧在大学生中的流行程度来讲,女生对韩剧不仅接触时间较早,而且对韩剧的关注和喜爱程度远远高于男生,表现出显著的性别差异。[5]

二 大学生消费文化的实证分析

(一)理论模型

从大众流行的话语和文献分析来看,结构性因素——自身或者父母家庭的社会经济地位——是影响消费文化地位的主要因素。针对大学生群体,本文将结构性因素分解为先赋因素和自致因素,如表1所示。先赋因素主要指成长出身,包括家庭背景和生源地背景,根据现有的数据,操作变量分别为父母的经济文化地位(父母当前月收入和父亲文化程度)和生源地的

---

[1] 吕金城、许斗斗:《身份认同背后的情感与理性——大学生炫耀性消费调查的社会学分析》,《福州大学学报》(哲学社会科学版)2008年第4期。
[2] 梁前德:《家庭经济状况与大学生消费的实证分析——以武汉地区2662名大学生消费调查数据为例》,《江汉论坛》2009年第8期。
[3] 梁前德:《父母受教育程度与大学生消费的实证分析——以武汉地区2662名大学生消费调查数据为例》,《教育与经济》2009年第4期。
[4] 杨盛菁:《大学生消费行为及消费倾向的调查研究》,《生产力研究》2012年第3期。
[5] 楚卫华、刘朝霞、王怡琳:《中国大学生与"韩流"——关于"韩流"的调查分析报告》,《中国青年政治学院学报》2003年第4期。

发展水平（来自农村还是城市）。自致因素主要指高等教育，包括高校及其所在城市的背景，根据现有的数据，操作变量分别为高校类型（重点大学、普通大学和高职院校）和所在城市的经济发展水平。本文根据2012年国内生产总值（GDP）[①]区分高校所在城市的经济发展水平，分为三个等级：一类城市包括上海、广州和重庆（GDP在11409.60亿元至20181.72亿元），二类城市主要包括省会城市（除南宁、银川外），即南京、济南、长春和长沙（GDP在4456.6亿元至7201.6亿元），三类城市主要包括南宁、银川、新乡、安庆和保定（GDP在1150.9亿元至2503.2亿元之间[②]）。

表1 影响大学生消费文化地位的结构性因素模型

地位获得方式	测量概念	操作变量
成长出身（先赋因素）	家庭背景	父母经济文化地位
	生源地背景	生源地发展水平
高等教育（自致因素）	高校背景	高校类型
	所在城市背景	城市经济发展水平

西莉亚·卢瑞对现代消费文化和物质文化的性质做过总结，内容包括大量和广泛的消费品和购物场所，普遍的市场交换和广告，消费者成立的和关于消费者的政治组织，借贷意义的变化，由消费选择和自我塑造带来的自主性和焦虑，以及对于格调、设计和物品外表的逐渐强调。[③]"消费文化"是一个比较广义的概念，涉及整个消费的过程——从物质的获得（acquisition）到物质的使用（appropriation）再到物质的欣赏（appreciation）。[④]根据现有数据，实证分析主要从文化品位、物质文化和消费倾向三个维度测量消费文化，如表2所示。

本文将消费文化的地位主要区分为主导地位和从属地位。消费文化的分析主要来源于影视剧欣赏和手机消费的数据，根据实证数据和前文有关社会建构和理论的讨论，本文对消费文化地位的操作化定义为以下三方面。（1）通过最喜欢的影视剧类型分析文化品位，将最喜欢看美剧或英剧定义

[①] 资料来源：http://data.stats.gov.cn/workspace/index? m = csnd。
[②] 国家统计局网站只列出了直辖市和省会城市的GDP，但是新乡、安庆和保定的GDP应该属于本文区分的"三线城市"水平。
[③] Lury, Celia, *Consumer Culture* (Cambridge: Polity Press, 1996).
[④] Warde, Alan, "Introduction." in Alan Warde (eds.), *Consumption: Four - Volume Set* (SAGE Publications, 2010).

为高层次的文化品位,为主导地位的消费文化;最喜欢看韩剧定义为低层次的文化品位,为从属地位的消费文化。(2)通过对手机的获得欲望和依赖程度分析物质文化,将驾驭物质——适度的物质欲望和使用方式定义为主导地位的消费文化。将依赖物质——强烈的物质欲望和"上瘾"定义为从属地位的消费文化。(3)通过选购手机的动机分析消费倾向,将自我导向——满足个体需求、追求审美等消费倾向定义为主导地位的消费文化;将"面子"消费——在意他人评价、强调地位显示的消费倾向定义为从属地位的消费文化。

表2 大学生消费文化地位的分析模型

消费文化的地位	消费文化的领域		
	文化品位	物质文化	消费倾向
主导地位	高层次	驾驭物质	自我导向
从属地位	低层次	依赖物质	面子消费

(二)结构性因素的影响

为了验证"是否来自较弱势的成长出身和教育背景的大学生更认同从属地位的消费文化"的假设,考察消费文化地位与结构性因素的关系,我们需要建立三类模型。(1)有关文化品位的模型(M1),以是否最喜欢看韩剧作为因变量;(2)有关物质文化的模型(M2),因变量分别是"是否可以放弃购买新手机"(M2.1)、"是否向父母或其他人要钱购买新手机"(M2.2)、"是否依赖手机"(M2.3);(3)有关消费倾向的模型(M3),以是否认同"拿出来用比较有面子"为因变量。模型的解释变量为影响消费文化的结构性因素,如表1所示。根据前文的讨论,文化品位上的差异主要与受教育水平有关系,物质文化和消费倾向上的差异主要与家庭背景有关系,所以各个模型中的主要解释变量会有差别。由于样本中大学生的年龄很接近,已有文献显示性别是影响是否喜欢看韩剧的重要因素,因此控制变量主要是性别。为了更准确地测量结构性因素的作用,本文删掉了有关物质文化和消费倾向的变量中一些逻辑校验错误的样本和自变量的缺失样本,经过数据清理,进入模型的样本共有6253个。

表3列出了自变量的主要特征值。样本中的女生比例稍高,占52%。如果将生源地定义为考大学那一年的家庭居住地,12所高校大学生有56%

来自农村（包括乡镇），44%来自城市（包括县城）。12所高校大学生的父母当前月收入集中在3000元以下和3001～7000元，分别占总体的46%和37%，而父母月收入在7001～10000元和10000元以上的比例都比较低，分别占总体的10%和8%。12所高校大学生的父亲文化程度集中在中等教育水平及以下（占总体的76%），其中未上学或小学的占16%，初中文化程度的占33%，高中、职高和技校的占27%；父亲文化程度为高职专科和本科的样本分别占10%和11%，而父亲文化程度为研究生或博士的比例非常低，仅占2%。

重点大学的样本占40%，普通大学的样本占39%，高职院校的样本占21%；一类城市的样本占33%，二类城市的样本占36%，三类城市的样本占31%，而且较好的高校分布于经济发展水平较高的城市。如表3所示的样本中，重点大学全部位于一类和二类城市，普通大学57%分布于一类城市、43%分布于三类城市，高职院校则全部位于二类和三类城市。所以，在讨论不同类型高校大学生的消费文化时，也必须考虑所在城市的效应。

表3　结构性因素模型自变量的描述统计

自变量	变量值	样本量	均值	标准误
性别	男=0，女=1	6253	0.519	0.500
生源地	县城和城市=0，农村和乡镇=1	6253	0.561	0.496
父母当前月收入	3000元及以下=1，3001～7000元=2，7001～10000元=3，10000元以上=4	6253	1.800	0.912
父亲文化程度	未上学或小学=1，初中=2，高中、职高、技校=3，高职专科=4，本科=5，研究生或博士=6	6253	2.736	1.294
高校类型	重点大学=1，普通大学=2，高职院校=3	6253	1.809	0.756
高校所在城市	一类城市=1，二类城市=2，三类城市=3	6253	1.977	0.800

数据中有一个关于手机依赖的量表，由5个正向的维度——"出门忘带手机很不习惯""手机无法接入互联网感到焦虑""上课、开会也常常看手机""尝试过没事的时候不看手机但很难""日程安排、学习娱乐都离不开手机"和4个反向的维度——"学习的时候我不看手机""休息时间我关掉手机或设置静音""跟同学和朋友在一起我不看手机""用智能手机和普通手机对我来说无所谓"构成。量表的标签值为"非常像""有一点像""不太像""完全不像"。本文将5个正向变量的标签值分别赋值4、3、2和

1，将4个负向变量的标签值分别赋值为1、2、3、4，然后将这9个变量相加，得到一个测量手机依赖的连续变量，得分越高表示手机依赖程度越高，得分越低表示手机依赖程度越低。

大学生消费文化结构性差异的逻辑回归模型如表4所示，模型的结果都是显著的。就影视剧欣赏品位来讲，性别的区分作用最重要，女性更显著喜欢看韩剧。控制性别和家庭背景的因素，就读于高职院校对喜欢韩剧的影响不显著，但是就读于三类城市（包括南宁、银川、新乡、安庆和保定）比一类城市（包括北京、上海和重庆）更显著喜欢韩剧。因此，教育背景较弱势的大学生偏爱韩剧不能一概而论，这个观点仅从高校所在城市等级的层面来看是成立的。

由物质文化的三个模型（M2.1、M2.2、M2.3）可以看出，成长出身对物质欲望的程度影响不显著，并且成长出身较优越的大学生更依赖物质。具体来讲，生源地和家庭背景对是否放弃购买新手机的影响不显著。此外，来自县城和城市的大学生更可能向父母要钱买新手机，父母月收入10000元以上的大学生比父母月收入7000元以下的大学生更可能向父母要钱买新手机，来自县城和城市或者父母月收入10000元以上的大学生也更依赖手机，这些差异都显著。而且，父母月收入是影响大学生是否向父母要钱买新手机和是否依赖手机的最重要的结构性因素。控制了性别、生源地、父母月收入和高等教育背景，父亲文化程度对大学生的物质欲望和物质依赖的影响不显著。因此，成长出身较弱势——来自农村或者家庭经济文化水平较低——的大学生更依赖物质的假设是不成立的。

模型M3显示，成长出身对是否倾向面子消费的影响显著。在控制其他因素的情况下，来自县城和城市的大学生更倾向面子消费，父母月收入10000元以上的大学生比父母月收入7000元以下的大学生更倾向面子消费。控制了性别、生源地、父母月收入和高等教育背景后，父亲文化程度对大学生是否倾向面子消费的影响不显著。因此，成长出身较弱势——来自农村或者家庭经济文化水平较低——的大学生更倾向面子消费的假设不成立。

物质文化（M2.1、M2.2和M2.3）和消费倾向（M3）的四个模型也显示了高校所在城市对大学生物质欲望的影响。同经济发展水平较高的一类城市相比，就读于三类城市的大学生更可能放弃购买新手机、更不可能向父母要钱买新手机、更不可能倾向面子消费，显示了相对较低的物质欲望和较弱的社会区分动机。

表4 大学生消费文化差异的逻辑回归模型

自变量	M1 最喜欢韩剧	M2.1 可以放弃买新手机	M2.2 向父母要钱买	M2.3 手机依赖	M3 面子消费
女性	1.844 ***	0.299 ***	0.146 *	0.511 ***	-0.288 ***
	(0.140)	(0.052)	(0.085)	(0.113)	(0.056)
生源地（县城和城市为参照）					
农村和乡镇	-0.442 ***	-0.072	-0.377 ***	-0.591 ***	-0.251 ***
	(0.120)	(0.063)	(0.101)	(0.136)	(0.066)
父母当前月收入（10000元以上为参照）					
3000元以下	0.186	-0.007	-1.017 ***	-1.664 ***	-0.631 ***
	(0.232)	(0.111)	(0.155)	(0.244)	(0.114)
3001~7000元	0.189	-0.024	-0.427 ***	-0.680 ***	-0.257 **
	(0.222)	(0.105)	(0.135)	(0.232)	(0.107)
7001~10000元	0.179	-0.111	-0.071	-0.215	-0.054
	(0.254)	(0.123)	(0.153)	(0.270)	(0.124)
父亲文化程度（本科及以上为参照）					
未上学或小学	0.500 **	-0.093	0.108	0.117	-0.035
	(0.225)	(0.109)	(0.171)	(0.237)	(0.116)
初中高中（职高技校）	0.557 ***	-0.140	0.013	0.239	0.075
	(0.182)	(0.088)	(0.123)	(0.192)	(0.091)
高职专科	0.064	-0.063	0.098	0.067	0.169
	(0.233)	(0.108)	(0.146)	(0.233)	(0.110)
高校类型（重点大学为参照）					
高职院校	-0.001	-0.304 ***	-0.111	0.015	-0.084
	(0.162)	(0.085)	(0.151)	(0.190)	(0.094)
普通大学	-0.231	-0.250 ***	0.237 *	0.393 **	0.202 **
	(0.163)	(0.080)	(0.128)	(0.175)	(0.086)
高校所在城市（一类城市为参照）					
三类城市	0.292 **	0.320 ***	-0.546 ***	-0.243	-0.097
	(0.144)	(0.074)	(0.130)	(0.164)	(0.080)

续表

自变量	M1 最喜欢韩剧	M2.1 可以放弃 买新手机	M2.2 向父母要钱买	M2.3 手机依赖	M3 面子消费
二类城市	-0.083 (0.160)	-0.076 (0.077)	-0.002 (0.127)	0.458*** (0.164)	0.210** (0.083)
Constant	-4.193*** (0.278)	0.085 (0.119)	-1.423*** (0.166)	24.089*** (0.259)	-0.167 (0.123)
样本量	6,246	6,241	6,242	5,797	6,186

Standard errors in parentheses; *** $p<0.01$, ** $p<0.05$, * $p<0.1$

（三）家庭文化资本的影响

上文的分析显示，父亲文化程度对大学生的物质文化和消费倾向影响不显著，暗示了家庭文化资本的影响不显著。但是，由于控制了生源地和家庭的经济资本——父母月收入，我们无法确定是家庭文化资本本身对大学生的消费文化影响不显著，还是父亲文化程度与家庭经济资本之间存在一定相关关系，使得其所产生的影响被家庭经济资本所抵消。为了进一步考察家庭文化资本的直接和间接效应，本文使用嵌套模型分析大学生是否依赖手机和是否倾向面子消费，并结合使用父亲和母亲的文化程度两项指标更全面地衡量家庭文化资本。应该说，大学生在消费文化上的差异主要还是同高校所在城市有较为直接的关系，而同高校类型的关系较复杂，由于模型主要研究家庭文化资本的影响，只加入了高校所在城市作为自变量。

实证分析删掉了相关自变量的缺失样本，进入模型的样本共有6208个。表5列出了自变量的主要特征值。相比父亲的文化程度，12所高校大学生母亲的文化程度更为偏低，82%集中在中等教育水平及以下，其中未上学或小学的占30%，初中文化程度的占31%，高中、职高和技校的占21%；母亲文化程度为高职专科和本科的样本分别占9%和8%，研究生或博士的比例仅占1%。由于父亲和母亲文化程度有显著相关关系——可能产生多重共线性，同时考虑到家庭中文化程度最高的成年人通常对子女在文化上的影响更深，本文将父亲或母亲之中最高的文化程度作为衡量家庭文化资本的指标。

表5 文化资本影响模型的自变量描述统计

自变量	变量值	样本量	均值	标准误
性别	男=0，女=1	6208	0.519	0.500
生源地	县城和城市=0，农村和乡镇=1	6208	0.560	0.496
父母当前月收入	3000元及以下=1，3001~7000元=2，7001~10000元=3，10000元以上=4	6208	1.800	0.912
父亲文化程度	未上学或小学=1，初中=2，高中、职高、技校=3，高职专科=4，本科=5，研究生或博士=6	6208	2.737	1.294
母亲文化程度	未上学或小学=1，初中=2，高中、职高、技校=3，高职专科=4，本科=5，研究生或博士=6	6208	2.357	1.263
父母最高学历	未上学或小学=1，初中=2，高中、职高、技校=3，高职专科=4，本科=5，研究生或博士=6	6208	2.894	1.276
高校所在城市	一类城市=1，二类城市=2，三类城市=3	6208	1.974	0.800

在关于手机依赖的模型中（如表6所示），仅控制性别，家庭文化资本产生显著的影响。父母最高学历在"本科及以上"的大学生比父母最高学历为"未上学或小学"，或者"初中高中"的大学生更显著依赖手机。但是，当加入了父母当前月收入——衡量家庭经济资本的变量后，家庭文化资本的影响变得不显著起来，取而代之的是家庭经济资本的显著效应。父母月收入10000元以上比父母收入3000元以下或者3001~7000元的大学生更显著依赖手机。再加入生源地变量，父母月收入的影响仍然显著，而且城市生源大学生比农村生源大学生更显著依赖手机。最后一个模型继续加入了高校所在城市的变量，家庭文化资本变量在$p<0.1$的水平上影响是显著的，而父母月收入和生源地的影响依然显著。因此可以说，大学生是否依赖手机主要同家庭经济水平和成长于城市还是农村有直接关系，而家庭文化资本产生的是间接效应，主要通过家庭经济资本和生源地发挥作用。

表6 家庭文化资本对大学生是否依赖手机的影响（逻辑回归模型）

女性	0.569 ***	0.542 ***	0.524 ***	0.547 ***
	(0.113)	(0.111)	(0.111)	(0.112)
家庭最高文化程度（本科及以上为参照）				
未上学或小学	-1.440 ***	-0.369	0.036	0.115
	(0.222)	(0.239)	(0.253)	(0.254)

续表

初中、高中（职高、技校）	-0.912***	-0.103	0.204	0.262
	(0.160)	(0.175)	(0.186)	(0.187)
高职、专科	-0.256	0.057	0.121	0.144
	(0.222)	(0.223)	(0.223)	(0.223)
父母当前月收入（10000元以上为参照）				
3000元以下		-1.990***	-1.781***	-1.681***
		(0.238)	(0.242)	(0.244)
3001-7000元		-0.813***	-0.744***	-0.696***
		(0.231)	(0.231)	(0.231)
7001-10000元		-0.256	-0.258	-0.243
		(0.271)	(0.270)	(0.270)
生源地（县城和城市为参照）				
农村和乡镇			-0.655***	-0.620***
			(0.137)	(0.138)
高校所在城市（一类城市为参照）				
三类城市				-0.251*
				(0.147)
二类城市				0.236*
				(0.136)
Constant	23.855***	24.451***	24.468***	24.317***
	(0.157)	(0.225)	(0.225)	(0.237)
样本量	5755	5755	5755	5755

Standard errors in parentheses; *** $p<0.01$, ** $p<0.05$, * $p<0.1$

就面子消费的倾向来讲（模型如表7所示），在仅控制性别的情况下，家庭文化资本具有显著的影响。父母最高学历在本科及以上的大学生比父母最高学历为"未上学或小学"，或者"初中、高中"的大学生更倾向面子消费，在手机消费中追求地位显示。在加入了父母当前月收入的变量之后，家庭文化资本的直接影响依然显著，同时父母月收入的影响也显著。但是，在控制更多变量之后，家庭经济资本的影响更稳健。在表7的模型中进一步加入生源地变量，家庭文化资本的影响变得不显著，父母月收入10000元以上或者城市生源的大学生更显著倾向面子消费。最后一个模型加入了高校所在城市，就读于一类城市的大学生比就读于三类城市的大学生更显著追求面子消费，而一类城市与二类城市（省会城市）的大学生之间差异不显著；在这个完整模型中，家庭文化资本的影响不显著，经济资本和生源地的影响依然显著。

但是在现实中，父母受教育程度越高收入也可能越高，并且来自城镇地区的大学生父母月收入也较高，因此引入交互变量的模型能够更加完整地说明家庭文化资本对大学生消费文化的影响。由于篇幅限制，本文不在这里展开。

表7　家庭文化资本对大学生是否倾向面子消费的影响（逻辑回归模型）

女性	-0.256***	-0.270***	-0.277***	-0.267***
	(0.054)	(0.055)	(0.055)	(0.055)
家庭最高文化程度（本科及以上为参照）				
未上学或小学	-0.700***	-0.288**	-0.123	-0.093
	(0.109)	(0.118)	(0.125)	(0.126)
初中、高中（职高、技校）	-0.449***	-0.141*	-0.018	0.005
	(0.074)	(0.083)	(0.088)	(0.089)
高职、专科	-0.044	0.068	0.092	0.102
	(0.103)	(0.105)	(0.105)	(0.105)
父母当前月收入（10000元以上为参照）				
3000元以下		-0.760***	-0.673***	-0.629***
		(0.111)	(0.113)	(0.114)
3001~7000元		-0.296***	-0.266**	-0.246**
		(0.106)	(0.106)	(0.107)
7001~10000元		-0.057	-0.054	-0.048
		(0.124)	(0.124)	(0.124)
生源地（县城和城市为参照）				
农村和乡镇			-0.268***	-0.251***
			(0.067)	(0.067)
高校所在城市（一类城市为参照）				
三类城市				-0.151**
				(0.074)

426

续表

				0.062
二类城市				(0.065)
Constant	−0.168**	0.040	0.044	0.005
	(0.073)	(0.103)	(0.103)	(0.109)
样本量	6142	6142	6142	6142

Standard errors in parentheses; *** $p<0.01$, ** $p<0.05$, * $p<0.1$

以上分析进一步证实了成长出身较弱势的大学生更不依赖物质，更不追求面子消费，因而更不认同从属地位的消费文化。分析也显示，家庭文化资本对大学生是否依赖手机和是否倾向面子消费产生的是间接效应，其作用主要以家庭经济资本和生源地作为中介：父母文化程度越高，经济收入可能也越高，更可能成长于城市地区，而家庭经济水平和成长环境对大学生是否依赖手机、是否倾向面子消费具有更直接的作用。

三　结果和讨论

通过分析12所高校大学生的数据，本文推翻了一些不平等的消费文化设定，有关"喜欢韩剧的人文化水平低"和"凤凰男"的刻板印象缺乏实证基础。研究揭示：（1）是否最喜欢看韩剧同高等教育水平——就读于重点大学、普通大学还是高职院校之间的关系不显著，但是就读于三类城市（中小城市）的大学生更显著喜欢韩剧。（2）以手机的购买和使用为例，不同成长和家庭背景的大学生在物质欲望的程度上差异不显著，物质文化上的差异在于背景较优越的大学生总体上更依赖外界资助获取物质，对物质的依赖程度更高；而成长和家庭背景较弱势的大学生总体上更依靠自己的努力获取物质，对物质的依赖程度更低。（3）以手机的消费倾向为例，同成长和家庭背景较弱势的大学生相比，背景较优越的大学生总体上更倾向面子消费和追求"社会区分"的消费动机。从文化品位、物质欲望和消费倾向的维度，实证分析基本推翻了"来自较弱势的成长出身和教育背景的大学生更认同从属地位的消费文化"的假设，本文的研究发现可以简单总结为表8。

表8　大学生消费文化的结构性因素模型

结构性因素	从属地位的消费文化		
	喜欢韩剧	依赖物质	面子消费
较不富裕家庭背景	NA	否	否
欠发达生源地	NA	否	否
高职/普通大学	不显著	NA	NA
欠发达就读城市	显著	NA	NA

由于本文的结论建立在在校大学生的调查数据基础上，而大学生的消费文化在很大程度上受到生活来源和父母家庭经济水平的影响，因此结论的推广有一定局限性。如果想将结论推广到全社会的人群，还需要补充更多的数据。需要追踪样本中的大学生步入社会之后的数据，考察当生活压力增加或者收入提高之后其消费倾向和物质欲望是否改变；也需要补充未接受过高等教育的人群的样本，考察是否未受过高等教育的人群比接受过高等教育的人群更显著喜欢韩剧。此外，实证分析来源于影视欣赏和手机消费的数据，结论是否能够推广到其他消费领域也需要更多数据的支持。

实证发现建立在表2的分析模型的基础上，推翻了研究假设，但也需要反思，这种消费文化的模型应用在大学生群体是否合适。大学生在经济和文化上还处于不稳定，甚至叛逆的状态，其消费文化地位的建构可能区别于"成年人"的世界。比如在消费动机上，追求社会区分——"面子消费""个性消费"很可能是具有合法性的消费倾向，虽然在"成年人"的世界其处于从属地位的消费文化。因此，大学生群体对消费文化地位的建构可能与表2相反，或者倾向"杂食的品位"，又或者是不同于任何现存的理论。未来也可以详细研究大学生群体如何建构消费文化的地位。[①] 如上文所述，大学生是未完全"社会化"的人群，尚未能够依靠自己的收入、工作和文化品位等获得社会经济地位，因而实证发现也不能够推翻布尔迪厄的文化统治理论。本文主要应用布尔迪厄的分析框架，与现实中有关消费文化地位的刻板印象对话，而不是进行理论层面的探讨。

不平等的消费文化话语既片面反映了事实，也强化了社会不平等。政策制定者需要反思不平等的消费文化地位被建构的机制和因素——反映了

[①] Peterson, R. and R. Kern, "Changing Highbrow Taste: From Snob to Omnivore." *American Sociological Review* 61 (1996): 900–907.

家庭背景、成长出身、受教育水平等结构性因素对一个人的社会、经济和文化地位产生重要的影响。因此，应当深化收入分配制度改革，推进城乡一体化进程，缩小贫富差距和地区经济发展的差异，推进社会公平，促进社会流动，使得"凤凰男""寒门难出贵子"等话语不再深入人心。公众也应努力消除偏见和歧视，不从家庭出身、教育背景等角度做出有偏差的判断，从而促进社会融合。

图书在版编目（CIP）数据

全面深化改革与社会治理现代化/林曾，宋亚平主编.—北京：
社会科学文献出版社，2015.7
（中国社会学会学术年会获奖论文集）
ISBN 978 – 7 – 5097 – 7709 – 1

Ⅰ.①全… Ⅱ.①林… ②宋… Ⅲ.①体制改革 – 中国 – 学会会议 – 文集 ②社会管理 – 中国 – 学会会议 – 文集 Ⅳ.①D61 – 53 ②D63 – 53

中国版本图书馆 CIP 数据核字（2015）第 138459 号

中国社会学会学术年会获奖论文集
全面深化改革与社会治理现代化

主　　编 / 林　曾　宋亚平

出 版 人 / 谢寿光
项目统筹 / 谢蕊芬
责任编辑 / 孙　瑜　任晓霞

出　　版 / 社会科学文献出版社·社会政法分社（010）59367156
　　　　　　地址：北京市北三环中路甲 29 号院华龙大厦　邮编：100029
　　　　　　网址：www.ssap.com.cn
发　　行 / 市场营销中心（010）59367081　59367090
　　　　　　读者服务中心（010）59367028
印　　装 / 三河市东方印刷有限公司
规　　格 / 开　本：787mm×1092mm　1/16
　　　　　　印　张：27.5　字　数：474 千字
版　　次 / 2015 年 7 月第 1 版　2015 年 7 月第 1 次印刷
书　　号 / ISBN 978 – 7 – 5097 – 7709 – 1
定　　价 / 118.00 元

本书如有破损、缺页、装订错误，请与本社读者服务中心联系更换

▲ 版权所有 翻印必究